21世纪工商管理系列教材

Business Administration Classics

Management Information Systems

管理信息系统

（第四版）

周山芙　赵　苹　李　骐　编著

中国人民大学出版社
· 北京 ·

前言

PREFACE

本书第一版于1992年问世，名为“企业管理信息系统”，由中国人民大学出版社出版发行，主要供企业领导者、管理人员、企业信息系统开发人员等相关人士阅读，同时，多所大学也采用本书作为本专科教材。

在对本书第一版进行全面更新和修改的基础上，2004年，推出了第二版，时隔5年，也就是2009年，我们又推出了第三版。

虽然本书第三版的出版时间距今不过四年，但是信息技术、信息系统、计算机、网络通信及数据库等各个方面的新技术、新观念、新知识的发展非常迅速。作为大学教材应当随时更新以适应这一发展需要，所以我们又在删除第三版中已经过时的内容，并添加很多新内容的基础上完成了第四版的修订。希望它能够成为高等文科院校学生，特别是经济管理类本科学生学习管理信息系统的专门教材。

为了保持教材的连续性，我们没有改变本书的章节和结构，但是对各章节的内容都做了较大的修改。同时仍然保持在信息系统理论的介绍过程中，用小型数据库管理系统作为介绍和课程实践的手段。主要在以下几个方面作出了调整、补充和修改：

1. 尽可能覆盖近年来管理信息系统方面的最新知识，帮助学生掌握现代计算机系统用户应知应会的知识和方法，并适当缩减课程中有关系统开发、程序编制等技术性内容。

2. 为了跟上形势的发展，数据库管理系统由原来只介绍 Visual FoxPro 系统，改为介绍 SQL Server 2000 和 Visual FoxPro。但是因为篇幅的限制及实际的需要，本书没有系统地介绍数据库管理系统，有关这方面的知识学生应当作为选修课程学习。

3. 在内容上，本书也不再深入介绍程序设计内容，而是主要介绍数据库、数据表的创建、基本操作流程以及简单的程序设计，并且主要通过实例方式，展现了数据库应用及上机操作的内容，便于考生将系统开发理论与上机实习相结合，加深对理论知识的理解。

本书适用于经济、管理、财政金融、出版、档案、新闻及其他普通文科专业学生，同时可以作为相关专业大专学生的参考用书。此外，本书内容深入浅出、层次清楚、文字通俗易懂，还可以作为读者自学的读本。

本书由多年从事管理信息系统及数据库教学的专家教授编写，适合学生学习和教师教学使用。参加本书编写工作的主要人员为中国人民大学的周山芙、赵苹及李骐老师。

由于作者水平有限，书中难免有不当之处，敬请读者指正、批评。

周山芙

目录
CONTENTS

第1章 管理信息系统的基本概念

21世纪，世界已经进入信息社会，信息处理成为人们日常最主要的活动。2011年底中国的手机普及率达到每百人73.6部，你和身边的人几乎每天都在用因特网收发邮件、用手机打电话、用各种智能设备上网。信息技术成为多学科关注的重要领域，在人类的社会、经济活动和日常生活中产生了广泛影响，成为当今社会最活跃的生产力。信息化水平的高低也成为衡量一个地区或一个国家综合实力的重要标志。

1954年10月，美国通用电气公司在UNIVAC Ⅰ型计算机上计算职工工资，这一事件开辟了计算机辅助企业管理的新领域。计算机处理管理数据的快捷、准确引起了人们的关注，随着信息管理内容增多，计算机的应用范围也逐步扩大。1970年出现了管理信息系统的概念。随后，美国IBM公司率先开发出适合加工制造业应用的商品化的管理信息系统软件。半个多世纪以来，计算机和通信技术的应用普及，极大地提高了企事业组织和政府机构的管理水平，改变了组织运作和服务经营的模式。刚刚迈进21世纪不久，《财富》500强企业中就有一多半对信息技术的投资超过了对生产设备的投资。

管理信息系统是一门新兴的交叉学科，涉及管理科学、系统科学、信息技术、现代通信技术、运筹学等多学科的理论和方法。例如，信息科学提供了应用系统开发和软硬件系统配置的基础；系统科学和信息工程学提供了信息系统设计的理论基础；管理科学提供了人机关系改善和组织环境协调发展的理论依据。随着信息技术的普及和应用领域的扩大，管理信息系统理论得到不断完善，其内容体系也在不断拓展。

本章将讨论管理信息系统的一些基本概念，包括信息、管理信息、管理系统、管理信息系统等，这有助于我们迅速了解本学科领域的入门知识。

1.1 管理信息

1.1.1 信息与管理信息

1. 信息与数据

关于信息，至今尚没有一个统一、确切的定义，人们在研究信息的定义时往往与各自的工作领域相联系，在不同领域中对信息内涵的不同理解，形成了不同的定义和描述。例如，生物界将声、光、电、遗传密码等生物信号和现象视为信息；情报部门将情报作为信息。这里我们主要从管理学的角度来理解信息。

从广义上可以把信息定义为对事物的状态、特征运动及变化的描述。人们通过信息可了解所关注的事物，获得认识和概念，做出判断和行为决策。

数据和信息是紧密相关的两个概念，但它们又有一定的区别。国际标准化组织（ISO）曾经指出，数据是对事实、概念或指令的表达形式，它可以用人工或自动化装置进行通信、翻译和处理；信息则是对人有用的，能够影响客观世界中人们行为的数据。我们可以从以下几个方面进一步说明信息和数据概念的区别和联系。

（1）数据是物理的，而信息是释义的；信息是对数据的解释，是数据含义的体现。

（2）数据反映了事物的表象，往往是零散的，是对原始事实和状态的直接记录；信息反映了事物的本质，往往是相互关联的，是数据加工后形成的认识和概念。

（3）数据的形式往往变化多端，很容易受载体性质的影响；信息比较稳定，不随载体的性质而随意改变。

（4）数据是信息的重要来源，可以用人工或自动化装置进行通信、翻译和处理；信息是根据一定的规则对数据所承载的事实进行组织后形成的结果。

（5）数据与信息相互结合，辅以专家的认识，能够产生知识，可以用来支持决策或加以传承。

2. 管理信息的含义

信息是企业管理的重要对象。企业在生产经营活动中会产生大量数据，可以用多种方式记录下来。不同类型的数据可以用来描述企业中各种资源获取、流动和变化的状态。例如，工业企业中的完工单、检验单、考勤卡等原始凭证，是用以记录产品完成数量、产品质量和职工出勤情况等实际状况的数据。如某班次加工主轴 6 件，出不合格品 1 件，某项目有应收款 6 万元等，都是数据。这样的数据如果孤立使用，看不出对管理决策的意义，但是，将所有的完工单、检验单、考勤、财务等数据经过整理分析后，就可以形成对管理活动有用的信息。比如将上述数据经过汇总、加工，与计划和定额标准进行对比分析，可得出生产计划完成的百分比，各种废品的数量和比率等，并据此分析影响计划完成的瓶颈、产生废品的原因、废品损失对产品成本的影响等，为管理决策提供依据。

我们一般将对人们所从事的社会经济活动有用的，可以影响和控制人们的生产、服务和经营活动的信息统称为管理信息。管理信息来源于数据，是对数据进行加工处理的产物。管理信息是对实际社会经济活动中的物质、人员、业务、资金、组织实体、变动关系等事实状态的真实反映，是极为重要的社会资源，是管理者进行各种决策的重要依据，也是人们彼此联系的纽带。随着决策环境变得越来越复杂，人们对管理信息的要求也不断提高。

3. 管理信息的递归定义

虽然数据和信息之间有区别，但这种区别往往是相对的，在管理领域，人们通常会不加区别地使用“数据”和“信息”这两个术语。管理活动具有连续性和广泛性，其中包括许多决策和控制过程，这些都需要有相应的数据处理过程。对某一个具体的数据处理过程来说，必须有数据的输入和决策信息的输出。比如根据库存数量的变动了解材料供应是否充足，通过具体的销售数据了解销售员的业绩，等等。但是从连续的决策过程看，信息与数据的区别并不明显。上述材料供应情况可以是库存决策的输出信息，也可以是下一步资金运筹决策的输入数据，管理者需要依据它来判断是否需要准备购买材料的资金；销售员的业绩也是下一步人才培养和提拔决策的依据。在企业中，下层管理决策的结果是上层管理决策的依据，上层决策的结果又成为下层管理工作的重要指导；企业内部的信息还可以提供给供应链上的其他企业使用。这就是管理信息的递归定义（如图 1—1 所示）。

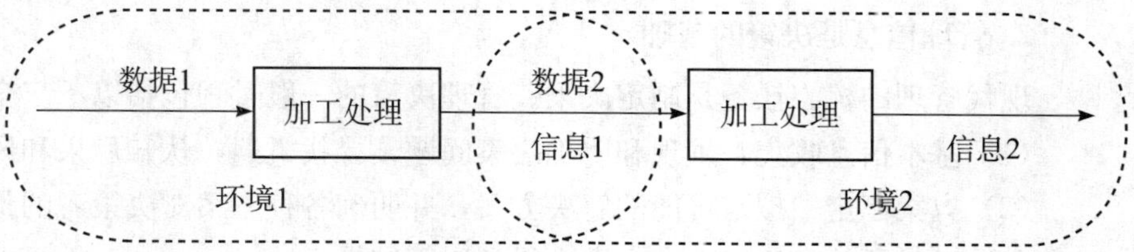

图 1—1　信息的递归定义

管理中利用的信息十分广泛，既包括企业内部信息，也包括企业外部信息。内部信息如生产性企业的产品销售、新产品开发、生产制造、成品价格、成本、利润、技术设备、人力资源、生产技术资料、各种规章制度等；外部信息如市场需求、国家经济政策、竞争对手情况、原材料供应情况等，它们都是企业管理决策所必需的信息。

1.1.2　管理信息的作用

信息化是当今世界经济和社会发展的大趋势。20 世纪 90 年代以来，信息通信领域内国界和行业的壁垒已被打破，信息大变革已在世界范围内掀起。世界经济正处于由工业经济向知识经济转变的时期。信息已成为企业的重要资源，也是我国企业实现由传统的粗放型、经验型管理，向以信息技术为基础的集约管理和以数据分析为依据的科学管理转化的基础。管理信息的作用逐步为人们所认识，主要体现在以下几个方面。

1. 管理信息是重要的资源

信息对经济发展、社会进步的作用越来越大。信息正与物质、能量共同成为人类社会赖以生存和发展的三大资源要素。信息技术的发展异常迅速，已成为推动社会进步和经济发展的关键动力因素，信息产业成为现代社会和新兴产业发展的支柱产业；信息的占有水平与利用程度，成为衡量一个国家现代化水平的重要标志，成为国家综合实力的重要组成部分。托马斯·弗里德曼在2005年颇具影响力的新书《世界是平的》中解释了经济的全球化，以及中国和印度的快速崛起。他提出，科技和通信快如闪电的进步，使全世界空前地彼此接近；互联网和全球通信网络极大地削弱了发达国家在经济、文化上的领先优势，资本、技术和信息超越国界的结合导致了全球化，这使世界变得平坦了；这并不是短暂的趋势。

在中国经济从传统的计划经济向社会主义市场经济转变，从粗放型增长向集约型增长转变的过程中，我们更要充分重视信息资源的价值，梳理好信息资源与人财物等资源要素之间的关系，通过对信息资源的管理，改善各种物质资源的配置和管理。对企业而言，随着组织的增长和成熟，管理复杂度也在提高。要驾驭越来越庞大的组织，管理好越来越多的产品和服务，参与越来越广阔的市场，也需要充分开发和利用信息技术和信息资源。信息是组织的所有生产要素转化为生产力的前提，将为企业确定正确的发展战略、制定有效的经营方针、提高组织的竞争力打下重要的基础。

2. 管理信息是决策的基础

现代管理的核心任务是制定决策。管理决策的一般过程包括以下三个步骤。

（1）基本信息收集：发现和明确决策问题，寻找机遇，认知后果和风险；

（2）方案制定：拟定可能的解决方案，并明确各种方案对决策者的价值；

（3）通过评价和比较选定方案，得到决策结果。

信息是决策的基础。信息收集是决策的实际起点，也是制定决策方案的先决条件，虽然正确的决策取决于多种因素，如决策体制、决策方法、领导者的能力与技巧等，但决定性的因素是对客观实际、未来行动及其后果的正确判断。如果信息不充分，决策就失去了根本依据。决策的每个步骤都需要了解相关的信息。尤其是在科学技术飞速发展、日新月异的今天，要提高企业的竞争能力，实现正确的决策，必须关注信息要素的作用。戴维·查菲和史蒂夫·伍德曾经说：“要将信息作为有价值的资源来看待，它在实现组织价值的过程中起着非常重要的作用。必须引入相关的制度、战略和工具来管理这一资源，提高它的质量。”

对企业的战略性决策而言，及时获得关键信息更是正确决策的必要条件。随着信息社会的到来，多变性和复杂性逐渐成为常态。企业越发关注对国内外市场和新技术发展动态的扫描和追踪，以便及时了解最新的科技成果，发现新的成果转化机遇；越发关注市场和客户的需求变化，以便及时采取策略，赢得转瞬即逝的先发优势；越发关注潜在的风险，需要随时了解环境变化及对手动态信息，以便作出快速反应，采取有效对策，提高企业战略决策的有效性。

3. 管理信息是实施管理控制的依据

从控制论的观点看，管理过程是对相关信息进行收集、传递、加工、判断、决策的过程。无论是国民经济和社会系统，还是企业及组织系统，它们的全部活动可简化为两大类：一类是生产活动，即输入物质资源，经过加工处理输出成品（或服务）；另一类是管理活动，即围绕和伴随一系列生产活动，执行决策、计划和调节职能，以控制生产秩序的有效进行。生产活动中流动的主要是物质，从输入、处理转换到输出形成系统的物流（或业务流）；管理活动中流动的是信息，从输入、处理转换到输出形成系统的信息流（如图 1—2 所示）。

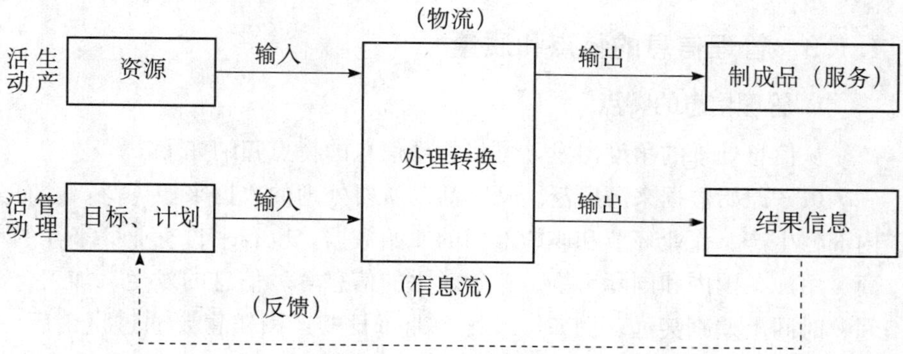

图 1—2　物流和信息流的相互关系

物流是企业生产经营活动的主体流动，信息流伴随着物流产生，反映物流的状况。管理人员通过信息流了解物流的动态，掌握物流运动规律，同时也通过信息流去计划和调节物流的流量、运动方向、速度和目标，对物流进行控制。因此，在经营管理中信息流发挥着主导作用。

由图 1—2 可知，企业生产活动中物流是单向的、不可逆的，信息流则是双向的，即有信息反馈。信息反馈是指控制物流的输入信息作用于受控对象后，产生的结果信息（各种统计数据）重新返回输入端，对信息的再次输出产生影响的过程。返回输入端的关于受控结果的信息称为反馈信息。

信息反馈在管理中起到重要的作用。它的基本思路是用输出的结果影响输入，以保持系统的稳定。当管理的目标、计划信息输入企业系统后，会受到来自内外部因素的干扰，结果往往会偏离计划预期的目标。管理者必须不断观察实际执行结果信息，查明偏离发生的原因，采取纠正措施，调整下一周期的输入，才能使系统按预定的目标计划继续运行。信息反馈是控制论的基础，也是科学管理的基础。如果反馈信息与控制信息的差额倾向于加剧系统偏离目标的运动，称为正反馈信息，它会使系统波动增大并趋向于不稳定状态；如果反馈信息与控制信息的差额倾向于削弱系统偏离目标的运动，称为负反馈信息，它会使系统波动减小并趋向于稳定状态。

4. 管理信息是系统内外联系的纽带

社会再生产过程是生产过程和流通过程的统一，生产领域和流通领域由众多部门、行业、企业组成，其服务对象是成千上万的消费者。企业必须运用各种形式的经济信息，沟通产、供、销联系，才能将经营搞活。从企业内部来看，企业本身是一个复杂系统，内有各种职能部门、生产或业务组织、人员和业务领域。为将企业各组成部分联结为一个整体，使之有条不紊地为了共同的目标协同运作；又为使组织内部彼此协调，必须将信息流很好地组织，使之合理流动。因此，信息既是系统之间联系的纽带，也是系统内各组成部分联系的纽带。

应用现代信息技术对供应商、生产商、经销商的信息进行集成管理，发展了供应链管理、电子商务、准时化生产等先进管理方式，极大地降低了交易成本，提高了企业对市场的反应速度和竞争能力。

1.1.3 管理信息的特点和质量

1. 管理信息的特点

从信息处理的角度出发，可将管理信息的特点归纳如下。

(1) 原始数据来源广泛。管理活动所要处理的数据来源广泛，既有分布在企业内部各生产、作业环节和职能部门的原始数据，也有来自有业务来往的单位、供应商、用户、国内和国际市场、竞争对手的信息等。信息的发生、加工、利用，在空间、时间上差别甚远。例如，日化企业每日的产品销售要通过直销店、大型超市、大客户销售中心、地区代理商、网站等多条渠道，相应的销售信息也会因这些不同的主体和地点而高度分散。

(2) 信息量增长迅速。管理活动中要接触处理的信息量巨大。例如，我国某大型机电企业集团存储数据达 4 000GB，通过条形码阅读的信息有 2 500 万字节，与各分厂和下属机构交换的数据达 1.5 亿字节。同时，来自企业和社会经济活动各个环节的信息量一直在高速增长。2005—2006 年间，借助大规模扩容后的谷歌搜索引擎，人们发现所能找到的网络信息在数月之内便增长了数百倍。就像树木的生长需要将能量、水和营养物质输送到全身一样，信息也需要高效率地传送到组织的全身才能够使它生存。巨大的信息量和信息流量对所有的组织都是严峻的挑战。

(3) 信息具有共享性。管理信息一经搜集，就可以多次使用，供更多的用户和组织共享，而不会影响内容本身。或者说，信息的使用价值不会因为曾被消费过而降低。例如，超市产品的销售信息录入数据库中后，企业的采购部、配货中心，有时甚至连外部供应商都可了解该信息，用来完成自己的管理业务。管理信息的共享会提高信息利用的总价值。但是有时共享会使信息所有者的利益受损，此时共享就可能是有条件的。比如一项技术发明信息的潜在用户会有很多，可能要借助专利手段，来适当保护发明者的利益。信息用户越多，使用越广泛，花费在收集、检查、存储、加工数据方面的费用越可分摊到每个信息用户身上，因而可降低信息使用的单位费用。

(4) 信息的处理方法多样。管理信息以多种多样的形式存在。既有数字信息，也有声音、文字、图形、图像等信息。不同载体承载信息的方法和特点不一样，信息的提取和集成也有一定的难度。企业在信息处理方面，除采用传统的数学运算和数理统计方法之外，还广泛采用运筹学方法和数据分析技术；在信息呈现方面，除文字和数字之外，也越来越多地利用了图表、声音、照片、影像等多种方式，并可以在不同载体之间转换。同时，管理信息加工的复杂程度也越来越高。

（5）信息具有可变性。也可以说信息具有可伪性。管理信息依附于载体，而载体是可以被编辑和修改的，比如文字、数据都可能被更改。管理信息可以被复制共享，还需要传递给用户，在复制和传递过程中信息内容都有可能发生变化。管理信息需要以人的理解为基础，人们理解能力的差异有时会影响原有信息的正确性和完整性。另外，管理信息本身具有价值，其价值因人而异，对价值的不当追求有可能出现信息修改和作伪行为。

对于管理信息的上述特点，企业在从事信息管理工作，以及建立企业信息系统时必须予以充分重视。

2. 管理信息的质量特性

对企业来说，并非所有的信息都是有用信息。管理信息要对决策者有用，需要具备表 1—1 所述的基本特性，有较好的质量。

表 1—1　　管理信息的质量特性

特性	含义
正确性	信息内容正确无误，准确反映客观现实，不会形成误解
完整性	没有遗漏重要的事实
及时性	信息符合时效性要求，内容不过时
可靠性	信息来源可靠，信息采集等过程没有被曲解，信息内容可以被信赖
相关性	信息与用户或决策者所关注的问题有联系，而不是形成无用的干扰
层次性	信息来源层次清楚，可以为与不同管理层次的用户使用
简单性	信息的内容可以被识别，不应过于复杂，而应有助于决策者正确理解和判断
经济性	生成信息的成本不应高于信息的价值
安全性	能有效防止未授权用户接触和使用信息
可处理性	信息可以经过加工提炼，使其价值提升，可支持相应的管理决策过程
可访问性	合法用户可以按规定的时间和方式访问相关的信息内容
可检验性	用户可以检验信息的正确与否

1.1.4　管理信息的分类

为了科学地管理和合理使用信息，必须按不同方法对管理信息进行分类。信息的分类方法有很多，如按信息来源可分为内部信息和外部信息；按信息流向可分为输入信息、输出信息和反馈信息；按管理对象（资源类型）可分为人事信息、物资信息、技术信息和资金信息；等等。常用的分类方法有以下两种。

1. 按信息稳定性分类

可以将管理信息分为固定信息和流动信息两类。

固定信息（或静态信息）是具有相对稳定性的信息，在一段时间内可以在各项管理任务中重复使用，不发生质的变化。比如单位职工的个人档案或设备档案，生产企业的产品结构、工艺流程、消耗定额，各种国家和行业标准信息，各种评价标准，等等。它是企业一切计划和组织工作的基本依据。人们处理固定信息的方法是建立比较稳定、可靠、便于访问的数据存储系统，比如基础数据库文件。

流动信息又称作业统计信息，是反映生产经营活动中实际进程和实际状态的信息。它随生产经营活动的进行而不断更新，比如各种人工作业和物料消耗信息、产品销售数量信息、质量监督结果变动以及各种运营反馈信息等，这类信息的时效性都比较强，需要及时收集才能获知当前的实际状况。将这些信息与计划信息进行分析比较，是评价企业生产经营活动，揭示和克服薄弱环节的重要手段。

2. 按决策层次分类

可以将管理信息分为战略信息、战术信息和业务信息。

企业具有不同的管理层次，各个管理层都需要有针对性的信息来支持其相应的管理工作，这些信息分别被称为战略信息、战术信息和业务信息。不同层次的信息性质不同，在信息来源、使用寿命、加工方法、精确程度等方面都有所差别。战略信息的使用者为企业高层管理者，信息的来源广，使用寿命长，加工方法较为灵活，但对信息的详尽程度要求不高；业务信息的使用者为基层业务人员和管理人员，信息来源较为单一，但数量大、变化快，使用寿命较短，加工方法固定，信息的详尽程度高；战术信息主要为中层管理者所使用，信息的使用寿命和精确性等性质介于前两者之间（如图 1—3 所示）。

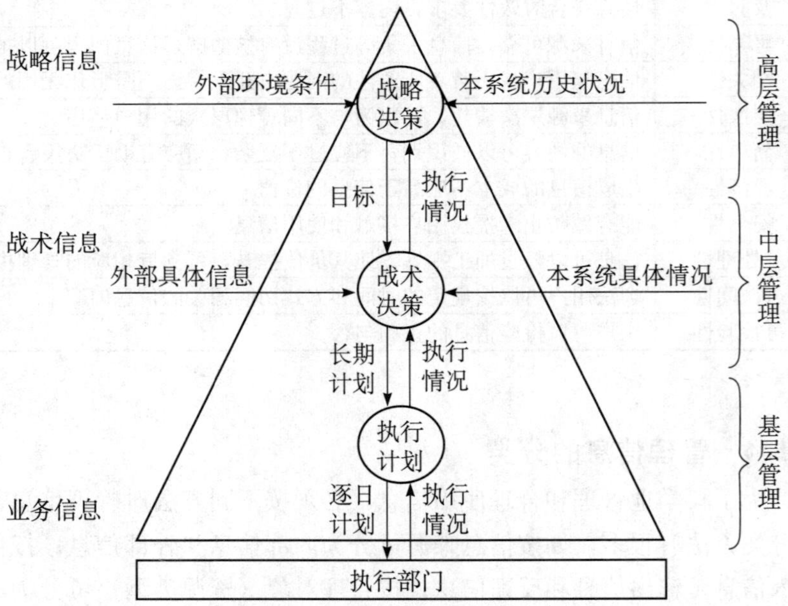

图 1—3 信息按决策层次分类

（1）战略信息。供企业高层管理者进行战略决策使用，包括系统内外、过去和现在、各种环境的信息。

（2）战术信息。供企业中层管理人员使用，以完成计划编制、资源管理、任务分配等工作，主要包括系统内部各种固定信息、历史与现状信息，以及有用的外部信息（如近期市场需求等）。

（3）业务信息。供企业基层管理人员使用，用来执行已经制定的计划、组织生产或服务活动，主要包括直接与生产、业务活动有关的，反映当前情况的信息。这些信息数量大、变化快，包括大量反馈信息和监控信息。

1.2　管理信息的处理

1.2.1　管理信息的生命周期

企业的管理信息都要经历捕获、组织、加工、使用直至消亡这样的生命周期（如图1—4所示）。管理信息的处理主要围绕信息的生命周期进行。信息的生命周期一般从信息的捕获开始，即接收及采集信息源的数据；第二是信息的组织，即保存和维护数据的过程；第三是信息的加工，即从数据中提炼信息价值的过程；第四是信息的使用，即向用户传递和呈现信息，使信息被理解和采纳的过程；最后是信息的消亡，即信息退出管理领域的过程。

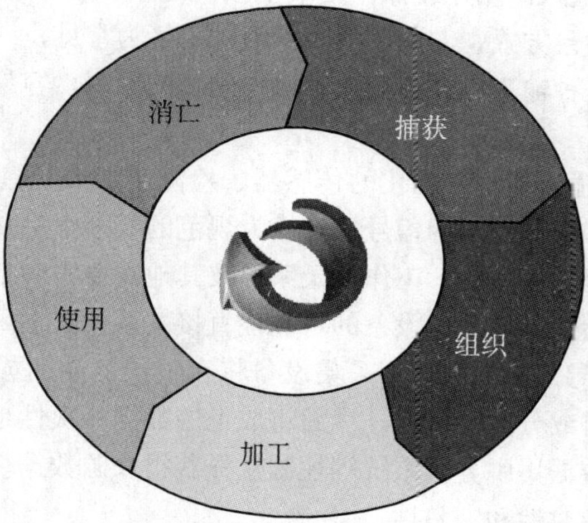

图1—4　管理信息的生命周期

信息的生命周期有一定的客观性，但更多情况下是受人们主动控制的管理过程。以电子邮件为例，电子邮件的生命周期始于收件箱对邮件的接收，人们会根据自己的需求阅读、保存、转发或删除邮件。每封邮件的内容和性质不一样，每个人管理邮件的方法也不一样，使得电子邮件的生命周期各不相同。

1. 信息的捕获

捕获是采集信息源数据的过程。准确、可靠的信息，首先源于高质量的数据采集和输入。

（1）原始信息收集和二次信息收集。根据信息的来源不同，可以把信息收集工作分为原始信息收集和二次信息收集两种。

原始信息收集是对实体或事务运动信息的首次捕获，是在信息发生的当时当地所做的直接记录，或发现信息后做出的首次数据提取和采集。比如水文监测站、气象台可借助温度传感器直接捕获温度数据，并记录下来。二次信息收集是指对已记录在存储介质上的数据做再次提取或转录等，信息与所描述的实体或数据载体在时间或空间上已明确分离。比如人们通过水文监测站、气象台、新闻媒体所了解到的气象信息，均是二次信息。

这两种收集方式是否可用，取决于特定的因素。原始数据收集的关键是完整、准确、及时地采集记录所需要的数据，做到不漏、不错、不误时，因此，它要求时间性强，信息收集方式稳定可靠。二次信息收集通过其他数据源或信息系统进行数据的传输和转移，得到的可能是经过多次传递的间接数据。二次信息从时间上和空间上已经离开了所描述的实体，无法再校验。让数据可用的关键在于正确地选择信息源，完整有效地提取所需的数据，正确理解和解释所得到的信息。比如，保证作为数据采集来源的系统在数据指标或信息含义上保持统一，内容没有误解。

（2）数据采集方式。数据采集是指按照规定的形式和规则将数据输入计算机系统的过程。在这个过程中，要对原始数据进行数字化处理，通过必要的整理和转换，变成方便计算机读取、识别和使用的形式。数据输入的方法如下。

1）终端输入。用户在操作终端上按规定格式将数据输入计算机。这是目前应用最广泛的输入方式，方便灵活。键盘输入最为常见，同时也有手写文字、语音输入等方式。这种输入方式会受人工操作速度的限制，容易出错，需要有人工确认和校对的过程。

2）自动输入。由自动化的传感器、检测装置或识读装置自动地采集和识别运行状态信息和工作现场的信号，转换为规范的数字信息并保留到计算机中。连续生产系统、远程监控系统、工作记录系统及其他需要实时信息的场合，经常采用这种方式获得原始数据。采集设备的可靠性直接关系到数据采集的质量。

3）批量导入。专门数据采集设备将在不同的期间或多个地点分别采集相关的数据，先临时或分散性保存，然后将成批的数据一次性地导入计算机系统。一些计划、统计和数据集中分析系统等往往这样获得来源数据。在这种方式中要特别关注输入数据的及时性和完整性。

4）网络传输。通过计算机网络，以远程访问或通信方式获得有关数据。这并非一种独立的方式。前面几种数据输入方式都可能是远程的，要借助通信网络实现，网络传输质量会影响到数据输入的质量。

2. 信息的组织

对捕获的信息需要进行组织和保存，使之处在有效可用的状态。企业的固定信息经常在不同的管理业务中反复使用，需要能妥善地、较长期地存储，便于大范围共享。一些业务流动信息随时随地产生，需要连续不断地捕获，及时保存和更新，保证能够反映现实的业务状态。信息的组织环节还要面对集中出现的大规模数据输入、不够稳定的数据流、多种多样的数据形式等，要能根据用户的信息需求，选用有效的数据存储工具和高效的数据管理平台，保证信息有序、及时和可靠地存储。

数据采集流量迅速提升后，信息的组织和存储环节也要跟上。要从方便信息使用、利于备用、保证连续性等原则出发，用经济有效的方式，组织和保存好那些有用的信息。

计算机信息的组织需要妥善考虑数据输入流量、存储量、信息格式、存储方式、存储地点、安全保密等问题，保证信息在存储过程中不丢失、不走样、不外泄，整理得当、使用方便。计算机数据存储最常用的平台是数据库系统和数据仓库系统。平台设备可以是本地的，也可以是异地的或网络的；存储方式可以是集中的，也可以是分布式的。

3. 信息的加工

信息的加工，是指采用一定的方法，对有组织的存储数据进行分类、排序、变换、运算、分析等活动，以生成用户可以利用的、有价值的信息。这是把数据变成信息，使之能够用来指导用户行动的过程。一般来说，对收集到的数据都要进行加工，以得到更加反映本质或更符合用户需要的信息。

信息加工的种类很多，从加工本身来看，可以分为数值运算和非数值数据处理两大类。数值运算包括简单的算术与代数运算，数理统计中不同统计量的计算及各种检验，运筹学中的优化算法及模拟预测方法，等等。非数值数据处理包括信息的检索、查询、排序、归并、分类、载体转换、常规文字处理等各项工作。

4. 信息的使用

信息的使用是向用户呈现信息，使信息被用户接收、理解或采纳的过程，包括信息的传递和提供等。信息传递是要利用传输渠道，将信息传送到用户处，让其顺利接收。这包括两种情况：一种是有固定渠道、方向和目标的信息传递，比如将组织内部文件、结果或报告传送到有关人员和部门，这类信息的传递要准确地选择作为传递目标的用户；另一种是信息的广泛共享与对外公布，比如发布天气预报和灾害预警信息，这类信息的传递以信息公开为目的，传递的覆盖面广，传输方向有一定的随机性。用户规模越大，在地理上分布越广，信息共享要求越高，信息传递的任务也就越重。在实际工作中，信息传递与信息组织和存储的联系非常紧密。当信息重复存储于不同地点时，该信息传递的需求会减少，信息一致性组织及管理工作的任务会增加。当信息集中存储时，很少发生数据不一致的问题，但及时传递的负担会加重。实际工作者常常面临这二者的权衡和合理选择。

除了传递之外，还应按管理工作的要求向用户提供信息，以适宜的形式来呈现信息，用户才能正确地理解收到的信息。在企业中提供信息的形式很多，有计划书、统计图表、甘特图、报告、文件等正规形式，也有警示文字、短消息、电子邮件等即时形式；有电话、传真、信件等传统形式，还有动画、视频、声音等多媒体形式。如果信息需要公开发布，则会考虑公告、大众传媒、网站等渠道。如果将要使用信息的用户种类繁多，特点各异，呈现信息会成为管理信息处理中工作量很大的一环。比如，将英文转换成中文，将文字转换为清晰的图表，将详细的表格数据转换为趋势图，将复杂消息或知识内容转换成视频等。

5. 信息的消亡

信息的消亡是指信息从管理服务中退出的过程。管理信息需要新陈代谢，管理数据更新后，若旧数据不再使用，就进入了生命周期的退出过程。这种退出也和数据的捕获一样，每时每刻都在发生。如人们停止了某些旧数据的使用，某些信息被遗忘了，存储的数据随介质一起被丢弃了，软硬件遭遇损坏后一些数据无法恢复了，等等。在信息激增且扩散迅速的网络时代，企业要根据管理的需要，重视信息消亡环节的处理任务。首先要采取有效措施保护有用数据，提高数据的组织性和安全性，防止有用信息丢失、损坏以至消亡；同时，要重视对废弃信息的管理，重要信息需要借助必要的人为措施去销毁，不能任其自然退出，以防止废弃信息被人重新利用进而损害企业利益。另外，要及时处理应该消亡的信息，比如对无用数据、过时信息或错误数据等要及时处理，阻止其借助网络扩散。

1.2.2 管理信息处理的要求

现代企业始终处在需求多变、服务不断升级和市场竞争日趋激烈的环境中，及时获得准确有用的信息是保证管理活动顺利进行的基础。现代企业对高质量信息处理的要求会有很多，可简单归结为及时、准确、适用、经济等四个方面。

1. 及时

及时包括两个过程：一是对事件发生的信息要及时捕捉和记录，并能及时提炼处理，获知其含义；二是信息的传递和提供要及时，不能错失良机，要满足管理决策时间的要求。现代化企业运营需要以及时、准确的信息处理系统为基础。比如，供应商和订单状态信息如果不能及时收集和传递，采购管理部门便无法作出采购决策，生产部门也就无法安排作业计划。重要信息的延误会造成系统运营过程的中断，甚至给企业带来重大的物质和经济损失。

2. 准确

信息不仅要及时，而且要正确无误地反映实际情况。只有用可靠的原始数据加工出的准确的信息，才能对决策者作出正确的判断提供帮助。如果信息不准确，不但不能对决策起指导作用，反而会形成干扰，导致决策失误。虚假信息的使用更是会直接造成经济管理活动的混乱。

企业系统中的各个环节是相互联系、相互制约的，反映这些环节活动的信息具有很强的相关性，但不同的部门对信息的理解和使用观点不同，要得到准确信息并不容易。一是企业中的共享数据往往不具有统一性（唯一性）。如工业企业中的技术文件、定额标准、客户地址、原始记录内容等，许多部门中都存在，若内容和格式不统一，或者不能够做到同步更新，就难以保证数据的准确性。二是企业中的信息应该有完整性，相互关联的信息要完整采集，才能正确反映现实。残缺不全的数据不仅会导致概念混乱，而且会沦为垃圾数据。比如，客户经理希望通过以往的交易记录了解某客户的信用水平。如果该记录只保留了客户购买及付款数据，而没有保留客户的欠款、营销响应等相关数据，或许难以反映该客户信用的真实情况。

3. 适用

各级决策和管理部门所需要的信息，在信息范围、信息内容、采集频率、报告格式等方面各不相同。信息不在于多，而在于适用。必须保证提供适用的信息，使各级决策和管理部门及时得到与本部门工作有关的资料、数据，以便作出相应的决策。

在企业的经营管理活动中，既有高层的战略规划和指挥活动，也有中层的管理控制和监督活动，还有基层的日常性业务管理和执行过程。这三种类型管理活动对信息的要求不同。战略信息和业务信息差别明显，战术信息介于两者之间（如表 1—2 所示）。

表 1—2　　不同层次管理信息的差别

信息的属性	业务信息	战术信息	战略信息
信息来源	以内部为主	⟺	大量来自外部
加工方法	固定性强	⟺	高度不确定性
使用寿命	较短	⟺	较长
详尽程度	要求较高	⟺	要求不高
使用频率	经常、频繁	⟺	很低
时间跨度	现实数据	⟺	历史和预测数据
保密程度	较低	⟺	较高
影响范围	有限	⟺	很宽

（1）信息范围不同。日常业务管理需要了解具体业务活动的进度，消耗资源与成果情况，而战略规划关心的是企业所处的环境，如行业形势和经济走势、市场供需关系的变化、竞争对手的动向等。

（2）信息源不同。日常业务管理的主要信息取自组织内部，而战略规划的主要信息源往往在组织外部。

（3）信息概括程度不同。日常业务管理要求具体而详细的信息，而越接近战略规划，所需的信息越抽象、越综合，数据详尽程度也越低。

（4）信息的时间性不同。日常业务管理主要依据过去情况和当前实际情况来进行管理，战略规划则主要关心未来发展的趋势。

（5）信息更新间隔不同。日常业务管理必须随时掌握工作进度，因而要随时获取最新信息，数据更新时间短。战略决策不需要掌握业务活动每时每刻的变化，而只需了解一定时期内的综合情况，信息更新的间隔期比较长。

（6）信息加工处理方法不同。日常业务管理所需信息主要反映日常业务活动，这些活动经常是反复出现的，需要形成比较确定的加工处理方法。而越接近战略决策层，其所需的信息越灵活，常常会随外界环境的变化而有不同要求，信息的处理方法灵活多变，或者与决策者的风格、偏好和关注点有关。

（7）信息使用频率不同。日常业务活动的管理间隔比较短，并且是不断重复的，因此信息使用频率比较高；相反，战略规划制定间隔期比较长，对信息使用的频率比较低，可能会花很长的时间收集相关信息，但使用是一次性的。

4. 经济

信息的及时性、准确性和适用性必须建立在经济性的基础上。这有两个方面的含义：一是管理信息处理环节一定要“有用”，信息处理要服务于组织的经济目标，不应浪费资源去做无意义的事。比如对系统的响应时间、图形化、可靠性等的要求要从实际需要出发，不能过高。二是信息处理本身也要消耗资源、时间和劳动，往往会有大量的投入和耗费，因此，对信息处理项目、方法和技术等必须进行可行性分析和效益评估，不能盲目地追求自动化或先进性，以减少资源浪费。

1.3 管理系统

1.3.1 对系统的认识

系统是由相互作用和相互依赖的若干要素组合而成的、具有特定功能和特定目标的有机整体。构成系统内部的各个要素之间形成了一定的结构和秩序，存在有机的联系。这些联系并不是临时的或一次性的，而是相对稳定的，对系统的行为具有较强的约束力。系统的各个要素又可以作为次级子系统而存在，这使得系统可分为多个层级，也使系统的概念具有相对性。

1. 系统的特性

一般来说，系统具有以下特性。

（1）整体性。系统由两个或者两个以上可以互相区别的要素组成。系统的整体性是指系统元素之间的关系相对稳定，元素间的复合联系使得系统有了共同的模式和规则，成为一个有机的功能整体。元素组成系统之后会呈现出新的功能，这些功能是各孤立的组成要素所无法具备的，这就是通常所说的“整体大于部分之和”。例如，由车轮和各种零部件组装在一起的自行车，会成为一种运输工具，具备了载人载物的功能；如果车轮或零件不能装配到自行车系统中，它们或许只是无用的物品。系统的整体功能大于各组成要素功能之和。

（2）相关性。系统的相关性是指组成系统的元素之间存在相互作用和制约关系，这些关系是系统存在的基础，某一元素的变化会影响其他元素乃至整个系统。因此，当系统要素发生变化时，应对其他相关联要素作相应的改变和调整，以保持系统整体的最佳状态。比如车轮和零部件如果随意地堆积在一起，并不能装配成自行车。元素间的关系形成了系统的结构。系统可以向下分层，由下层元素构成的整体被称为子系统，比如自行车可能包括车架、方向、制动和动力传输等不同的子系统。

（3）目的性。系统的存在是有理由的。系统的目的性是指系统在与外部环境的联系中具有独特的性质和功能。比如企业系统要以比较经济的方式利用资源，满足产品生产、销售和利润目标；生态系统具备涵养水土、提供生物栖息地等多种功能。系统是具有自我调节功能的整体，可以根据目的调整其行为，修补和改善元素之间的关系，以达成系统目标。

(4) 环境适应性。系统是有边界的，持续运行于环境之中。环境是系统之外的其他事物或系统的总和。元素、系统、环境是不同层次的对象，彼此的区别是明确的，也是相对的，环境也被视为更高层级的系统。现实中的系统大都是开放的，与环境之间存在物质、能量和信息的交换作用。系统的特性和行为由系统内部的元素、结构关系和外部环境共同确定。环境适应性是指系统可以通过调整来适应外部环境的变化，与环境保持最佳的适应状态，这样的系统才有生命力。以企业系统为例，产品消费市场是企业的外部环境，企业需要根据市场导向及时调整其产品的生产和销售策略才能生存下去。

2. 系统的分类

世界万物及其运动组成了无穷多的、各种各样的系统。系统有不同的分类方法，常用的有以下几种。

(1) 自然系统和人工系统。自然系统的组成部分是自然界的物质，如矿物、植物、动物、银河系等，其特点是自然形成的。人二系统是人们为了达到特定目的而建立的系统。例如，生产、交通、运输、工程系统等是人工建立的生产技术系统；各类制度、组织系统等是人工设立的管理系统。

世界上绝大多数系统都是自然系统与人工系统结合而成的复合系统，是人类运用科学力量认识、模拟和改造自然系统的结果。人类为了满足自身发展的需要，一直在不断地创造出更多的人工系统，如计算机模拟系统、各种自动化管理系统等。

(2) 开放系统和封闭系统。根据系统与外部环境的关系，系统可分为开放系统与封闭系统。与环境无联系的系统称为封闭系统；与环境发生联系，彼此间进行信息、物质、能量交换的系统称为开放系统。

(3) 实体系统和抽象系统。实体系统的组成要素是具有实体的物质，如由机械、设备、元器件、生物、矿物等所组成的系统。而抽象系统是由概念、原理、原则、制度等非物质实体构成的，如社会系统、文化系统、宗教系统等都是实际存在又无法看到其形态的抽象系统。

(4) 开环系统和闭环系统。无反馈的系统为开环系统，有反馈的系统为闭环系统。

1.3.2　对组织系统的认识

系统无处不在，比如，企业、学校、医院等各种社会性组织，由人、动物、植物构成的生活社区、家庭或生态系统，机械设备的制造和维护系统等，都是现实中存在的系统。我们用组织系统来称呼企事业单位、政府机构、公众活动团体等系统，这类系统构成了当前人类社会生存和发展的基础。

1. 组织系统的特性

从系统的角度看，组织系统自身具有输入、处理、输出和反馈机制。比如，汽车制造企业的输入包括各种原材料、生产设备、资金和人力投入等，系统处理过程包括焊接、装配、调试、喷漆、检测、运输等一系列环节，输出的是汽车，整个制造过程都有各种计划、控制、监测信息的流动和反馈；学校系统的输入包括教学设施、教师、新生等，系统处理过程表现为根据专业教学方案培养学生，输出的是符合社会需要的毕业生，反馈机制有各种成绩和业绩信息等。

组织系统以提供产品和社会服务，并满足自身生存为目的，系统的活动表现为物流、资金流、事务流和信息流的统一。企业组织可能会划分成不同的部门，分别管理某些业务流程。比如，采购部、库存部、运输部主要负责物流的管理，财务部负责资金流的管理，办公室负责业务和文件流的管理，开发部负责研发知识的管理。所有这些流程都会伴随产生信息流，它们用来反映、指挥和控制其他信息流的运动。比如，物流运动中的验收、开票、登记环节都需要查询相应的信息，也需要记录必要的数据。

组织系统是人工系统。它往往由固定性物质设备（办公空间、作业场地、设备等）、流动性物质投入（原材料、业务性输入等）、软性资源（专利、信息、网络空间等）和人（管理人员、技术人员、操作人员等）组成。“人”这个要素在组织中的地位非常重要，也非常灵活，往往是系统中处于主导地位的要素，尤其是其中的管理者。

2. 管理者

管理产生于协同劳动。当人们组成集体去实现共同目标的时候就必须进行管理，以协调集体中每个成员的活动。概括地讲，管理就是管理者或管理机构通过计划、组织、协调、指挥和控制等活动，对组织的资源进行合理配置和有效利用，以实现组织特定目标的过程。例如，管理者需要计划企业的生产任务；要构建组织去执行计划；要为企业协调和配备必要的人员和资源；在合理的资源配置下，指挥下属去执行计划；要控制资源，控制计划的执行进度，使各类资源在规定的范围内发挥最大的作用。所有管理者，尽管其管理层次和职能分工不同，但都在某方面和某种程度上履行这些职能。

现代著名管理专家亨利·明茨伯格详细分析了管理者应当承担的 10 项管理职能和扮演的角色（如表 1—3 所示）。

表 1—3　　管理者的职能

角色所处领域	管理角色	职责
人际关系	挂名首脑	履行礼仪职责，如视察下属机构
	领导者	雇用和培训员工以保证本单位的运作，给予员工激励和鼓舞
	联络者	为了公司的业务，与其他单位的管理者进行接触和联络
信息传递	信息监控者	不断地收集与企业活动有关的信息，保持敏锐的洞察力
	信息传播者	适时地向企业内部的各层组织传播有价值的信息
	发言人	向企业的监督者和业务伙伴发布各种消息
决策	企业家	实施长远的改革措施，如改革组织结构
	危机处理者	对突发事件作出反应
	资源分配者	控制企业的财务，决定哪些下属单位可获得哪些资源
	谈判者	解决企业内部以及企业与外部单位的纠纷

由表 1—3 可见，管理者最重要的一项职能是对信息进行利用和处理。无论在人际关系方面、信息传递方面，还是在决策制定方面，管理者各种角色的履行都需要取得相关的信息，并对这些信息进行正确的分析和处理。在分析和设计信息系统时，应充分考虑管理的职能、管理者的角色和对信息的需求。

1.3.3　对管理系统的认识

管理系统是企业为了对物质资源（人力、物力、设备、资金等）进行合理安排、有效利用，实现预期经济效益目标而构建的控制与执行系统。它主要由三个部分组成：一是管理的客体，即管理对象（生产和服务过程）；二是管理的主体，即管理者和管理机构；三是联系主客体的信息系统。三者之间的关系如图 1—5 所示。

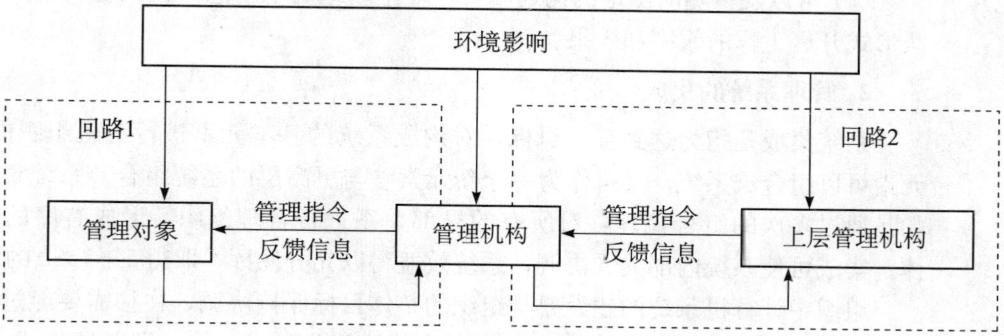

图 1—5　管理系统的构成

图 1—5 中的每个回路都是信息回路，即根据上一层的管理指令、外部环境影响和被控对象当前状况，提供反馈信息，实现对管理对象的计划、组织、领导和控制。在管理系统的三个组成部分中，管理对象如同企业的躯体，管理机构是企业的大脑，信息系统是企业的神经中枢，每一条信息系统的分支（信息流）是企业的神经脉络。

随着数字经济时代的到来，企业组织已经广泛采用计算机作为信息管理的工具，并利用网络设施作为通信沟通的基础平台。

1. 计算机管理工具

发达国家中几乎所有的组织（包括许多小型企业，无论是私有的还是公有的，无论是制造业、农业还是服务业）都采用包括电子商务在内的信息技术来支持组织的运作。数字网络和通信基础设施提供了全球化的平台，组织和个人均可以利用这个平台设计生存战略，相互沟通联合，或者搜寻信息。计算机管理工具的优越性十分明显，主要表现如下。

（1）计算机用数字编码统一管理各种形式的数据，使不同载体所承载的信息有了转换和集成处理的基础；为组织内部和组织之间提供快速、准确而廉价的沟通手段。

（2）计算机具有存储超大规模数据并快速检索的能力，数据采集和存储在数量和质量上都达到了前所未有的精细程度与保真水平，可以更完整、全面、及时地采集和传递各种信息源的数据，包括在其他采集方式中易被忽略的数据。比如超高速摄像机可以每秒 500 幅的速度记录奥运会参赛运动员的动作画面。

（3）计算机强大的运算功能可以对海量数字进行高速运算，为处理各种复杂工作奠定了良好的基础。这种功能可以满足十分复杂的数据加工运算和分析的需要，顺利实现多媒体信息处理，并迅速输出结果。

（4）计算机通信与网络技术的发展使信息的处理超越了时间和空间的限制，信息的多向快速传输、异地处理、移动通信、方便快捷的实时交流都得以实现。计算机网络能方便地完成多点、多种媒体信息的收集、处理和传递，为不同的目的和用户需求提供个性化的信息服务，降低信息处理成本，实现世界范围内海量信息的快速访问。

（5）可以支持随时随地的沟通和协作，生动地展示信息，极大地提高人们以团队形式开展工作的效率和效果。

2. 管理系统的集成

系统集成是指为达到某一目标，对构成系统的基本元素进行有机组织的过程。元素可以组合成系统，又可作为一个新元素参与更高层的系统组合。系统集成的目的是通过多次的组合梳理，对所有的局部关系进行合理组织，形成有序的系统整体。集成可使系统内部关系协调，系统效益得以充分发挥，取得 1＋1＞2 的效果。

组织中计算机系统的建设要与组织的整体目标保持协调，往往需要经过多个不断深化的系统集成过程：第一，使各个分散的部分联成一体，即联通集成；第二，使各个相互关联的部分统一运作，即共享集成；第三，从总体优化的角度重新协调各个部分的关系，即优化集成。系统集成的影响面很大，往往成为制约企业管理系统发挥效益的瓶颈。

企业信息技术的应用也是系统集成的实现过程。人们把计算机硬件、网络设备、计算机系统软件、工具软件和应用软件等组成计算机应用系统，把计算机系统和企业的业务领域结合起来，并使计算机成为企业战略和企业业务重要的支持工具。

根据系统集成所涉及的因素、规模、领域等分类，系统集成包括技术集成、信息集成、过程集成和组织集成等不同的方面。

（1）技术集成。指企业所采用的各种技术具有适宜性、可取性、兼容性与配套性，技术的功能、质量和操作等能够满足用户的信息管理要求。

（2）信息集成。企业实现了数据资源共享，数据库系统的分布合理，不仅提供简单的互访能力，而且要满足正确、合理、高效、安全、方便等数据使用要求，如能够承受较大的用户访问量，支持标准化的数据查询，容易扩展，具有良好的安全控制机制等。

（3）过程集成。主要指应用软件和系统开发过程的集成，使信息系统的灵活性、环境适应性等有良好的保证。应用软件的开发有统一规划，有集成的开发工具，软件产品有较高的重复使用性，开发项目的成功率较高。

（4）组织集成。系统融入企业组织当中，使其成为组织整体的有机组成部分。

它需要对信息系统、组织和人的关系进行合理调整，使人、机在具体业务过程、操作管理方法、岗位责任以及资源开发方面都能够配合良好，使企业的业务部门和用户操作起来都得心应手。

1.4　管理信息系统

1.4.1　管理信息系统的概念

广义的管理信息系统指的是一个学科或信息技术领域，是管理科学的一个重要分支，它以组织中的信息系统开发与应用研究为主要对象。随着这一学科的发展，所涉及术语的概念和内涵日渐丰富，目前人们广泛使用信息系统技术（IT）、信息系统（IS）、信息管理（IM）等概念来表示研究方向基本相同但侧重点略有差异的研究范围，在内容上融入了更多当代管理成果和信息技术应用的最新进展，使管理信息系统学科的范围拓宽了许多。

美国明尼苏达大学的教授戈登·戴维斯（Gordon B. Davis）在1985年给企业管理信息系统下了一个定义：企业管理信息系统是一个利用计算机软硬件和手工作业，利用分析、计划、控制与决策模型和数据库的用户—机器系统，用以提供信息，支持企业组织的运行、管理和决策功能的系统。尽管计算机已经成为现代企业信息管理不可或缺的一部分，但它绝不是唯一的组成部分。从企业管理的角度看，建立管理信息系统是企业为应对环境的挑战，以信息技术为基础作出的一种组织与管理的抉择（如图1—6所示）。

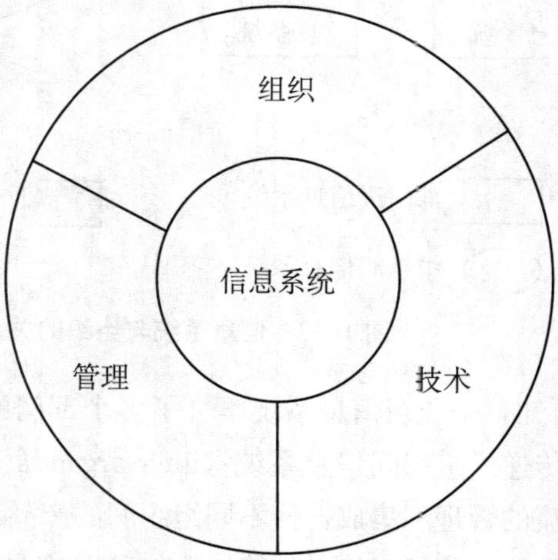

图1—6　组织中的信息系统

具体来说，管理信息系统是一个以人为主导，利用计算机硬件、软件、网络通信设备以及其他办公设备，进行信息的收集、传输、加工、存储、更新和维护，以企业保持战略竞争优势、提高效益和效率为目的，支持企业高层决策、中层控制、基层运作的集成化的人机系统。

1.4.2 信息系统与组织的关系

虽然信息系统的组成成分大体相同，每个信息系统都包含硬件、软件、数据、程序和人等基本要素，但是它们之间的区别也非常大。例如将信息系统与组织相互关联，就可以发现各种差别明显的信息系统。某些信息系统规模很小，可能仅仅支持某个人或某些人的工作，比如办公室员工的桌面计算机系统中单独配备的图文处理系统。有些信息系统是由多个下级信息系统组合而成的，比如银行、邮政或政府组织中配备了覆盖面广、支持组织员工的大型信息系统。有的信息系统内有成百上千个小的应用信息系统，分别用来支持特定的工作任务或业务流程。有的信息系统支持组织中特定的业务职能领域，比如人力资源的管理。有些系统彼此独立，有些系统是相互连接或集成的，可支持多项任务或顺序性流程。有些信息系统以部门为边界，有些系统以企业为边界，还有些信息系统超出了组织边界，把不同企业的业务连接到一起。根据信息系统与企业组织之间的关联关系，可以将信息系统分为部门级信息系统、企业级信息系统和组织间信息系统（如图 1—7 所示）。

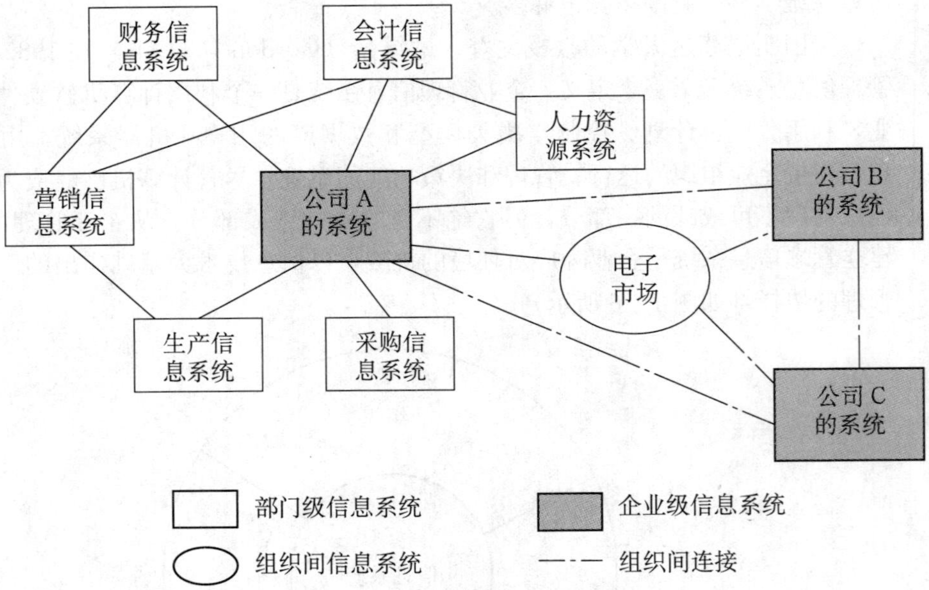

图 1—7 信息系统与组织的关系

由图 1—7 可知，企业级信息系统整合了多个部门的流程，实现了整个组织信息的自动化采集和传递。组织间信息系统（inter organizational systems，IOS）实现了不同企业之间信息流的管理和集成，使不同组织间的产品和服务数据能够自动交换。组织间信息系统也被称为跨组织信息系统，比如 B2B 交易系统、远程电子支付、集成信息发布、共享数据库、虚拟公司运作等，都是对组织之间信息流程的管理。信息系统应用从组织内部向组织外部逐步扩展，应用覆盖领域逐步延伸的过程也被称为企业的“网络化”。网络化企业可能具有更好的竞争基础，比如跨国公司可以在全球范围内实现资源配置的优化，把研发中心设在技术人才充裕的国家，把生产基地设在制造业发达地区或原材料产地附近，把财务中心设在通信优势明显的地区。

1.4.3　管理信息系统的分类

管理信息系统的基本功能是对企业信息进行收集、处理和发布。目前组织中的信息系统可以根据其服务对象的不同分为不同的类型。如图 1—8 所示，企业组织可以横向划分为战略层、管理层、知识层和操作层，也可以纵向划分为不同的职能范围，因此企业的信息系统可以相应地按组织层次划分为操作层系统、知识层系统、管理层系统和战略层系统，也可以依业务范围划分为销售系统、生产系统、财务系统等。

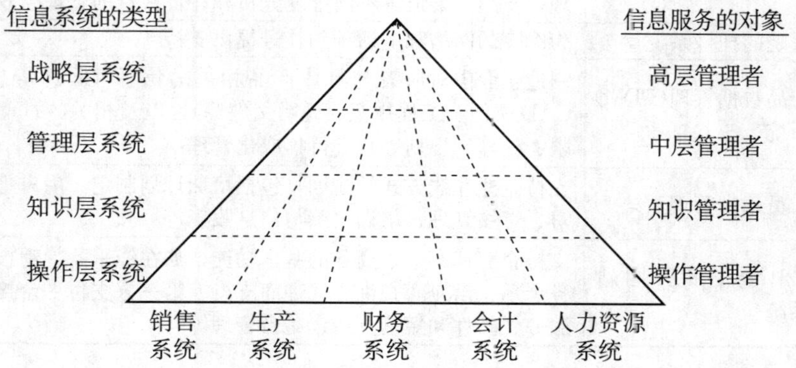

图 1—8　信息系统的划分

各个层次的系统主要针对本层次的信息需求特点提供信息服务支持。操作层系统主要负责基层日常业务处理、组织数据源、监测组织的基本活动，支持会计人员、销售人员、运货人员等的常规决策；知识层系统主要支持组织中的知识管理，如企业研发人员、工程师、政府机关的公务人员、学校的教师和研究人员等，为他们提供有利于知识积累、更新的工作环境；管理层系统为组织的中层管理者进行常规的计划、监测、控制和决策活动提供支持；战略层系统帮助高层管理者应对和处理组织的战略问题，如长期投资计划、市场开发方向、企业产品开发规划等。根据管理的需要，系统集成可以在任何一个层次上实现。另外，企业中还有一些跨越不同层次的、构建比较灵活的信息系统。

各个职能范围的信息系统在数据处理、系统功能和应用方法上会有所差别，可以分步骤建立，并结成有机整体。不同类型的组织需要根据组织的特点灵活设置职能系统。比如，运输或物流管理企业需要庞大的客户管理系统，制造企业会以计划、生产、物资、财务、销售等子系统为基础实施集成制造，教学单位会重视人力资源管理系统的建立等。表 1—4 列举了企业中常用的不同种类的信息系统。显然，不同系统之间存在明显差别。这种差别不仅仅存在于不同的系统之间，即使是同一类系统，具体功能也会有不小的差异。比如，不同的库存管理系统在计价方式支持、库房和货位管理、货物分类方式、数据导入导出、库存报警、图形报表、移动设备支持等方面的功能都不会完全相同。

表 1—4　企业中的信息系统

信息系统	基本功能
超市的收付款系统	条码扫描、前台收银、钱箱管理、小票打印、业务数据汇总、报表制作等
库存管理系统	对货品入库、出库、库存进行全面管理，包括统计盘点、分类报表制作、图形分析等
客户管理系统	客户关系定义、档案管理、潜在客户分析、客户服务跟进、销售机会预测及管理、销售提醒等
银行绩效分析系统	基于数据仓库，用多维度全面绩效分析模型，从机构、部门、客户经理、产品、渠道等不同维度分析和评价银行的管理绩效
医院的挂号系统	为医院的网络和电话预约挂号提供支持
产品数据管理(PDM)系统	制造企业中对所有与具体产品相关的信息（零件信息、配置、文档、CAD 文件、工程规范、说明文件等），以及相关的过程（过程定义、权限、核算、规划等）进行集成化管理
人员培训管理系统	支持企业在线方式的培训，包括培训计划制定、用户管理、在线课程学习、考核管理、培训跟踪与信息收集等
B2B 电子商务网站系统	支持企业从事电子商务的基本功能，如在线采购、销售管理、产品及业务展示、供应商查询、代理商支持、第三方支付平台接口、客户管理与服务、邮件和短信支持、后台管理等

1.5 组织中的信息系统

现实中的应用信息系统种类繁多，很难加以全面描述。学术界一般参照图 1—8 所表述的概念，从横向角度将组织中的信息系统做出分类，故形成了业务处理系统、管理信息系统、决策支持系统等常用概念。后来又从信息系统整合的范围出发，推出了一些新的系统概念，如 ERP、SCM、CRM 等。本节中将简要介绍这些概念。

1.5.1 业务处理系统

1. 业务处理系统的概念

业务处理系统（transaction process systems，TPS）又称事务处理系统，它的主要服务对象位于企业的操作和执行层面。TPS 主要处理企业的日常业务，实现基本业务处理环节的自动化和规范化。TPS 是与人们日常工作和生活接触最多的系统。比如商业银行的柜台储蓄业务处理系统、中间业务处理系统，邮局的快件处理系统、同城速递系统，医院的挂号系统，交通管理机构的违法处理系统，超市的收付款系统，铁路的售票系统，学校的课程注册系统等，都是 TPS 系统。

TPS 的主要功能是支持组织基层，或前端业务机构的具体管理事务。这些日常事务的覆盖面广，有大量的输入输出及精细化操作。TPS 需要有效地完成相关业务数据的采集、入库、运算处理、查询生成等流程。以订票系统为例，有些订票业务局限性强，资源有限，只由代理机构授权办理；信息系统只覆盖有限授权终端，支持专职人员操作。另外一些订票业务资源充裕，希望面向公众发售取得发行市场，信息系统会支持网络购票、电话购票、移动终端购票等多种平台，实现多级代理或由购票者自主操作。有些订票业务的周期性不强，业务结构相对简单，信息流量平缓，无明显的高峰期；另外一些订票业务的需求跌宕起伏，资源紧缺和充裕交替出现，系统需要同时应对业务高峰期的压力和低谷时的冷清。还有一些订票业务有较高的便捷性、防伪性或安全性要求等。

2. 业务处理系统的作用

TPS 是非常重要的基础系统，一旦出现故障，会直接引发企业业务运作紊乱，或导致相关业务的中断，甚至会波及与它相关的其他组织。近年来国内外对 TPS 的故障已有各种报道，如售票系统瘫痪、录取通知书错发、医院收费系统停滞、ATM 机故障等，由此可以看出 TPS 的重要作用。

TPS 是保证管理信息顺利进入管理工作领域，启动信息生命周期的重要系统。其主要作用有：

- 可根据所处理事务的要求和特点，提供高度自动化的处理流程；
- 高效率地完成结构化数据的捕获、生成、存储和传递过程；
- 有效的数据编辑能力可保证业务数据的正确性、完整性和时效性；
- 可迅速有效地处理大量业务数据的输入输出，支持大量用户同时操作和查询；
- 具备系统可靠性和安全防护能力，保证业务处理流程和相关数据的安全性。

订单系统是比较典型的 TPS，其工作流程如图 1—9 所示。

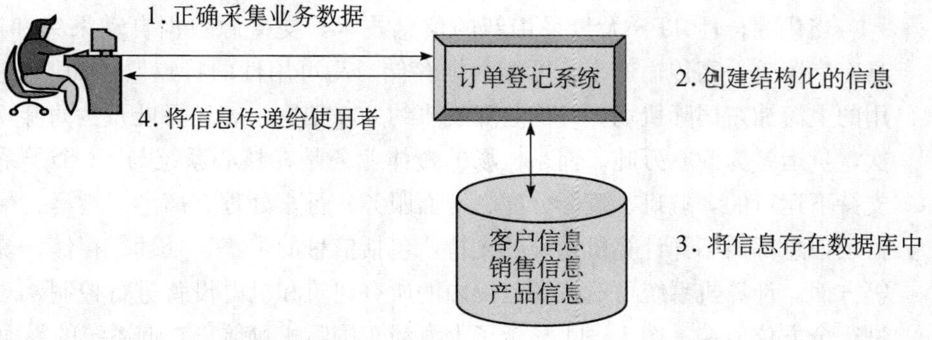

图 1—9 简单的 TPS：订单处理系统

(1) 用户登录后可以看到订单产品的特征、价格和规格等，输入订单数据；

(2) 系统对用户输入数据进行处理，审核其有效性，生成标准化的订单数据；

(3) 系统将订单数据存入数据库；

(4) 系统告知用户订单的状态等信息，便于用户及时确认或修改等。

这样一个订货 TPS 需要多个层面的应用支持。一是输入界面层，用来与用户交互，方便数据编辑、检验等，可有效捕获基本业务数据。如用户姓名、单位、订货的品种、数量、送货方式等。二是业务处理层，要合理安排业务流程。比如订单如何确认、是否允许撤销订单、反馈信息包括什么等。三是数据存储层，涉及用户操作权限、数据规范性和传递安全性方面的设计。任何一个完整的业务处理周期都包括五项基本活动：数据输入、业务处理、数据库维护、生成文档和报告、查询处理。因此，TPS 的基本结构可以用图 1—10 表示。

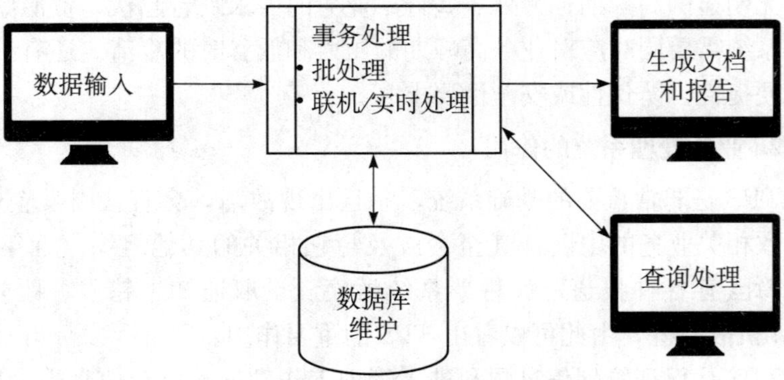

图 1—10 TPS 的业务处理周期

3. 业务处理系统的发展趋势

业务处理系统的发展趋势具有以下特点：

第一个特点是规模不断增长，逐渐覆盖全业务。TPS 是企业信息化应用的起点，通过操作领域的自动化，TPS 将规范化的电子数据保存到数据库中，并为上层信息系统提供必要的基础资源。企业中最初的 TPS 往往是分散的或独立建设的，分别支持关键性的业务领域；发展到一定阶段后逐步融合，向覆盖全业务的、综合性的业务处理系统发展，实现了企业业务的集成化运作。

当代综合性 TPS 大量采用新的信息技术，支持源数据自动采集和远程查询，具有广覆盖、高传输速率、可靠数据存储、高可用性的特点。比如 1999 年投入使用的上海浦东国际机场，日均起降航班约 800 架次，客运吞吐量为每年 7 000 万人次，货运量为 500 万吨。浦东机场的整体业务是在核心系统与 43 个子系统的集成支持下运行的，航班、资源分配、地面服务、行李处理、离港、货运、配餐等大量营运信息都离不开计算机系统的支持，包括信息的采集、处理、存储、统计和发布等方面。计算机系统可对机场范围内的所有建筑和机电设备进行控制，对各类业务进行全方位监控。图 1—11 显示了上海浦东国际机场航班查询系统的界面。

第二个特点是全面向联机事务处理系统发展。联机事务处理系统（on-line transaction processing，OLTP）是一种对系统可用性要求很高的 TPS，比如面向全国或全球客户提供航空订票服务、信用卡服务的系统。这类系统的主要特点如下。

（1）实时性，支持大量客户远程接入提交服务申请（事务），操作员可异地监控；

（2）可快速捕获远程数据和并发数据，迅速完成该项事务的处理任务，及时保存和更新数据，并向客户反馈结果信息；

（3）能够保证系统业务处理和响应的时间符合用户需要，并保证并发操作流程的顺畅性和可靠性。

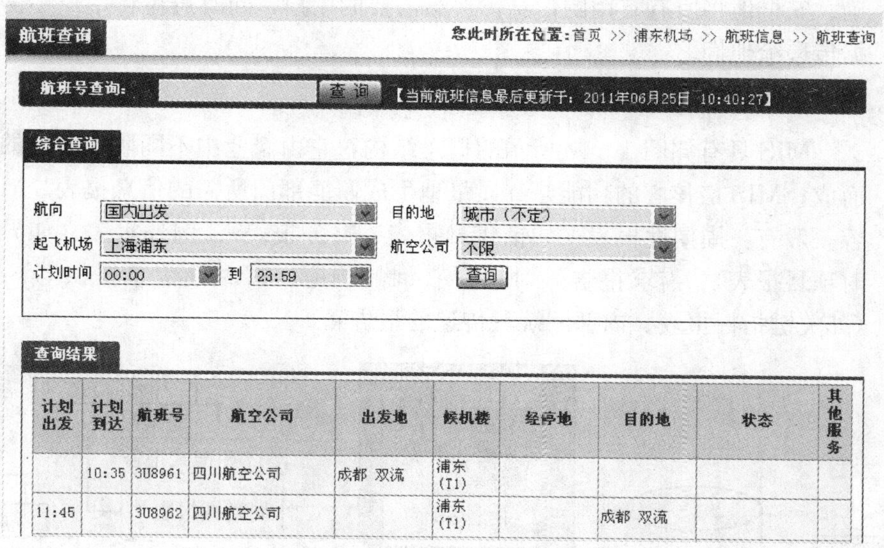

图 1—11　上海浦东国际机场的航班查询系统

1.5.2　管理信息系统

1961 年，詹姆斯・D・加拉格尔（James D. Gallagher）出版了第一部管理信息系统的专著《管理信息系统与计算机》，管理信息系统（management information systems，MIS）作为学科概念或广义概念开始发展起来。

1. 管理信息系统的概念

这里使用的是管理信息系统的狭义概念，它是指支持组织中支撑各个管理部门运作的运营支持、计划和控制系统，是以企业效率提高为主要目的，以中层管理业务管理支持为重点，兼顾高、中、基层集成运作的信息系统。

从发展历程看，20 世纪 60 年代中后期数据库技术的进步，促进了以资源集中和数据共享为特征的传统 MIS 的发展。TPS 实现了操作数据的电子化和数据存储的规范化，将业务数据流源源不断地输送到企业的数据库中，再由 MIS 负责提取数据库中的业务数据，并根据组织的管理结构、工作节奏和控制目标，自动生成职能部门的管理者所需要的报表，将这些报表传递给各个岗位的管理人员。这样，管理者就能够及时了解一线业务的进展水平和各项工作的完成情况，采取及时的调控措施，企业业务流程的运作和配合水平明显改善。

与 TPS 相比，MIS 扩大了信息交流和共享的范围，可帮助企业从整体管理的角度实现运营监测、控制和规划，促进业务质量、成本和服务的改善。管理信息系统领域的知名学者拉里・朗（Larry Long）曾经用“四个适宜”来概括 MIS 的核心作用：将适宜的信息、在适宜的时间、用适宜的形式提供给适宜的决策者。显然，管理信息系统需要自动地对数据库中的相关数据进行筛选和组织，找到有用的、符合用户要求的信息；要对相关信息进行组织和处理，制作成合适的报表，利用适宜的格式表现数据，让用户能够正确地理解和接受信息，将其用于决策；要及时、准确、安全地将所有有用的信息传递给需要的用户，同时避免将用户不需要的无用数据传递给他们。

2. 管理信息系统的构成

MIS 具有如图 1—12 所示的概念结构，它由企业中不同职能部门的子系统组合而成。MIS 最核心的功能是高质量地生成职能部门所需的信息报表。MIS 的报表内容一般有：周期性报表（如销售日报表、财务报表）、例外报表（如异常报告、临时项目报表）、需求报告（对用户查询的响应，即时性信息提供等）和推式报告（如关键指标报表、内部网统一传递的报告）。

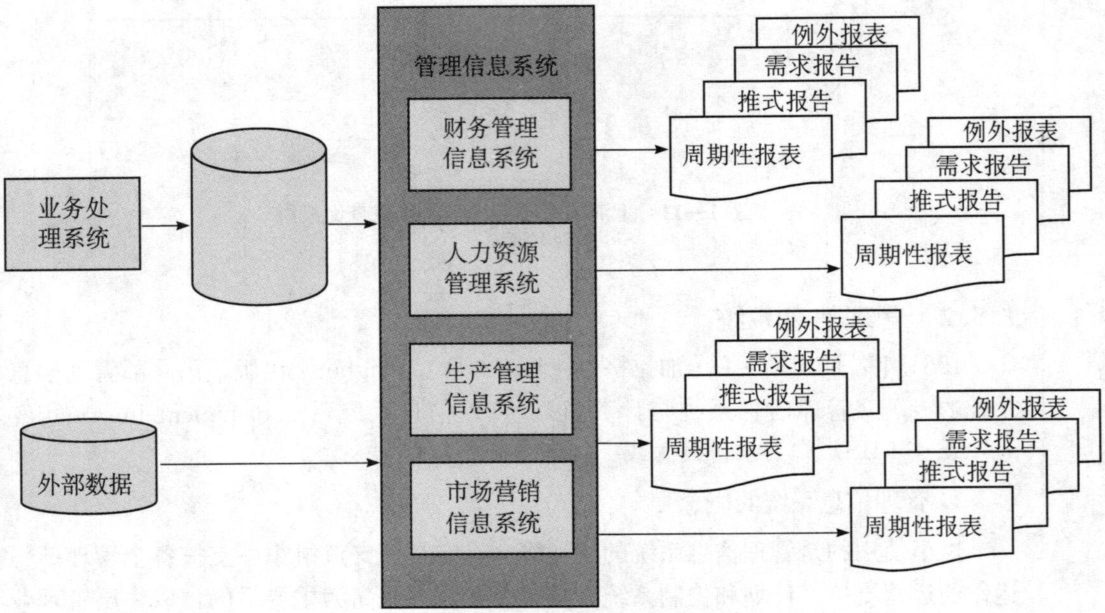

图 1—12 管理信息系统的概念结构

现实中 MIS 的底层功能有时会与 TPS 相交叉，因此实际开发中会将 TPS 作为 MIS 的一部分进行开发，企业中的管理信息系统也会比图 1—12 显示的逻辑结构要复杂得多。

这里举例介绍财务管理信息系统、人力资源管理信息系统、生产管理信息系统和市场营销信息系统的主要功能。

（1）财务管理信息系统。可分为财务和会计两个部分。会计系统的主要功能是维护公司的财务记录，如收支、存款和现金等，主要由订单处理、库存处理、收支系统、工资管理、总账和财务报告等系统组成。财务系统负责管理企业资金的运作，如筹资、融资、投资和资金分配等，负责向股东提供报告，计算投资收益率及其变动，并辅助企业进行财务决策。

（2）人力资源管理信息系统。负责员工招聘和档案管理、人员绩效考核与晋升、工资管理、岗位设置、员工健康管理等，系统将对企业人员的整个生命周期进行管理。

（3）生产管理信息系统。产品制造业的生产管理系统包括产能计划、主生产计划、订单管理、作业管理、物料需求计划、采购管理、库存管理等功能。在服务业中管理信息系统与制造业类似，只是管理的对象从产品变成了服务。

(4) 市场营销信息系统。主要处理四个方面的信息，即产品（product）、促销（promotion）、渠道（place）和价格（price），简称 4P。具体功能包括：产品管理、销售管理、定价、市场预测、广告促销、渠道管理、销售自动化管理等。

3. 管理信息系统的发展趋势

管理信息系统具有如下发展趋势：

一个趋势是企业内部的集成，出现了跨越多个职能部门的企业级应用系统。这种趋势最先出现在制造业，目前已经历了三代。

第一代是物料需求计划（MRP）系统，它从整个流程的合理性出发，对主生产计划、物料清单（BOM）、库存需求和未完订单等多个领域的数据做出比照，计算得出物料需求数据，并用来修改物料订单，改进企业的订货策略。第二代是 20 世纪 80 年代的制造资源规划（MRP Ⅱ）系统，它将统一管理的对象从物料扩展到了人力、设备、时间、资金等更多要素，用软件集成了生产、销售、采购、财务会计、成本管理等功能，实现了生产资源的全面管理，用来支持企业按需生产的运营模式。第三代是企业资源规划（ERP）系统，它在 MRP Ⅱ 的基础上又集成了市场、财务和成本控制功能，再次提高了企业内部运作、流通和财务流程的效率，改善了企业内各个部门管理工作的协调性。

另一个趋势是外部集成（如图 1—13 所示）。MIS 逐渐与客户、供应商、业务伙伴、员工和其他利益相关者协作集成。

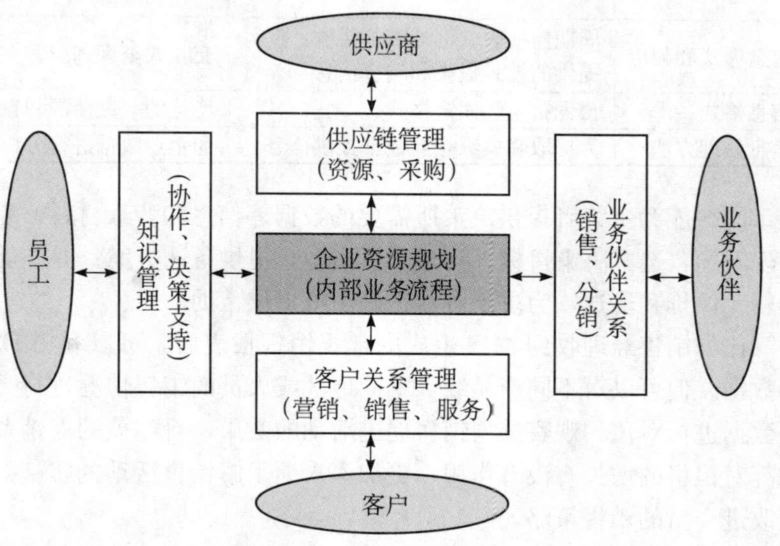

图 1—13　企业应用体系的发展

客户关系管理专注如何通过营销、销售和服务过程的改善来吸引并留住有价值的客户；供应链管理系统关注如何改善与供应商的关系，建立经济、有效的产品和服务外包及采购流程；知识管理系统关注如何支持企业员工的知识创造过程，以及群体协作与决策过程；业务伙伴关系管理意在吸引并留住那些能够促进企业产品与服务销售的合作者。

1.5.3 决策支持系统

1. 决策支持系统的概念

1971 年，美国麻省理工学院的戈里（Gorry）和斯科特·莫顿（Scott Morton）等人提出了决策支持系统（decision support systems，DSS）的概念，DSS 是为中高层管理者服务的、以数据分析为主、具有高度灵活性的信息系统。

因为中高层管理者面对的问题灵活多样，比如该如何争取订货、供应商如何选择、价格策略是否需要修改、哪个渠道比较好，等等。这些问题的结构化程度较低，很难像 MIS 那样用自动的处理流程生成规范化的输出。例如供应商的选择就需要考虑多种影响因素，多方面收集信息，不能简单地从现有数据库中找到可用数据，更无法用特定的公式去推算结果。这些问题需要用新的信息系统来支持。DSS 的特点是为管理决策过程提供交互式的信息支持。DSS 可利用分析模型和专门的数据库，加上决策者自己的洞察力和判断力，通过人机交互过程，实现对半结构化决策过程的支持。

DSS 和 MIS 的主要区别如表 1—5 所示。

表 1—5 **MIS 与 DSS 的区别**

类别	管理信息系统	决策支持系统
提供的决策支持	提供关于组织绩效的信息	提供信息和决策支持技术来分析特定的问题和机会
信息形式和频度	周期性报表、例外事务报告、按需提供的推式报表和响应信息	交互式查询和应答
信息格式	预先指定的固定格式	特定的、灵活的和自适应的格式
信息处理方法	为提取和操纵企业数据提供信息	为企业数据进行分析和建模提供信息

DSS 能为决策者提供决策所需要的数据、信息和背景材料，有效地帮助管理者发现问题，选择决策目标，构建分析模型，提供备选方案；并能够对各种方案进行比较、评价和优选，为决策者的正确决策提供帮助。

比如销售经理收到 MIS 生成的常规销售报表后，可以利用 DSS 进一步分析这些数据。他可以对不同产品线、不同地区或人员的销售情况进行具体观察，与往年的数据进行对比，观察某项销售促进活动的效果，看相关的促销费用和销售人员津贴等对销售的增长有没有作用，更加深入地了解销售活动的实施效果，以便决定如何改进今后的销售策略。

基于因特网和数据仓库的 DSS 推动了联机分析处理（OLAP）应用的发展。如图 1—14 所示，借助专用的服务器、多维数据库和 OLAP 软件，管理者能够从多个不同的视角操纵和观察大量数据，分析数据之间的复杂关系，并从中发现趋势、因果关系和有用的信息。OLAP 是支持管理者分析过程的应用系统。它以实时方式提供查询需求，并执行在线处理任务，系统快速响应并及时反馈分析结果。

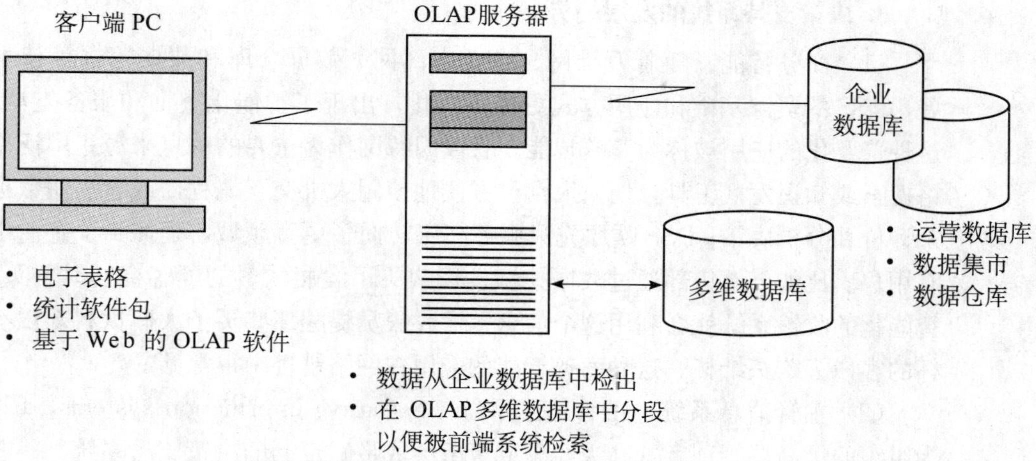

图 1—14　OLAP 系统示意图

2. 决策支持系统的构成

DSS 的构成非常灵活，它针对具体的决策问题提供有针对性的支持。其结构特点如图 1—15 所示。

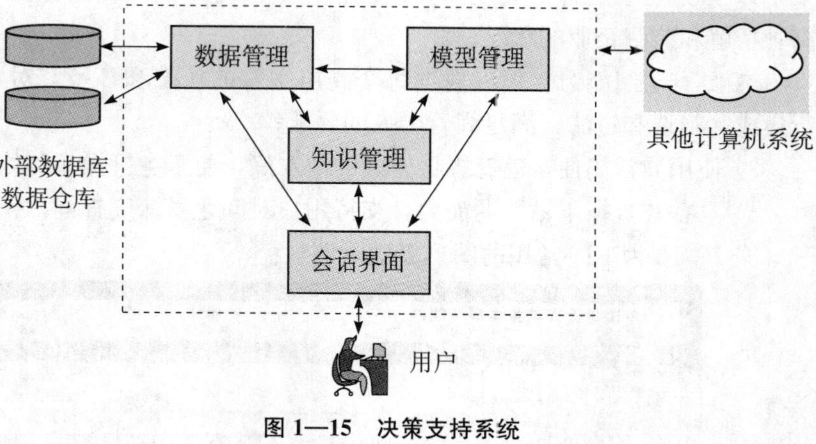

图 1—15　决策支持系统

DSS 以数据管理、模型管理和知识管理三部分为基础，加上人机会话界面构成。其中，数据管理功能可从企业数据库和数据仓库中提取和复制资源到 DSS；模型管理功能可保存和管理 DSS 运算方法和模型；对模型的选择和使用等需要有专门的知识管理能力。会话界面是用户与 DSS 之间沟通的接口，用户只需使用平时熟悉的语言和工作方式就可以与 DSS 系统对话，而不必专门具备计算机专业知识。分析结果信息也将以用户能够理解的方式在界面呈现。

许多智能化的桌面软件（如字表软件和数据分析软件）融合了便捷查询和智能化分析功能，也是最常见的 DSS 工具。比如前面讲过的销售经理的例子，该销售经理可以将后台销售数据库中的相关数据提取到 Microsoft Excel 或 Access 数据库中，然后根据自己的想法，在桌面上对这些数据进行选择排序，或制作数据子集，进行多角度的观察分析。

3. 决策支持系统的发展趋势

（1）商务智能。随着万维网、企业内部网、数据仓库和数据挖掘等技术的发展，DSS 的资源基础和应用方式更加多样化，出现了智能化查询和服务支持系统。这种普及化的应用被称为商务智能。它以因特网作为重要的信息来源；广泛使用网络搜索或知识发现工具，任何人都可方便地使用人机交互流程，或者启用数据建模来评价和分析决策；DSS 从原先只服务高层转向了更宽领域，延伸到了企业中的所有用户。比如，销售部通过数据挖掘发现购买了大瓶饮料的顾客会同时购买纸杯，智能化的收银系统就会利用这个信息，让收银员提醒那些买了大瓶饮料却没有买纸杯的客户去购买纸杯。这种商务智能的应用在网络销售中很常见。

（2）主管信息系统。主管信息系统（executive information systems，EIS）是为组织的最高层管理者（高级经理或董事会成员）定制的决策支持系统。一些大型组织的业务流程高度复杂，各种业务信息系统为数众多，信息流量很大。企业的高管无法准确把握企业的运行状态，进行及时决策。而 EIS 相当于“管理驾驶舱”，能够帮助他们驾驭企业。

EIS 的特点如下。

1）只聚焦于高管所关注的关键性指标，及时提供关键指标的状态信息，便于高管了解和监测企业的状况；

2）具有定制能力，可以根据每个高层主管的状态和环境，对相关信息来源进行集成、筛选和过滤，满足高管个人的要求；

3）使用异常简便，信息提供方式灵活友好，便于主管操作和处理问题；

4）具备“数据下钻”的能力，支持用户对问题做深度查询。

图 1—16 为 EIS 常用的图形界面示例。

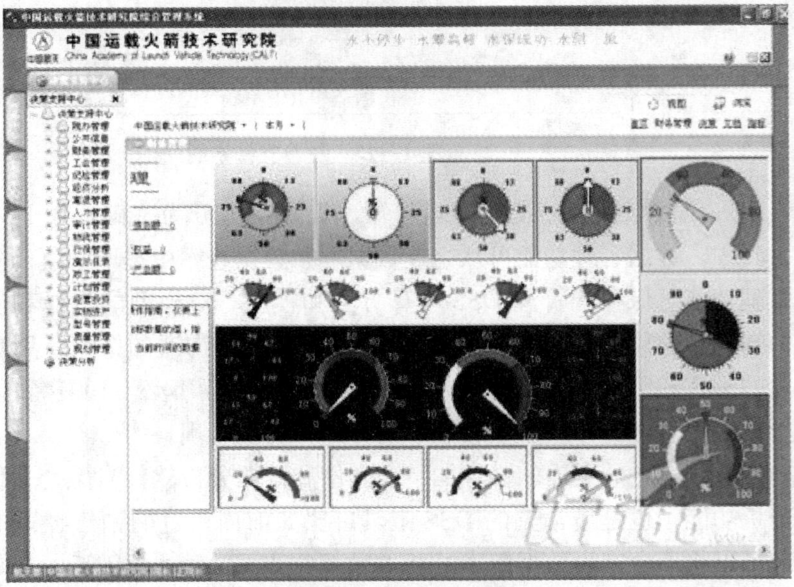

图 1—16　EIS 界面示例

图片来源：cio. it168. com.

(3) 专家系统。专家系统（expert system，ES）是一种模拟专家决策能力的计算机系统，其特点是：有咨询功能，可以回答用户提出的专业性问题；有学习功能，可不断增添或修改已经拥有的知识；有教育功能，能够解释过程并回答询问，向用户提供专门领域的知识。

专家系统可以用来对某个领域的特定问题提供专家水平的决策支持。人力资源培训和学习领域的效果自我检测系统，农业领域用来诊断动植物疾病的计算机程序，都是专家系统的示例。

(4) 群决策支持系统。群决策支持系统（group decision support systems，GDSS）是一种基于计算机的群体合作支持系统。它用来支持一组决策者同时参与决策会话，从而得到一个较为理想的决策结果。比如以局域网的形式支持多人参加会议，通过一个自动化的过程来收集、记录、交换会议意见，并实时显示反映意见，交换发言权。备有大屏幕显示设备的决策室，可显示各种决策方案、效用值及统计分析数据，便于所有会议参加者并行并流、共同讨论。将广域网与电视会议结合在一起的远程电视决策会议系统，可以方便远程交流互动。GDSS的形式多样，不拘一格。人们使用GDSS的目的也有很多，比如，充分发挥时效优势，充分有效地传递信息；用计算机流程来抑制群体合作或人为过程中的消极行为，比如体育比赛中的误判；有效保存必要的记录，防止信息丢失；改进群体决策过程的效率和质量；提升决策群体的满意度；等等。这些都要求GDSS具备相应的功能。

1.5.4　整合型系统

纽约大学的劳顿（K. C. Laudon）教授从企业流程的角度进行分类，提出了流程信息系统的概念。他指出，当今企业面临的主要挑战之一是如何把各种系统的数据集成到一起形成跨越企业的信息流。通过信息流和业务流的良好协调，使企业像一台精致的机器一样顺畅运转。整合型系统是指一些功能强大的信息系统，可整合不同职能部门和组织内部机构的信息流，或用来协调企业与供应商和合作伙伴的关系。

整合型系统主要包括整合组织内部流程的ERP系统，整合上游流程的SCM系统和整合下游流程的CRM系统。根据本章1.4节的讨论，ERP是企业级的信息系统，SCM是组织间的信息系统，CRM是企业中跨部门整合的信息系统。

1. 企业资源规划系统

企业资源规划（enterprise resource planning，ERP）系统是覆盖企业中各个业务领域的企业级信息管理系统。ERP已经过三代演进，至今仍在不断发展，向更多的资源管理系统延伸。

ERP系统可以从企业整体层面管理内部资源，包括人、财、物和产、供、销等各个方面，解决各部门系统分割状态导致的效率低下问题。比如销售人员接单时无法确信你所订的货物在仓库中是否已被先期预定；顾客无法追踪订购的产品，不知道自己的产品进入了哪个业务环节；生产部门无法及时与财务或人力资源部门沟通，调整和安排生产计划；等等。

ERP 用一个整合的系统协调企业的关键业务过程，使业务信息在销售、生产、财务、人力资源等多个部门间无障碍流动，实现企业内部信息的高度共享和及时传递，有效控制企业中各个业务环节的衔接过程，消减低效流程，增强管理的有序性和透明化。

图 1—17 显示的是一个小型企业 ERP 系统的结构，从中可以看出，销售、采购、生产、财务、工程和人力资源的管理都整合到了一起。

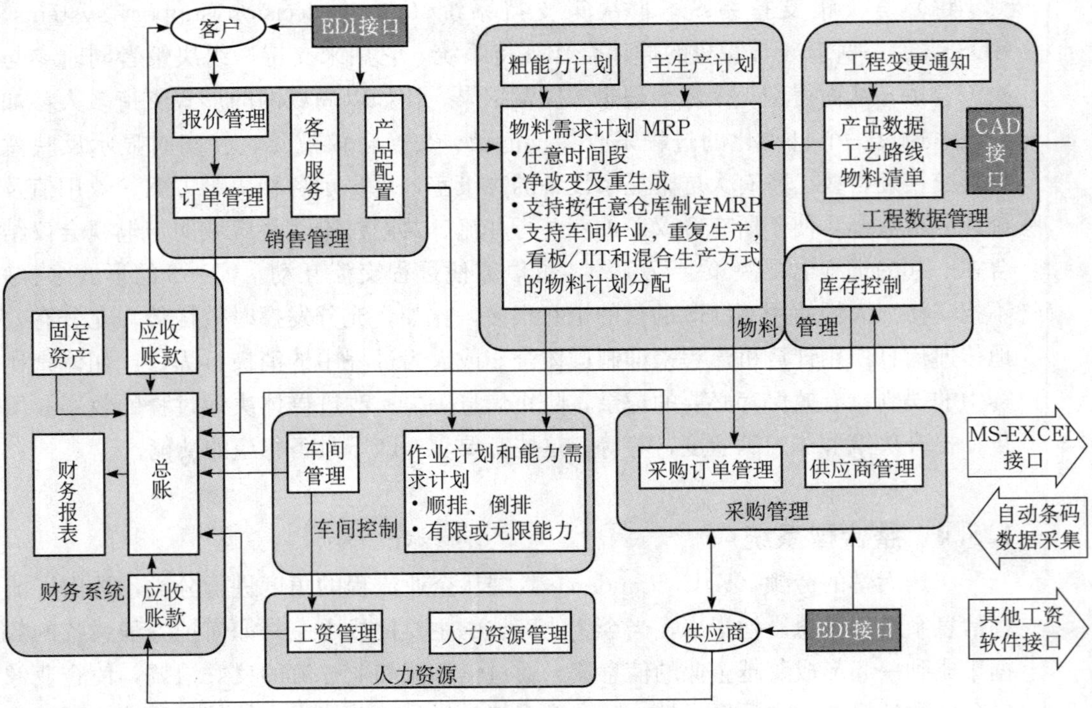

图 1—17　某小型企业的 ERP 系统

由于企业 ERP 系统具有复杂性，因此软件市场上推出了很多的软件产品，帮助企业开发 ERP 系统。这些软件被称为 ERP 软件，具有模块化的结构，企业可以有选择地购买所需的功能模块。与桌面软件不同，ERP 软件并不是最终产品。企业在购买 ERP 软件后还需根据自己的应用情况进行开发和实施，才能获得最终可用的 ERP 应用系统。

好的 ERP 软件实现了底层设计的高度集成化，为企业开发出稳定性强、安全性好、标准化程度高的 ERP 系统提供了技术保证，可有效地缩短 ERP 系统的开发时间。但是企业要得到自己需要的、可用性好的 ERP 系统，还需要在管理基础、流程改进和开发实施方面付出必要的努力。本书将在最后一章提供一个 ERP 软件系统的案例。

2.　供应链管理系统

供应链管理（supply chain management，SCM）系统是一种组织间信息系统

(IOS)，它跨越组织边界传递信息，帮助企业将供应商、制造商、分销商、零售商连为一体，实现采购、生产、分销和销售的协调。

SCM 的应用覆盖了供应商、采购商、分销商和物流公司等，对整个产品物流的采购、生产、库存和送货过程进行统一的规划、调度和控制，实现了这些组织之间的业务协调。通过供应链合作伙伴的密切合作与信息共享，可以有效抑制信息失真所引起的“牛鞭效应”。这种效应的特点是：当信息沿供应链逐级传递时，会像一根甩起的牛鞭那样逐级放大，不真实的需求传递到末端会发生很大的变异，引发非正常的波动起伏。

在供应链管理中，信息技术起着决定性的作用。供应链管理涉及企业经营管理的众多环节，每个环节会涉及整个链条上的不同组织和机构，使得供应链管理需要处理的信息量大，信息来源多，信息内容更新快。信息系统对供应链的支持表现在很多方面。它可以决定生产、存储和运送的具体产品和精确时间；可快速传递订单，跟踪订单状态；可监视库存水平，核对库存状态，减少库存和运输成本；可对产品的形成过程、物流流向、运输过程进行追踪；可根据顾客的需求安排生产，快速追踪产品设计的变化；可减少工作中的人为错误，提高 SCM 整体的运行效率。

图 1—18 是供应链管理系统在猪肉生产全过程追踪中应月的示意图。供应链信息可以利用 RFID 电子标签进行采集，并从最初的养殖场开始，在生猪饲养、屠宰、加工、配送的过程中不断补充信息。信息在供应链中全程传递，每个环节都可以清晰了解所进原料货物的来源、前面经过的处理环节、责任者、质量指标等信息，并将本环节的加工处理信息补充写入电子标签。从商店购买最终产品的消费者可以通过标签追溯所购食品的来龙去脉。这样的供应链管理系统为不同企业的合理计划以及整个食品生产过程的安全监管提供了方便。

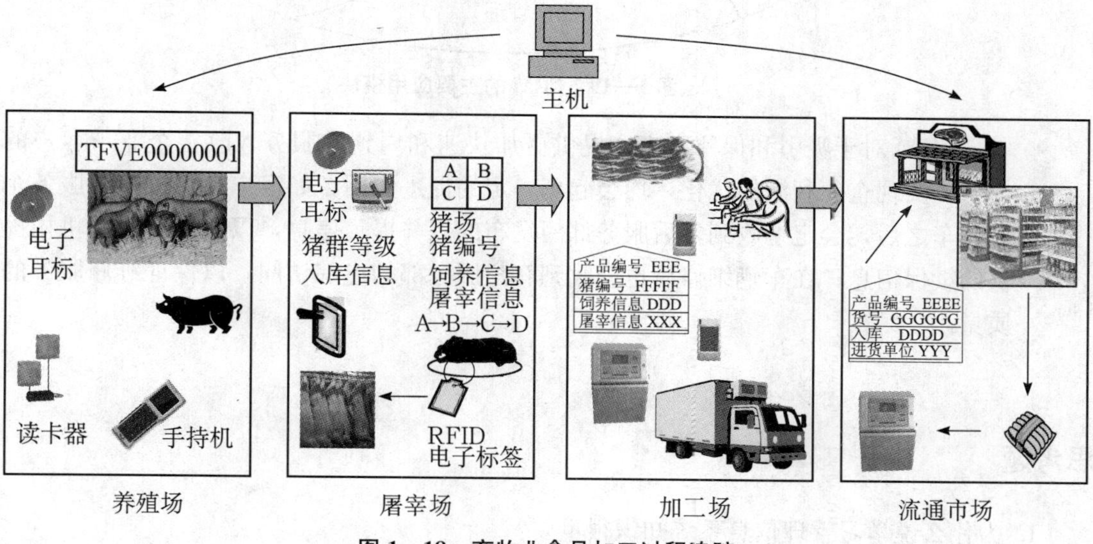

图 1—18　畜牧业食品加工过程追踪

3. 客户关系管理系统

客户关系管理（customer relationship management，CRM）系统是一种跨部门

整合的信息系统。它以外部资源——客户为中心建立，是对企业与客户间可能发生的各种关系进行全面管理的系统。

CRM 与企业中的市场营销、销售、服务与技术支持等面向客户的部门联系最为密切，使原本由多个部门各自负责的诸多客户服务流程实现了集成化和自动化。CRM 是整合型系统，采用基于 Web 的软件工具和集成数据库，可搜集、追踪和分析每一个客户的信息，知道客户需要什么，并能够利用多种通信渠道（如电话、电子邮件、网络等），以协调一致的态度和风格与客户交流。

CRM 系统有不同类型，有的侧重改善运营管理，有的侧重客户分析，有的侧重沟通和自助支持。CRM 主要的构成如图 1—19 所示。其中沟通和账户管理模块通过集中的客户数据库存储了不同客户接触点的相关信息，供所有部门访问和使用；销售模块可以提供数据资源，提醒销售人员开展相应的服务；营销和订单模块可以收集客户的反应数据，分析客户或潜在客户的价值；客户服务与支持模块提供数据库的实时访问能力，如呼叫中心，可将客户服务转给适宜的服务支持人员；客户留住及忠诚计划模块帮助企业识别和分析客户价值，给他们以回报，设法实现客户价值最大化。

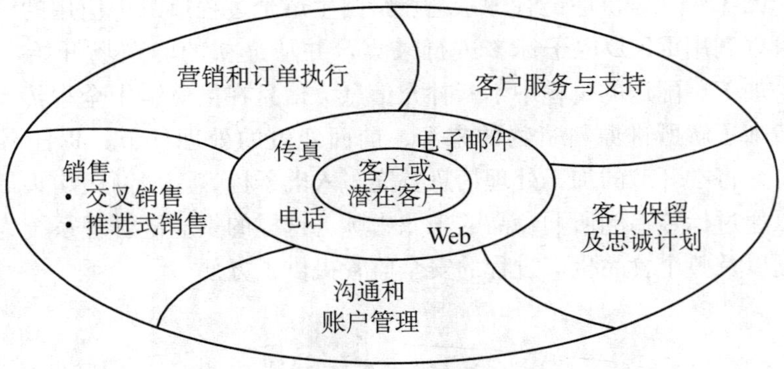

图 1—19　CRM 的主要应用模块

CRM 对于吸引和保留客户，提供更加快速和周到的服务，改善企业与客户的关系，实现企业利润的优化，均会起到一定的促进作用。如客户在轿车销售服务企业购车之后，会定期收到售后服务部门发布的保养提示信息，以及保险代理机构提供的续保信息；在车辆维修后也会收到客户服务部的追踪访问，以保证维修服务的质量。

思考题

1. 为什么说学习管理信息系统知识很重要？
2. 如何认识信息与数据的区别？
3. 信息管理如何促进企业决策科学化的过程？
4. 如何认识信息资源和物质资源的关系？

5. 如何定义信息系统的构成框架？

6. 管理信息有哪些特点？这些特点对信息系统的建设有哪些要求？

7. 管理信息的处理要求是什么？

8. 为什么说“管理信息系统是企业为应对环境的挑战，以信息技术为基础而作出的一种组织与管理的抉择”？

9. 如何衡量企业信息系统的性能？

10. 用系统集成的思想分析在企业信息系统建设中，应当如何处理信息技术与其他管理要素的关系。

11. TPS、MIS 和 DSS 的功能有哪些主要的区别？

12. 企业信息系统发展的主要阶段有哪些？

13. 如何认识目前企业外部信息资源集成化发展的方向？

14. 说明 OLTP 和 OLAP 的概念和主要区别。

15. 为什么说 DSS 中的会话界面很重要？

16. EIS 的特点是什么？

17. 为什么 EIS 要有“数据下钻”能力？

18. 企业如何通过 ERP 软件得到 ERP 系统？

19. 信息技术是怎样改善供应链运作的？

20. 信息技术是怎样改善客户关系管理的？

企业管理的信息处理平台　第2章

2.1 信息处理平台概述

随着生产力的发展，人类在经历了农业社会、工业社会后，正式步入信息社会，信息与物质、能源一起构成了人类赖以生存与发展的三大资源。信息的收集、传输、加工和利用这类信息处理工作日益成为人们社会活动的重要组成部分。

信息处理的主体是各行各业的人，客体是以各种数据为载体而存在的信息，而为进行信息处理提供技术支持的各种资源的总和称为信息处理平台。有了这样一个基础平台的支持，信息化社会才能真正得以实现。在当代，一般意义上的信息处理平台主要包括计算机系统平台、通信及网络平台、数据库平台等硬资源，以及相关的理论、方法、标准、规则、制度、政策等软资源。

1. 计算机系统平台

计算机系统是信息处理的主要工具，它对以文字、符号、图像、声音、视频等形式存在的信息进行存储、变换、运算和输入输出等操作。在计算机内部，信息以二进制数字的形式存在，即由若干“0”和“1”两种二进制基本码元来表示各种信息。计算机系统平台可以分为硬件系统和软件系统两大部分，两者配合工作，完成信息的处理。

2. 通信及网络平台

通信网络平台的主要作用是传输信息，使信息能够被处于不同空间的使用者所共享。通信网络平台是现代通信技术和计算机网络技术相结合的产物，其所追求的目标就是更准确、更高速、更安全、更便宜地传播信息。构成通信网络平台的要素主要包括通信网络设备（如路由器、交换机、移动基站等）、传输介质（如同轴电缆、光纤、无线电磁波等）和通信协议（如 TCP/IP、UDP 等）。

3. 数据库系统平台

从本质上讲，数据库系统平台属于计算机软件的范畴，能够配合计算机硬件设备，在计算机内部科学、高效地组织和管理数据，进而能利用数据所承载的信息，为人们的生产和生活服务。一个完整的数据库系统平台应该包括操作系统、数据库管理系统、数据库和应用程序。数据库系统是在传统的文件系统基础上发展起来的，是管理信息系统的基础。

4. 信息处理的软资源

除了计算机、通信网络和数据库平台外，信息处理平台还包括实现信息处理所必需的各种软资源，比如方法、技术、标准、规范、制度和法规等，它们控制和管理着参与信息处理的计算机、通信网络、数据库等实体平台以及人的活动，实现信息的采集、传输、加工、存储和利用等处理功能。

2.2 计算机系统平台

2.2.1 什么是计算机

电子数字计算机是一种能够自动、高速、精确地进行信息处理的现代化数字电子设备，能够实现高速数据运算和大量数据的存储。

电子计算机在最初问世时仅作为一种计算工具，随着科学技术的不断发展，现在计算机已经应用于人类生产和生活的各个方面。对计算机的科学研究日益成为与人们生活、生产密切相关的重要学科。

在人类历史上，曾出现过算盘、机械式计算器等计算工具，它们的一个共同特点是在人的直接操作下进行计算。电子计算机的主要特点却是能够自动进行计算。只要人们预先将计算的程序存储在计算机内部的存储器中，计算机就能够根据程序对输入的数据进行指定的计算。

20 世纪中期，新兴的电子学和深入发展的数学带来了第一台电子数字计算机的诞生。在此后的半个多世纪里，计算机技术及产品迅速发展，性能不断提高，价格不断下降，应用领域不断扩展。科学计算、数据处理、过程控制和人工智能是计算机的主要功能。如今的计算机已经成为一个复杂的智能系统，由多种软硬件设备组成。图 2—1 显示的就是典型计算机系统的组成。

2.2.2 计算机的体系结构

美籍匈牙利科学家冯·诺伊曼被称为“计算机之父”，他最早提出了“程序存储”的思想以及采用二进制作为数字计算机的数制基础，使计算机按照人预先编制的程序进行工作。这一思想被成功运用到计算机的设计之中，根据其理念设计出的计算机被称为冯·诺伊曼结构计算机，世界上第一台冯·诺伊曼结构计算机是 1949 年研制的 EDSAC，目前广泛使用的仍然是基于冯·诺伊曼体系结构的计算机。根据冯·诺伊曼体系结构制成的计算机必须具有如下功能。

- 把需要的程序和数据送至计算机中；

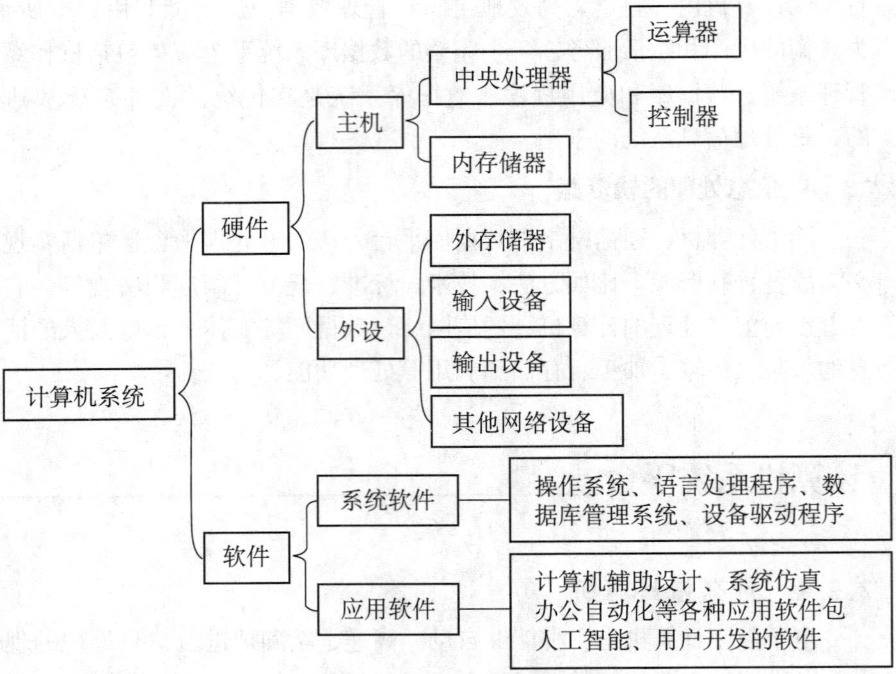

图 2—1 典型计算机系统的组成

- 必须具有长期记忆程序、数据、中间结果及最终运算结果的能力；
- 能够完成各种算术、逻辑运算和数据传送等数据加工处理的能力；
- 能够根据需要控制程序走向，并能根据指令控制机器的各部件协调操作；
- 能够按照要求将处理结果输出给用户。

为了完成上述功能，计算机必须具备五大基本组成部件（如图 2—2 所示）。

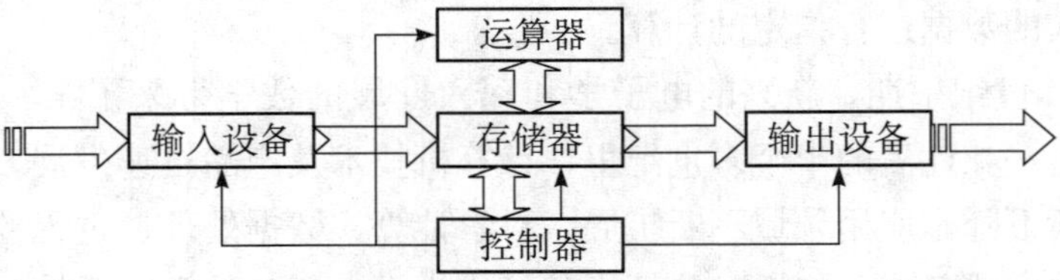

图 2—2 冯·诺伊曼的“程序存储”结构

这五大基本组成部件分别是。

- 输入数据和程序的输入设备；
- 记忆程序和数据的存储器；
- 完成数据加工处理的运算器；
- 控制程序执行的控制器；
- 输出处理结果的输出设备。

程序存储的体系结构在过去的几十年中也不断发展改进，如增加了浮点数、字符串等新的数据类型；采用了虚拟存储器，方便了高级语言编程；引入堆栈，支持过程调用、递归机制；支持多处理机；采用自定义数据表示；使程序和数据空间分开；等等，这使得计算机的功能和性能都有了极大的提高。

2.2.3　计算机的发展过程及方向

从世界第一台计算机 ENIAC 诞生到现在，计算机经历了五个发展阶段，或者说已经发展了五代。这五代是按照计算机核心运算部分所采用的基本器件来划分的，每一代的计算机在体系结构、软件技术、产品类型等方面都具有明显的特征。计算机发展的五个阶段及其特点如表 2—1 所示。

表 2—1　　计算机发展的五个阶段及其特点

发展阶段	基本器件	体系结构	软件特点	代表产品
第一代（1946—1954 年）	电子管和继电器	存储程序计算机、程序控制 I/O	机器语言和汇编语言	普林斯顿 ISA，ENIAC，IBM701
第二代（1955—1964 年）	晶体管、磁芯、印刷电路	浮点数据表示、寻址技术、中断、I/O 处理机	高级语言和编译、批处理监控系统	Univac LARC，CDC1604，IBM7030
第三代（1965—1974 年）	中小规模集成电路、多层印刷电路	流水线、Cache、先行处理、系列计算机	多道程序和分时操作系统	IBM360/370，CDC6600/7600，DEC PDP-8
第四代（1975—1990 年）	大规模集成电路、半导体存储器	向量处理、分布式存储器	并行与分布处理	Cray-1，IBM3090，DEC VAX9000，Convax-1
第五代（1991 年至今）	高性能微处理器、高密度电路	超标量、超流水、SMP、MP、MPP	大规模、可扩展并行与分布处理	SGI Cray T3E，IBM SP2，DEC Alpha Server8400

计算机系统设计中的软硬件所占比重，也是计算机发展的一个重要标志。许多实际问题的解决，既可以用软件的方法，又可以用硬件的方法，软件速度较慢，硬件速度较快。在计算机发展的早期阶段，由于硬件成本居高不下，在实际应用中更多地采用软件来实现相应的功能。随着集成电路技术的不断进步，硬件设备的成本越来越低，功能越来越强大，因此在计算机设计的过程中，采用硬件实现计算机功能也逐渐成为主要的设计思想。很多实际功能可以嵌入硬件设备，从而产生了大量的专用芯片（如数字信号处理芯片 DSP 等），用于诸如电子产品、工业机械、交通工具等各种设备。而随着软件系统的不断复杂化，开发成本也大大提高，所以在很多领域都采用硬件实现来代替。这种软硬件成本的对比可以从图 2—3 中看出。

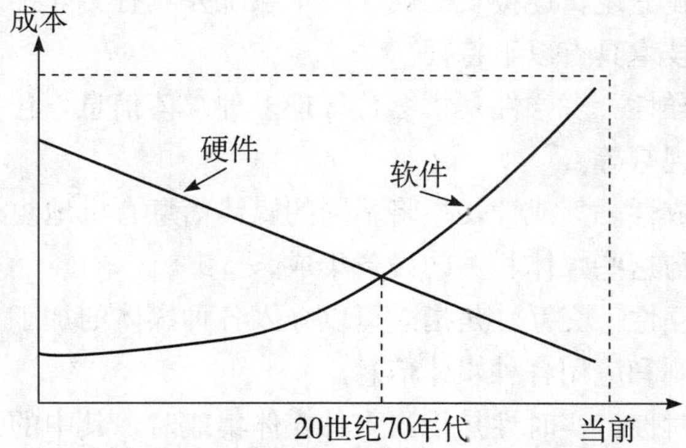

图 2—3　计算机软硬件成本的变化情况

早期的计算机根据体积和成本通常可分为巨型机、大型机、中型机、小型机和微型机，而现在这种划分已经很难反映计算机的实际情况。今后计算机技术将朝着高性能化、微型化、大众化、智能化与人性化、功能综合化的方向发展，处理器速度将继续加快，个人电脑将具有原来的巨型机和大型机才具有的处理能力，一台计算机将使用多个处理器进行并行运算；同时，计算机的体积将进一步缩小，携带使用起来将更加方便，笔记本、PDA、智能手机等都是新的计算机产品形式。计算机的存储将采用更先进的介质和技术（如光学、永久性半导体、磁性存储等），容量和速度都大大提高；外设将走向高性能、网络化和集成化并且更易于携带；输出输入技术将更加智能化、人性化，随着手写输入、语音识别、生物测定、光学识别等技术的不断发展和完善，人与计算机的交流将更加便捷。

2.2.4 多媒体技术及多媒体计算机

计算机最初的功能是进行科学计算，现在计算机的功能已经大大丰富，其中多媒体处理和应用就是最重要的一个方面。可以说，提供更加强大的多媒体服务是当前计算机软硬件设计的核心任务。

“多媒体”一词源自英文“multimedia”。“媒体”在计算机领域中有两个含义：一个是指用来存储信息的实体，如软盘、硬盘和光盘等；另一个是指信息的载体，如文本、图形、图像、动画、音频和视频等。

多媒体的实质是将以自然形式存在的各种媒体数字化，然后利用计算机对这些数字信息进行加工或处理，并以一种最友好的方式提供给用户使用。因此，多媒体是一个丰富多彩的感官世界，它能使人的眼睛、耳朵、手指、大脑充分活跃起来。

多媒体技术是一种发展迅速的综合性电子信息技术，它给传统的计算机系统、音频和视频设备带来了方向性的变革，并对大众传播媒介产生了深远的影响。它是计算机技术、音频视频技术、图像压缩技术、多媒体网络技术、超媒体技术、文字处理技术等多种技术的一种结合，是多种高科技综合的产物。

多媒体技术的实现是将文本、图形、图像、动画、音频和视频等多种媒体信息通过计算机进行数字化采集、获取、压缩或解压缩、编辑、存储等加工处理，使多种媒体信息建立逻辑连接，集成为一个系统并具有交互性。从研究和发展的角度来看，多媒体技术具有以下特征。

（1）多样性。多样性是指综合处理多种媒体信息，包括文本、图形、图像、动画、音频和视频等。

（2）集成性。集成性是指将不同的媒体信息有机地组合在一起，形成一个完整的整体以及与这些媒体相关的设备集成。

（3）交互性。交互性是指人可以介入各种媒体的加工、处理过程，从而使用户更有效地控制和应用各种媒体信息。

（4）实时性。实时性是指当多种媒体集成时，其中的音频信息和视频信息与时间密切相关，甚至是实时的。在加工、存储和播放它们时，需要考虑时间特性，存取数据的速度、解压缩的速度以及最后播放速度的实时处理。

总之，多媒体技术是一种基于计算机技术的综合技术，包括信号处理技术、音频和视频技术、计算机硬件和软件技术、通信技术、图像压缩技术、人工智能和模式识别技术等，是处于发展过程中的一门跨学科的综合性高新技术。

2.2.5　多媒体的关键技术

1. 数据压缩与编码技术

数据压缩与编码技术是多媒体技术的关键技术之一。如果每一幅图像都不经过任何压缩而直接进行数字化编码，那么其文件将需要非常大的存储容量，现有计算机的存储空间和总线的传输速度都很难适应。比如在一张容量为 700 MB 的光盘上存放了动态视频信息，以 NTSC 制式的 30 帧/秒的速率播放时，最长的播放时间也只有 3 分多钟，可以设想一部 30 分钟的短剧将需要 7 GB 的存储容量。所以要把音频和视频信号存储在有限的空间上或在现行的个人电脑总线上正确传输，必须采用数据压缩与编码技术。数据压缩是多媒体计算机发展的关键技术，是利用现实世界的信息普遍具有统计冗余这一特点而实现的。

目前所采用的多媒体数字信息图像压缩标准分为静态 JPEG 和动态 MPEG 两个标准，这两个标准是由国际标准化组织（ISO）和国际电报电话咨询委员会（CCITT）于 1986 年成立的联合图片专家组（Joint Photographic Expert Group，JPEG）、运动图像专家组（Moving Picture Expert Group，MPEG）完成的。

（1）静态图像信息压缩标准。静态图像专家组的主要任务是研究静态图像压缩算法的标准化，到 1992 年正式完成了用于各种分辨率和格式的连续色调图像的 ISO/IEC 10918 标准，简称 JPEG 标准。JPEG 标准是用于静态图像压缩的标准算法，可用于灰度图像和彩色图像的压缩。JPEG 标准广泛地应用于彩色图像传真、多媒体 CD-ROM、图文档案管理等领域，可用硬件、软件或两者相结合的方法实现。

（2）动态图像信息压缩标准。动态图像专家组的主要任务是制定各种动态图像及其伴音信号的数字压缩编码国际标准。MPEG 从 1988 年成立至今已颁布了四个国际标准，即 MPEG-1 标准、MPEG-2 标准、MPEG-4 标准和 MPEG-7 标准。每个 MPEG 标准都有其特定的应用背景，如 MPEG-1 标准用于多媒体存储和 VHS 质量的广播电视，使得 VCD 取代了传统的录像带，MPEG-1 标准的压缩比规定为 50∶1；MPEG-2 标准用于常规数字电视和高清晰度电视，使人们逐渐迈进数字或高清晰度电视时代，同时高品质的 DVD 取代了 VCD；MPEG-4 标准用于无线窄带多媒体通信和可视电话，并将基于内容的检索与编码结合起来考虑；MPEG-7 标准则用于建立多媒体数据库和相应的搜索引擎之间的接口。

2. 数字图像技术

在图像、文字和声音这三种形式的媒体中，图像所包含的信息量是最大的。人们的绝大部分知识是通过视觉获得的。图像的特点是只能通过人的视觉感受，并且非常依赖于人的视觉器官。数字图像技术就是对图像进行计算机处理，使其更适合人眼或仪器的分辨，并提取其中的信息。

数字图像处理的过程包括输入、处理和输出。输入即图像采集和数字化，就是对模拟图像信号进行抽样、量化处理后得到数字图像信号，并将其存储到计算机中以便进一步处理。处理是按一定的要求对数字图像进行诸如滤波、锐化、复原、重现和矫正等一系列处理，以提取图像中的主要信息。输出则是将处理后的数字图像通过显示、打印等方式表现出来。

3. 数字音频技术

多媒体技术中的数字音频技术包括声音采集及回放技术、声音识别技术和声音合成技术三部分。这三部分的技术在计算机的硬件上都是通过“声卡”实现的。声卡具有将模拟的声音信号数字化的功能，数字化后的信号可作为计算机文件进行存储或处理。同时，声卡还具有将数字化音频信号转换成模拟音频信号回放出来的功能。数字声音处理、声音识别和声音合成则是通过计算机软件实现的。

4. 数字视频技术

数字视频技术与数字声频技术相似，只是视频的带宽更大，大于 6 MHz，而声频的带宽只有 20 kHz。数字视频技术一般应包括视频采集及回放、视频编辑和三维动画视频制作。视频采集及回放与音频采集及回放类似，需要有图像采集卡和相应软件的支持。视频采集数据在磁盘上存放时的文件格式多为 AVI 和 MPG，其中 MPG 文件的存储量大约为 AVI 文件的 1/5～1/10。

5. 多媒体通信技术

多媒体通信技术突破了计算机、通信、广播和出版的界限，使它们融为一体，利用通信网络综合性地完成文本、图片、动画、音频、视频等多媒体信息的传输和交换。这些媒体对通信网各有不同的要求。

文本和图片要求的平均速率较低，但对准确性要求很高，即不能容忍数据的丢失；音频和视频则需要很高的传输速率，且实时性要求高，对数据丢失不敏感。分析多媒体业务的特点，为各种业务提供不同的服务是目前网络技术研究的重点。

6. 多媒体数据库技术

多媒体数据库是一种包括文本、图形、图像、动画、声音、视频等多种媒体信息的数据库。由于一般的数据库管理系统处理的是字符、数值等结构化的信息，无法处理图形、图像、声音等大量非结构化的多媒体信息，因此需要一种新的数据库管理系统对多媒体数据进行管理。这种多媒体数据库管理系统（MDBMS）能对多媒体数据进行有效的组织、管理和存取。

7. 虚拟现实技术

虚拟现实（virtual reality，VR）技术又称人工现实或灵境技术，是在许多相关技术（如仿真、计算机图形学、多媒体等）的基础上发展起来的一门综合技术，是多媒体技术发展的更高境界。虚拟现实技术提供了一种完全沉浸式的人机交互界面，用户处在计算机产生的虚拟世界中，无论看到的、听到的还是感觉到的，都像在真实的世界里一样，通过输入和输出设备可以同虚拟现实环境进行交互。虚拟现实的本质是人与计算机之间或人与人借助计算机进行交流的一种方式，这种方式具有相当逼真的三维虚拟世界，即具有三维交互接口。虚拟现实技术推动了通用计算机中多媒体设备的发展，在输入输出方面也由普通的键盘和二维鼠标器发展为三维球、三维鼠标器、数据手套、数据衣服以及头盔显示器等。虚拟现实技术正在科研、医疗、文化娱乐等领域逐步推广。

2.2.6 多媒体系统

多媒体系统是一种复杂的硬件和软件有机结合的综合系统。它把音频、视频等媒体与计算机系统融合起来，并由计算机系统对各种媒体进行数字化处理。多媒体系统按其物理结构可分为多媒体硬件和多媒体软件两大部分。

1. 多媒体硬件

(1) 多媒体计算机。多媒体计算机是整个多媒体硬件系统的核心，通常，在CPU速度、内外存容量、扩展总线等方面满足一定条件的计算机都可以称为多媒体计算机。在80386电脑之前的计算机还不具备多媒体信息的处理能力，而目前市场上主流个人电脑的配置都远远超过了多媒体计算机的最低要求。当然，硬件性能越高，处理多媒体信息的能力就越强，比如许多专业领域的图形工作站、非线性编辑器等还需要更高配置的计算机产品。多媒体计算机内部配置有扩展总线，能提供若干扩展槽，使多媒体硬件接口板与计算机连成一体。同时，输入输出接口能够将计算机与外部多媒体设备相连。

(2) 多媒体板卡。多媒体计算机的特征部件是多媒体板卡，多媒体板卡是根据多媒体系统获取或处理各种媒体信息的需要插接在计算机扩展槽上，以解决输入和输出问题的部件。多媒体板卡是建立多媒体应用程序工作环境必不可少的硬件设备。常用的多媒体板卡有显示卡、声音卡、视频卡和网卡等。

显示卡又称显示适配器，是计算机主机与显示器之间的接口。它的作用是将主机中的数字信号转换成图像信号，并在显示器上显示出来。显示卡的性能指标包括显示屏幕的分辨率和显示器可以显示的颜色。

音频卡又称声音卡，是计算机处理声音信息的专用功能卡。声音卡上都预留了话筒、录放机、激光唱机等外界设备的插孔，可以用来录制、编辑和回放数字音频文件，控制各声源的音量并加以混合。

视频卡是一种基于PC机的多媒体视频信号处理平台，它可以汇集视频源和音频源的信号，经过捕获、压缩、存储、编辑和特技制作等处理，产生非常靓丽的视频图像画面。

网卡又称网络接口适配器（NIC），是计算机与传输介质的接口。每一台服务器和网络工作站都至少配有一块网卡，把网线连到网卡的端口上，这样计算机与网络之间就有了实际的物理连接。

(3) 多媒体设备。多媒体设备十分丰富，其工作方式一般为输入或输出。常用的多媒体设备有显示器、光存储系统、音箱（耳机、话筒）、摄像机、扫描仪、数码相机、触摸屏和投影机等。

显示器是一种计算机输出显示设备，它由显示器件（如CRT，LCD）、扫描电路、视放电路和接口转换电路组成，目的是清晰地显示出字符、汉字和图形。目前的数字电视机也可以作为多媒体计算机的显示器来使用，从而获得更好的显示效果。

光存储系统由光盘驱动器和光盘片组成。驱动器是用于读/写信息的设备，而光盘片是用于存储信息的介质。

音箱和耳机是一种能将模拟脉冲信号转换为机械性的振动，并通过空气的振动再形成人耳可以听到的声音的输出设备。话筒的功能则是将以上的过程反向执行。

扫描仪是一种静态图像采集设备。它内部有一套光电转换系统，可以把各种图片信息转换成数字图像数据并传送给计算机，然后借助计算机对图像进行加工处理。

数码相机目前已经逐渐取代传统的胶片相机，是一种能够进行拍摄，并通过内部处理把拍摄到的景物转换成以数字格式存放图像的照相机。数码相机利用电荷耦合器件（charge coupled device，CCD）进行图像传感，将光信号转变为电信号记录在存储器或存储卡上。数码相机可以直接（或通过其存储卡）连接到计算机、电视机或打印机上，对图像进行加工处理、浏览和打印。

触摸屏是一种定位设备。当用户用手指或者其他设备触摸安装在计算机显示器前面的触摸屏时，所摸到的位置（以坐标形式）被触摸屏控制器检测到，并通过接口送到CPU，从而确定用户输入的信息。

2. 多媒体应用的软件系统

构建一个多媒体系统，硬件是基础，软件是灵魂。多媒体软件的主要任务是将硬件有机地组织在一起，使用户能够方便地使用多媒体信息。多媒体软件按功能可分为多媒体系统软件和多媒体应用软件。

（1）多媒体系统软件。多媒体系统软件主要包括Windows 98/2000/XP/NT，UNIX，Linux等多媒体操作系统，各种相应的多媒体驱动程序和多媒体开发工具。其中，多媒体开发工具是多媒体开发人员用于获取、编辑和处理多媒体信息，编制多媒体应用程序的一系列工具软件的统称。它可以对文本、图形、图像、动画、音频和视频等多媒体信息进行控制和管理，并把它们按要求连接成完整的多媒体应用软件。多媒体开发工具大致可分为多媒体素材制作工具、多媒体著作工具和多媒体编程语言等三类。

多媒体素材制作工具是为多媒体应用软件进行数据准备的软件，其中包括文字特效制作软件Word（艺术字），COOL 3D；图形图像处理与制作软件CorelDRAW，Photoshop，FreeHand；音频编辑与制作软件Wave Studio，Cakewalk，Sound Forge；二维和三维动画制作软件Animator Studio，3D Studio MAX等；视频和图像采集编辑软件ArcSoft公司的ShowBiz，Ulead公司的VideoStudio，Adobe公司的Premiere等；制作地图软件MapInfo professional。

多媒体著作工具又称多媒体创作工具，是利用编程语言调用多媒体硬件开发工具或函数库来实现功能的，可以使用户方便地编制程序，组合各种媒体，最终生成多媒体应用程序的工具软件。常用的多媒体创作工具有 PowerPoint，Authorware，ToolBook 等。

也可用多媒体编程语言来直接开发多媒体应用软件，不过这对开发人员的编程能力要求较高。但它有较大的灵活性，适用于开发各种类型的多媒体应用软件。常用的多媒体编程语言有 Visual Basic，Visual C＋＋，Delphi 等。

（2）多媒体应用软件。多媒体应用软件又称多媒体应用系统或多媒体产品，是由各种应用领域的专家或开发人员利用多媒体编程语言或多媒体创作工具编制的最终多媒体产品，是直接面向用户的。如各种多媒体教学软件，培训软件，声像俱全的电子图书、视频资料，等等。

2.3　通信平台

从 20 世纪后期开始，计算机科学与数据通信技术逐渐融合，在技术、产品和应用等方面都表现出新的特点。首先，数据处理设备和数据通信设备之间不再有本质的区别。其次，数据通信、语音通信和视频通信之间也不再存在本质的区别；同时，局域网、城域网和广域网之间的区别，有线网络和无线网络的区别也日趋模糊。这些趋势导致新的计算机通信系统集成化和标准化程度更高，能够传输和处理分布在世界各地的各种类型的数据和信息，为用户提供的服务也越来越丰富和完善。

本节及下一节将对数据通信及计算机网络的基本知识做简要的介绍，为读者进一步学习管理信息系统中的网络知识打下基础。

2.3.1　数据通信系统

1. 数据通信的概念

数据通信（data communication）的概念是相对于电报通信、电话通信等传统的通信形式提出的。它是依照一定的通信协议，利用数据传输技术在两个终端之间传递数据信息的一种通信方式和通信业务，可实现计算机与计算机、计算机与终端以及终端与终端之间的二进制数据信息（比如字符、文本、图片、多媒体文件等）的传递。数据通信系统的模型如图 2—4 所示。

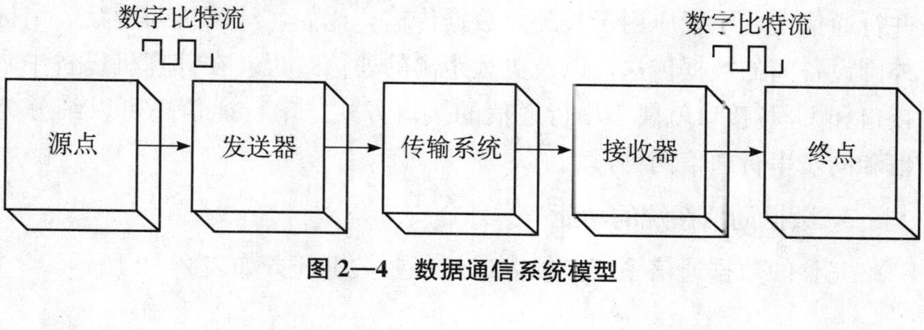

图 2—4　数据通信系统模型

该模型中包含以下要素。

(1) 源点。源点设备包括个人电脑、工作站等数字设备，可以生成传输的数据。

(2) 发送器。通常，源系统生成的数据不会以它最初生成时的格式直接传输，而是通过一个发送器将这些信息转化并编码成能够在某些传输系统中进行传输的其他形式的信号，如电磁信号、光信号等。

(3) 传输系统。指源点与终点之间的数据传输通道，可以是一根单独的传输线，也可以是复杂的网络系统。

(4) 接收器。接收来自传输系统的信号，并将其转化为能够被终点处理的信息。

(5) 终点。获取来自接收器的数据。

2. 数据通信的方式

图 2—4 中显示的是单向数据通信系统的模型。从通信双方的信息交互方式来看，通信过程可以有三种不同的方式。

(1) 单向通信。又称单工通信，即只能有一个方向的通信，而没有反方向的交互。无线电广播就属于这种类型。

(2) 双向交替通信。又称半双工通信，即通信的双方都可以发送信息，但不能双方同时发送（或同时接收），这种通信方式往往是一方发送另一方接收，如无线对讲机系统。

(3) 双向同时通信。又称全双工通信，即通信双方可以同时发送和接收信息，电话网、计算机网络均属于全双工通信系统。

计算机所能识别和处理的是以字节（byte）为最小单位的二进制数据，一个字节由 8 位（bit）二进制数构成，在计算机内部各部件之间、计算机与各种外部设备之间、计算机与计算机之间，如果按传输二进制数时的时空顺序划分，可分为并行通信和串行通信两种通信方式。

(1) 并行通信。并行通信为一个字节的每一个 bit（位）都设置一个传输通道，所有 bit（位）同时进行传送。并行通信模式传输速度快，但消耗材料多，造价高，所以不适用于长距离的传输。一般只在计算机内部元器件之间采用并行传输方式，如计算机存储器的总线传输。

(2) 串行通信。串行通信只为信息传输设置一条通道，数据的一个字节中每一个 bit（位）依次在这条通道上传输。串行通信可以节省设备线路费用，但速度比并行通信慢，一般应用于长距离数据传输。比如，计算机与键盘、鼠标、打印机等外围设备间的数据传送，以及更远距离的通信过程。在计算机设备中常用的 RS232 接口和 USB 接口就属于串行通信的接口方式。串行通信还可以细分为异步串行通信和同步串行通信两种形式。

3. 数据通信系统的功能

完整的数据通信系统必须完成的一些关键任务如表 2—2 所示。

表 2—2　　通信系统的必要功能

数据通信的任务	解释
传输系统的利用	传输设施通常会被多个通信设备共享，需要有某种技术或机制为多个用户合理分配传输系统的总传输能力，充分利用传输设施。如复用技术、拥塞控制机制等。
接口及信号产生	保证终端与传输系统间的信息交互，产生能在专输系统上传播，并能被接收器还原成数据的信号。
同步	发送器和接收器之间达成约定，接收器能够正确判断信号从开始到达和结束的时间点，同时知道每个信号单元的持续时间。
差错检测与纠正	能够发现通信系统中由于各种原因导致的信号失真，并纠正由此引起的数据差错。
寻址与路由	当两个以上设备共享传输设施时，终点系统必须有独立的地址标识，传输系统能够保证终点系统能唯一地收到具有该标识信息的数据；如果传输系统本身是具有多条路径的网络，某条特定的路径能够被选择出来进行数据传输。
网络管理	数据通信设施作为非常复杂的系统，不能自动创建和运行，需要各种管理功能来规划、设置、监控、调度和维护。
安全保证	数据在源点和终点间的传输不会被改变，且不会被其他非法用户获取。

2.3.2　数据传输的基本知识

1. 数据传输的信号

数据在数据通信系统中传输，首先要变成适宜在传输系统中传播的信号（signal）。信号中包含了所要传递的消息，通常以电磁或光的形式存在。信号一般以时间为自变量，以表示数据信息的某个参量（振幅、频率或相位）为因变量。信号按其因变量的取值是否连续可分为模拟信号和数字信号。

（1）模拟信号。模拟信号是指信号的因变量完全随连续消息的变化而变化的信号。模拟信号的自变量可以是连续的，也可以是离散的；但其因变量一定是连续的（如图 2—5（a）所示）。传统的电视图像信号、电话语音信号、各种传感器的输出信号以及许多遥感遥测信号都是模拟信号。

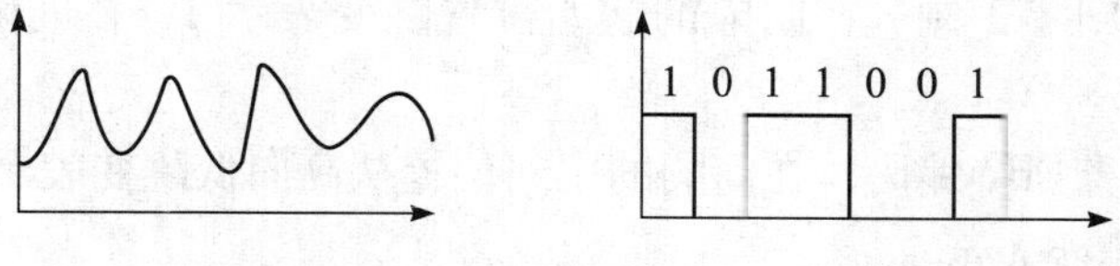

(a)　　(b)

图 2—5　模拟信号与数字信号

（2）数字信号。数字信号是指表示消息的因变量是离散的，自变量时间的取值也是离散的信号，如图 2—5（b）所示，数字信号的因变量的状态是有限的。计算机数据、数字电话和数字电视等都是数字信号。虽然模拟信号与数字信号有着明显的差别，但二者之间并不存在不可逾越的鸿沟，在一定条件下它们是可以相互转化的。模拟信号可以通过采样、编码等步骤变成数字信号，数字信号也可以通过解码、平滑等步骤恢复为模拟信号。

2. 编码方式

数字通信系统的任务是在源点和终点间传递数字数据，而在传输系统中传输的既可以是模拟信号，也可以是数字信号。由数据转换成信号的过程称为编码（coding）。编码方式的选择以优化使用传输媒体为原则，比如节省带宽、减小差错率、充分利用已有网络等。

通信系统的编码方式共有模拟数据的模拟信号编码、数字数据的模拟信号编码、数字数据的数字信号编码和模拟数据的数字信号编码四种。这里我们重点介绍数字通信系统中主要存在的两种编码方式：数字数据的数字信号编码和数字数据的模拟信号编码。

（1）数字数据的数字信号编码。把二进制数据的 0 和 1 用离散、非连续的电压脉冲序列来表示。常见的编码机制如图 2—6 所示。

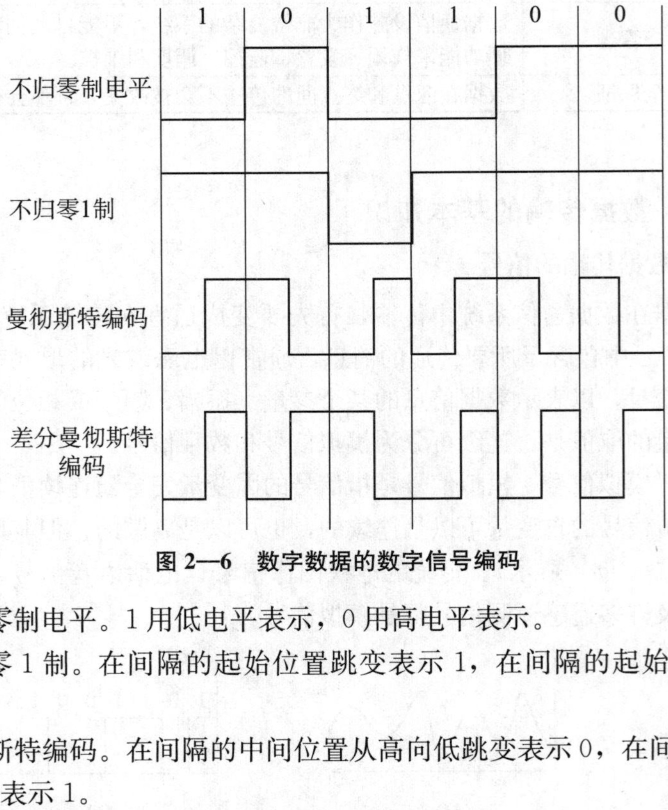

图 2—6　数字数据的数字信号编码

1）不归零制电平。1 用低电平表示，0 用高电平表示。

2）不归零 1 制。在间隔的起始位置跳变表示 1，在间隔的起始位置不跳变表示 0。

3）曼彻斯特编码。在间隔的中间位置从高向低跳变表示 0，在间隔的中间位置从低向高跳变表示 1。

4）差分曼彻斯特编码。在间隔的中间位置总是有一个跳变，在间隔的起始位置跳变表示 0，在间隔的起始位置不跳变表示 1。

（2）数字数据的模拟信号编码。在数据通信系统诞生前，公用电话网络已经形成非常大的规模。使用电话网是为了传输 300Hz～3 400Hz 范围内的模拟话音信号，不能直接传输数字信号。为了充分利用已有的模拟电话网进行数字通信，数字设备需要通过调制器和解调器与网络相连：在源点，调制器将数字数据转换成模拟信号，称为调制；在终点，解调器将模拟信号转换成数字数据，称为解调。数字数据的模拟信号编码也就是调制的过程，是利用作为数据载体的模拟信号（载波）的三个属性——振幅、频率及相位——来表示二进制数据的0和1，相应的编码方案有幅移键控（ASK）、频移键控（FSK）和相移键控（PSK）三种。

1）幅移键控。二进制的0和1分别用载波信号的不同振幅值来表示，载波存在代表1，载波不存在表示0。

2）频移键控。由载波信号不同的两个频率分别表示0和1。

3）相移键控。由载波信号不同的相位偏移来表示0和1。

图2—7是这三种编码方式的示意图。

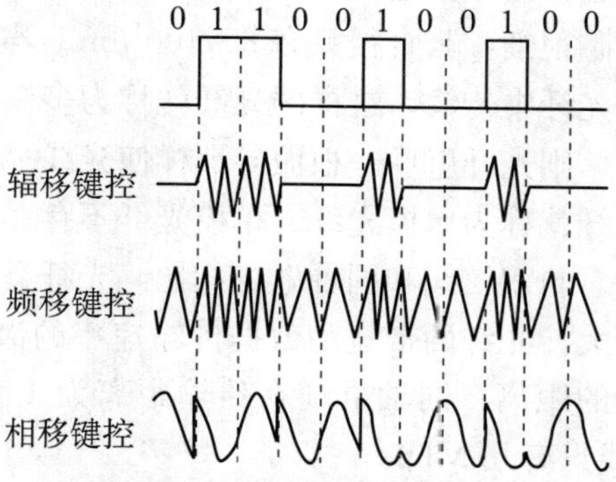

图2—7　数字数据的模拟信号编码

2.3.3　传输媒体

传输媒体指的是数据传输系统中发送器和接收器之间的物理信道，可分为导向和非导向两类。在这两种情况下，通信都是以电磁波的形式进行的。对于导向媒体，电磁波由导线引导沿某一物理路径前进，如双绞线、同轴电缆和光纤；非导向媒体主要指无线传播，不限定电磁波的传播方向，如空气、真空和海水的传播等。这里仅从物理特性、应用领域两方面对常用的几种传输媒体进行介绍。

1. 双绞线

双绞线由两根彼此绝缘的铜线组成，按规则的螺旋状绞合在一起成为一对线，作为一条通信链路使用。双绞线既可以传输模拟信号（如在电话网上的语音信号传输），也可以传输数字信号（如在建筑物内的局域网中用于个人电脑间的传输）。

双绞线的优点是价格低廉、使用方便，但在传输距离、带宽及数据的传输速率上有很大的局限，通常适用于距离较短、速率要求不高的网络。双绞线有无屏蔽（unshielded twist pair，UTP）的和屏蔽（shielded twist pair，STP）的两种类型。其中无屏蔽双绞线就是现在大量使用的普通电话线，根据EIA的分类，主要有三类线、四类线和五类线，无屏蔽双绞线容易受到外部电磁场的干扰；屏蔽双绞线有金属网罩或护皮保护，可以减少电磁干扰，相对价格比较高，使用不方便。

2. 同轴电缆

由一根空心的圆柱形外导线和柱体内的一根内导线组成。内导线由规则相间的绝缘环或不导电物质固定；外导线由保护罩或屏蔽罩覆盖。同轴电缆可以用于模拟及数字信号的传输，性能比双绞线优越得多，可以适用于频率更高、数据传输速率更快的环境，在很长一段时间内，同轴电缆在电视广播、长途电话网、局域网中有着广泛的应用。

3. 光纤（光缆）

光纤是一种纤细、柔韧、能传导光线的媒体，通过完全内部反射来传输信号编码的光束。光纤通常由非常透明的石英玻璃拉成细丝，主要由纤芯和包层构成双层通信圆柱体。纤芯很细，其直径只有 8～100 μm。若光纤可以使许多条不同角度入射的光线在一条光纤中传输，这样的光纤就称为多模光纤；若光纤的直径减小到只有一个光的波长，则光纤就像一根波导那样使光线一直向前传播，而不会产生多次反射，这样的光纤就称为单模光纤。单模光纤不存在多模传播时产生的失真，具有更好的传输性能。与双绞线和同轴电缆相比，光纤具有以下不可比拟的优势。

（1）容量更大。光纤的带宽和数据传输速率的潜能巨大，可以数百 Gbps 的速率传输几十千米的距离；同轴电缆在传输距离为 1 千米时的最大实际容量为几百 Mbps，而双绞线只有几 Mbps。

（2）体积更小，质量更轻。在传输容量大致相同的条件下，光纤比另两种媒体至少细小一个数量级，质量也轻得多。

（3）衰减更小。与同轴电缆和双绞线相比，光纤的衰减大大降低，且在相当长的距离内保持恒定。

（4）隔绝电磁场。光纤系统不受电磁场的影响，因此不怕冲击噪声和串扰等干扰；同时，光纤也不辐射能量，对其他设备几乎没有干扰。光纤很难被搭线窃听，信息不容易泄露。

（5）成本低廉。光纤的成分为二氧化硅，储量丰富，相对于宝贵的铜资源，原材料要便宜得多。

随着光纤及光通信设备制造成本的不断降低，光纤的应用越来越广泛，从长途干线传输、市内干线传输一直到用户环路、局域网，光纤凭借其明显的优势，正在逐步取代金属材质的传输媒体。

4. 无线传输介质

无线通信新技术和新应用的不断出现，是现代通信系统的发展趋势。在无线传输中，主要有四个频率范围内的电磁波被使用。

（1）无线电波（radio）。包括的频率范围在 300KHz～30 GHz 之间，方向为全向性，一般的电视和无线电广播、手机就使用这一频段。

（2）微波（microware）。包括的波长范围在 1 mm～1 m 之间，这一波长的电磁波具有比较好的方向性，适用于点对点通信。微波有地面微波通信和卫星微波通信两种形式：地面微波系统可用于长途电信业务，作为光纤通信的备用，移动蜂窝系统也使用微波频率的电磁波。卫星微波通信利用通信卫星作为微波接力站，将多个地面微波通信传送器或接收器连接起来，主要的应用有电视广播、长途电话传输、全球定位系统（GPS）及各种专用商业网络。

（3）红外线。波长在760nm～1mm范围之间的红外线，适用于短距离的点对点及多点的通信。红外线只能直线传输或反射，不能穿透不透明的障碍物，各种家用电子产品的遥控设备普遍使用红外线传输控制信号。

（4）蓝牙（bluetooth）。蓝牙是一种低功率短距离的无线连接技术标准的代称，其目标是实现最大传输距离10米、最高数据传输速度1 Mbps（有效传输速度为721 kbps）的无线传输服务。从本质上讲，蓝牙技术使用微波作为无线传输介质，它工作在频率为2.4 GHz的微波频段。这一频段的特点是无须通过各国的无线电管理委员会进行分配，专门供工业、科学、医学等领域自由使用。蓝牙技术是由爱立信、IBM、英特尔、诺基亚和东芝五家世界著名的计算机和通信公司最早倡导提出的。它能够有效地简化掌上电脑、笔记本电脑和手机等移动通信终端设备之间的通信，也能够成功地简化这些设备与因特网之间的通信，从而使这些现代通信设备与因特网之间的数据传输变得更加迅速高效，为无线通信拓宽道路。目前，除了笔记本电脑和手机等通信终端以外，蓝牙技术的应用已经拓展到更多的消费电子产品，比如数码相机、摄像机、打印机、电子密钥等。蓝牙技术的使用给人们的生活和工作带来了极大的方便。

2.3.4 带宽的概念

在研究通信系统时我们经常会遇到“带宽”（bandwidth）这一性能指标，但带宽的单位有时用赫兹（Hz）表示，有时却用比特/秒（bit/s）表示，所以需要对带宽的概念给出一个更加明确的解释。

早期的电子通信系统都是模拟系统，人们为了定义数据在频域系统中的传递性能，便引进了带宽的概念。当输入的信号频率高到（或低到）一定程度，使得系统的输出功率为输入功率的一半时，最高频率和最低频率间的差值就代表了系统的通频带宽，其单位为赫兹。比如在传统的固定电话系统中，从话机终端到交换中心的双绞线，所能提供的通信带宽可以达到2 MHz以上，而需要传送的语音通信信号所使用的是300 Hz～3 400 Hz的频段，所以通信信号使用的带宽约为3 400－300＝3.1 KHz。

数字通信系统中带宽的含义完全不同于模拟系统，它通常是指数字系统中数据的传输速率，其表示单位为比特/秒（bit/s）或波特/秒（baud/s）。带宽越大，表示单位时间内的数字信息流量也越大；反之则越小。衡量二进制码流的基本单位称为比特，若传输速率为64kb/s，就表示二进制信息的流量是每秒64 000比特。数据信号是通过相应的信道来发送和接收的，信道传输数字信号的能力是固定的，由传输媒质的本身特性所决定。信道的带宽是指信道容量，即信道中传递信息的最大值，单位为比特/秒。由于数字系统中的信道多指逻辑信道，而信道容量又是理论上的最大值（不可能达到），因此平时我们使用的“带宽”一词，是指信道中数据的实际传输最高速率。

2.3.5 多路复用技术

在现有的通信系统中，一般来说，正在通信的两个站点不会完全用尽数据链路的带宽，为了提高效率，通常可以让多个通信的双方共享数据链路的带宽容量，这样的技术称为复用（multiplexing）。复用的常见形式主要有频分多路复用、时分多路复用和码分多路复用三种。

1. 频分多路复用

频分多路复用（frequency division multiplexing，FDM）用于模拟信号传输。通过把多个信号调制在不同的载波频率上，并且使这些载波频率的间距足够大，从而可以在同一介质上实现同时传送多路信号。即为多路信号将信道的可用频带（带宽）按频率划分为若干互不交叠的频段，其中每路信号只占据一个频段，从而形成许多个子信道（见图2—8）。在接收端再用适当的滤波器将多路信号分开，分别进行解调和终端处理，这种技术称为频分多路复用（FDM）。FDM最常见的应用实例就是有线电视系统。

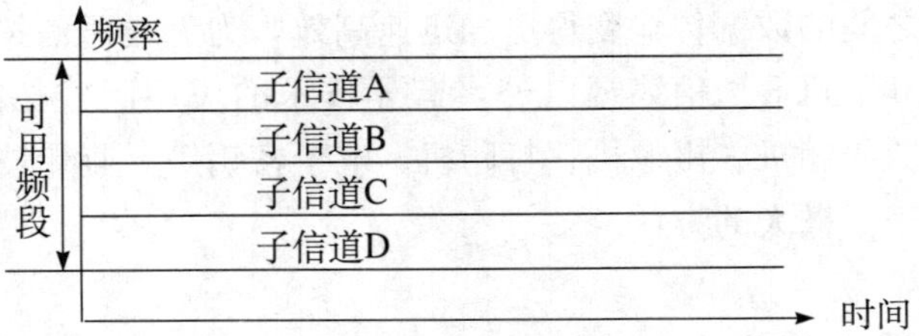

图2—8 频分多路复用示意图

对于光纤通信，不同频率（波长）的多路光线在同一根光纤上传输，也是频分复用的一种形式，但通常称之为波分复用（WDM）。

2. 时分多路复用

时分多路复用（time division multiplexing，TDM）可用于模拟传输和数字传输。它是将一条物理信道的传输时间分成若干时隙，把这些时隙轮流地分给多个信号源使用，每个时隙仅被一路信号占用（见图2—9）。

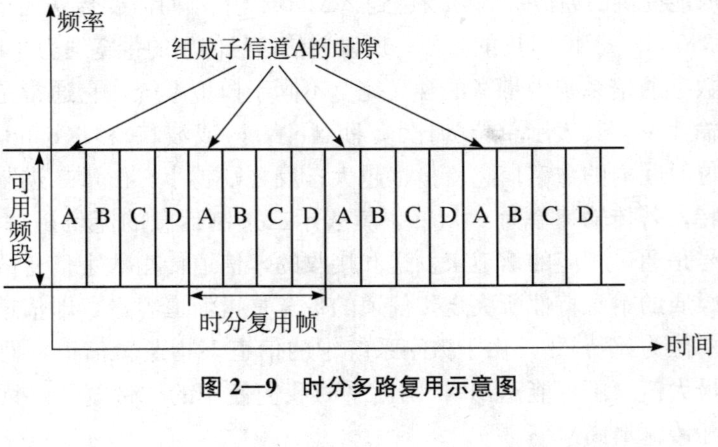

图2—9 时分多路复用示意图

这样，当多路信号准备传输时，一个信道就能在不同的时隙传输多路信号。时分多路复用实现的条件是，信道能达到的最高传输速率必须超过待传输的各路信号的传输速率之和。时分多路复用又可分为固定时分多路复用和统计时分多路复用两种。

3. 码分多路复用

码分多路复用（code division multiplexing，CDM）是靠不同的编码来区分各路原始信号的一种复用方式，需要为每个用户分配一个地址码，而这些码型又互不重叠，以区分各个用户。信道的频率和时间资源均为各用户共享。因此，在频率和时间资源紧缺的情况下，CDM 技术的优势凸显，非常适合在移动通信、无线计算机网络以及移动性计算机联网中使用。新一代移动通信技术标准 CDMA 采用的就是这种复用方式。

2.3.6 异步传输和同步传输

数据通信系统能否可靠而有效地工作，很大程度上依赖于能否很好地实现同步。同步技术是指通信系统中实现收发两端动作统一，保持收发步调一致的技术。其实质就是接收方按照发送方发送信息的重复频率和起止时间来接收数据。

常用数据传输的同步方式有异步式同步（简称异步）和同步式同步（简称同步）两种。由此可见，通常所说的异步和同步本质上都属于同步技术，两者的区别在于发送端和接收段的时钟是独立的还是同步的。

1. 异步传输

异步数据传输是以字符为单位进行发送，一次传输一个字符，每个字符用 5～8 比特来表示，在每个字符前面加一个起始码，以指明字符的开始，在每个字符后面加一个停止码，以指明字符的结束，每个字符的发送都是相互独立的；无字符发送时，发送方就一直发送停止码。接收方根据起始码和停止码判断字符的开始和结束，并以字符为单位接收数据。异步传输不需要在发收两端间传输时钟信号，实现简单，但传输效率较低，适用于低速系统。

2. 同步传输

同步数据传输以数据块为单位进行发送。每个数据块内包含有多个字符，每个字符可用 5～8 比特表示，在每个数据块的前面加一个起始标志，以指明数据块的开始，在每个数据块后面加一个结束标志，以指明数据块的结束。接收方根据起始标志和接收标志以数据块为单位进行接收。同步传输方式的传输效率高，费用低，但收发双方需建立同步时钟，实现和控制比较复杂；只要在传输的数据中有一位出错，就必须重新传输整个数据块。同步传输方式适用于高速场合。

2.3.7 数据交换技术

如同人们长途旅行往往会途经多个中转站一样，数据在通信系统的源端和终端之间传送通常也不是只有一条单一的信道，而是需要经过若干中间节点的转接，必须在这些中间节点通过存储—转发的方式传送数据，这就涉及数据交换技术。数据交换技术主要有电路交换、报文交换和分组交换三种类型。

1. 电路交换

交换的概念最早来自电话系统。当用户拨号时，电话系统中的交换机在呼叫者的电话与接收者的电话之间建立了一条实际的物理线路，通话链路便建立起来；此后，两端的电话拥有该专用线路，直到通话结束。假如一次电话呼叫要经过若干交换机，则所有的交换机都要完成同样的工作。电话系统的交换方式叫做电路交换（circuit switching）技术。

电路交换技术有两大优点：第一是传输延迟小，唯一的延迟是物理信号的传播延迟；第二是一旦线路建立，就被一对用户独占而不会发生用户冲突。电路交换技术的缺点首先是建立物理线路所需的时间比较长。在数据开始传输之前，呼叫信号必须经过若干交换机，只有得到每个交换机的认可，才能最终传到被呼叫方，这个过程常常需要 10 秒甚至更长的时间（呼叫市内电话、国内长途和国际长途，需要的时间是不同的）。对于许多应用（如信用卡消费确认）来说，电路建立时间过长是不划算的。而且，物理线路的带宽是预先分配好的。对于已经预先分配好的线路，即使通信双方都没有数据要交换，线路带宽也不能为其他用户所使用，从而造成带宽的浪费。

2. 报文交换

报文交换（message switching）又称包交换。报文交换不需要事先建立物理电路，当发送方有数据要发送时，先将要发送的数据作为一个整体交给中间交换设备，中间交换设备会将报文存储起来，然后选择一条合适的空闲输出线将数据转发给下一个交换设备，如此循环往复，直至将数据发送到目的节点。采用这种技术的网络是存储转发网络，传统的电报系统使用的就是报文交换技术。

在报文交换中，一般不限制报文的大小，这就要求各个中间节点必须使用磁盘等外设来缓存较大的数据块。同时，某一数据块可能会长时间占用线路，导致报文在中间节点的延迟非常长（一个报文在每个节点的延迟时间等于接收整个报文的时间加上报文在节点等待输出线路所需的排队延迟时间），这使得报文交换不适合交互式数据通信。为解决上述问题，又引入了分组交换技术。

3. 分组交换

分组交换（packet switching）技术是对报文交换技术的改进。在分组交换网中，用户的数据被划分成一个个分组（packet），而且分组的大小有严格的上限，这样使得分组可以被缓存在交换设备的内存中而不需要存放在磁盘中。同时，由于分组交换网能够保证任何用户都不能长时间独占某传输线路，因而非常适合速率要求高的交互式通信。分组交换已经逐渐取代电路交换和报文交换，成为当前数据通信系统中最主要的交换方式。

2.4 计算机网络平台

计算机网络是数据通信技术与计算机系统相结合的产物。自 20 世纪 60 年代末诞生以来，它在短短 40 多年的时间里发展速度异常迅猛，已经成为人类社会新文明的代表，政治、经济、军事、科学及人类生活等各个领域都已经离不开计算机网络。计算机网络的主要功能包括如下几个方面。

(1) 信息传递。现代社会海量的信息可以数据的形式通过计算机网络在全世界范围内迅速安全地传递，数据的类型也从最初的电子邮件等文本数据扩展到视频、音频等实时多媒体数据。传统的电话网、电视网和计算机网络正在逐步融合，形成一个覆盖范围更广、信息内容更丰富的综合业务网络。

(2) 资源共享。在计算机网络中，许多价格昂贵的资源（例如，并不是每一用户都拥有的大型数据库、巨型计算机等）都可以实现共享。资源共享既包括硬件资源的共享（如打印机、大容量磁盘等），也包括软件资源的共享（如程序、数据等）。资源共享的结果是避免重复投资和劳动，从而提高资源的利用率，使系统的整体性价比得到改善。

(3) 增加可靠性。在一个系统内，单个部件或计算机的暂时失效必须通过替换资源的办法来维持系统的继续运行。但在计算机网络中，每种资源（尤其是程序和数据）可以存放在多个地点，而用户可以通过多种途径来访问网内的某个资源，从而避免了单点失效对用户产生的影响。

(4) 提高系统处理能力。单机的处理能力总是有限的，且由于种种原因（例如时差），计算机之间的忙闲程度是不同的。从理论上讲，在同一网内的多台计算机可以通过协同操作和并行处理来提高整个系统的处理能力，并使网内各计算机负载均衡。

2.4.1 计算机网络的体系结构

计算机网络系统是一个非常庞大而复杂的精密系统，相互通信的计算机必须高度协调地工作。为了降低网络设计的复杂性，在网络发展的初期，设计者们就提出了层次模型的概念。通过分层设计的方法，将庞大而复杂的问题转化为若干较小且容易处理的子问题。各大公司（如 IBM、DEC 等）纷纷根据分层的思想研制出了自己的计算机系统网络体系结构。

有了网络体系结构，一个公司所生产的各种机器和网络设备可以非常容易地连接起来。但由于各个公司的网络体系结构各不相同，因此不同公司之间的网络产品和设备还不能互联互通。针对上述情况，国际标准化组织（ISO）于 1977 年设立专门的机构研究解决上述问题，并于不久后提出了一个使各种计算机能够互连的标准框架——开放式系统互联参考模型（Open System Interconnection / Reference Model，OSI/RM），简称 OSI 模型。OSI 模型是一个开放体系结构，它垂直地将网络分为七层，每一层完成独立的功能，设计者可以根据每一层特定的功能进行软硬件的开发（如图 2—10 所示）。OSI 模型的出现，标志着网络的发展走上了标准化的道路。

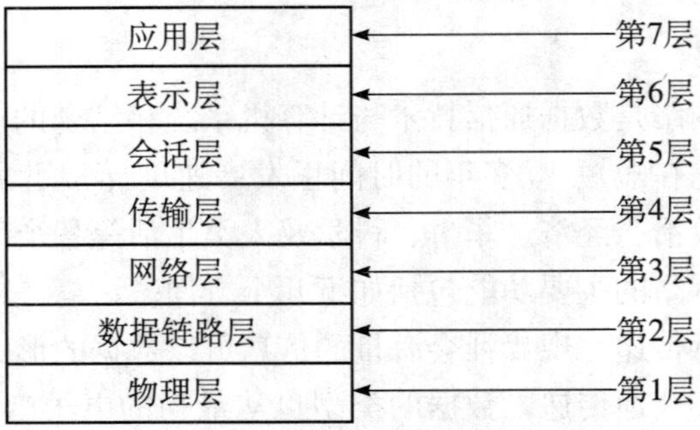

图 2—10　OSI 的七层参考模型

2.4.2　网络协议

在任何两台计算机之间要进行通信，必须使它们采用相同的信息交换规则。我们把在计算机网络中用于规定信息的格式以及如何发送和接收信息的一系列规则称为网络协议（network protocol）。网络协议是计算机网络设计、开发、运行的基础。网络协议同样基于分层的思想，将通信问题划分为许多个小问题，然后为每个小问题设计一个单独的协议方法。这样做使得每个协议的设计、分析、编码和测试都比较容易。网络协议有以下三个关键要素。

- 语法。定义协议中所使用数据块的格式。
- 语义。规定各数据块格式的作用。
- 定时。规定数据块的交换顺序和定时器的使用。

常见的 IP，TCP，UDP 协议等都是网络协议。

2.4.3　计算机网络的分类

计算机网络的分类标准有很多。比如按拓扑结构可分为总线网、环形网和星形网等；按传输媒体可分为有线网和无线网；按交换方式可分为电路交换网和分组交换网；按数据传输率可分为高速网和低速网；等等。但这些分类标准只给出了网络某一方面的特征，并不能反映网络技术的本质。事实上，确实存在一种能反映网络技术本质的网络划分标准，那就是计算机网络的覆盖范围。按网络覆盖范围的大小，我们将计算机网络分为局域网（LAN）、城域网（MAN）、广域网（WAN）和互联网，分类情况如表 2—3 所示。

表 2—3　计算机网络按覆盖范围的分类

分布距离	覆盖范围	网络类型
10 米	房间	局域网
100 米	建筑物	
10 公里	校园	

续前表

分布距离	覆盖范围	网络类型
160 公里	城市	城域网
—	国家	广域网
—	洲或洲际	互联网

网络覆盖的地理范围是网络分类的一个非常重要的度量参数，因为不同规模的网络将采用不同的技术。下面简要介绍上述几种网络。

1. 局域网

局域网（local area network，LAN）是指距离在几十米到几公里的办公楼群或校园内的计算机相互连接所构成的计算机网络。计算机局域网被广泛应用于连接校园、工厂以及机关的个人计算机或工作站以及各种外围设备，以利于个人计算机或工作站之间的资源共享（如打印机、服务器）和数据通信。局域网与其他网络的区别主要体现在以下三个方面。

- 网络所覆盖的物理范围；
- 网络所使用的传输技术；
- 网络的拓扑结构。

局域网中最常使用的是共享信道，即所有的机器都接在同一条传输线路上。传统局域网具有高数据传输率（10 Mbps 或 100 Mbps）、低延迟和低误码率的特点。新型局域网的数据传输率可达每秒千兆位甚至更高。局域网主要有总线结构和环状结构两种拓扑结构（如图 2—11 所示）。

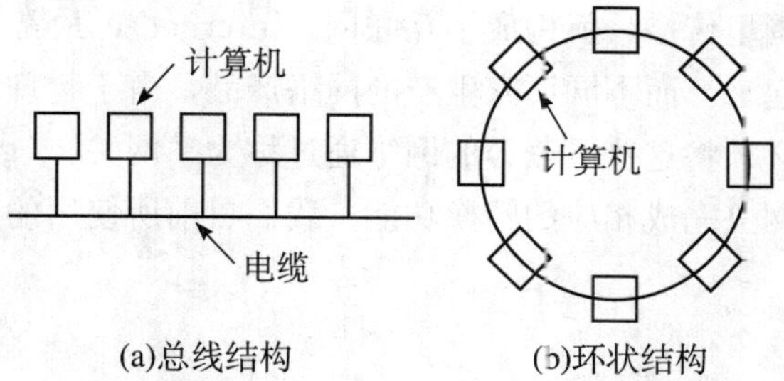

图 2—11　局域网的总线结构和环状结构

目前市场上最常见的以太网（IEEE 802.3）属于总线结构，而 IBM 公司的令牌环网（IEEE 802.5）属于环状结构。此外，无线局域网（IEEE 802.11）正在逐步取代有线局域网，以满足人们对移动、布局变动和自组网络的需求。

2. 城域网

城域网（metropolitan area network，MAN）所采用的技术基本上与局域网相类似，只是规模更大。城域网既可以覆盖相距不远的几栋办公楼，也可以覆盖一个城市；既可以是私人网，也可以是公用网；既可以支持数据和话音传输，也可以与有线电视相连。城域网一般只包含一两根电缆，以总线形式存在，没有交换设备，因而其设计比较简单，其标准已由 IEEE 802.6 协议所规定，工作距离一般是 160km，数据传输率为 44.736 Mbps。

3. 广域网

广域网（wide area network，WAN）通常跨接很大的物理范围，如一个或几个国家。与局域网的共享方式不同，广域网采用交换技术，通过若干相互连接的交换节点（称之为通信子网），将分布在各地的主机或局域网连接起来。图 2—12 显示的就是广域网的模型。数据的交换是广域网最为关心的问题，主要的交换技术有 X.25、帧中继和 ATM 等。而担任交换节点的设备通常是路由器或交换机，在这些节点上，能够根据不同协议要求实现数据交换、路由、流量控制、拥塞控制等各种管理功能。

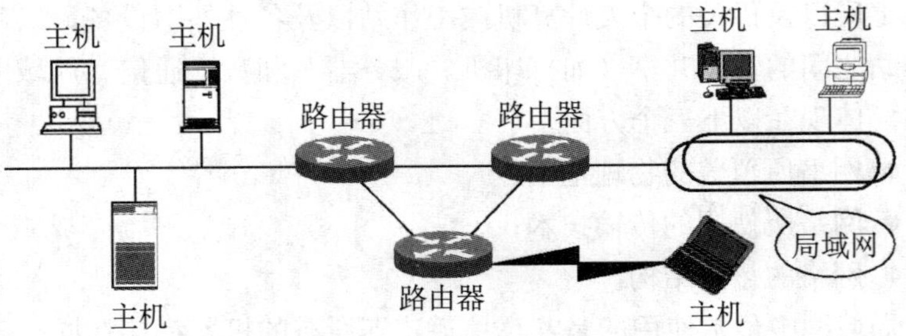

图 2—12 广域网模型

4. 互联网

将世界各地的局域网、广域网通过一定的方式连接起来，使得海量的信息能在更广阔的范围里传播，就构成了互联网（internet），最常见形式是多个局域网通过广域网连接起来。而不同厂家生产的网络产品，由于物理结构、协议和标准都各不相同，所以必须将这些不兼容的网络通过称为“网关”（gateway）的网络设备连接起来，并由网关完成相应的转换功能。我们目前所使用的因特网就是最常用的互联网形式。

2.4.4 TCP/IP 协议体系

因特网已经为全球上亿人所熟知和使用，人们的生活以及工作都已经越来越离不开因特网。因特网发展的基础框架就是：传输控制协议/网际协议（TCP/IP）的协议簇。TCP/IP 是一组协议，并根据其中最重要的两个协议——传输控制协议（transmission control protocol）和网际协议（internet protocol）而命名。

TCP/IP 的目的是为异构的物理网络提供统一的数据通信服务，使在不同网络上相距很远的主机相互通信成为可能。与大多数网络软件一样，TCP/IP 基于分层思想来给网络建模，包括应用层、传输层、网络层和网络接口层四个层次。TCP/IP 的结构及各层所包含的主要协议如图 2—13 所示。

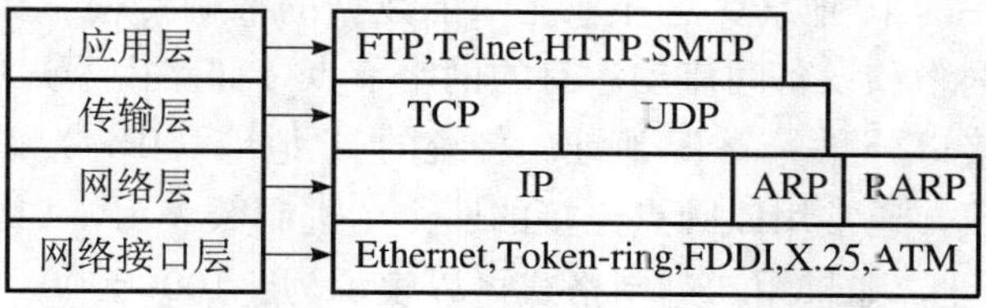

图 2—13　TCP/IP 协议层次

1. 应用层

这是对面向用户的通信应用程序的统称。TCP/IP 协议簇在这一层面有很多协议来支持不同的应用，许多大家所熟悉的基于因特网应用的实现就离不开这些协议。如我们进行网页浏览用到的 HTTP 协议、文件传输用到的 FTP 协议、电子邮件发送用到的 SMTP 协议、远程登录用到的 Telnet 协议等，都属于 TCP/IP 应用层；对用户而言，看到的是由一个个软件所构筑的大多为图形的操作界面，而实际后台运行的便是上述协议。

2. 传输层

提供了端到端的数据传输，把数据从一个应用传输到它的远程对等实体。最常用的传输层协议是传输控制协议（transmission control protocol，TCP），它提供了面向连接的可靠数据传送、流量控制以及拥塞控制。另一种传输协议是用户数据报协议（user datagram protocol，UDP），它提供了一种无连接、不可靠的、尽力而为的传输方式。

3. 网络层

解决的是网际通信问题，而不是同一网段内部的事。网络层的主要功能就是提供路由，即选择到达目标主机的最佳路径，并沿该路径传送数据包。除此之外，网络层还要能够消除网络拥挤，具有流量控制和拥塞控制的能力。网际协议（internet protocol，IP）是这一层中最重要的协议，为每个网络中的计算机定义了能唯一识别的 IP 地址，从而使得不同应用类型的数据在因特网上通畅地传输。网络层还包括 ARP，RARP，ICMP 等协议。

4. 网络接口层

也叫数据链路层，将网络层的 IP 数据报变成独立的网络信息传输单元（称为帧），负责帧在物理线路上的发送与接收。TCP/IP 协议的网络接口层支持多种接口协议，如 IEEE 802.2，Token-ring，FDDI，X.25，ATM 等。

2.4.5　IP 协议

1. IP 地址

IP 协议是 TCP/IP 协议簇网络层的核心，是因特网能够有效运行的基础。IP 协议最基本的功能是实现 IP 编址。就像每个人必须有独一无二的邮政地址以保证安全可靠地收寄信件一样，基于 TCP/IP 的网络上每台设备的每个网络接口都必须有唯一的 IP 地址，这样才能保证数据的准确传输。如果没有 IP 地址，数据不可能在网络和设备间流动。有的网络节点（如路由器）有多个网络接口，则每一个网络接口分配一个 IP 地址。传统的 IP 地址（IPv4）表示为一个 32 位的无符号二进制数，通常用以圆点连接的四个十进制数表示，如 129.2.7.9 就是一个合法的 IP 地址，如果用二进制格式可以表示为：10000000 00000010 00000111 00001001。

IP 层给每个要在互联网中传输的数据包标记出源 IP 地址和目的 IP 地址，经过路由选择可以发送到通信的目的地。每个地址包含两部分：网络号和主机号，就像我们的电话号码由区号和本地号码两部分组成一样。对于某网络上的所有节点而言，网络地址部分是相同的，每个设备的主机部分地址则各不相同。

根据网络地址和主机地址的不同分配方法，所有的 IP 地址被分为五类。

（1）A 类 IP 地址。一个 A 类 IP 地址由第一个字节所表示的网络地址和后 3 个字节所表示的主机地址组成，网络地址的最高位必须是“0”，即第一个十进制数范围为 1～127。每个 A 类地址可连接 16 777 214 台主机，因特网中共有 126 个 A 类地址。A 类 IP 地址资源很少，只用于大型网络。

（2）B 类 IP 地址。一个 B 类 IP 地址由前 2 个字节所表示的网络地址和后 2 个字节所表示的主机地址组成，网络地址的最高位必须是“10”，即第一个十进制数范围为128～191。每个 B 类地址可连接 65 534 台主机，因特网中共有 16 382 个 B 类地址。B 类 IP 地址主要用于中型网络。

（3）C 类 IP 地址。一个 C 类 IP 地址是由前 3 个字节所表示的网络地址和后 1 个字节所表示的主机地址组成，网络地址的最高位必须是“110”，即第一个十进制数范围为192～223。每个 C 类地址可连接 254 台主机，因特网有 2 097 150 个 C 类地址。C 类 IP 地址用于小规模网络。

（4）D 类 IP 地址。第一个字节以“1110”开始，第一个字节的数字范围为 224～239，是多点播送地址，用于多目的地信息的传输和作为备用。

（5）E 类 IP 地址。以“11110”开始，即第一段数字范围为 240～254。E 类地址保留，仅用于实验和开发。

根据用途和安全性级别的不同，IP 地址还可以大致分为公共地址和私有地址两类。公共地址在因特网中使用，可以在因特网中随意访问。私有地址只能在内部网络中使用，必须通过代理服务器才能与因特网通信。一个机构网络要连入因特网，必须申请公共 IP 地址。但是考虑到网络安全和节省 IP 地址资源等因素，在 IP 地址中专门保留了三个区域作为私有地址，其地址范围如下：

10.0.0.0～10.255.255.255

172.16.0.0～172.31.255.255

192.168.0.0～192.168.255.255

使用保留地址的网络只能在内部进行通信，而不能与其他网络互连。但是这些使用保留地址的网络可以通过将本网络内的保留地址翻译转换成公共地址的方式实现与外部网络的互连。因此，家庭、学校、企业中的小规模局域网，可以利用支持地址转换功能的路由器，在只获取一个公共 IP 地址的情况下，实现网内所有主机的上网功能。

2. IP 路由

IP 路由是 IP 协议所规定的另一项重要功能，IP 路由（routing）是指在不同网络间的数据收发选择路径连接，如同人们出行要选择一条合适的道路到达目的地一样。完成这种功能的设备称为 IP 路由器（router）。

当一个数据要被发送到远程目的主机时，发送端首先把数据包传递到一个本地路由器。路由器根据数据包所携带的目的 IP 地址信息，再根据相应的规则，将数据包传输到与之相连的另一个路由器，称为下一跳；这样直到数据包到达与目的主机所在网段相连的路由器。路由器根据 IP 路由表在网段之间转发数据包，这个表包含了与路由器相连的网络配置信息，如接口带宽、链路延迟时间、相邻路由器地址等。路由表的建立和管理是由路由算法实现的，在网络拓扑结构发生变化时，能够动态更新路由表信息。

路由算法分为静态路由和动态路由，静态路由由网络管理员人工实现，所有路由设备中通过的路径由人工编程的方式预先定义。静态路由一经配置就不再变动，不能动态适应网路的当前运行状态，只适用于简单的网络环境。动态路由允许路由器自动地发现和维护网络的路径，当前许多路由协议都属于动态路由，如路由信息协议（RIP）和开放式最短路径优先协议（OSPF）。

3. IP 协议的版本

随着电子技术及网络技术的发展，计算机网络将更加深入人们的日常生活，越来越多的设备有必要也有可能被接入因特网，如各种家用电器、传感器、交通工具等。而目前采用的 IP 协议版本 IPv4 的最大问题是网络地址资源有限，从理论上讲，IPv4 技术可使用的 IP 地址有 43 亿个，目前已经使用了绝大部分，而且地址分配不均，其中北美占有 3/4，约 30 亿个，世界其他国家和地区只占 1/4。为了解决这一问题，新的 IP 协议版本 IPv6 由互联网工程任务组（Internet Engineering Task Force，IETF）设计提出，用于替代现行的 IPv4。

IPv6 中 IP 地址的长度为 128 位，能够提供 $2^{128}-1$ 个地址，这是一个极其巨大的数字，如果说 IPv4 大约能为地球上每个人提供一个 IP 地址的话，IPv6 则能给地球上每一个生物提供一个 IP 地址。同时，IPv6 还具有更优良的性能，如使用更小的路由表，提高了路由器转发数据包的速度；增加了增强的组播功能支持及流控机制（flow control），为多媒体应用控制提供了良好的网络平台；加入了对自动配置（auto configuration）的支持，使得网络（尤其是局域网）的管理更加方便和快捷；使用 IPv6 网络用户可以对网络层的数据进行加密，并对 IP 报文进行校验，极大地增强了网络的安全性。

IPv6 在世界各国正处在不断发展和完善的过程中，我国的 IPv6 网络的研究和开发工作在世界上处于领先的地位，并已经建立起了基于 IPv6 的骨干网络——中国第二代教育骨干网（CERNET2）。

2.4.6 TCP与UDP

1. 面向连接或面向非连接

TCP/IP协议体系的传输层包括两个重要的协议：TCP和UDP。在讨论这两个协议之前，首先要弄清"面向连接"和"面向非连接"这两个概念，它们的关系可以形象地用打电话和写信来比喻。两个人如果要通话，首先要建立连接（打电话时的拨号），等待响应后（接听电话后），才能相互传递信息，最后还要断开连接（挂电话）。而写信就比较简单，填写好收信人的地址后将信投入邮筒，发信人的工作就完成了。

从以上的分析可以看出，面向连接是先在需要通信的双方之间建立一个传递信息的通道，再由发送方发送请求连接信息，当接收方响应后才开始传递信息。由于信息是在一个通道中传送的，接收方能比较完整地收到发送方发出的信息，因此这种方式传递信息的可靠性比较高。但也正因为需要先建立连接，所以资源的成本较高。在建立连接前必须等待接收方响应，传输信息过程中必须确认信息是否传到及断开连接时是否已发出相应的信号。因为是独占一个通道，所以在断开连接前不能建立另一个连接，就像不允许第三方打进电话一样。

面向非连接是一开始就发送信息（严格地说，这里没有开始、结束的区分），只是一次性的传递，事先不需要接收方的响应，因而在一定程度上也无法保证信息传递的可靠性，就像写信一样，我们只是将信寄出去，却不能保证收信人一定可以收到。

2. TCP与UDP的区别

TCP协议是面向连接的传输协议，而且提供的是可靠的传输服务，即在传输数据发生丢失时可以重新传递该数据，适用于要求比较高的业务，如电子邮件、网页浏览、文件传输等，这些业务都要求在通信时保证数据的完整。而UDP是面向非连接的，没有差错重传机制，适用于对速率要求高但能容忍部分数据丢失的业务，如视频会议、在线播放等实时多媒体业务。

3. 端口

在研究TCP和UDP传输协议时，端口（port）也是必须解释的概念。在网络技术中，端口概念有两种含义：第一种是指主机、集线器、交换机、路由器与其他网络设备相连的接口，如RJ-45端口、Serial端口等，是物理意义上的端口；另一种特指TCP/IP协议中逻辑意义上的端口，与TCP/IP协议簇中的应用层协议紧密联系，是区分不同应用类型的标识号。一个端口对应一个特定的因特网应用或服务，由端口号加以区分。如传输文件服务FTP的端口号是21，远程登录服务Telnet的端口号是23，网页浏览服务http的端口号是80，端口号的范围是0～65 535的整数。

2.4.7 常用的TCP/IP命令

基于TCP/IP协议的网络是当前普遍使用的网络形式，当个人网络出现故障时，如果会使用基于 TCP/IP 网络的一些基本工具，一些小故障将迎刃而解。下面主要简单介绍 TCP/IP 的诊断实用程序。

1. ping 命令

这是命令环境中最常用的诊断工具，主要用来测试本机到指定主机的网络是否联通。测试命令的格式分为几种。

（1）ping hostname。hostname 为主机名，通过此命令可以获得名为 hostname 计算机的 IP 地址。比如执行 ping www.sina.com.cn 命令，可以查看能否与新浪网连接，同时获得新浪网服务器的 IP 地址 202.108.33.32。

（2）ping—a ×.×.×.×.（已知的 IP 地址）。如果知道对方计算机的 IP 地址，执行此命令可得知对方计算机的主机名。

（3）ping 127.0.0.1。127.0.0.1 称为回调地址，执行此命令主要是为了测试计算机上协议是否安装正确。

2. hostname 命令

执行此命令可以获得计算机的主机名。

3. ipconfig 命令

最常用的命令就是 ipconfig/all，通过此参数几乎可以看出计算机上关于 TCP/IP 网络的所有配置。其中一个重要信息就是"physical address"，这就是网卡的 MAC 地址，每块网卡在出厂时都被指定了唯一的 MAC 地址。此外，还可以看出 WINS，DHCP，DNS 和网关等有关信息。可以说，ipconfig 命令是最强大的 TCP/IP 诊断工具。

4. netstat 命令

此命令用于显示所有的协议状态和当前基于 TCP/IP 的网络连接。执行命令 netstat—a 可以查看连接到当前计算机的所有其他计算机。

5. route 命令

Windows 操作系统中包含了路由的功能，因此，不论在真正的路由器设备还是在一般的网络计算机上，都可以用此命令查看、删除和添加保存的路由表。

6. tracert 命令

这是维护路由器时使用的工具，可以查看访问远程计算机时要经过的路由器或网关。

7. arp 命令

这是地址转换命令，用于把主机名转换为 IP 地址。

2.4.8　物联网与云计算

互联网是 20 世纪最为重大的科技发明之一，它的发展和普及引发了前所未有的信息革命和产业升级，已经成为经济发展的重要引擎。尤其是进入 21 世纪以后，互联网技术的发展日新月异，一大批新思想和新技术不断地涌现出来，并逐渐发展为成熟的商业模式，其中以物联网和云计算最具代表性。

1. 物联网

（1）物联网简介。物联网（Internet of things）是通过传感器、射频识别（RFID）技术、全球定位系统、红外感应器、激光扫描器、气体感应器等信息传感设备，并按照一定的协议，将各种物品与互联网连接起来进行信息交换和通信，以实现对物品进行识别、定位、跟踪、监控和管理的一种网络形式。简单地说，物联网就是“物物相连”的互联网。汽车、家用电器、日用百货、农副产品等，都可以成为物联网中的元素。要实现“物物相连”的目的，物联网中的“物”要相连必须满足一定的条件：

- 具有信息接收和发送器件；
- 具有一定的存储功能；
- 具有中央处理器；
- 具有操作系统；
- 有可被识别的唯一标号；
- 遵循物联网的通信协议。

（2）物联网与互联网。物联网是互联网的拓展和延伸，其技术的基础和核心仍然是互联网，因此物联网必须能支持现有互联网中的基本协议。此外，物联网的另一个重要特征是纳入物联网的“物”（即物联网中的结点）必须具有智能处理能力，能够对物品实施智能控制，并分析、加工和处理由各种传感设备采集到的海量信息。

（3）物联网的发展。物联网的实践最早可以追溯到 1990 年施乐公司的网络可乐贩售机，而“物联网”的概念是 1999 年在美国召开的移动计算和网络国际会议上首次提出的，其最初的思想是通过射频识别技术（RFID）和无线数据通信技术，构造一个实现全球商品信息实时共享的实物互联网。在 21 世纪的第一个十年，物联网技术飞速发展，其定义和范围都发生了变化。2005 年国际电信联盟（ITU）发布的年度互联网报告指出，物联网技术信息产业的一次革命性创新，是各种感知技术、网络技术和人工智能与自动化技术的集成应用。

在物联网时代，通过在各种各样的日常用品上嵌入短距离的移动收发器，人类在信息与通信世界里将获得一个新的沟通维度，从任何时间、任何地点的人与人之间的沟通连接扩展到人与物、物与物之间的沟通连接。世界各国对于物联网给予了极大的重视，美国将物联网与新能源并列为振兴其经济的两大重点；在我国，物联网于 2009 年作为国家五大新兴战略性产业之一正式写入政府工作报告。

（4）物联网的层次构架。物联网在技术构架上可分为三层：感知层、网络层和应用层。

1）感知层。由各种传感器以及其数据处理设备构成，主要包括各种温度传感器、浓度传感器、湿度传感器、二维码标签及其读写器、RFID 标签及其读写器、摄像头、GPS 等感知终端。感知层的作用主要有两个：采集各种有用信息，对物体进行识别和标记。

2）网络层。由能实现信息处理和通信，并能进行网络连接和管理的软硬件构成。网络层将感知层获取的信息转化成能在各种私有网络或互联网上传送的数据格式，并遵循一定的网络协议，保证数据能准确地到达指定的目的地。

3）应用层。提供物联网和用户之间的接口，将各行业对物联网的需求转化为具体的应用。

（5）物联网的用途。物联网的技术特点决定了其在食品安全、工业监控、公共安全、城市管理、远程医疗、智能家居、智能交通、邮政物流和环境监测等各个行业均有广阔的应用前景。例如，在蔬菜、肉类等农产品上打上 RFID 标签，能够记录每一件农产品在种植（养殖）、加工、保存、运输过程中的各种信息，有助于加强对食品安全的管理；在煤矿生产中，工人们佩戴安装有物联网设备的头盔下井工作，能够在井下形成一个自组网络，采集瓦斯浓度、温度、工人位置等各种安全数据，实时传输回地面的监控中心，对于预防事故和在事故发生后有效救援有着重要的意义；在城市交通中，道路上行驶的车辆可以组成一个巨大的物联网，每辆车实时地采集并发送自己的位置，同时接收其他车辆的位置信息，可以计算出当前道路的拥堵情况，并能得到去往目的地的最佳动态路径；等等。总之，物联网的推广和使用将使人们的生活更方便、更安全、更高效。

2. 云计算

（1）云计算的定义。云计算（cloud computing）是一种基于因特网的超级计算模式，它是分布式处理（distributed computing）、并行处理（parallel computing）和网格计算（grid computing）等计算机技术的发展和商业化的产物。云计算的原理是将大量由互联网连接的计算资源进行统一的管理和调度，构成一个计算资源池，根据用户的需求提供服务。

提供资源的网络被称为“云”，通常由大量的计算机和服务器构成。用户只需要配备价格低廉的个人电脑，就可以通过互联网从“云”中获取强大的运算和存储能力，就像每个家庭无须安装发电机，只需要从电力公司购买日常生活所需的电力资源一样。在未来云计算的世界里，由谷歌、IBM 这样的巨型的、专业的网络公司来搭建计算机存储和运算的“云”，任何一个用户通过台式机、笔记本、手机等各种终端就可以很方便地访问，获取“云”所提供的各种应用和存储服务。

过去，像经济数据的统计计算、大型工程的模拟实验、气象信息的处理预测这样的需要强大运算能力的应用，需要很高的投入来配备高性能计算机及其附属设备。有了云计算以后，普通的个人用户都可以随时随地通过“云”来实现这样的应用。

（2）云计算的特点。云计算作为一种新的互联网的应用和服务模式，与传统的应用模式比，主要有以下特点：

1）虚拟化技术。云计算平台利用软件技术来实现硬件资源的虚拟化管理、分配和应用。用户在分享云计算所提供的网络资源、计算资源、数据库资源、硬件资源和存储资源时，就像在操作自己本地的计算机一样。从总体的角度看，云计算的虚拟化技术可以大大降低整个社会对信息设备的维护成本，提高资源的利用率。

2）安全性和可靠性。云计算服务器提供了最可靠、最安全的数据存储中心，并由专业的技术团队进行信息的维护和管理，严格的安全策略和技术手段使用户不用再担心数据丢失、病毒破坏等安全问题的发生。另一方面，用户数据被复制在云端的多个服务器节点上，即使意外删除或硬件崩溃也不会影响数据的完整和可靠。

3）灵活方便的获取服务。在云计算时代，用户可以根据自己的需要和喜好来定制相应的服务、应用和资源。云计算作为一个通用的平台，可以按照用户的需求部署和分配相应的资源、计算能力、服务及应用。用户不必关心资源在哪里，需要哪些配置，只需要把自己的需求告诉云，就可由云来完成后面的工作。

4）高性价比。用户可以随时随地地利用各种设备登录到云中进行计算服务，用户端的硬件设备要求很低，软件也不需要购买和升级，只需要向云提出定制需求即可，而获得的是由成千上万台服务器组成的集群所提供的海量的存储空间和运算能力。

（3）云计算与科技创新。云计算模式非常适合中小型高科技企业和众多的创业者，他们常常拥有新技术或进行自主创业，却苦于资金短缺，无法支付高额的IT硬件和软件费用。云计算可以以很低的成本让他们拥有大企业级的IT技术资源的支持，从而极大促进了高科技中小企业和创业者的发展，鼓励了更多的创新。

（4）云计算服务模式。目前，云计算的商业应用正在全球范围内迅速发展，许多世界著名的IT企业都推出了自己的云计算产品和服务，如微软、IBM、谷歌、亚马逊、中国移动、浪潮等，主要的云计算服务模式有三种：

1）基础设施服务（Infrastructure-as-a-Service，IaaS）。用户通过因特网获得所需要的计算机基础设施服务，如存储空间和运算能力。

2）平台服务（Platform-as-a-Service，PaaS）。将软件研发的平台作为一种服务，通过云让多个用户共享。

3）软件服务（Software-as-a-Service，SaaS）。由云计算的运营商提供软件应用，用户无须自己购买软件，而是通过因特网租用基于Web的软件，来实现数据库管理、数据处理、科学计算、游戏娱乐等各种服务。

2.5 数据库系统平台

2.5.1 数据处理技术的发展

在当今的信息社会，信息资源已经成为最重要的社会资源之一。人们的全部社会活动（生产、交流、生活等）都离不开数据信息。对数据的采集、储存、分析加工、检索使用和维护管理工作更是我们每天自觉或不自觉地开展的大量烦琐工作。例如，每天的工作、活动日程安排，个人（或家庭）的收支账目、股票价格的涨跌变化等，更不用说生产管理、办公管理中大量事务性处理工作无处不在，每时每刻都有大量的对数据的处理和管理工作。

计算机的应用为高效率、低成本精确进行数据处理提供了有利的条件，建立相应的信息处理系统便成为社会、企业、部门，甚至家庭或个人生存和发展的重要支柱。

数据处理实际上包括对各种类型数据进行加工的处理操作，以及将处理过的数据合理组织、存储，随时为用户服务的管理操作。数据处理包括对数据的采集、整理、存储、加工、传输等；数据管理包括对数据的分类、编码、组织、存储、检索、维护等。

数据处理的目的在于，不但要从大量的、原始的数据中获得我们所需要的资料并提取有用的数据成分，而且要管理好这些数据信息，以便人们能够随时提取和使用它们。所以数据处理是基础，数据管理是核心。

随着电子计算机软件和硬件技术的发展，数据处理过程发生了划时代的变革，数据库技术的发展又使数据处理跨入了一个崭新的阶段。一般认为，数据处理技术的发展经历了三个阶段。

1. 人工管理阶段

20 世纪 50 年代以前，计算机主要用于数值计算，因为要处理的数据量不大，所以没有专门的软件对数据进行管理，在程序中既要考虑处理过程，又要考虑数据的定义和组织，程序和数据总是联系在一起的，并且数据随着计算处理的结束而退出计算机。其中程序和数据之间的对应关系如图 2—14 所示。

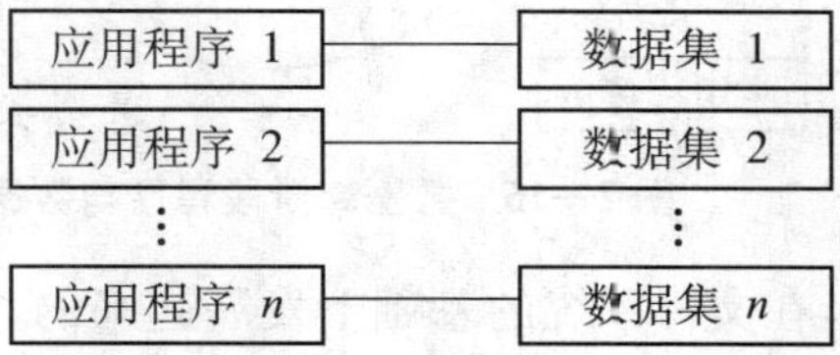

图 2—14　人工管理阶段程序与数据的关系

因为每个应用程序都有属于自己的一组数据，各应用程序之间不能互相调用，所以必须在处理同一批数据的多个应用程序中重复存放这些数据，从而造成大量的数据冗余，不但加大了存储的容量，而且容易造成数据的不一致。

2. 文件系统阶段

到了 60 年代中期，由于大容量数据存储器的出现，为适合科学计算及简单数据管理的需要，人们将数据从程序中分离出来，组成相互独立的数据文件。文件系统建立了数据文件内部的数据结构，每个程序都通过自己的文件系统和相应的数据联系，每个文件系统都管理着某个程序需要的数据。其中程序和数据之间的对应关系如图 2—15 所示。

但是各数据文件之间没有联系，或者说文件系统在整体上是无结构的。如果需要这种联系，只能靠建立专门的程序来实现。

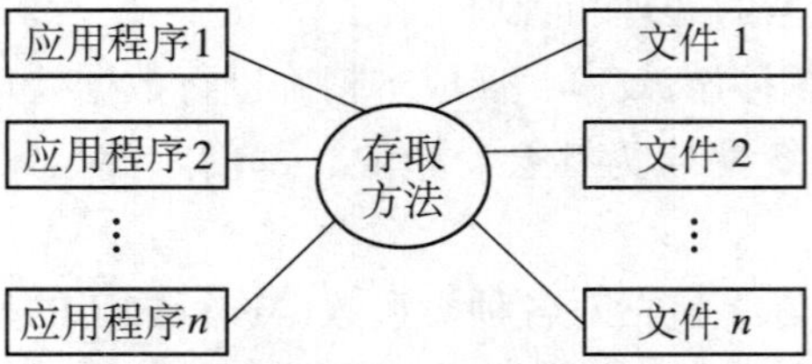

图 2—15　文件阶段程序与数据的关系

3. 数据库系统阶段

到了 60 年代后期，随着计算机在管理领域的应用，数据处理的规模急剧增长，对数据处理的精度、速度也不断提出更高的要求。为了满足这种不断增长的要求，人们不但需要更先进的计算机，而且需要更先进的数据组织与管理技术。于是，一种新的数据处理方法——数据库技术出现了。

数据库技术一方面实现了数据与程序的完全独立，另一方面实现了数据的统一管理。众多程序或应用需要的各种数据，全部交给数据库系统管理，大大压缩了冗余数据，实现了多用户、多应用数据的共享。其中程序和数据之间的对应关系如图 2—16 所示。

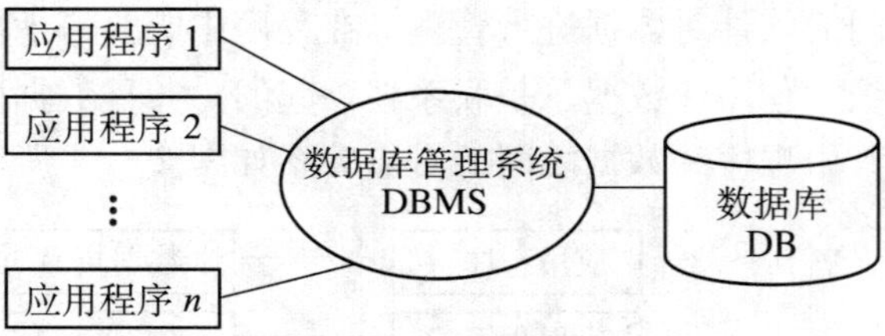

图 2—16　数据库阶段程序与数据的关系

数据库系统是在文件系统的基础上发展起来的。由于数据库具有数据结构化、高度共享、冗余度低、程序和数据相互独立、易于扩充、易于编制应用程序等优点，因此一出现便得到了迅速的发展。目前国内开发使用的管理信息系统都是以数据库为基础的。同时，数据库的应用范围已经从一般的事务处理扩展到计算机辅助设计、人工智能、软件工程、电子设计自动化（EDA）、办公室自动化、多媒体等计算机应用的各个领域。

2.5.2　数据库系统的组成

数据库系统（data base system）是指以计算机系统为基础，以数据库方式管理大量共享数据的综合系统。它一般由数据库、计算机硬软件系统、数据库管理系统、数据库管理员和用户（最终用户、应用程序设计员）五个部分构成。人们习惯上常常把数据库系统简称为数据库，但是应当注意和仅有相关数据集合的数据库概念相区别。数据库系统各部分的层次结构可以用图 2—17 表示。

1. 数据库

数据库（data base，DB）可以定义为：以一定的组织方式将特定组织各项应

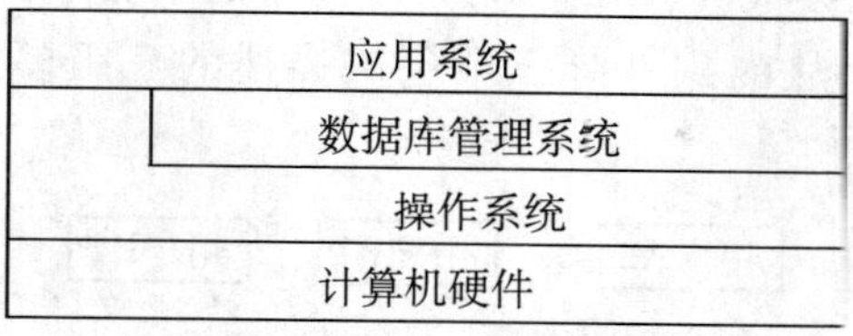

图 2—17 数据库系统的组成结构

用相关的全部数据组织在一起并存储在外存储器上所形成的、能为多个用户共享的、与应用程序彼此独立的一组相互关联的数据集合。

数据库不是根据某个用户的需要，而是按照信息的自然联系构造数据。它能以最佳的方式，最少的冗余，为多个用户或多个应用共享服务。

数据库的主体是相关应用所需的全部业务数据的集合，称为物理数据库；另外还用一个数据字典系统存放各级数据结构的描述，称为描述数据库。

2. 硬件支持系统

计算机硬件是数据库赖以存在的物理设备，特别是必须有足够大的内存储器、大容量的磁盘和光盘等直接存取设备，以及较好的传输数据的设备等。

3. 软件支持系统

最主要的是数据库管理系统（DBMS）软件，它是在计算机操作系统支持下运行的庞大的系统软件，是数据库系统的核心。利月这个软件，用户可以实现数据库的创建、操作使用和维护。

当然，任何软件都必须在计算机操作系统的支持下运行，所以数据库系统还必须选择与数据库管理系统软件相适应的操作系统。

一般的数据库管理系统软件都自含程序开发设计语言，否则就必须使用其他的程序设计语言及软件开发工具。

4. 数据库管理员

对于较大规模的数据库系统来说，必须有专人全面负责建立、维护和管理，承担这项任务的人员称为数据库管理员（DBA）。数据库管理员负责保护和控制数据，使得数据能够被任何有权使用的人有效利用。其职责是：定义并存储数据库的内容，监督和控制数据库的使用，负责数据库的日常维护，必要时重新组织和改进数据库。

5. 用户

数据库系统的用户主要有两种：一种是对数据库进行联机查询和通过数据库应用系统提供的界面（菜单、表格、窗口、报表等）使用数据库的最终用户，另一种是负责应用程序模块设计和数据库操作的应用系统开发设计人员。

2.5.3 数据库系统的结构

数据库系统具有严谨的体系结构，根据美国标准化协会（ANSI）所属的标准计划与需求委员会（SPARS）1975 年公布的数据库标准报告，数据库有三级组织结构。这是一个从内到外分三个层次描述的三级模式结构，可以用图 2—18 来表示。

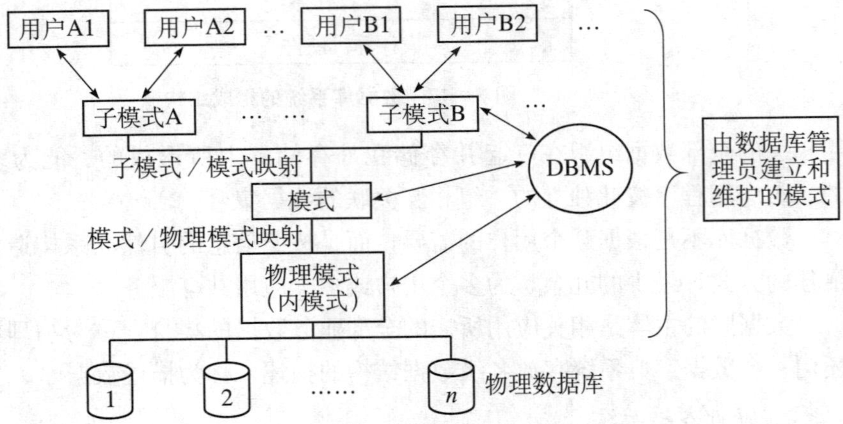

图 2—18 数据库的三级模式结构

可以看出，三级模式主要分为物理结构和逻辑结构两个方面。描述物理结构的称为物理模式（内模式），它直接通过操作系统与硬件联系。一个数据库系统只能有一个内模式。

描述逻辑结构的称为模式（又称概念模式、逻辑模式），它是数据库数据结构的完整表示，是所有用户的公共数据视图。一个数据库系统只有一个模式，它总是以某一种数据模型为基础，统一考虑所有用户的要求，并有机地综合成一个逻辑整体。模式仅仅是对数据型的描述，不涉及具体数据值。

针对每一个用户或应用，又由模式导出若干子模式（又称外模式、用户模式）。子模式是直接面向用户的，用户能够看见并使用的局部数据的逻辑结构描述。每一个子模式都是模式的一个子集；也可以把它看成是模式的一个窗口。一个数据库系统可以有多个子模式。

数据库系统的三级模式中还提供了两个映射功能（模式）。一个是在物理模式与模式之间的映射（转换）功能，另一个是在模式与子模式之间的映射（转换）功能。

第一种映射使得数据物理存储结构（内模式）改变时，只需修改模式与内模式之间的映射关系，而逻辑结构（模式）不变，因而相应的程序也不需改变，这就是数据库的物理独立性。

第二种映射使得逻辑结构（模式）改变时，只需修改外模式与模式之间的映射关系，而用户结构（外模式）不需改变，所以应用程序也不用改变，这就是数据和程序的逻辑独立性。

通过这两种映射，数据库实现了物理独立性和逻辑独立性。一方面使得数据的定义和描述可以从应用程序中分离出去，另一方面使得应用程序的编写再不用考虑数据的存取路径等细节问题，从而大大减少了应用程序的修改和维护工作量。

2.5.4　数据库管理系统

数据库管理系统（data base management system，DBMS）是指帮助用户建立、使用和管理数据库的软件系统。数据库管理系统是数据库系统的核心，从图2—18中可以看出，它是位于用户和计算机操作系统之间的一层数据管理软件。

1. 数据库管理系统的组成

DBMS通常由以下三个基本部分组成。

（1）数据描述语言（data description language，DDL）。用来描述数据库、表的结构，供用户建立数据库及表。

（2）数据操作语言（data manipulation language，DML）。供用户对数据表进行数据的查询（包括检索与统计）和存储（包括增加、删除与修改）等操作。

（3）其他管理和控制程序。实现数据库建立、运行和维护时的统一管理、统一控制，从而保证数据的安全、完整，及多用户并发操作。同时完成初始数据的输入、转换、转存、恢复、监控、通信，以及工作日志等管理控制的实用程序。

在小型的数据库管理系统中，DDL和DML通常合二为一，成为一体化的语言。

2. 数据库管理系统的功能

不同的数据库管理系统因为对应的硬件资源和软件环境不同，所以具体功能也有所不同。但是基本功能应当有如下几点。

（1）数据定义功能。数据定义就是对数据库中数据对象的描述，其中包括定义数据库各模式及模式之间的映射关系，以及相关的约束条件等，并最终形成数据库的框架。这些是通过数据描述语言DDL实现的。这些描述存放在数据字典中，作为数据库管理系统存取和管理数据的基本依据。

（2）数据操纵功能。这是直接面向用户的功能，它将接收、分析和执行用户对数据库提出的各种操作要求，并且完成数据库数据的检索、插入、删除和更新等数据处理任务。这些是通过数据操纵语言DML实现的。

（3）数据库的运行管理功能。数据库管理系统的核心工作是对数据库的运行进行管理，主要是执行访问数据库时的安全性检查、完整性约束条件的检查和执行、数据共享的并发控制、发生故障后的系统恢复，以及数据库内部维护等。

（4）数据库的建立和维护功能。主要是实现数据库初始数据的输入、转换工作，数据库的转储、恢复工作，数据库的重组织和性能监视、分析工作等。

2.5.5　数据库技术的新发展

前面介绍的传统数据库系统仅仅是数据库大家族中的一员，当然也是最成熟、应用最广泛的一员。它的核心理论、应用经验和设计方法等是整个数据库技术和应用开发的先导和基础。

传统数据库技术主要应用于商业领域，已经取得了巨大的成功，这种成功也刺激了其他领域对数据库技术的需求。但是，当人们将数据库技术应用于计算机辅助设计与管理、计算机集成制造、办公信息系统、地理信息系统、知识库系统和实时系统等新领域时，却发现很多必需的数据管理功能是传统数据库系统所无法支持的。正是这些新的需求直接推动了数据库新技术的研究和发展，这种研究和发展主要表现在以下三个方面。

1. 面向对象的方法和技术对数据库的发展

面向对象的方法和技术不但在程序设计语言、软件工程、信息系统设计和计算机硬件设计方面产生了极大的影响，而且给面临新挑战的数据库技术带来了机会和希望。数据库研究人员借鉴和吸收了面向对象的方法和技术，提出了面向对象数据模型。一个面向对象数据模型是用面向对象观点来描述现实世界实体（对象）的逻辑组织、对象之间限制、联系等的模型。面向对象数据模型吸收了面向对象程序设计方法的核心概念和基本思想，一系列面向对象核心概念构成了面向对象数据模型的基础。

与层次、网状、关系等传统的数据模型不同，面向对象数据模型是非传统的数据模型，面向对象数据库系统（OODBS）是面向对象程序设计方法与数据库技术相结合的产物。

面向对象数据库系统支持面向对象数据模型，面向对象数据模型定义的对象集合体就是一个对象库，而面向对象数据库系统是一个持久的、可共享的对象库的存储和管理者。由于到目前为止还缺乏对面向对象数据模型的统一的、严格的定义，因此面向对象数据库系统还缺少一个清晰的规范说明。尽管面向对象数据库技术还是一项比较新的技术，但它仍然是数据库技术发展的必然趋势。

2. 数据库技术与多学科技术有机结合的发展

在计算机领域中层出不穷的新兴技术对数据库技术的发展产生了重大的影响，传统的数据库技术也在不断地与其他计算机新技术互相结合、互相渗透，使得数据库的许多概念、技术内容和应用领域都有了重大的发展和变化，先后出现了诸如分布式数据库系统、并行数据库系统、演绎数据库系统、知识库系统、Web 数据库和多媒体数据库系统等一系列新型数据库系统。下面重点介绍其中三种。

（1）分布式数据库系统。分布式数据库系统是数据库技术与计算机网络技术相结合的产物，其数据处理方式与传统的数据库系统以集中的方式局限于一台大型计算机上处理有所不同。分布式数据库系统是逻辑上统一而地域上分布的数据集合，可以在分布式数据库管理系统的控制和管理下，实现计算机网络环境中分布在各节点的局部数据库中数据的逻辑集合。

分布式数据库系统按照全局的需要把数据分成具有一定结构的数据子集，并将数据子集分别存储在处于不同地点的计算机中。每个节点计算机的数据库系统都有独立处理本地事务的能力，充分体现出数据库系统的分布性特点。同时，数据库系统还具有数据协调性的特点，在逻辑上各节点上的数据仍然是一个整体，对用户来说具有高度的透明性，各节点之间可以随时互相访问传递数据，虽然用户不知道数据究竟存放在什么位置，但是使用起来就像集中式数据库系统一样方便。因此可以说，分布式数据库系统是由许多数据库逻辑组成的，针对全体用户的全局数据库系统。

分布式数据库系统主要用于地域上很分散的组织或部门的事务处理系统，比如银行业务处理、航空公司的订票业务等。

（2）并行数据库系统。并行数据库系统是在并行计算机上运行的、具有并行处理能力的数据库系统，是数据库技术与并行计算机技术相结合的产物。并行数据库系统充分利用了多处理器平台的并行处理产生的规模效应，通过查询间并行、查询内并行和操作内并行等多种并行方式，在联机事务处理与决策支持应用环境中提供快速的响应时间和较高的事务吞吐量。

数据库管理系统进程结构的最新发展为数据库的并行处理奠定了基础，多线程技术、虚拟服务技术是并行数据库技术实现中采用的重要技术。

（3）多媒体数据库系统。传统的数据库系统主要处理的是文字、数据等结构化数据，多媒体数据库系统既能够处理结构化数据，又能够方便地处理图形、图像和声音等非结构化的多媒体数据。非结构化数据数量庞大且结构复杂，处理起来要复杂困难得多。多媒体数据库系统的主要特点如下。

1）集成性。多媒体是数字、图形、图像、声音和文字等多种媒体的有机结合。

2）独立性。多媒体中的单媒体具有独立性，可单独对某一媒体操作而不影响其他媒体。

3）数据量大。视频和声音信息的数据量特别大，使得多媒体文件比文档文件大得多。

4）实时性。多媒体系统在很多场合是要求能够实时处理的。

5）交互性。各种多媒体信息往往采用交互方式操作。

为了使多媒体数据库具备上述特点，必须建立合适的数据模型，其途径一般有以下四种。

1）基于关系模型。就是在关系数据库的基础上扩充，以支持多媒体数据类型。

2）基于面向对象模型。在面向对象语言中加入对多媒体数据的存储管理功能，形成多媒体数据库。

3）基于超文本、超媒体模型。在超文本、超媒体模型的基础上发展而成。

4）开发全新的数据模型。就是要从底层开发，实现多媒体数据库系统。

3. 面向应用领域的数据库新技术——数据仓库

随着市场竞争的加剧和对深层数据的综合处理的需求增长，传统的数据库系统已经远远不能满足需要。传统数据库系统中存放的是单一数据资源，需要它完成的却是从事务处理、批处理到决策分析的各类数据处理工作。对于传统的数据库系统来说，要完成这样的任务显然是非常困难的，其效果也很不理想。为了适应这些特定的应用领域，必须研制符合其要求的特定数据库系统，于是出现了数据仓库、工程数据库、统计数据库、空间数据库、科学数据库等多种不同形式的数据库系统，其中最重要的就是数据仓库。

要完成从事务处理、批处理到决策分析的各类数据处理工作，对于传统的数据库系统来说，必须借助前台软件（如电子表格、图表等）来实现查询和分析。这就要求最终用户具有使用前台处理软件的能力，而且分析处理的数据不能太复杂。显然在多数情况下，这种操作方式不够有效、灵活和顺畅，有时甚至是不可能的。因为这是两类不同的处理操作，事务处理、批处理属于操作型处理，决策分析属于分析型处理。

事务型处理是对数据库的日常联机操作，是操作型处理。它通常是对一个或一组记录的查询和修改操作，关心的是响应时间和数据的安全性、完整性。管理人员的决策分析工作属于分析型处理。这种处理经常需要访问大量的历史数据，通过分析处理制定出市场策略的决策信息。传统的数据库系统适合完成事务类操作型处理，而实现数据分析型处理操作的最好办法就是数据仓库。

首先必须划清数据处理的分析型环境与操作型环境之间的界限，将原来以单一数据库为中心的数据环境，变为由操作型环境和分析型环境两部分构成的体系化环境。数据仓库就是这个体系化环境的核心，数据仓库架构的简单示意图如图 2—19 所示。

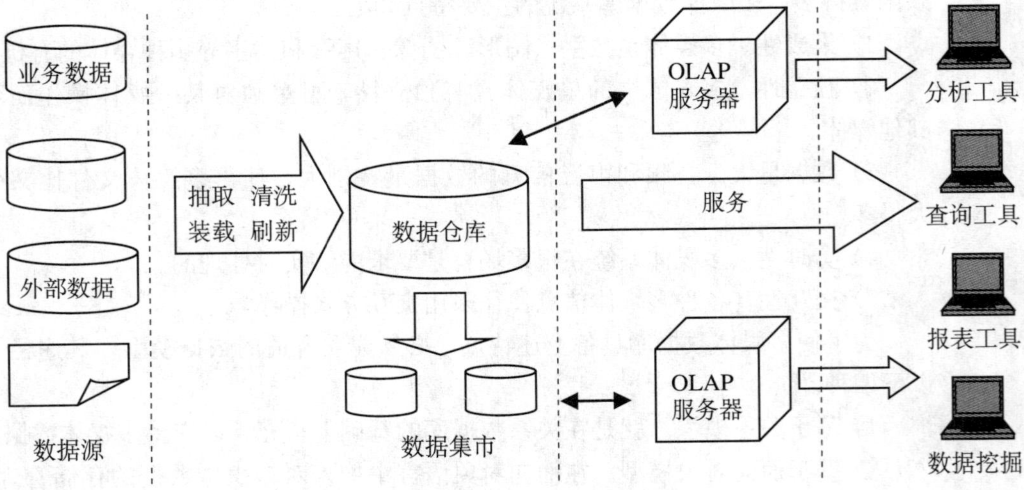

图 2—19　数据仓库架构示意图

从图中可以看出，数据仓库应当由以下几部分组成。

（1）数据仓库数据库。数据仓库数据库是整个数据仓库环境的核心，是数据存放的地方并提供对数据检索的支持。相对于操纵型数据库来说，其突出特点是对海量数据的支持和快速的检索技术。

（2）数据抽取工具。数据抽取工具可以把数据从各种各样的存储介质中拿出来，进行必要的转化、整理，并按主题组织起来，再存放到数据仓库内。

具有对各种不同数据存储方式的访问能力是数据抽取工具的关键，并且应当能够生成 COBOL 程序、MVS 作业控制语言（JCL）、UNIX 脚本和 SQL 语句等，以便访问不同的数据。

数据转换包括：删除对决策应用没有意义的数据段，转换到统一的数据名称和定义，计算统计和衍生数据，给缺值数据赋予缺省值，将不同的数据定义方式统一。

(3) 元数据。元数据是描述数据仓库内数据的结构和建立方法的数据。可将其按用途的不同分为两类：技术元数据和商业元数据。

技术元数据是数据仓库的设计和管理人员在开发和日常管理数据仓库时使用的数据，包括数据源信息；数据转换的描述；数据仓库内对象和数据结构的定义；数据清理和数据更新时用的规则；源数据到目的数据的映射；用户访问权限，数据备份历史记录，数据导入历史记录，信息发布历史记录；等等。

商业元数据是从商业业务的角度描述的数据仓库中的数据，包括业务主题的描述，包含的数据、查询、报表等。

元数据为访问数据仓库提供了一个信息目录，该目录全面描述了数据仓库中都有什么数据、这些数据是如何得到的，以及如何访问这些数据。是数据仓库运行和维护的中心，数据仓库服务器利用它来存储和更新数据，用户通过它来了解和访问数据。

(4) 访问工具。访问工具为用户访问数据仓库提供手段，包括数据查询和报表工具，应用开发工具，主管信息系统（EIS）工具，联机分析处理（OLAP）工具，数据挖掘工具等。

(5) 数据集市（data marts）。数据集市是为特定的应用目的或应用范围而从数据仓库中独立出来的一部分数据，也可称为部门数据或主题数据。实际上，数据集市就是为一个战略业务单元或部门服务的，低成本、小规模的数据仓库。

在数据仓库的实施过程中往往可以从一个部门的数据集市着手，以后再用几个数据集市组成一个完整的数据仓库。需要注意的是，在实施不同的数据集市时，同一含义的字段定义一定要相容，只有这样，在以后实施数据仓库时才不会造成大麻烦。

数据仓库是一个对历史数据进行收集和分类处理的集成化系统。数据仓库不是面向操作性数据的即时处理，而是面向特定的主题的数据处理。数据仓库中的数据来自操作性环境的输入，但是不进行任何编辑处理，仅作输入、删除和整理，并将当前详细数据最终浓缩成高度概括的数据，长期保存（5～10 年以上）以供决策支持使用。

所以数据仓库的定义是：数据仓库（data warehouse）是一个面向主题的、集成的、相对稳定的、反映历史变化的数据集合，用于支持企业或组织的决策分析处理。数据仓库的特点如下。

(1) 面向主题。操作型数据库的数据组织面向事务处理任务，各个业务系统之间各自分离，而数据仓库中的数据是按照一定的主题域（比如客户、供应商、产品、价格、职能领域等）进行组织的，只包含对决策有帮助的信息。

(2) 集成。数据仓库中的数据是在对原有分散的数据库数据进行抽取、清理的基础上经过系统加工、汇总和整理得到的，必须消除源数据中的不一致，以保证数据仓库内的信息是关于整个企业的一致的全局信息。

(3) 相对稳定。数据仓库的数据主要供企业决策分析之用，所涉及的数据操作主要是数据查询，某个数据一旦进入数据仓库，一般情况下将被长期保留，也就是数据仓库中一般有大量的查询操作，但修改和删除操作很少，通常只需要定期的加载、刷新。

（4）反映历史变化。数据仓库中的数据通常包含历史信息，系统记录了企业从过去某一时间点（如开始应用数据仓库的时点）到目前的各个阶段的信息，通过这些信息，可以对企业的发展历程和未来趋势做出定量分析和预测。

随着计算机技术特别是网络技术的发展和用户对数据库应用系统要求的变化，以网络为基础的计算机体系结构——Client/Server（客户/服务器）体系结构的使用已经越来越普遍。这是一种由网络联结的多台硬件组成的协同工作环境。该系统巧妙地将硬件做了分工，服务器专门用来存储共享数据及事务处理过程，客户机用来实现用户的应用程序。这种分工充分发挥了不同硬件的特点，有助于用户利用微机系统建立一个分布式的、既支持联机事务处理又具有友好用户图形界面和良好可扩充性的应用系统。数据仓库主要使用这种结构，通过因特网，用户就能够实现数据的整合和快捷访问。

思考题

1. 计算机网络的硬件组成有哪些？
2. 常用网络拓扑结构有哪些？各有什么特点？
3. 数字信号与模拟信号有哪些区别？
4. 试述调制解调的含义。
5. 什么是频分多路复用？什么是时分多路复用？
6. 网络交换方式有几种？各有什么特点？
7. 常用的通信介质有哪些？各自有什么特点？
8. 什么是局域网？它有哪些特点？
9. 试述 TCP/IP 协议。
10. 什么是 IP 地址？什么是网络域名？
11. 解释下列名词：路由器、网关。
12. 什么是因特网？它有哪些服务？
13. 计算机系统是由哪些部分组成的？各部分的作用是什么？
14. 多媒体计算机的组成有何特点？
15. 什么是数据库？什么是数据库管理系统？
16. 什么是数据库系统？什么是数据库应用系统？
17. 构成物联网的“物”必须具备的条件有哪些？
18. 物联网的感知层有哪些感知终端？RFID 技术与物联网有什么关系？
19. 简述云计算的意义。
20. 为什么说云计算特别适合中小科技企业的发展？

21. 简述数据处理技术发展的三个阶段。
22. 简述数据库系统的三级模式结构及两种映射。
23. 试述数据与程序的物理独立性和逻辑独立性。
24. 为什么数据库系统具有数据与程序的独立性?
25. 数据库管理系统与数据库系统有何区别?
26. 简述数据库管理系统的组成与功能。
27. 数据库新技术的发展主要表现在哪些方面?
28. 试述面向对象模型与面向对象数据库。
29. 简述分布数据库的含义与特点。
30. 简述数据仓库的定义与特点。
31. 简述多媒体数据库的特点。

管理信息系统的开发策略 第3章

信息系统的开发主要是指建立企业、组织和用户所需要的应用信息系统的过程，它包括获得创建一个能够提供信息服务的应用系统所需要的一系列工程、技术及管理活动。企业组织的发展水平和行业领域各不相同，各自的管理环境和组织应用基础不一样，信息技术应用和信息系统开发的目的也不同，因此会采取不同的信息系统开发策略和方法。但是对一个组织来说，了解系统开发的过程和方法，选择适宜的系统开发方式对系统开发项目进行恰当的组织和管理，是信息系统开发成功的重要前提。

3.1 管理信息系统开发概述

3.1.1 系统开发的任务和特点

1. 系统开发的任务

我们所说的系统开发是指根据企业或部门管理的目标，根据管理工作内容、规模、性质情况，建立起一套以计算机为基础的软硬件结合的信息系统。比如，制造企业需要根据市场订货的要求安排生产和作业计划，管理企业的设备、物料库存和人员，组织产品销售等；商业企业需要管理商品的进销存过程，包括前台收付款、后台进货、与供应商结账等一系列相关的活动；咨询企业需要对自己的客户资料进行组织，建立起客户档案及信息查询系统；图书馆需要建立图书出入库管理、书目查询、读者借阅服务管理系统；等等。

以计算机为基础建立的信息系统，有些是在已有的计算机网络或数据库基础上做进一步开发，主要任务是应用软件的开发；有些主要是信息基础设施的建设，如基本硬件设备和操作工具的开发，计算机网络平台的建设，建立底层数据库，基本管理环境的改善和基础设施配套等多方面的工作。显然，应用软件的开发在信息系统开发工作中处于中心地位。从实际情况看，信息系统开发工作并不都能成功。特别是一些投资量大、技术先进、结构复杂的信息系统项目，开发工作要取得成功更不是一件容易的事。1993年，美国丹佛新机场行李管理系统出现失误，导致新机场开业后十多个月无法正常运转，造成了巨大的经济损失。2005年，澳大利亚海关用新的“整合货物清关系统”（ICS）代替旧的系统，系统开始运行时出现诸多问题，使大量货物堆积在港口无法及时通关，每天损失超过200万澳元。选择有效的开发策略，正确进行系统开发项目的管理，将有助于提高系统开发的成功率。

系统开发对企业组织的所有人员都很重要，而不是仅仅与信息技术专业人员有关。信息系统的最终用户遍及整个组织，上自高层领导，下至具体的业务操作人员。20世纪六七十年代，系统开发主要由信息技术专业人员进行。到20世纪末，企业中几乎所有业务部门的用户都直接或间接地介入了企业信息系统的建设。企业的业务需求不断推动着信息系统开发的进展，引导着信息系统开发的方向。

2. 系统开发的特点

(1) 系统的复杂程度高。企业具有复杂的内部调节机制，组织结构、内部流程、人员和控制环节等都具有一定的灵活性和不确定性。企业系统内部构成和行为机制越复杂，信息管理系统也就越复杂。同时，系统开发涉及多种学科领域的知识，具有知识密集的特点，还需要较多的资源投入，越是大型的开发项目，管理的难度越大。大型系统开发项目可能涉及楼宇工程、电力设施等更多的建设任务，历时几个月甚至几年。如果将开发工程外包到境外（离岸外包），或者通过远程协作等方式完成开发，相应的管理过程也比较复杂。

(2) 是集体的创造性活动。信息系统开发往往需要对复杂的系统性问题进行转换和分解，再根据一定的原则，将分解后的处理单元组装起来，使其成为一个有机的系统。对大系统的分解、对小单元的分析处理和最后的组装都要借助人们的创造性思维。绝对不能简单地把手工流程搬到计算机上来做，而是要通过人的智慧劳动进行创新。系统开发也不是依靠一两个人的努力就能完成的，需要技术人员、用户、业务人员和管理者的协同配合。在系统开发的全过程中都要有用户的参与，大家协同努力方可完成。

(3) 产品无形。设计中的软件、编码阶段的程序、运算过程中的数据等都是不可见的无形产品，除开发者外，其他人很难理解与掌握。演示产品（demo）的效果与实际产品存在差异。人们对问题的理解和感知程度不一样，理解上会有差异。比如，每个人的“排序”想法不一样，不同用户的排序需求往往并不一致。设计者参照多数人习惯的排序方式，不一定能让所有的用户接受。理解上的差异具有隐蔽性，往往直到最后时刻系统初步运行时，用户才能真正了解系统的实际情况，确认自己的需求是否满足，才会发现真正的问题。产品的无形性加大了软件项目在管理、控制和协作上的难度。

(4) 质量要求高。系统所支持的业务越重要，对系统可用性、安全性的要求也就越高。医院的收费系统如果瘫痪，可能会延误病人的抢救和治疗；金融交易系统若计算精度不够，很小的误差会累积、重复并在网络中迅速扩散，可能造成重大的经济损失；对网络银行系统而言，界面操作不便或不好理解可能使用户望而却步。程序设计语言和软件开发工具一直在不断创新，软件开发者不断面临知识过时、容量不足、缺乏开发经验积累的挑战，这是高质量软件开发必须正视和解决的问题。

（5）要求相应的管理基础。管理信息系统不仅是一个技术系统，而且是人机相互作用的、以信息技术为基础的组织与管理的抉择。一方面，信息系统的开发和应用往往伴随着相应的管理思想、业务工作方式、组织制度和人们权责范围的调整，没有这些调整，再先进的系统功能也无法顺利实现；另一方面，信息系统的应用需要以一定的管理方式和业务规范化水平为基础，如果企业没有可靠的原始数据，或者原始数据来源不完整，市场目标和组织基础频繁变动，或者生产物质基础很混乱，就无法通过建立计算机管理系统来解决问题。因此，企业信息系统的建设需要高度关注管理和组织方面的配套和调整。

3.1.2 信息系统开发的原则

1. 强调系统的整体性

管理信息系统由多个子系统组成，各子系统又包含具体的组成部分。各部分既有其独立的功能，又相互联系、相互作用。一个子系统或功能部件发生变化，其他子系统和部件也要相应地进行改变和调整。

信息系统的建立需要先将复杂的管理任务分解成比较简单的单元，再将独立的单元组合成系统。要使开发的最终结果符合企业目标，需要运用软件工程方法，先进行整体规划，再逐步对分系统和子系统进行设计；遵从先逻辑模型、后确定物理模型的开发步骤。先从整体出发对系统的功能和结构进行分析，对功能模块及彼此间的关系进行合理的构建，然后进入具体的设计。否则很容易陷入无穷无尽的修改和调整工作，造成大量重复浪费，甚至导致最终开发出来的系统无法协调工作。

系统开发团队在开发过程中也要协调工作，业务部门的用户和系统开发技术人员要保持沟通，各个不同部门之间加强协作，不断提高对数据、网络、中间成果等资源的共享水平，保证开发进程的一致性。

2. 强调系统的扩展性和易维护性

任何一个企业信息系统的建设都离不开企业需求、资源和环境的约束，其功能目标的设计都有一定的限制性要求，否则很难为企业所接受，甚至可能陷入开发的无底洞。从长远看，企业对信息技术应用的需求，以及企业的环境和条件是不断发展变化的。随着所开发的信息系统投入运行，以及整个行业和社会信息技术应用水平的提高，企业会提出新的系统开发要求。要满足这些新的需求，就需对原有的系统进行扩展或升级，如增加一些功能，与新的系统实现连接，或在更高的水平上实现资源共享等。系统变革的因素既来自企业内部，也来自企业外部（如图 3—1 所示）。所以，要使所开发的信息系统具有生命力，必须对系统的未来变动有所预见，并做好相应的准备，使系统在将来容易扩展也容易维护。

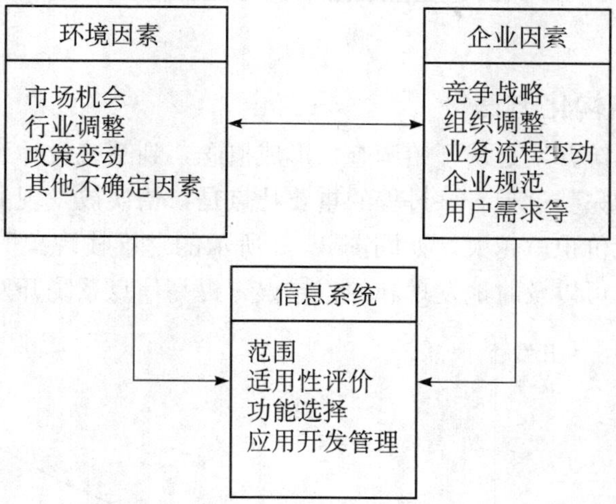

图3—1　信息系统发展和变革的过程

3.1.3　开发工作的文档化与规范化

计算机软件是计算机程序代码以及开发使用这些程序所需文档的总称。在系统开发的过程中，按照一定的规范及时产生并保存相应的文档，包括开发过程中生成的图表，是一项十分重要的任务。

文档作为应用软件的重要组成部分，应成为企业机密和重点保护的对象，其作用表现在以下几方面。

（1）文档是开发、设计程序本身的技术要求。如数据流程图、功能格栅图等，都是进行系统设计的有效工具，有利于人们进行自上而下的逻辑思考，便于将各个局部功能进行整体化连接和合理集成。

（2）文档是开发人员之间彼此交流和团队合作的必要工具，也是开发项目管理的重要手段。系统开发是一个复杂的过程，其中有大量的记录、管理和交流环节。个人记忆、口传概念等无法满足信息准确性、完整性和可靠性的基本要求。完备的工作文档设计和书面档案管理是保证团队合作的基础。各种技术设计的原始依据，开发方与用户方签署的合同、协议，对开发阶段成果的认定书等，都是信息系统开发项目的重要文档。

（3）开发文档为后期用户手册、技术说明书等软件配套文档的编制提供了直接的依据，也为今后软件的修改、功能分析和扩展打下了良好的基础。

（4）系统开发文档为今后的软件维护或后续开发提供了极大的方便。在很多情况下，从事软件维护和后续开发的人员往往不是系统原先的开发者，开发文档成为他们了解和熟悉系统设计的直接依据，便于他们对新系统的功能进行分析，保证新的开发与旧系统衔接良好。

3.2 系统开发的方法

3.2.1 结构化方法

信息系统开发是从开始调查、形成概念，到系统设计、开发并安装到位，最终交付使用的完整过程。该过程的重要特点是：错误被发现的时间越晚，纠正该错误所付出的代价也就越大，如同图 3—2 所示的“堆栈现象”一样。遵循科学规范的开发方法，可以及时地发现和纠正错误，提高信息系统开发的成功率。

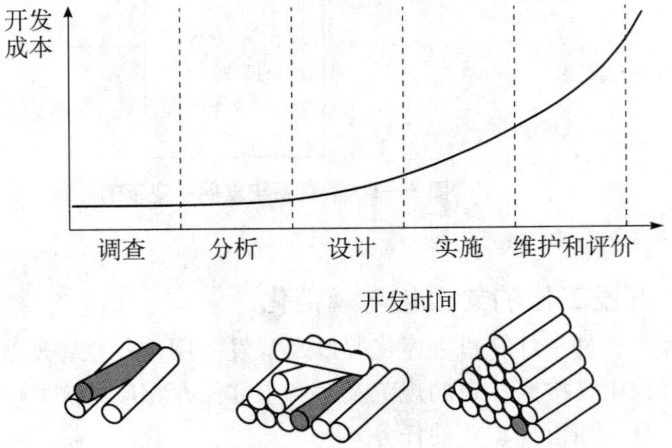

图 3—2 纠正“堆栈”错误所付出的代价

最早出现的规范化开发方法是结构化方法（structured methodology）。它是以系统开发的生命周期为依据，依次完成信息系统的结构化分析、结构化设计和结构化编程等各项任务的开发方法。结构化方法的特点是面向过程或数据流，把现实世界的问题抽象成信息流程；再通过信息流程分解和数据关系描述，定义出系统模块；最后分析模块的算法和功能，并用程序设计语言实现。

结构化方法极大地提高了软件系统的开发效率，已经为软件业所普遍采用。但是，结构化方法也有明显的局限性，主要是它对每个新问题都进行类似的结构化分析过程，并未充分利用已有软件资源，不利于软件的大规模生产。同时，它将数据和处理过程相分离，一旦数据发生变化，就要考虑对处理模块重新编程，软件的可重用性不高，因此，不利于应对不断变化的系统需求。

为了解决这些问题，软件开发领域又先后产生了原型法、面向对象方法、基于构件的开发方法，以及其他各种快速开发的方法。

3.2.2 生命周期法和原型法

1. 生命周期法

20 世纪 70 年代初诞生的生命周期法（system development life cycle，SDLC）

是一种较为传统的开发方法，在大型应用系统的开发中用得比较多。它是一种借助严格的过程约束和完备的文档管理，实现软件开发过程规范化的标准化开发方法。

生命周期法的特点是将软件系统的开发过程分成系统分析、系统设计、系统实施、系统维护等多个连续性阶段；对每个阶段中开发人员和用户需要履行的职责分别做出规定，明确每个阶段需要实现的任务和目标；按照过程顺序，使系统开发项目像瀑布般从上向下推进，各阶段的任务紧密衔接，以保证最终目标的实现。

生命周期法也被称为瀑布模型。生命周期法主要的阶段和目标成果如图 3—3 所示。

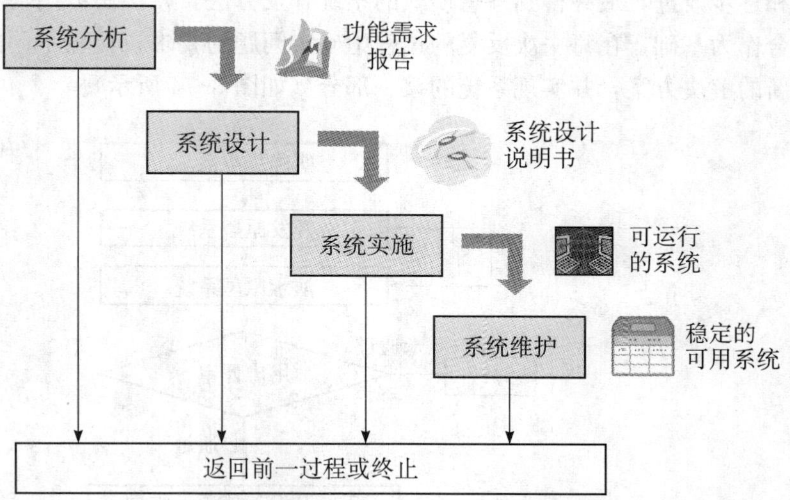

图 3—3　系统开发生命周期法的主要过程

（1）系统分析阶段。要通过调查和业务流程的分析，得出“该如何解决问题”的清晰思路，提交系统功能需求报告，也称“系统说明书”。

（2）系统设计阶段。建立解决问题的技术方案，完成功能需求设计，提交“系统设计说明书”。

（3）系统实施阶段。根据设计方案，在组织的工作环境中装备可以运行的系统。

（4）系统维护阶段。对投入运行后的系统进行监督评价，并做好维护，保证系统稳定可用。

作为一种传统的开发方法，生命周期法既有优点也有不足（见表 3—1）。在其问世后的几十年中，生命周期法一直在实践中应用，并且有了不少改进，减少了一些意义不大却很耗时的文档负担，强调灵活性和任务并行，以及集中主要精力解决瓶颈问题。

表 3—1　　生命周期法的主要优点和缺点

优点	缺点
● 每阶段末的检查有利于实现管理控制 ● 能够获得丰富的文档 ● 规范化的流程和文档，保证系统的开发源自真实的业务需求 ● 过程可查，可以检验项目设计是否为用户所需，是否符合标准	● 系统源自开发人员对用户需求的理解，并不一定是用户想要的东西 ● 文档耗费大量资金和时间，且很难保持最新 ● 用户需求往往得不到详尽的理解和表述 ● 用户不易检查中间产品，或及时确认它是否符合业务要求

2. 原型法

（1）原型法的主要特点。1977 年提出的原型法（prototyping）是一种基于迭代和逐步改进，最终得到理想模式的系统开发方法。原型法以用户和信息系统专家的合作为基础，在每一次反复的过程中确定问题的要求，比较不同的解决方法，设计新的解决方案，并实现系统的某一部分（如图 3—4 所示）。

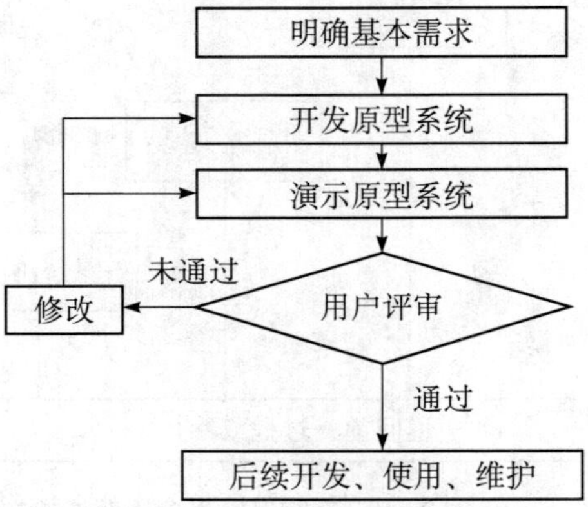

图 3—4　原型法的开发过程

原型法鼓励用户积极参与开发的全过程，试用原型并提出意见。每一代新的原型都是基于用户反馈意见对前一代原型修改后的结果，直到系统开发完毕。表 3—2 概括了原型法的优点和缺点。

表 3—2　　原型法的主要优点和缺点

优点	缺点
● 用户较深入地参与到系统解决方案的设计中 ● 用户试用系统后，可在开发期间提供建设性的反馈意见 ● 快捷开发，可操作的原型在几周内可以完成 ● 用户眼见自己的需求逐渐得到满足，对系统实施的态度更为积极 ● 可以较早地发现错误和漏洞	● 如果开始的蓝本设计不妥，则即使经过重复迭代也很难有根本性的改进 ● 没有阶段性的检查约束，往往难以确定原型范围，会陷入无休止的循环之中 ● 将主要精力放在原型上，常导致系统文档不完整甚至缺失 ● 匆忙开发往往会忽略系统备份、性能与安全性等

（2）原型法的开发策略。原型法要求设计人员采用快速进行系统开发的工具，迅速制作出能展示系统功能的原型来与用户沟通，经过多次反馈，逐步明确用户的需求，最终完善系统设计。为了能够在短期内完成原型，人们在开发时往往采用下列快速制作方法。

1）制作出用于演示的系统。该系统完全不能实际运行，但可以用来展示界面或做简单的演示。这种示意性系统开发速度最快，可以用开发软件直接建立，往往用于最初确定用户需求的场合，如输入输出格式、模拟菜单等，帮助用户理解设计人员的意图。

2）制作出只具备部分功能的系统。技术人员凭借以往经验及与用户的简单交流，根据“80/20”法则避开难点环节，借助开发工具在短期内将80%的主要流程和特色功能制作完成，使系统能够执行相关数据存取、基本查询和多级菜单等任务。这类原型往往忽略了真实环境中的复杂处理，与现实可用的系统有明显差距，要完善其余的20%往往还需要付出很多艰苦的努力。用户要关注原型系统所忽略的难点是否对将来的应用有重要影响。

3）制作一个功能较全的微缩系统。这种系统以演示未来系统的功能和效果为主，制作时忽略了各种资源和条件约束，以及必要的绩效特性，如数据处理量、响应时间、数据处理速度等，因而相对比较容易实现。

从表面上看，用原型法开发系统时，修改或迭代的次数越多，原型的质量会越高，但是在现实中人们的认识可能永远无法统一。由于人力、物力和时间的限制，对修改和迭代的进程必须加以控制，比如限制修改次数或设定用户接受的百分比，才能使原型法有效实施。

3. 快速应用开发

原型法鼓励用户参与的思路以及借助开发工具快速制作系统的方法在20世纪90年代得到了进一步发展，出现了被称为快速应用开发（rapid application development，RAD）的开发技术。这是一种通过采用已经设计好的技术、方法和工具来加快应用系统开发的方法（如图3—5所示）。

RAD往往由技术人员和用户组成联合开发团队，主要的工作过程包括四个阶段：第一阶段是需求规划，通过与用户合作沟通来明确用户的需求和系统的主要功能；第二阶段是用户设计，用户深度参与设计过程，技术人员借助计算机辅助软件工程（CASE）工具等逐步确定需求，对功能复杂的系统进行必要的划分，将其结构化后制作出原型，并与用户反复商讨和修改，使原型不断完善；第三阶段是“构造”系统，继续保持技术人员与用户的密切合作，完成一个个系统；第四阶段是“切换”到新系统，可能会根据情况逐个地交付各个子系统，直到全部系统最终完成。

CASE工具在提高软件开发的工作效率、降低开发工作的复杂程度等方面功不可没。目前比较流行的开发工具软件有Sybase公司的Power Builder，微软公司的Visual Basic，以及CA公司、甲骨文公司的第四代语言产品等。

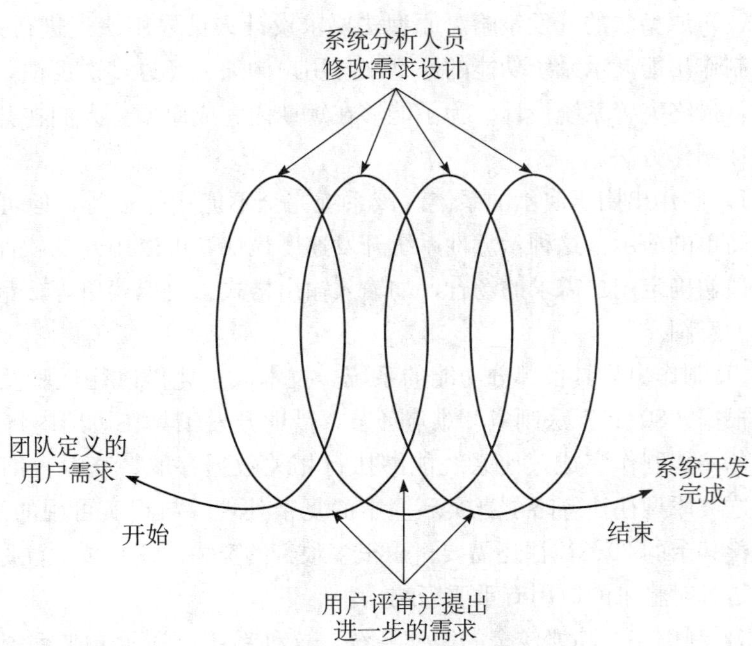

图 3—5　快速应用开发的迭代反馈过程

3.2.3　面向对象的方法

1. 面向对象方法的起源

面向对象（object oriented，OO）方法是一种把以对象为中心的思想用于系统开发过程、指导开发活动的方法。其思想起源于 20 世纪 60 年代的 Simula 仿真语言，70 年代的 Smalltalk 程序设计语言首次提出了面向对象的概念，80 年代 C＋＋等语言的出现使面向对象的程序设计在各个领域得到了普遍应用。80 年代中期以后，面向对象的概念逐步从单纯的面向对象的程序（OOP）推广到系统开发的各个环节，出现了面向对象的分析（OOA）和面向对象的设计（OOD）等，成为软件界普遍使用的主流方法。它把复杂的软件系统分解为多个对象构件，用数据和操作组成对象模型，可以更为清晰、简洁地模拟现实世界，可以快速高效地开发大规模软件，曾被称为解决“软件危机”的突破口。

在面向对象的方法问世以前，软件的开发和设计是面向过程或数据流的。人们通过结构化的分析，把现实世界的问题抽象成信息的流程，通过对信息流程和数据关系的分解和描述来定义系统和每一个系统模块，分析其算法和功能，并用程序设计语言来实现其功能。对每一个新问题都要进行类似的操作过程，这种方法没有充分利用已有的软件资源，不利于软件的大规模批量化生产。面向对象的方法从软件的可重用性出发，从大规模程序的软件结构和数据组织的共同特点出发，将着眼点放在抽象的数据类型上，把相同的数据类型抽象为可以独立存在的同类模块，对该类模块设置足够多的操作集合，使它具有良好的独立性，可以为多个程序重复调用。在对数据类型进行不同层次的抽象，对其共性和个性进行必要的区分和控制之后，就产生了对象、类等概念，把现实世界到信息世界的转换工作量减少到最小，从而奠定了面向对象方法的基石。

2. 面向对象方法的基本概念

一般来讲，面向对象方法以下列基本概念为基础。

（1）对象。“对象”是面向对象模型的基本单元。在用户看来，对象是现实世界中的某类实体，如一个员工、一本书、一个窗口等。在系统开发人员看来，对象是同类属性和结构的数据以及将对这些数据的操作封装在一起的整体模块，这些模块是内存空间中的基本运行实体，具有高度的独立性，可以在程序中可靠地调用。对象的相互作用和联系构成了不同的系统。

（2）消息。“消息”是对象之间的通信机制。当一个消息发送给某个对象后，该对象会接收其中包含的属性数据，并按照给定的操作对消息作出响应。

（3）类。具有相同结构、属性、操作和约束条件的对象形成“类”，所以类是对对象的再次抽象。类与对象之间、类与类之间可以有不同的抽象层次，因而有不同层次的类，其关系形成了类的层次结构，可以建立起类库。类库为程序设计提供了丰富的可供选择的软件模块。

（4）继承性。不同层次的类之间可以共享数据和方法，被称为继承性。人们在定义一个新的软件模块时可以以现有的类为基础，继承其中已有的属性，再添加一些新的属性，而不必从头做起。继承性是面向对象语言所独有的，用来实现软件重用的重要机制。

（5）封装性。封装是一种信息隐蔽技术。封装的目的是将对象的使用者和设计者区分开，保证模块内部机制的牢固性，并为使用者提供使用上的方便。用户只能通过设计者所设计的信息接口来访问对象。

（6）多态性。多态是指不同对象收到同一消息后会产生不同的结果。在使用多态时，用户可以发送一个通用的消息，而实现的细节由接收对象自行决定。这样同一消息就可以调用不同的方法。多态的实现必须得到继承性的支持。

（7）动态联编。联编是指把一个过程调用和响应调用需要执行的代码加以结合的过程。在传统的程序设计语言中，联编是在运行前即编译期间进行的，叫做静态联编。动态联编则是在运行当中进行的，一个给定的过程调用和代码的结合直到调用发生时才进行。

3. 面向对象的软件开发

在我们设计和实现一个客观系统时，如能在满足需求的条件下，把系统设计成由一些不可变的、相对固定的部分组成的最小集合，这些不可变的部分就是通常所称的对象。面向对象方法解决了传统的结构化开发方法中从分析和设计到软件模块结构之间多次转换映射过程繁杂的问题，强调结构与代码的共享和重用，鼓励人们面向目标，从问题最基本的、简单的方面入手，用对象来考虑如何描述问题、解决问题，然后抽象并确定类，最终得到具有一般性的解决方法。

目前面向对象方法还在不断完善，面向对象的系统分析与设计尚无公认的理论体系，但实践已逐步显示出它是一种极具前途的开发方法。统一建模语言（UML）是描述面向对象系统并进行可视化建模的行业标准，用结构图和行为图等对 OO 建模的概念、术语、符号等做了统一约定，便于人们之间的交流，也便于编程的实现。

值得注意的是，采用面向对象的方法仍然要重视前期的分析过程，重视系统流程梳理、结构与过程分析、业务环节描述，等等。

3.2.4 基于构件的开发

近年来逐步兴起的基于构件的软件开发（component-based software development，CBSD），是一种鼓励使用可复用的构件来搭建新系统的开发方法。构件是指模块化的、可部署、可替换的软件系统组成部分。构件既可以从市场上购买到，也可以从开发者的构件库中提取，或借鉴以往开发项目中的可共用部分。在使用构件时，软件开发的重点从程序设计和编写转移到了已有构件的组装，系统整合成为整个开发过程的核心。

信息系统的构件主要包括以下三大要素。

● 接口（interface）：指构件所能完成的功能。

● 实现（implementation）：指让构件运作的代码。一个构件可以有多个实现，如可同时处理 XML 文件和关系数据库文件。

● 部署（deployment）：指构件的存在形式，如可执行文件。

大型软件系统中有相当的部分会重复出现，可通过构件重用组合起来，没必要重做。基于构件的开发主要通过整合已有的、可重用的构件来完成较大型的软件系统的开发。系统开发过程会从需求分析开始，经过构件选取、构件调整、构件组装及更新过程最终搭建完成（如图 3—6 所示）。决定构件能否重用，关键在于它能否与其他构件整合。只有那些无法通过已有构件满足的需求，才会用结构化方法或面向对象方法去开发。

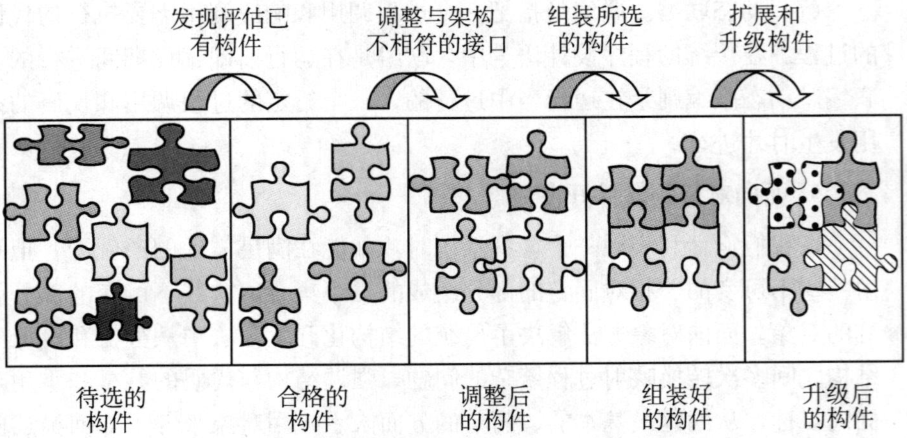

图 3—6 基于构件的软件开发流程

基于构件的开发方法可以更快地构建系统，产出标准化的软件，增强了软件系统的互操作性，减轻了支持和升级大型应用系统的负担。该技术代表了软件产业发展的方向，目前仍在进一步发展和成熟的过程中。

3.3　系统开发的方式

确定了系统开发项目之后，需要考虑如何完成该项目，采用什么样的方式完成该项目比较经济可靠。这就涉及系统开发方式或者说系统获取途径的选择问题。

3.3.1　获取系统的不同方式

要在有限的资金、人员和时间约束下完成信息系统建设，保证系统可靠运行，并不是一件轻松的事。在技术更新迅速、竞争压力不断增大的条件下，选择最有利的系统开发策略是许多企业的制胜法宝，可以帮助管理者缓解压力。

目前企业获取应用系统和使用信息服务的方式日益多元化，系统建设方式的选择余地越来越大。这会涉及很多个“谁”的问题，比如由谁承担系统开发任务、谁负责运营和管理系统、谁投资设计系统、谁负责维护，等等。图 3—7 显示了企业获取应用系统的不同方式，它们由以下三种最主要的方式组合而成。

（1）开发：通过自行开发（系统的分析、设计、实施等）制作出全新的应用系统。

（2）购买：从软件经销商处购买标准化的成熟软件，直接安装或者进行二次开发。

（3）外包：直接使用第三方提供的标准化信息服务，如租赁。

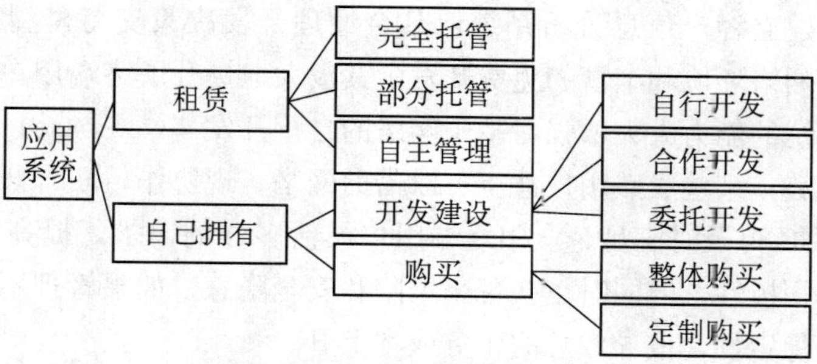

图 3—7　企业获取应用系统的方式

3.3.2　“开发”的方式

对企业而言，开发方式往往可以使企业直接成为信息系统的所有者或优先使用者。开发是指信息系统建设从分析设计起步，经过编程实现后得到最终可用的系统。该方式的主要优点是：可以最大限度地与组织的需求和环境相吻合，有可能凭借独特设计获得竞争优势，在需求渐变的场合下，系统可以方便地得到调整、更新及扩展等。但是，通过开发获得的系统也容易出现以下问题：系统标准化程度不高；软件错误几率较高，容易延续原有的低效流程，若管理不力，会导致服务成本提升；等等。

为了扬长避短，用户企业可以根据自身能力承担部分或全部系统开发任务，提高信息系统开发的质量和成功率。根据用户承担任务的比重，开发方式可以有自行开发、合作开发和委托开发等不同的选择。

1. 自行开发

自行开发是指信息系统的开发过程完全由用户企业自己负责完成的方式。根据项目预算，企业自行组织开发力量并配备领导人，自己完成信息系统的分析和设计方案，完成培训、程序编码等系统的实现过程。大型企业的信息中心经验丰富，有较强的系统开发能力，有条件承担自行开发任务。

自行开发系统的企业可以比较充分地从本企业实际出发，自主决定系统接口预留、资源分布以及个性化界面等特异性的功能和设计，自行保留完整的开发档案，防止企业机密外泄。在系统开发项目得以完成的同时，企业也锻炼了自己的开发队伍，给后期的系统维护和扩充带来方便。一些先行起步并自行开发成功的企业所拥有的应用系统可以成为企业的知识资产，给企业带来新的收益，为所在行业计算机信息管理系统的普及和应用作出贡献。一些信息技术实力较强的企业级计算中心甚至可以从自用软件的开发起步，逐步向行业通用型应用软件的开发商和供应商的方向发展。但是自行开发方式的资源封闭性较强，如果不顾自身实力和条件盲目选择，往往会使开发项目陷入困境。

自行开发方式通常被进一步细分为资源内包和资源自包两种。内包是指由组织内部的信息中心等专业 IT 服务组织设计和开发应用系统；自包也称终端用户开发（EUC），是指由组织中的部门高级用户和知识工作者自行开发应用系统，如销售经理自己建立客户信息分析系统，基金经理开发决策支持模型等。进入 21 世纪后，便捷的网络环境和丰富的免费开发工具极大地提升了终端用户的自主能力，用户开发小系统的能力大大增强，基于网络的自行开发（web-based computing）逐渐成为新的趋势，某些成熟用户甚至可以借助网络实现协作，联合开发出具有复杂性的系统。EUC 可及时满足企业中终端用户灵活多样的需求，提高了终端用户参与系统应用的积极性，但同时也会带来风险和安全隐患，如果管理不当，可能会影响系统运行的稳定性，或导致总的服务成本上升。

2. 合作开发

合作开发是指由用户企业与其他专业性的、有实力的技术开发单位协作，共同完成开发任务的方式。一般是由用户企业负责系统投资，由双方联合组成信息系统开发小组。如果企业所需要的信息系统很新，要求比较高或比较复杂，或时间有限，凭企业自身的开发力量很难独立完成，项目开发的风险较大，就需要寻找外援。合作开发可以利用企业业务优势与合作方信息技术优势彼此互补的有利条件，开发出适用性较强、技术水平较高的应用系统。但是，企业要选择有责任心、有实力和有经验的开发单位（如专业性开发公司、科研机构或高等院校等）联合开发，共同完成信息系统的分析、设计和实施。在合作开发过程中，根据项目要求而临时组建的开发团队也需要建立必要的规则，分清各方的权责，以合同的方式明确下来，形成必要的工作制度约束。开发团队的合作精神、工作态度、组织文化、员工积极性等，都会影响信息系统的开发效果。

3. 委托开发

委托方式是指用户企业与开发组织签订委托合同，由开发组织承担信息系统开发项目的方式。用户作为委托方一般只负责外包经费资源投入，受委托方完成系统开发任务后，用户再接收最终的“成品”。企业也可将复杂的信息系统项目整体交给系统集成服务商，由它们负责规划和实施。

这种方式的特点是用户企业首先认清自己的需求，然后选择好委托单位，签订开发合同，并先行注入必要的资金；系统开发承包单位根据合同要求，独立地完成信息系统分析、设计、测试以及安装培训等实施工作；企业对系统验收通过后直接切换并投入运行。这样，企业无须为各种不同应用系统的开发专门招聘和配备人员，无须支付高昂的费用来维持庞大的内部信息开发部门。此种开发方式获得成功的关键是选择称职的委托单位，最好是对本行业的业务比较熟悉的、有成功经验的开发单位。但是，不少实例表明，用户企业对委托出去的开发项目不能采取完全放任的态度，那样做很可能将项目引向失败。

在实践中，信息系统项目的投资规模越大，内容越复杂，用户越感到难以承担，越愿意采取委托方式以免去麻烦，但是也往往会由于对项目疏于监督，导致获得的最终结果并不满意，甚至白白浪费资金。因此，用户在委托项目时不能放弃对项目的监督责任，而要采取适当的项目管理策略，了解信息系统开发各个阶段的要点，对整个开发过程中的阶段性成果进行及时检查、评估和认定，适时提出反馈意见，并在必要时聘请其他专家对项目的进展进行指导和评估，这样才能降低项目开发风险，获得预期的高质量应用系统。

3.3.3　“购买”的方式

信息技术进步迅速，信息系统知识更新和替代的速度也非常快，这使得人们更愿意购买现成的商品化软件，以减少开发的不便。凡是通用性的应用领域几乎都有现成的商用软件可以选择，比如财务管理、工资计算、图书文档、统计图文，以及个人办公自动化应用。对本身不具备系统开发能力的中小型企业来说，购买现成的商用软件更是省时省力的方式。市场上的软件是开发商经过竞争推出的产品，软件的可靠性、通用性和用户友好性比较有保证，产品服务也相对规范。在大多数场合，购买方式的成本会比开发方式的成本低。

用户购买的软件有些可以直接支持用户的业务处理过程（如各种生产力软件）；有些可以让用户很快进入系统安装、实施的过程（如行业通用软件）。还有一些软件属于平台类软件，有较强的客户化（customization）能力，比如 ERP 系统软件。

这些软件购买之后需要根据客户要求进入定制过程，也被称为“二次开发”。二次开发是依托所购买的软件进一步确认参数选项、接口或有限修改的过程，比自己从头做起要简单得多。但软件产品的客户化能力是有限的。如果用户的需求很独特，定制过程中的修改过多，超出软件的定制范围，定制开发的成本会大幅提高，购买软件的优势也就不复存在。图 3—8 展示了软件客户化程度和总实施成本之间的变动关系。在购买方式中，除了价格之外，还要关注软件的质量、软硬件平台支持、安装维护条件、文档完备程度，以及系统服务的持续性，等等。

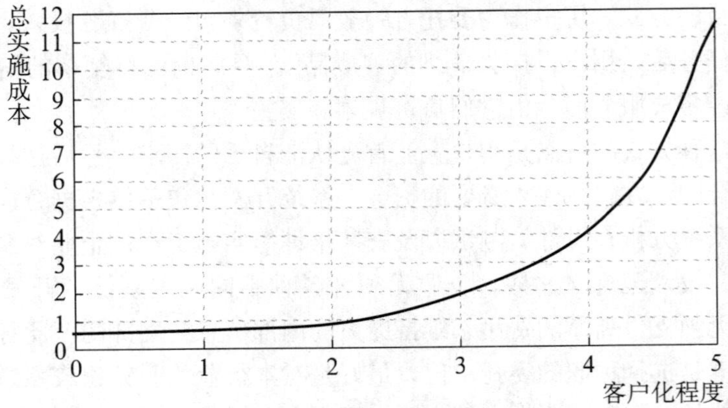

图 3—8　软件客户化定制程度对成本的影响

3.3.4　“外包”的方式

信息服务的社会化程度提高后，企业自行拥有全套系统的局面也会有所改变。企业有了基本的软硬件和网络通信平台后，用租赁方式得到应用系统，或者用交费方式直接购买信息服务，这种方式被称为“外包”（outsourcing）。20 世纪 90 年代以来，外包已逐渐成为企业满足信息需求的主要方式。很多企业与专业的信息服务组织或应用服务提供商（ASP）签订外包合同，让其代为完成网络服务台、系统开发维护、数据中心运营、网站建设维护、资产台账管理等工作。外包合同期可以灵活设置，一般视双方需求和市场发展情况而定。

外包是软件硬件和信息服务规范化之后的明显趋势，使企业享受到软件规模化带来的实惠。目前许多软件服务商倡导的云服务与外包的趋势相一致。企业选择外包方式主要出于以下原因：外包可以使那些信息技术实力不强的企业直接享受标准化、专业化的信息服务；外包可以做到按需付费，有效降低了企业信息技术投资，非常有利于那些服务需求有波动的企业；专业化的外包服务具有质量稳定、成本透明、技术更新及时等优点；外包有利于企业关注核心业务；软件服务市场的发展，会推动软件服务商主动地提升产品和服务质量。

但是，外包方式并不能解决企业的所有问题，而且对企业信息技术管理能力的要求比较高。外包需要防范的主要问题是：外包后企业对外包服务商的依赖性增强，可能会失去某些控制权；如果外包商资质不高或外包管理不当，企业可能会面临信息泄露的风险；更换外包服务商需要付出代价；对具有信息技术优势的企业而言，外包服务的优势不一定明显。因此，对于一些关键性的、战略信息系统的外包，企业需要三思而后行。

3.3.5 系统获取方式的选择

开发、购买、外包等都是企业获取信息系统或选择信息服务的不同方式。企业组织中开发的信息系统往往不止一个。这种开发、购买、外包的决策也会经常出现，不能简单地说某种方式一定优于其他方式。企业需要根据信息系统本身的重要性、开发任务的紧迫性、经济效益、人员水平及企业内外部环境等具体情况进行判断，选择适合的获取方式。表3—3概括了开发与购买决策选择的主要影响因素。

表3—3 开发与购买决策选择的影响因素

决策准则	适于开发	适于购买
企业战略	信息技术应用或基础结构提供了独有的竞争优势	信息系统对战略和企业经营提供支持，但不属于战略型信息系统
核心能力	信息系统应用维护的知识、人员等是企业的核心能力	信息技术应用维护的知识、人员等不是企业的核心能力
信息及流程的可靠性与机密程度	信息系统和数据库的内容及流程高度机密	安全方面的故障会带来一些问题，但不至于导致致命后果
合作伙伴是否可得	没有值得信赖的、称职的合作伙伴能够负责信息技术应用和基础设施	能够找到可靠的、称职的、愿意合作的经销商
应用软件或需求方案	信息技术的应用或基础结构具有特异性	能够找到满足大多数需求的应用软件及解决方案
成本/效益分析	购买软件产品或服务的成本，以及合作管理的支出超过自我服务的支出	购买软件产品或服务的成本明显低于自我服务的支出
实施时间	企业有充分的时间利用内部资源开发应用系统，建立基础设施	利用内部资源开发应用系统和建立基础设施所需时间太长，不能及时满足需求
技术演进及复杂性	企业有能力拥有一支专业性开发队伍	企业无力应对迅速变化、日益复杂的企业技术需求
实施的难易程度	拥有快速开发应用系统的软件开发工具	没有用于快速开发的软件开发工具，或工具不理想

3.4 系统开发的组织和项目管理

系统开发的组织涉及面很广，包括大量的技术和组织管理工作，是一项资源投入大、工作内容繁杂的系统性工程。它要经历系统分析、系统设计、系统实施与维护等多个彼此相关的过程，需要根据不同的系统开发方式选择有效的管理办法，包括工程措施和控制技术。

3.4.1 系统开发的组织机构

1. 系统开发领导小组

企业信息系统的开发是提升组织管理水平的重要措施，为此许多企业设立了高层责任机构来负责信息技术的管理。这些领导机构一般被冠以“企业用户委员会”、“信息技术指导委员会”、“信息化领导小组”等名称，有些是临时的机构，有些是固定的小组。一般来说，系统开发领导小组的组成人员以最熟悉企业业务的用户部门负责人为主，小组的成员一般包括：有决策审批权的企业高层领导、系统开发项目的负责人、有经验的系统分析师和各用户部门的业务主管。

系统开发领导小组并不从事具体的开发技术和项目管理，而是要对企业信息技术的应用进行规划和指导，并在具体项目开发过程中进行必要的协调和组织工作等，主要职责范围如下。

（1）提出建立新系统的规划和总体策略。这些策略往往涉及企业应用计算机的远期和近期规划、目标和范围，企业信息技术支持的主要领域，信息系统与管理环境的联系，企业组织与计算机系统集中或分布的关系，企业重要信息资源的共享水平，企业战略信息资源确定和安全要求，项目预算等内容。

（2）保证满足企业业务部门对新系统的需求。领导小组由各部门的业务负责人组成，以保证能够完整、准确地表达管理部门用户的观点和要求，保证所开发的信息系统能够支持企业的业务工作，避免因业务环境变动，信息使用权限设置、系统衔接和资源共享等问题产生冲突。

（3）对系统开发工作进行监督与控制。对系统开发项目的目标、预算、进度、工作质量进行监督与控制；检查每阶段和每个步骤的工作报告；组织阶段性验收；提出继续开发或暂停开发的建议。

（4）协调与系统开发项目有关的各项工作，协调新系统与原系统的关系。在新系统要求改变原有的管理体制、组织机构、信息流向、管理人员的职责，改变代码、报表凭证格式时进行审查和协调工作，促进管理信息系统与计算机辅助设计（CAD）、计算机辅助制造（CAM）、计算机自动控制（CAC）系统衔接等。

（5）任命计算中心的主要工作人员，规定他们的职责范围。

（6）对系统开发规划和项目进展进行必要的监督和宏观管理。信息系统开发过程中可能经常发生对用户需求的理解出现偏差，实际项目开发周期超出预算，项目需要额外追加投资等异常情况，均需领导小组进行分析、判断和决策。

为了使信息技术发展与企业组织的目标相协调，许多企业提高了主管信息技术负责人的地位，使之进入组织的高级决策层，出现了首席信息官或信息主管（CIO）这一职位。CIO 是企业中分管信息工作的最高管理者，其职能与信息技术有着天然的联系，但其角色不同于一般的网络中心主任、数据中心主任或系统开发部主管，他的管理范围和视野也高于系统分析师。CIO 的核心工作是制定组织的信息技术规划，保证企业信息资源的拥有和分布合理有效。许多大型企业在将组织内部的信息系统的开发、运营、数据管理等职能都外包出去之后，仍然保留 CIO 的职位，并不断强化 CIO 的管理职能。

2. 信息系统开发团队

信息系统的开发项目一般由具体的开发团队（或称开发小组）来承担。这一开发团队通常包括以下几类人员：开发风险承担者、系统主要用户、项目管理者、系统开发专家、各类技术支持人员。风险承担者是指系统开发项目的最终受益人或受益组织的代表，如投资该项目部门或单位的负责人；系统用户是系统主要的使用者，如组织的员工、部门业务人员、客户或供应商等；管理者是能对系统开发项目进行监督控制的高层管理人员；系统开发专家主要指系统分析人员和程序设计人员等，其中，系统分析员是统揽全局、促进业务人员与技术人员顺利沟通的核心人物；各类技术支持人员可能有数据库专家、网络专家、硬件工程师和软件供应商代表等。

（1）开发团队的负责人。系统开发团队的负责人一般视开发项目的类型而定，既可以由技术专家担任，也可以由用户担任（如表 3—4 所示）。开发团队的规模视项目的大小而定，小的只有寥寥数人，大的会有成百上千人。

表 3—4　不同系统开发团队的领导人选

系统开发项目的特征	项目领导可选人员
涉及高新技术	信息系统部门人员
会引起业务功能领域决定性的变化	业务领域的管理者
规模极大，复杂程度高	项目管理专家
会在员工中产生巨大影响	人力资源部负责人
以上各特征的综合	高层管理者：组建包括所有业务领域的开发小组

（2）系统分析员。大部分信息系统开发团队的技术负责人由系统分析员担任。系统分析员也是系统开发项目的组织者，是业务部门的用户与开发技术人员之间的桥梁。项目团队中的系统分析员都应该具有比较广博的知识背景，既是进行信息系统分析与设计的专家，又熟悉企业的业务和应用环境，具有较强的沟通能力和创造力。大型开发团队中常由多位不同领域的专家共同担当系统分析员。

系统分析员的主要职责为：研究用户对信息系统的需求，确定系统满足用户需求的适宜水平；评价企业信息系统项目的可行性；进行信息系统的分析与设计；对程序员的工作进行评审和指导；负责信息系统的安装、测试工作；组织系统技术性文件的编写；等等。

系统分析员既是信息技术方面的专家，也是项目管理专家和企业业务方面的内行。他们应当能够正确理解各级业务管理人员提出的要求，灵活应用现代化的管理方法，将用户的有效需求抽象、转换为计算机系统设计方案，使开发的系统最大限度地满足这些需求。与此同时，他们也需要让企业的业务管理人员正确地了解信息系统开发的意义，熟悉信息系统的功能、对业务的支持程度以及使用上的基本要求，调动用户参与系统开发、使用和维护工作的积极性和主动性。因此，对系统分析员来说，应具备两方面的技能：一是信息技术方面的专业技能；二是与人沟通和项目组织方面的管理技能。这两方面的技能都很重要，在系统开发的不同阶段，其技能的发挥各有侧重（如图 3—9 所示）。一般在系统开发的前期和后期，对系统分析员沟通和管理方面的技能要求比较高，随着开发项目的深入进行，对他们的专业技能要求也会越来越高。

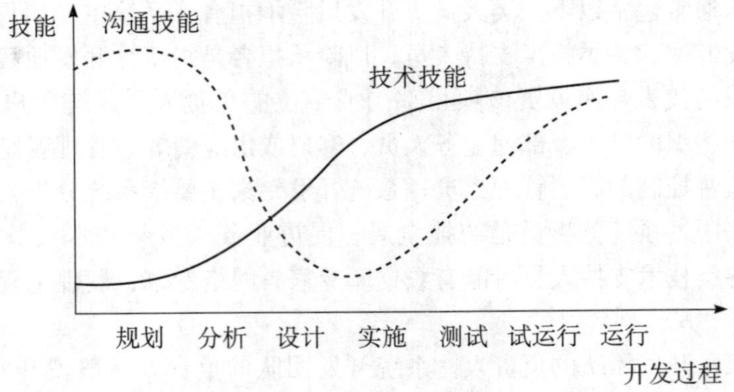

图 3—9　对系统分析员的技能要求

（3）参与开发的用户。随着信息技术在企业中应用的普及，用户参与信息系统开发的情况也越来越多。许多计算机基础知识较丰富的用户可能成为某些项目开发的主力，还有一些用户具备了自主开发小型应用项目的能力。在大型项目开发团队中，来自业务部门的用户代表是十分重要的角色，他们的地位至关重要，不能被随意忽视或由技术人员取代。关键部门的用户对系统开发的参与程度往往与系统开发的成败直接相关。

在系统开发的最初阶段，用户代表需要仔细审视和检验未来系统对企业用户需求的满足情况，从业务的角度出发提出对系统功能的设计和改进的建议；在系统可行性分析和总体方案设计阶段，用户需要从经济和管理的角度对方案作出评价，在方案通过以后，要全面地配合系统开发工作，提供必要的数据、资金、人力和物质条件的支持；在系统设计完成之后，要根据系统分析员的要求，对开发工作的阶段性成果进行必要的监督、检验和认定，以保证开发工作的质量；在系统实施阶段，要负责组织好系统安装检测和培训工作，准备好企业的基础数据和其他资源，进行必要的组织和业务工作调整，为系统的顺利实施创造条件。在系统开发的全过程中，用户代表还要履行联络员的职责，使企业或部门的领导了解信息系统的意义、开发进展以及遇到的障碍等，及时解决开发中出现的各种问题。

开发团队中的用户代表应当是精通企业业务管理工作的骨干，对本企业或本部门的业务有比较全面的了解，并且有一定的计算机知识和信息技术应用基础。他们在参与系统开发工作之前往往还要经过必要的培训，以了解本行业或其他相关行业中信息技术开发与应用领先企业的情况，了解本企业信息技术发展的总体战略等。

3. 外部开发团队

如果系统开发项目有外部的开发商或合作组织，企业就需要对来自外部的开发团队进行评价和选择。卡内基·梅隆大学的软件工程学院 1987 年开发了一种软件能力成熟度模型（CMM），为软件的过程能力提供了一个阶梯式的改进框架，可以用来评价一个具体开发组织或团体的项目开发能力（见表3—5）。CMM模型主要涉及对软件组织和各类资源的管理，以及在软件工程中使用的开发工具和技术的管理，CMM的不同层次表现了不同项目过程的可见度，层次越高，可见度越好，对项目过程的控制能力也越强。根据该模型，软件开发商的成熟度水平分为五个等级。达到较高级别的开发组织按照时限要求、预算规定、客户的质量要求完成软件开发项目的能力较强，更有实力对外承接复杂的信息系统开发任务。

表3—5　软件开发能力成熟度模型

成熟度等级	描述
1. 初始级	软件开发过程是黑箱操作，基本处于无序的、不可控的状态，几乎不定义任何项目过程，成功与否全靠运气或个人的努力
2. 可重复级	建立了基本的项目管理过程检查制度，用来跟踪成本、计划和功能，以重复原先成功的项目作为自己的行为准则
3. 详细定义级	软件开发过程中对管理者和系统开发人员的活动都有文档记载，具有一定的标准，并集成为标准的软件开发过程，软件的所有开发和维护都以公认的、适宜的方式进行
4. 有效管理级	收集关于软件开发过程和产品质量方面的具体衡量标准，软件开发过程和产品都有量化的衡量指标，及时反映和控制存在的风险
5. 优化级	清晰了解软件过程，可不断用新观念、新技术和量化信息反馈，来实现软件开发过程持续性的改进和优化

3.4.2　系统开发项目的管理

信息系统开发大多以项目的方式进行，有相对明确的时间段，有独特的质量目标和管理任务。信息系统开发项目（IT项目）的管理具有一般项目管理的共性，比如对成本、进度、质量的控制，对目标、资源和团队的管理等，系统开发项目的目标是无形的智力产品，以人力资源为依托。IT项目的成功不同于一般项目，它需要将个人的知识和创造性转化为团队的知识和创造力。信息系统开发项目是一项复杂的系统工程，它的成功不仅需要有良好的技术手段和工具，更需要高水平的管理和项目组织保证。

信息化项目的需求来源广泛，层出不穷的新技术导致IT项目的风险不断增大。“IT项目管理≠IT+项目管理”，IT项目质量的可检验性、可度量性、工期的刚性等往往不同于资源消耗类项目。从国内外的实践看，越是复杂的、大型的开发项目，工程管理的难度越大，项目失败的风险也越大。

1. 开发项目的目标和成功指标

在项目开始之前就要搞清楚项目的目标或开发成功的标准是什么，并经用户和开发团队双方认可。不少人都容易忽略这个看似简单的问题。他们匆忙地投入系统开发工作，直到项目进展途中或接近完成时才发现双方对最终的目标和成功标准有着完全不同的理解。最为常见的情况是，技术人员往往把“提交无编程错误的软件”、“系统顺利通过测试”或“完成任务要求”等当成信息系统开发成功的标志，没有将必要的服务、评价和用户支持等配套环节纳入项目；或者仅仅追求高技术含量或技术开发部分的成功，没有深入了解用户的感受和对现实业务变动的支持。用户一方也会出现类似问题，他们的预期会随着开发工作的进展而水涨船高，对某些目标一再加码，既增加了项目的难度，也导致他们对系统开发的结果永远无法达到满意。

评价信息系统项目成功与否必须从整体出发，注重保护用户和开发者双方的利益，尤其是用户的利益。要防止用局部代替整体、单纯用技术的成功代替对用户利益的思考的现象，否则从一开始就会有失败的可能。项目的成功一方面要完成所有的开发和实施性工作，把应用系统彻底地交到用户手中，让用户能够顺利地运行和使用该系统，支持自己的业务进程；另一方面要从用户的角度思考，从技术、经济和管理等多个方面合理设计项目的目标，因为单纯用技术指标进行判断是不够的。成功的含义是不仅要完成系统创建任务，使之能够投入使用，而且应当满足企业对系统性能的要求，使性能产出和成本投入之间保持平衡。那些在资金开支或开发时间上大大超过原有预算的开发项目，对用户企业和开发商都是不利的。那些技术指标很先进，但是不适合企业、不受用户欢迎、使用率不高的项目也不能被认为是成功的项目。

信息系统开发项目的目标及评价指标根据项目的性质不同而有一定的差异，一般可以有技术、经济和管理环境三个方面的指标，需要综合考虑。

（1）技术性能指标。

1）系统输出指标。一是系统输出内容要满足相关业务部门的要求，其有用性要为用户所认可，向用户提供的信息要有效、正确和完整；二是系统输出的形式要得当，用语应当规范，屏幕显示和打印等都要清晰明白，使用户能够正确理解和接受信息；三是系统输出的生成和速度以及对客户的反馈都要及时，能够在用户期望的时间范围内提供解决方案等。

2）系统运行操作指标。系统软硬件应比较容易操控，正确地支持用户的业务操作，数据库的更新和处理速度要能满足用户的要求，系统联机响应时间及吞吐量、灵活性和可扩充性等均能够为用户所接受，系统使用率和系统资源利用率较高。

3）系统可靠性和安全性指标。指平均无故障运行时间、保密性和容错能力等要符合用户的业务管理需要。比如高速公路的自动交费管理系统，必须支持24小时连续运行，在雨雪雾天气、车辆较高速行驶等情况下，对需交费车辆的识别率都要达到较高水平。如果出现系统故障率较高、逃费漏费较多等情况，系统都无法投入使用。

（2）经济性能指标。

1）成本费用指标。项目的所有成本应当为用户所理解、认可和接受，并与系统所产生的价值相匹配，不能随意突破系统规划的约束。开发项目的成本包括以下几部分：一是系统开发成本，包括所有开发软件系统并使之顺利运行的资金投入；二是与系统应用独特性有关的成本，对可重复使用的成果，此项成本可以分摊计算，因而会比较低；三是硬件及相关设备的固定投资；四是系统操作和运营成本，包括人工、软件、物资、电力等方面的持续性支出。

2）效益指标。要站在用户的立场上来计算各种效益指标，包括降低人工费用、降低资源消耗、缩短时间所带来的直接性收入，更好地利用市场机会、更合理地配置资源所带来的间接性收入，以及企业竞争优势等潜在的、长期性效果。要力争使系统开发人员和用户企业对效益指标达成共识。

3）后备需求的规模与水平。用户应当了解，有些系统无须大规模再次投入就可直接为用户服务，比如邮件通信服务、排程表和图文处理服务等。另外一些系统需要用户不断地开发新的应用功能，持续性地追加新的投入，其效益才能够逐渐、充分地发挥出来，比如企业网、数据仓库系统等。

（3）管理环境指标。

1）用户对系统的态度：企业内部业务人员对应用系统持接受或欢迎的态度，系统操作人员、外部的用户和间接用户对系统的评价均比较满意。

2）管理者对系统的态度：支持系统的使用和推广，愿意积极了解、配合或进一步学习系统知识，对系统服务比较信任，依赖性逐渐增强。

3）工作环境：通过系统应用增加了工作的条理性，降低了业务工作的复杂性，或提高了实际工作的有效性。

合理地平衡技术性能、经济性能和管理环境目标是一项极具挑战性的任务，因为这些目标之间可能会有冲突。系统开发小组需要采用良好的管理手段和规范的制度规程来规范系统开发过程。

2. 项目计划管理

系统开发计划是对系统开发项目进行管理的有效手段和成功保证。项目计划将根据系统开发的目标和条件，对开发项目的任务、时间、组织、人员、支出等作出具体的安排，以保证项目按期完成。主要内容包括以下几方面。

（1）任务划分。将整个开发工作分解为许多具体的任务，明确各项任务所需的物质、资金和人力资源，将责任、权限落实到具体的机构和人员，并作为资金分配的依据，理清各组织工作机构之间的关系。表 3—6 为一个项目进度表的示例。

表 3—6　　项目进度表

子任务	责任人	预计时间（人/月）	备注
（1）确定删除标准	系统分析员 产品经理	0.75	职能系统 营销子系统
（2）确定输出信息要求	系统分析员 网络专家 产品经理	0.25	产品模型 产品检查
（3）确定输入数据要求	系统分析员 数据库管理员	0.50	
（4）准备新文件系统	系统分析员	2.00	

续前表

子任务	责任人	预计时间（人/月）	备注
（5）设计网络	网络专家	1.50	
（6）设计数据库	数据库管理员	0.50	
（7）审核设计	产品经理 系统分析员	0.25	
（8）准备程序文件	程序员	1.00	
（9）进行程序编码	程序员	1.25	
（10）调试程序	程序员 操作员	0.75	
（11）批准程序	产品经理 营销副总裁	0.50	
（12）准备数据库	数据库管理员	2.00	
（13）培训用户	系统分析员	0.50	
（14）切换	操作员	0.75	

（2）计划安排。根据开发任务制定整个项目的管理计划，说明阶段进程和进度，包括各个阶段的任务、起止时间和具体成果。可以借助网络计划等方法保证各项任务之间进度的衔接和协作关系，根据轻重缓急来合理地安排任务进度。

（3）质量管理。制定各种工作制度、权责义务及任务评价的质量标准，在项目进展过程中设立有效的质量监控点，以便及时发现和纠正工作中的偏差。

（4）经费管理。制定经费开支计划和预测计划，包括经费概算、支出的详细构成、相关资金来源的保证方式等。对可能的超支情况尤其要有所准备，留有足够的余地。

（5）风险管理。信息系统开发项目失败的风险比较大。用户一定要有风险意识，即使委托外部技术人员进行开发也不能放松对项目的管理。开发小组更要主动应用各种风险管理技术，最大限度地规避风险，提高开发项目的成功率。比如，要尽量采用商品化的、成熟的技术，尽可能多地借助可重用软件降低新开发部分的比重，严格控制开支，力争按进度计划完成各项开发任务，重视项目文档的标准化，经常与用户进行沟通。

3. 项目质量和进度控制

信息系统开发项目超时已是一个普遍的现象，这导致一些人对这类现象的反应比较麻木。人们往往认为，只有那些与庞大的建设工程（如机场、车间和交通系统）相配套的自动化信息管理项目才必须如期完成，否则会造成直接的损失；一些业务管理性的信息系统延误些时日问题不大，比如统计报告类系统。这种认识十分有害，也是一些开发工程久拖不决的原因之一。对信息系统开发项目进行严格的进度和质量控制不仅十分必要，而且有一定的难度。

开发小组与用户应充分理解对方的需求和工作特点，就项目标准、成果和进度等达成一致，这是项目质量和进度控制的重要基础。用户要保证资金的供应，保证参与开发的业务人员的素质和开发工作时间，保证领导和业务部门了解系统的开发进程，并提供必要的环境条件。开发人员要本着对用户负责的精神，全面地理解用户需求，重视用户对系统开发时间的要求，如果出现了未曾估计到的开发活动和工作量，应当及时与用户沟通，取得用户的理解，使用户有所准备并配合工作。

同时，在项目进展过程中，要及时对开发的阶段性成果进行评价和认定，以尽早发现异常变动和进度迟缓的原因，并及时采取适当的控制对策和纠正措施，尽量减少返工等损失。另外，还可以借助网络管理手段和项目管理软件工具，对关键性开发活动进行重点监控和管理，及时充实薄弱环节，保证关键活动的进度按质、按时地完成。

4. 道德、伦理与法律约束

道德是指关于正确和错误行为的传统信仰；伦理是指个人或团体的理想和信仰的意识标准；法律是国家和政府公布的强制性的行为规则。在信息系统应用开发工作中，人们也会遇到越来越多的道德、伦理和法律的问题。正确地对待和处理这些问题，无论对用户还是对开发人员都是一个新的挑战。

从用户的角度看，用户是信息系统的所有者，他们所拥有的信息系统和信息服务功能、选择的系统开发手段等都要符合法律约束的框架。比如我国政府明确规定，用户如果开发涉及国家秘密的计算机信息系统，不得直接或间接地与因特网或其他公共信息网络相连接，必须实行物理隔离；服务组织所采集的信息，除在其他新闻媒体上已公开发表的之外，在上网发布前应当征得提供信息单位的同意。我国目前的信息技术法律环境正处在逐步发展和健全过程中，企业对此应当有所了解。对各种隐私信息、个人信用数据的收集和保存，以及对这些数据的访问和使用范围的要求一定要符合法律和社会道德约束。信息系统的建立使得企业收集他人信息变得越来越容易。企业要注意采用合法手段获得正确信息，对合法收集来的有效信息要主动承担保护的义务，防止数据丢失、毁坏和不当使用。

从开发者的角度看，他们在开发信息系统时有机会接触到所有用户的机密资料，对系统的独特功能和设计细节了如指掌，用户所采取的许多防范措施都要通过他们来实现，所以必须有很强的制度、法律、道德和伦理约束才能阻止开发者利用项目开发的便利条件，给用户造成有意或无意的伤害。比如，不注意保护用户利益，将用户的开发思路和数据情况透露给其他人；忽略对集中存储数据的保护，给计算机犯罪提供了便利条件；给今后的系统维护和服务设置障碍的各种行为；等等。为了防止这些情况的发生，对重要项目的开发过程必须进行必要的监理和审计。

思考题

1. 系统开发工作的主要任务是什么？
2. 为什么说系统开发是“集体的创造性的活动”？
3. 系统开发文档的重要性何在？

4. 结合中国企业的实际，分析管理信息系统开发的基础条件有哪些，其中哪些是重要的。请说明理由。

5. 什么是系统建设的购买方式？

6. 什么是系统建设的外包方式？

7. 合作开发和委托开发的区别何在？

8. 什么是二次开发？

9. 什么是信息服务的外包方式？

10. 什么是结构化开发方法？

11. 生命周期法和原型法的优缺点分别是什么？它们分别适用于哪些情况？

12. 什么是 CASE 工具？

13. 面向对象开发方法的意义何在？

14. 信息系统开发方式主要有哪些？它们各自的特点是什么？

15. 采用委托方式进行系统开发时，用户的职责有哪些？

16. 基于构件的软件开发包括哪些要素？

17. 基于构件的软件开发的核心是什么？

18. 企业信息系统开发“开发”与“购买”决策的评价选择因素有哪些？

19. 中国企业信息系统采用“资源外包”方式开发的前景如何？

20. 企业信息系统开发领导小组的主要职责是什么？

21. 什么是 CIO？

22. 进行系统开发项目管理的意义是什么？

23. 系统分析员的主要职责是什么？对系统分析员的素质有哪些要求？

24. 用户参与系统开发的程度对系统开发的质量有什么影响？

25. 什么是 CMM？

26. 如何对系统开发项目的经济性能进行评价？

27. 在系统开发的过程中，如何提高信息系统的易维护性？

28. 收集资料，对目前国内信息系统开发所涉及的主要的法律和伦理问题进行概括和分析。

系统分析　第4章

实践表明，要使信息技术的应用真正成为企业发展的动力，必须对有待开发的信息系统项目进行规划，明确企业需要投资建设的系统项目；对每一个项目都要遵循系统开发的规律，从系统分析做起，一步步地完成信息系统的分析、设计和实施工作。

4.1 系统分析概述

系统开发要在企业信息技术规划的框架内进行。通过规划明确企业需要开发的系统、不需要开发的系统、优先开发的系统、暂缓开发的系统等，使企业在信息系统开发方面"做正确的事"。要做好这些"正确的事"，还需要遵循科学规律，这包括确定系统范围、系统分析、系统设计、系统实施和维护等具体的工作过程，其中系统分析是这些过程的起点。这一阶段的主要任务是根据规划的要求，设定所开发项目的范围，了解用户需求，确定系统功能目标，设计出合理的系统逻辑方案（如图4—1所示）。

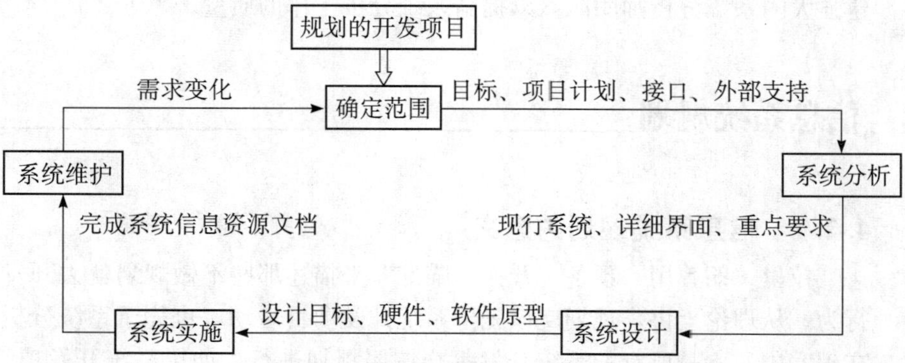

图4—1　信息系统开发的流程

系统分析阶段的主要任务是对现有系统进行详细调查，充分掌握现有系统的作用环境和实际情况，完成用户需求分析，在此基础上建立新系统的逻辑模型。这些任务需要以系统分析师为主，信息技术专家、业务人员等紧密配合，共同完成。

1. 系统分析师

系统分析师是整个系统开发过程的领导者，也是信息技术人员与业务人员之间沟通的桥梁。在系统分析阶段，他们需要通过调查理解各种业务逻辑，研究用户需求，评价该项计算机应用系统的可行性，完成信息系统需求规格说明书，完成系统逻辑模型的构建工作。如第三章第四节所述，系统分析师首先要具备高度的责任心和优秀的技术能力，能带领团队设计出高质量的信息系统；同时要具有逻辑抽象能力和创造性思维，能够将用户需求转换为计算机系统的设计方案；还要有良好的表达与沟通能力，正确理解业务人员及各级管理者提出的需求，善于处理人际关系，能与各类人员建立良好合作。

2. 业务人员

参与开发工作的业务人员主要是来自企业信息系统应用部门的用户代表，应当是精通业务管理工作的骨干。在整个项目开发的进程中，参与项目开发的业务人员都需要关注和监督信息开发工作的质量，促进系统开发成功；同时了解新系统对本领域业务的影响，做好必要的管理基础准备。

在系统分析阶段，他们的主要职责是提出、解释和梳理用户的业务需求；向开发人员介绍业务流程的含义、具体业务环节的内容、文档的作用和术语的含义等；同时要参与原型设计过程，对原型进行评估和反馈。用户代表在某些创新性项目中可能发挥主导作用。所开发的系统能否有效地支持企业的业务运作，往往与用户参与的程度和水平有直接关系。

3. 技术专家

如果系统的需求比较独特，如对系统安全性有很高的要求，还需要在前期聘请专门的信息技术专家参与系统分析过程，比如审计专家、通信专家、安全专家等，注重加强某些方面的设计力量。综合的大型开发项目可能需要多个领域的专家，组建强大的系统分析师团队，以提高系统分析工作的质量。

4.2 信息系统规划

4.2.1 信息系统规划的意义

拉里·朗曾用“预备、开火、瞄准”来描述那些不做规划就去开发信息系统的行为。从理论上讲，规划应该先于系统开发项目启动，也先于系统分析工作。然而在现实中，不是所有的系统开发都会按照规划进行。如果系统开发项目已经确定，从规划角度的思考和分析也可以给企业提供必要的帮助。草率开发可能导致信息系统项目无法完成，造成投资浪费和资源损失；先后建设的系统若缺乏集成基础，可能会彼此冲突，无法对企业运作提供一致性支持；不必要的重复建设会将企业推入投资陷阱。前期缺乏规划所致缺陷或风险，会让企业在后期付出高昂的代价，甚至永远无法补救。

企业信息系统规划的分类方法有很多。从规划范围上看可以分为战略性规划和执行性规划；从规划主体上看可以分为企业级规划和部门级规划；从规划内容上看可以分为针对多个项目的综合发展规划和针对单一项目的开发规划等。

波士顿商学院的约翰·汉德森（John Henderson）教授曾提出一个战略一致性模型（如图 4—2 所示）。从该模型可以看出，信息技术开发需要与企业的业务战略和组织流程之间保持良好的对应关系；这种对应关系具有多向性，是相互交织的和复杂的；规划可以明确这些关系，尤其是战略层面的规划。

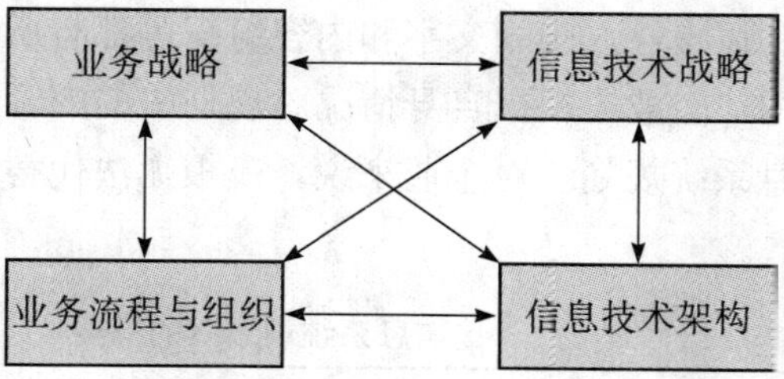

图 4—2　战略一致性模型

资料来源：John Henderson (1994).

信息系统规划的意义包括以下两个重要的方面。

(1) 保证信息系统开发的有效性。使信息系统的建设与企业的战略目标保持一致；通过信息技术的应用推动企业业务的改善，帮助企业实现其经营战略，利用有利的市场机会；设法避免信息系统的建设与企业的业务需求相互脱节甚至相互背离的情况。

(2) 使企业对未来技术与业务的结合过程有所准备。制定有效的开发策略；提供有利于信息系统应用的条件；降低系统项目的实施风险；设法避免系统开发资源浪费、项目效益不佳甚至半途而废的不良后果。

4.2.2　信息系统规划的内容

1. 信息系统规划的主要内容

在信息系统规划阶段，企业需要思考的问题有很多。比如，新系统该覆盖哪些领域，新的应用从哪里起步比较好，哪些项目是必需的，具体项目能否使服务获得改善，采用新技术会引发哪些后果，该花费多少投资，等等。这些问题大致可归纳为以下四个方面。

(1) 企业需要哪些信息系统。需要确定信息系统要支持的主要领域，业务覆盖面，能够支持企业实现哪些目标，企业期望达到的状态，系统应用的条件及满足企业需求的程度，等等。

(2) 如何获得这些系统。需要分析企业的业务、组织、人员和资源状况，确定获得系统服务的时间和方式，系统或系统服务的质量如何评价，等等。

（3）现有系统和管理环境的变化。需要明确各种信息系统的适应性和影响范围，与其他系统的接口关系，系统服务内容是否需要调整，企业的流程和环境是否需要调整，等等。

（4）系统应急计划。指保护系统免遭灾难的措施及危机防范预案，需要根据系统的重要程度确定防护需求。周密的安全计划可将风险和潜在的危机损失降到最低。

2. 信息系统规划书

信息系统规划书是帮助企业制定信息系统规划的模板工具。表4—1是一份信息系统规划书的内容示例。信息系统规划书有比较具体的结构和格式，对保证规划内容的完整性和逻辑性，规划文字和内容组织等都有所帮助。但是，模板只提供了规划的框架结构，企业需根据自身情况对规划中的内容进行深入分析，才能做出有助于企业的信息系统规划。对企业来说，模板无法代替自主性思考，规划更不宜简单地照搬他人。

表4—1　　信息系统规划书的框架

● 企业远景与战略 —公司向何处发展 —组织目标 —业务战略 ● 信息技术对企业战略的支持 —技术如何支持企业目标 —业务与技术的协调 —信息技术规划如何推进 ● 现有的信息系统 —现有的或待开发的系统 —系统和资源的适用性 —业务和组织需要做出哪些改变	● 打算建立的新系统 —选择了哪些系统 —这些系统支持哪些业务过程 —如何对这些系统进行评价 —系统如何获取和管理 ● 信息系统应急计划 —系统可能的风险 —保护系统的计划 ● 信息系统预算 —系统成本 —系统效益 ● 系统项目的开发计划

4.2.3　信息系统规划的流程

1. 不同规划之间的联系

企业中有各种各样的规划，涉及信息系统的规划也不止一个。要处理好不同规划之间的联系，保证规划彼此协调。图4—3展示了企业的业务战略、信息系统战略和信息技术战略这三个主要的战略规划之间的联系。

（1）企业业务战略。是规划的起点和信息战略的支持目标，企业需要从未来的业务趋势出发，明确自身的发展目标和业务策略。

（2）信息系统战略。受企业业务战略的指导，要根据业务发展方向，确定信息系统的需求，以及系统对业务的支持方式，明确哪些系统是重要的或有用的，哪些系统是不重要的或不需要的。

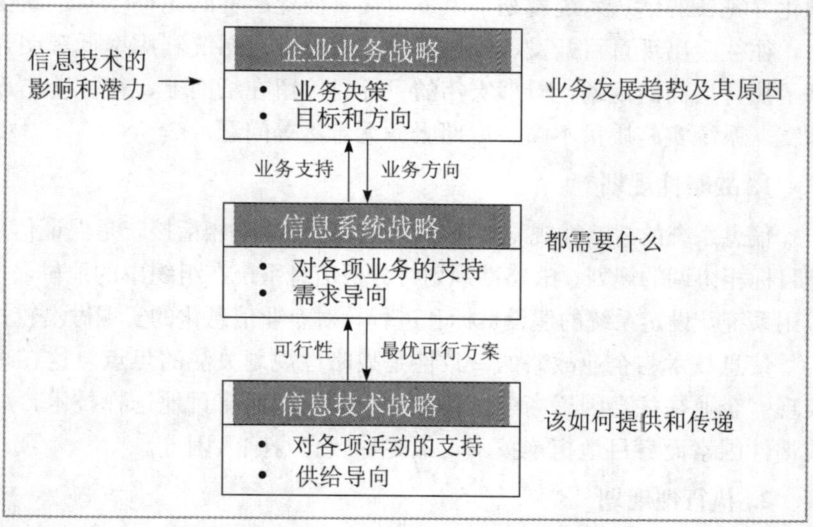

图 4—3 不同层面的战略规划

(3) 信息技术战略。侧重解决企业的信息技术能力和资源分布等基础性问题，如基本信息服务的提供、用户支持、软硬件布局等，它根据信息系统规划制定，并对其形成制约作用。

2. 四阶段规划流程

借助规划流程，人们可用正确方法去制定规划，使规划内容符合组织的需要。信息系统规划的流程和其他规划类似，包括四个基本的阶段：战略规划、需求分析、资源分配、项目规划。

- 战略规划。建立起组织的总体发展规划和信息系统规划的联系。
- 需求分析。分析企业中的业务支持对象及目标，明确所需要的信息系统，以及相应的信息技术需求。
- 资源分配。分配信息系统项目所需的管理资源和开发资源等。
- 项目规划。具体安排每个项目的日程和资源使用计划。

这四个阶段之间的联系是松散的，不是固定的、单向推进的过程。规划活动会被问题驱动，经历反复的过程。战略性规划需要企业高层领导和业务用户的参与，可能会经历多重反复的过程。比如企业是否需要应用电子商务，业务部门若有不同意见，在规划中会出现争执，需要多轮沟通才能完成规划。

4.3 信息系统的战略性规划

4.3.1 战略性规划与执行性规划

信息系统的规划既包括战略性规划，也包括执行性规划。战略性规划是比较宏观的指导性规划，规划期为 3～5 年或更长；执行性规划是对战略性规划的落实和细化。完备的信息系统规划是上下衔接、彼此配套的完整体系。缺少战略层面的规划，往往会出现盲目开发、信息系统配套不良、系统利用率低等明显问题。如果忽略了执行层面的规划，看似宏伟的目标只停留在纸面上，往往会出现系统开发项目超支、系统实施质量不高、后期服务无着落等问题。

1. 战略性规划

信息系统的战略性规划直接与组织的业务战略相衔接，是保证信息技术与企业管理目标相协调的规划。战略性规划将分析信息系统在组织中的地位，选择需要建设的应用系统，设定系统的建设目标和进程，对企业信息化的实现做出较长远的设计。

信息技术与企业战略的一致性是战略性规划关注的焦点，这在现实中并不容易实现。企业往往会因厂商的推销或上级的压力而盲目地选择技术，或者因过于陌生或惯性因素而盲目地拒绝技术，最终导致自身陷入困境。

2. 执行性规划

执行性规划是对战略性规划的具体落实。执行性规划需要考虑企业在特定时间、特定环境下的资源约束，对符合战略规划的各项开发项目和任务做出安排，包括总体规划的分期指标，具体的实施计划，资源配置方案（责任人、工作团队、环境、设备等），项目组合及进度安排，工作步骤，验收时间，等等。

执行性规划中应明确具体的定量指标或评价方法，使规划具有可操作性和可检测性。比如，确定各个项目的任务、责任人、资金投入、时间段、用户、验收及检测标准等。可以用进度表清晰展示对任务的时间要求和衔接情况。对 ERP 等复杂的项目，尤其要注意加强执行性规划的制定、监督和贯彻。表 4—2 是一个计划进度表的示例。

表 4—2　　某 IT 预算优化的计划进度表

主要工作进展	2009 年		2010 年									
	11 月	12 月	1 月	2 月	3 月	4 月	…	…	9 月	10 月	11 月	12 月
● 优化 IT 预算管理												
—定义各用户的 IT 资源分摊原则												
—在年度计划中正式实施按用户分摊												
—制定 IT 总体预算原则，并作为下年度依据												
● 推动需求/开发分类工作												
—详细改进需求评估流程												
—设计需求/开发分类管理工具												
—组建商务分析师团队，设计岗位和流程												
—成立项目管理办公室，试点运行												
—试点和推广新管理模式												

续前表

主要工作进展	2009 年		2010 年									
	11 月	12 月	1 月	2 月	3 月	4 月	…	…	9 月	10 月	11 月	12 月
● 改变业务和 IT 计划的过程 —定义公司规划与 IT 规划的结合点 —正式改变业务与 IT 的规划方式 —根据整合流程制定下年度业务与 IT 计划 —推广整合的业务与 IT 规划流程												

4.3.2　信息系统战略性规划的方法

信息系统的战略性规划的重要性和复杂性比执行性规划要高。正如克兰菲尔德管理学院沃德（J. Ward）教授所言，战略性规划并没有"最好"的方式，企业需要仔细地评估自身所处的环境和业务需求，采取适宜的方法和技术进行规划，并选择适当的人员来完成规划。下面介绍一些对信息系统战略规划有所帮助的方法。

1. 诺兰模型

哈佛商学院诺兰（R. Nolan）教授曾提出一个信息技术增长阶段模型。该模型认为，组织中信息技术的应用发展具有一定的规律性，要经过从低级到高级的六个成长阶段（见图 4—4）；各个阶段相互衔接，形成客观的、循序渐进的发展过程；企业需要根据自身所处的阶段对信息技术进行管理，以促进其成长；在第三、第四阶段之间有一个转折点，在那里，企业管理的焦点将从信息技术管理转向数据资源管理。

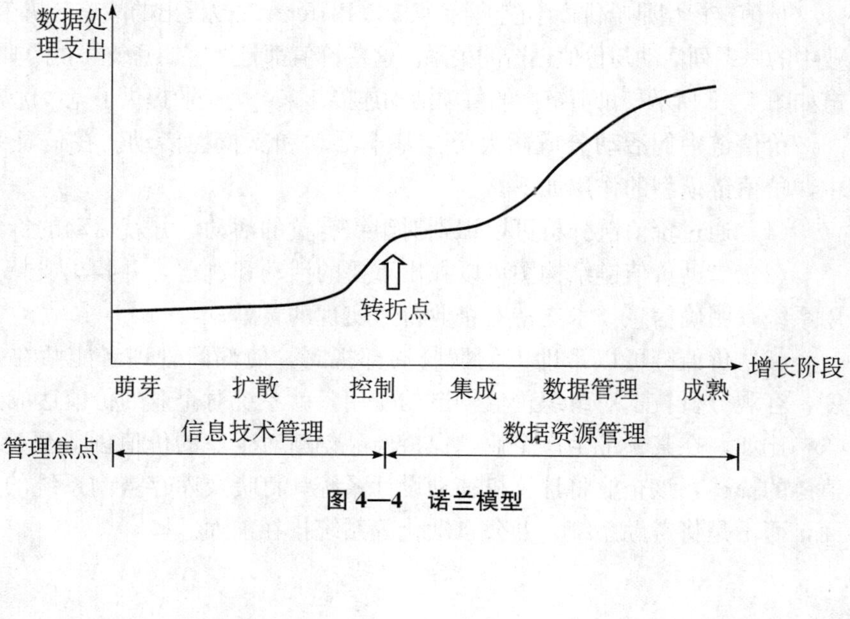

图 4—4　诺兰模型

诺兰模型的六个阶段分别是：

（1）萌芽。人们出于各种各样的原因开始配置计算机设备，通过部门内部的办公自动化和批处理方式来降低成本。这一阶段基本没有规划和管理。

（2）扩散。最初的成功促使计算机应用向更多部门普及，应用系统遍地开花，用户数量激增，出现人们争相学习的热潮；信息技术支出急剧增长，技术人员疲于奔命，缺乏管理控制。

（3）控制。单项应用的大量涌现带来种种矛盾，企业会采取措施抑制 IT 支出的无序增长。对项目进行控制、制定统一的管理标准、对数据处理活动进行规划等，这容易导致开发延误和用户不满。在这一阶段，组织管理的焦点开始转向数据资源管理。

（4）集成。企业开始重视集成数据库的建设和高层规划与控制，在统一管理的基础上开发应用系统，技术应用出现新的增长，联机数据库的应用需求提升迅速，用户责任和 IT 标准化水平有所提高。

（5）数据管理。数据资源统一管理具备了基础，企业开始重视数据在整个组织中的应用处理和共享，提高系统对各项业务的支持水平，数据成为企业的重要资源。

（6）成熟。信息系统对企业各级业务和决策提供全面支持，企业关注数据资源和信息系统的战略性规划，数据处理支出逐渐趋于稳定，信息技术成为支持组织运行的有力工具。

从 20 世纪 70 年代末到现在，诺兰模型一直都是信息技术管理领域最具影响力的模型之一。人们充分肯定了诺兰模型对信息技术在组织中演进规律的描述。诺兰模型中关于“管理焦点转移”的思想，以及 IT 支出长期增长与阶段性波动的认识，对企业信息系统规划具有指导意义。同时，人们也指出了该模型的局限性，如对发展阶段的设置过于简单，无法反映复杂的现实；没有反映数据资源管理对系统集成的影响；没有看到战略性信息系统的作用；等等。

2. 价值链模型

价值链模型是哈佛商学院波特（M. E. Porter）教授提出的战略分析工具，反映了企业中的一系列活动与价值创造的关系。这些价值都是顾客愿意支付的。典型的企业价值链如图 4—5 所示，价值链中的每项活动连接起来，为企业提供了竞争优势或价值。

价值链中的活动分成两大类：基本活动和支持性活动。在信息系统规划过程中，价值链模型的作用如下。

（1）通过价值链分析可以识别对组织有益的活动，并就活动的价值达成共识；

（2）借助价值链结构图可以找出重要的活动和过程，并找出支持这些活动的应用系统，明确信息技术支持对企业价值实现的贡献；

（3）价值链可以帮助人们摆脱局部视野，使部门管理者能站在企业整体的角度，客观分析技术对组织价值创造的作用，就系统对企业的价值达成共识。

比如，在某领带生产企业，保持产品创新对企业的价值创造至关重要。借助价值链的描述，该企业将计算机辅助设计系统、订货及库存查询系统的优先级排在前面，而不是将考勤系统、办公自动化等系统排在前面。

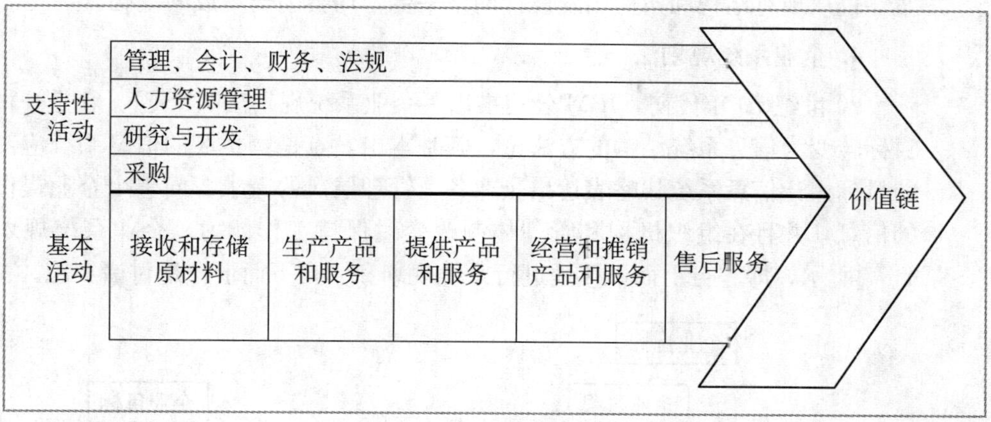

图 4—5　价值链的构成

3. 关键成功要素法

关键成功要素法（CSF）由哈佛大学的扎尼教授（W. Zani）于 1970 年提出，是一种找出最重要因素并确定系统需求的方法。借助这种方法，企业可以对其成功的重点因素进行辨识，以此确定组织的信息需求，以及信息系统开发的顺序。

关键成功要素就是关系到企业的生存与组织成功与否的重要因素，它们也是企业最需要得到的决策信息，是值得管理者重点关注的活动区域。图 4—6 展示了利用 CSF 规划系统开发的过程。

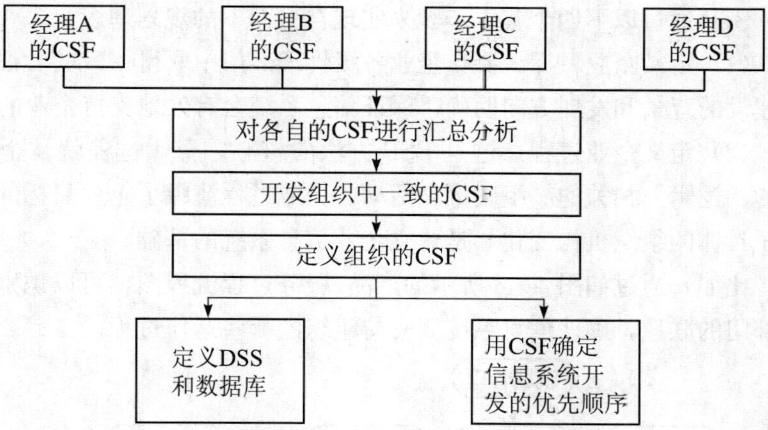

图 4—6　用 CSF 规划系统开发的过程

CSF 的应用主要包括以下三个步骤。

(1) 汇总分析不同部门、不同业务活动的 CSF，这些 CSF 往往是不同的。即使是同一单位，不同的时期的 CSF 也可能并不相同；

(2) 从企业整体出发，大家需就影响组织的 CSF 达成共识；

(3) 用组织的 CSF 指导信息系统的规划过程，使规划具备全局观点。

用 CSF 进行信息系统的规划，可以帮助人们理解企业信息规划的阶段性，理性选择开发项目，避免一些常见的弊病。比如仅从方便的角度出发确定数据采集方案，仅从现有结构和条件出发设计网络平台，均会削弱集成的基础。

4. 企业系统规划法

20 世纪 70 年代初，IBM 公司推出了企业系统规划法（BSP）。它是一种将企业目标转变为信息系统结构的方法论，其基本出发点是：企业的信息系统应支持企业的目标，让信息系统战略表达出企业各个管理层次的需求，向整个企业提供一致性的信息，并且在组织机构和管理体制改变时保持工作能力。企业系统规划法如图 4—7 所示，即“自上而下”地进行系统规划和“自下而上”地付诸实施。

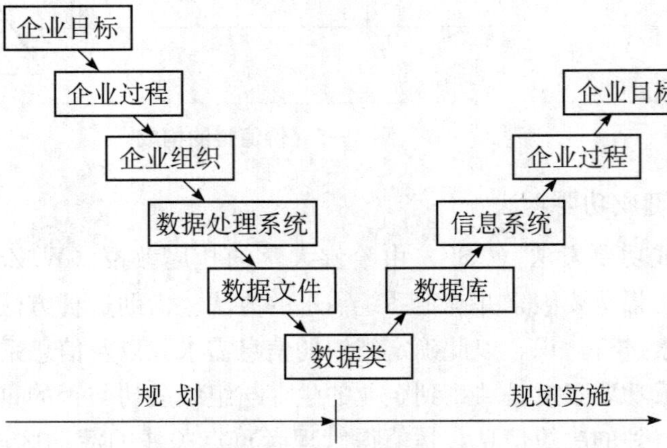

图 4—7 企业系统规划法

BSP 通过以下四个基本步骤来实现自上而下的规划理念。

（1）定义企业目标。要在企业各级管理部门中取得一致的看法，使企业信息系统建设的背景和发展方向明确，保证信息系统会有效地支持企业的目标。

（2）定义企业过程。这是 BSP 方法的核心。企业过程就是企业资源管理所需要的、逻辑上相关的一组决策和活动。企业过程演绎了企业目标的完成过程，又独立于具体的组织机构变化，是建立企业信息系统的基础。

比如，通过如图 4—8 所示的产品/服务过程流程图，可以识别出各个过程与组织部门的联系，确认信息系统要支持组织的哪些运作过程。

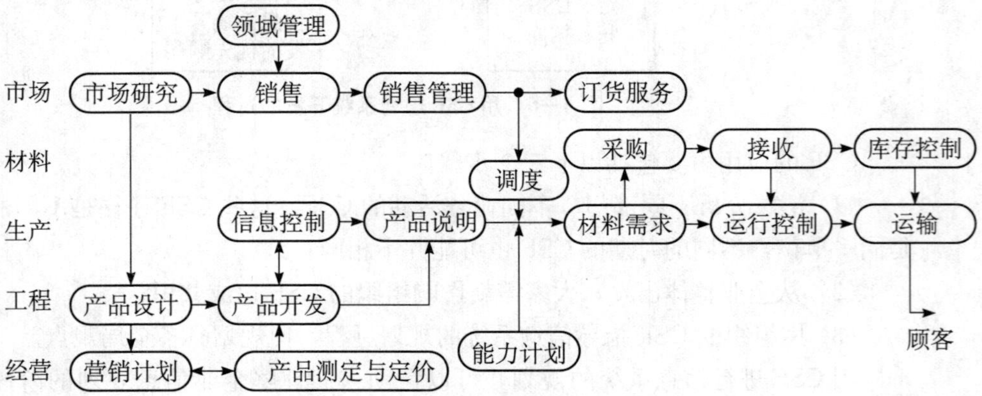

图 4—8 产品/服务过程流程图

（3）定义数据类。即认识这些过程所产生、控制和使用的数据，具体了解各种数据的内容、范围、可靠性等，认识数据的共享要求和数据政策，以及数据使用中的问题，使信息系统规划能够满足数据资源管理的要求。

（4）定义信息系统总体结构。对数据资源和信息流程进行合理组织，对可用的和潜在的信息系统进行定位，确认系统所支持的企业过程，将企业经营业务转化成信息系统的支持目标。

5. 情景法

信息系统的规划往往面临不确定性。情景法是一种权变的分析方法，它基于客观存在的不确定性（如图4—9所示）。

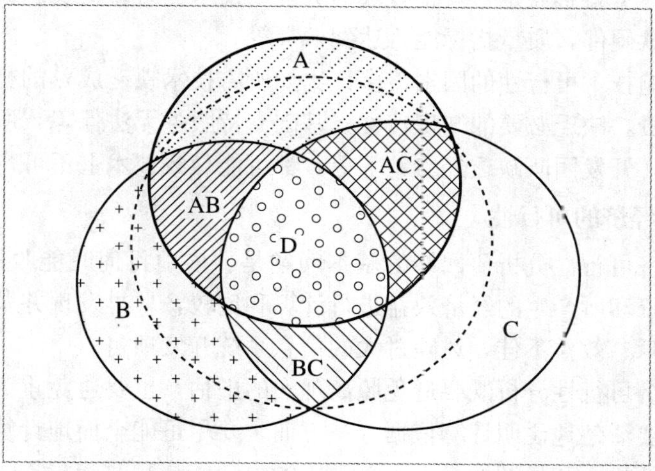

图4—9 情景法示意图

图中圆A、B、C分别代表企业发展的不同未来，或者高层领导的不同认识。信息系统的规划如果以领导层的完全共识为起点往往不太现实，因此只需着眼于基本的共同点，即不同的圆中彼此交叠的部分。信息系统的规划可以先覆盖交叠较多的部分，如图4—9中的D区域；然后适当扩展，覆盖AB、AC和BC区域；最后可能会出于整体性的原因，形成图中虚线所划定的规划范围。这样的规划思路可以有最大限度的灵活性，有利于企业应对未来的变化。

4.4 信息系统开发的可行性分析

企业对有潜力的信息系统开发项目还需要有项目级规划，尤其是复杂的信息系统工程建设，要事前做出充分的论证。可行性分析是在信息系统项目启动阶段进行的论证工作，应根据组织面临的机会和需求，看能否借助信息技术获得有效的解决方案，分析什么是最好的方案，并形成客观的可行性分析报告。

4.4.1 可行性分析的主要内容

1. 技术的可行性

技术可行性分析要回答的基本问题是“该项目在技术上能否落实”。很多在实验室条件下或在市场演示中表现良好的信息技术，不一定能够在本企业中实现。技术可行性分析需要完成的工作如下。

（1）对方案所用技术的成熟性、技术风险等进行考察，比如项目所依据的技术原理是否可行，要确认选择的是有生命力且有风险控制力的技术；

（2）对技术的选择及获取方式进行考察，看期望中的技术指标最终能否在本项目中落实；

（3）考察企业是否具备有效的资源或技术能力来实现项目目标，比如能否得到所需的软硬件，质量指标能否达到，等等。

影响技术可行性的因素很多，比如所需技术缺乏成熟的行业应用，专利使用费过于昂贵，缺乏必要的知识转移，基础支持服务无法保障，所选设施或工具不能及时到位，开发团队缺乏经验，等等，都可能导致技术上不可行。

2. 经济的可行性

经济可行性分析要回答的基本问题是“该项目何时能收回成本”。要对项目的整体投资和所产生的经济效益进行计算和比较，尽早发现并及时中止那些缺乏必要资金保障、效益不佳、风险过大的信息系统开发项目。

经济可行性分析既要避免脱离现实的虚估，也要避免重大遗漏，在可行性分析报告中要清楚地说明计算依据。一方面，要尽可能全面地计算项目的成本投入，包括一次性投入和长期性投入，人力、物力、资金和时间投入，必需的后续项目，支持组织流程变革的成本。比如应用计算机后可能会出现人员过剩问题，因此必须计算员工技能培训需要投入的资金和时间等。另一方面，要尽可能完整、准确地计算或描述项目的收益。有些收益是有形的，如减少了服务成本、降低了流通成本、提高了市场份额等，可将其折算成统一的数量指标；还有些收益是无形的，如提高顾客满意度、提高员工素质、提升决策能力等，要做出尽可能清晰的定性描述。

3. 管理的可行性

管理可行性分析要回答的基本问题是“该项目在企业中能否获得支持”。信息系统开发和应用往往伴随着相应的管理思想、业务工作方式、组织制度和人们权责范围的调整；同时，信息系统要与业务环境相互适应才能成功。管理可行性分析需要考察的内容很多，比如信息系统项目实施的环境条件；用户是否愿意接纳该系统；系统的核心设计是否与组织的管理基础相匹配；系统所需的各种数据是否有保障；业务基础是否牢固；企业对系统所引发的变革能否妥善处理；等等。

对于服务外包的项目，也要关注诸如信息系统的维护和服务是否可持续等问题。忽视潜在的管理因素会给系统的实施埋下重大隐患。

4. 法理的可行性

法理可行性分析要回答的基本问题是“该系统有何潜在的风险”。这里的“法”

指国家和政府公布的法律及强制性规则，"理"指道德和伦理等非法律强制的社会性行为约束。任何系统都不能违规运行，也要避免陷入公民道德及社会伦理方面的纠纷。在技术加速普及的条件下，法理可行性分析对防止技术滥用的价值更为明显，常会导致项目被"一票否决"。为保护企业的长远利益，对有可能引发社会争议和道德风险的项目，一定要慎重考察。常见的信息伦理方面的分析包括如下几点。

(1) 对系统信息采集的约束，要借助合法途径获得正确信息，用户对个人信息有自决权，公民对个人隐私有保护要求。

(2) 系统对自身数据的保存、访问和传递负有责任，要确保其在授权范围使用，不随意突破。

(3) 要建立必要的系统安全机制。安全机制不是可有可无的，也不具有随意性。

4.4.2 可行性分析的过程

1. 基本过程

图4—10描绘了可行性分析的基本过程。它包括确定备选方案、进行可行性分析和评估、得出结论并撰写可行性分析报告等连续性的工作阶段。

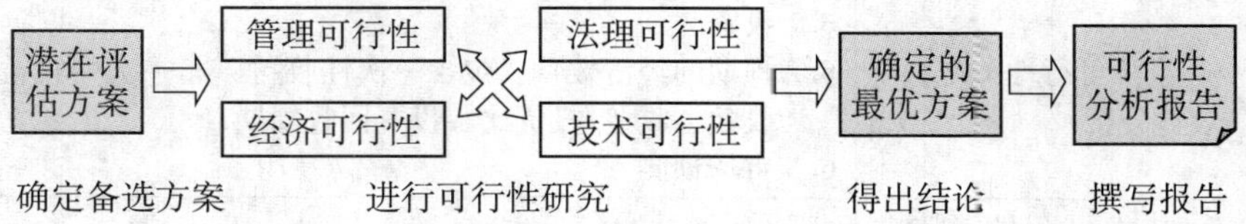

图4—10 可行性分析的过程

2. 确定可选方案阶段

应该准备多个备选方案，这是进行评估和比较的基础。只有多方案评估才有可能客观地分析和评价，并得到最佳的选择。对于待开发的项目要确定多种不同的方案，比如：方案一是实现并拥有某个新的系统，方案二是什么都不做而维持现状，方案三是购买某种类似的系统。

3. 可行性研究阶段

要有足够的工作时间，收集切实可靠的基础资料，站在客观的立场进行调查研究；要根据可行性分析的要求对备选方案进行论证和评价，通过四个方面的科学分析，确定相对最佳的方案；最终得出项目是否可行的结论。

4. 撰写报告阶段

要参照国家规定的可行性分析（研究）模板来撰写书面的可行性分析报告，也可使用专门的软件辅助完成报告。在软件中输入正确的基础技术数据和经济数据，即可得到规范的《可行性研究报告》的文本。表4—3是国家推荐标准中可行性分析报告的文档格式。

表 4—3　　可行性分析（研究）报告文档格式

项目	细目
1. 引言	1.1 标识 1.2 背景 1.3 项目概述 1.4 文档概述
2. 引用文件	
3. 可行性分析的前提	3.1 项目的要求 3.2 项目的目标 3.3 项目的环境、条件、假设和限制 3.4 进行可行性分析的方法
4. 可选的方案	4.1 原有方案的优缺点、局限性及存在的问题 4.2 可重用的系统，与要求之间的差距 4.3 可选方案 1 4.4 可选方案 2 4.5 选择最终方案的准则
5. 所建议的系统	5.1 对所建议的系统的说明 5.2 数据流程和处理流程 5.3 与原系统的比较 5.4 影响（或要求）（包括设备、软件、运行、开发、环境、经费） 5.5 局限性
6. 经济可行性（成本—效益分析）	6.1 投资 6.2 预期的经济效益（包含一次性收益、非一次性收益、不可定量的收益、收益/投资比、投资回收周期） 6.3 市场预测
7. 技术可行性（技术风险评价）	
8. 法律可行性	
9. 用户使用可行性	
10. 其他与项目有关的问题	
11. 注解	

资料来源：根据《计算机软件文档编制规范》GB/T 8567-2006 中的相关内容编制。

5. 可行性分析的结论

可行性分析报告要有清晰明确的结论，以便指导下一步行动。结论可以是下列四种之一。

- 可以立即开始开发（或开展后续工作）；
- 需要推迟到某些条件（如资金、技术、管理）具备后才能进行开发；
- 需要对目标进行某些修改后才能进行系统开发；
- 项目不可行（没有必要进行开发），应立即终止工作。

可行性分析报告完成之后要提交上级主管审批。相关决策层（企业组织或行政主管机构）要对提交的可行性分析报告进行审批或进一步论证，以检验其真实性、可靠性和客观性。只有在可行性分析获得通过及可行性分析报告获得批准后，项目才能顺利进入实质性的建设过程。

4.5 系统调查

4.5.1 系统调查的目的和内容

对于已通过可行性研究的项目需要进行系统调查。它的目的是收集有关的事实、资料和数据信息，准确掌握企业业务系统的工作状况，在与用户进行充分讨论和沟通的基础上，为明确定义用户的信息服务需求打下良好的基础。需要了解的内容包括系统支持的服务对象（具体岗位和人员），信息服务的具体内容，需要提供的初始安装，与其他系统的接口，是否需要持续性的服务支持，等等。

系统调查是一个了解新系统所处的地位和现状，准确把握主要问题，与实际用户建立信任和合作关系的重要过程。在调查中要充分了解企业组织现有的服务水平，现有的应用系统，是否需要与外来的信息服务接口等一系列情况。实践经验表明，信息系统开发中的许多失误、遗漏和返工都与最初进行系统调查时了解的面不够宽，调查的时间不够充足，调查的环节不够完整，调查的信息不够准确有关。

系统调查阶段的核心任务是了解情况，了解得越详尽、越准确，下一步做系统逻辑模型设计时就越顺手。下面列出的是系统调查工作中经常发生的错误。

（1）技术人员只管技术，业务人员只管业务，缺乏基本的沟通与合作，把系统开发等同于将现有的业务内容从手工状态搬到计算机上来做。

（2）无法摆脱盲目的优越感、经验感和“改革”意识。似乎只要一看就知道问题所在，所提的建议可操作性很差，甚至会误导业务人员和开发人员。那些有简单开发经验的技术人员比较容易出现此类问题。

（3）就事论事，调查的范围过窄，忽略了对业务的总体框架和完整流程的把握。系统先从哪部分业务起步，调查也就从哪部分业务开始，结果事倍功半，所开发的系统适应性不强，与其他业务系统和后续开发工作的兼容性差，形成孤岛。

（4）调查只浮于表面，不注意深入沟通和理解，缺乏充分的准备和规划，将调查等同于听业务人员讲述日常工作的过程，抓不住关键内容，很容易遗漏重要的业务环节、调节控制机制和信息传递流程。

4.5.2 组织结构和信息关联

各个企业都有一定的组织结构。从标准的金字塔形式看，横向划分可以分成自上而下的多级指挥、调度和管理系统；纵向划分可以分成不同的部门，形成分工合作的关系，在企业内部各个组成部分之间的信息沟通和有效传递成为支持整个组织结构运行、推动企业的人财物资源流动的基础（如图 4—11 所示）。

从横向看，大型企业一般会有较多的管理层次，中小型企业的管理层次则比较少；从纵向看，组织部门的划分也有多种不同依据，企业会根据自身的实际，比如业务或事业的性质、地域环境、市场定位、职责分工、客户类型、产品分类等划分企业的部门。在系统调查中，需要从企业机构的实际出发，观察组织进行横向和纵

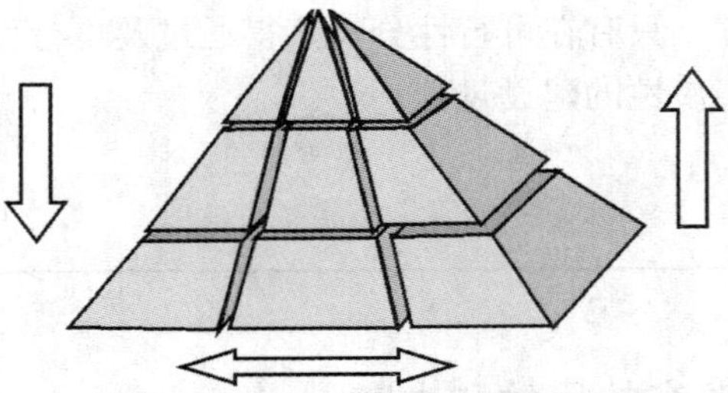

图 4—11　组织结构与信息流向示意图

向划分的形态，充分了解信息流运作的组织基础，认识组织内部的沟通关系，用比较详细的组织结构图来描述这些关系，使人们认识了解承载信息流动的企业实体系统的构成。图 4—12 显示了某企业的组织结构。

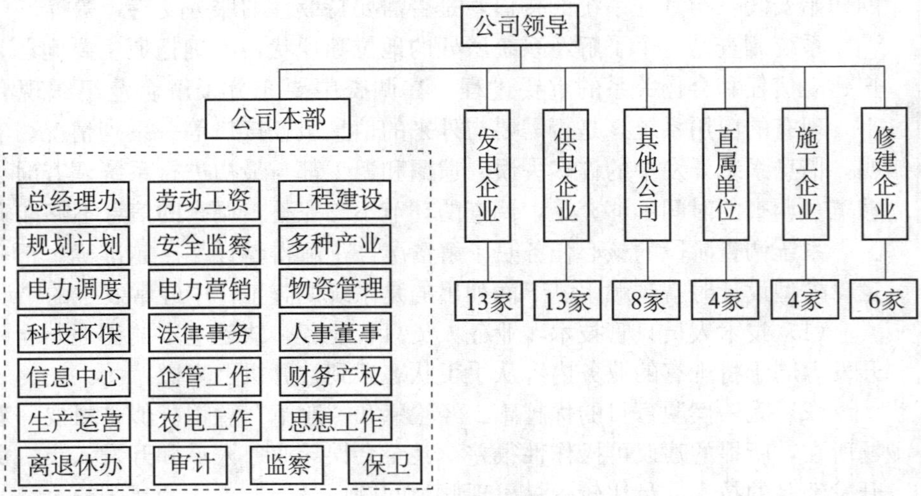

图 4—12　某企业的组织结构图

因为信息是企业决策、控制、协调的基础，信息系统重在信息流的组织，所以需要在组织结构图上进一步画出信息关联状况，并把信息流和与之相应的资金流和物流同时标出，以便了解系统的功能。图 4—13 是组织结构内部各种物流和信息关联的示例。

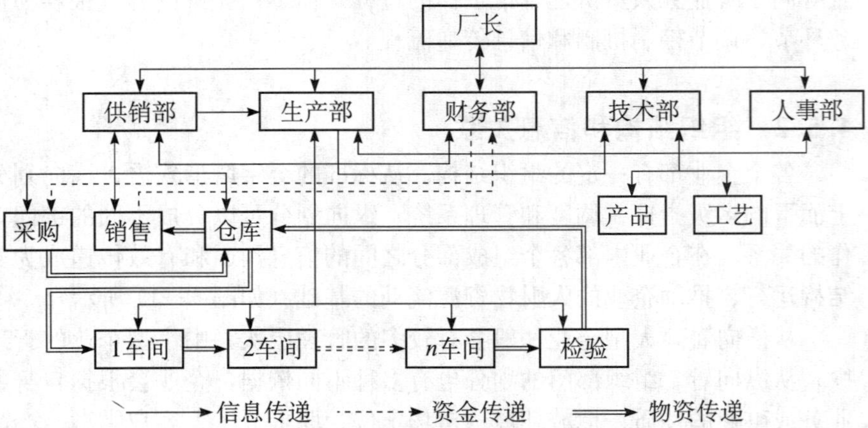

图 4—13　组织结构内部的物流、资金流与信息关联

图 4—14 是某企业生产经营过程中的具体信息传递过程示意图。

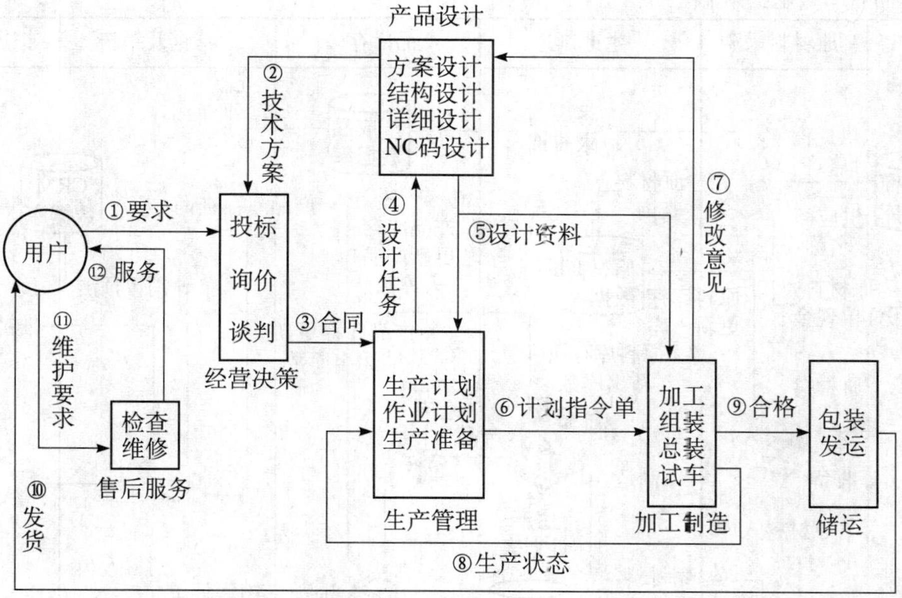

图 4—14 某企业的生产经营过程中的具体信息传递

说明：连线上的序号表示信号传送的顺序；连线上的文字说明表示信息名称。

4.5.3 系统业务流程

企业的组织结构是为开展某种业务活动而建立的工作单位。为了深入、具体地了解这些业务流程情况，尤其是复杂的业务如何通过各个业务单位的工作任务和工作环节而最终实现的过程，往往需要借助业务流程图等工具进行分析。业务流程分析还有助于发现工作环节中的错误和疏漏，为业务流程的优化和调整打下良好的基础。

业务流程图的做法目前不太统一，作图符号也不尽相同，但目的都是一致的。业务流程图使用尽可能简单的符号来描述组织中的业务进程和处理环节，准确、全面地反映业务流程的内容，比照图例易于阅读和理解，是系统开发人员进行交流、合作和分析的有效手段。图 4—15 是一个业务流程图的示例。

4.5.4 系统数据调查

业务流程的每一个环节都会涉及大量的数据发生、存储、传递、信息处理和发布等因素，因此需要进行系统数据和信息调查。数据调查要根据这些业务流程的线索，一个环节一个环节地进行，掌握各个环节的任务、工作对象、工作要求、数据产生和使用对象等，了解具体业务流程对数据采集方式、输入质量、处理过程、数据输出在内容、形式和时间等方面的具体要求。

1. 数据调查的内容

某企业所进行的系统数据调查的内容不是仅限于业务数据与相关的信息处理流

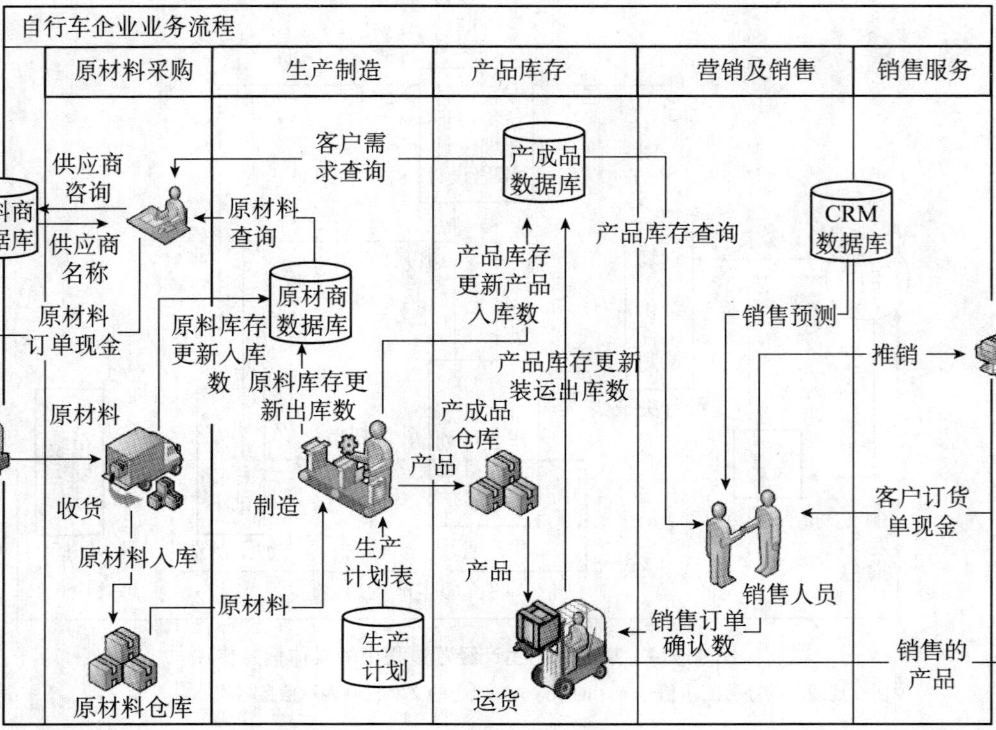

图 4—15　业务流程图示例

程，而是包括了组织目标与发展战略，业务流程与管理方式，决策方式与资源限制等多方面的内容。

（1）现有系统的基本情况。包括企业的外部约束、规模、历史、管理目标、主要业务、在行业中的地位、当前面临的主要问题。

（2）系统中信息处理基础状况。包括现有业务的工作方式和手段，数据标准化水平，业务流程规范化程度，业务部门用户对系统的具体要求和期望，对现有系统加以改进的原因，需要改进的内容。

（3）系统资源情况。包括企业进行系统开发所准备投入的资金、人力、时间和技术力量，业务部门是否准备投入相应的配套资源。

（4）系统中各类人员对信息系统的态度。包括企业数据共享的现状、问题和潜力，业务部门的态度和做法，外部数据使用情况等。

2. 数据调查的过程

数据和信息调查需要根据业务流程的需要，经过分析和确定数据来源，对各种载体上的有用数据进行全面的收集，对所收集的数据进行分析和净化等三个步骤（如图 4—16 所示）。

调查所涵盖的有用数据来源范围比较广，既可能包括内部数据来源，也可能包括外部数据来源（如图 4—17 所示）；既包括电子载体的数据（如计算机文件、电子报表、说明文本、手册等），也包括手工载体的数据（如纸质的票据、单证、账册等）；既包括原始凭证等初始信息，也包括接收的报表、消息等二次信息；既有

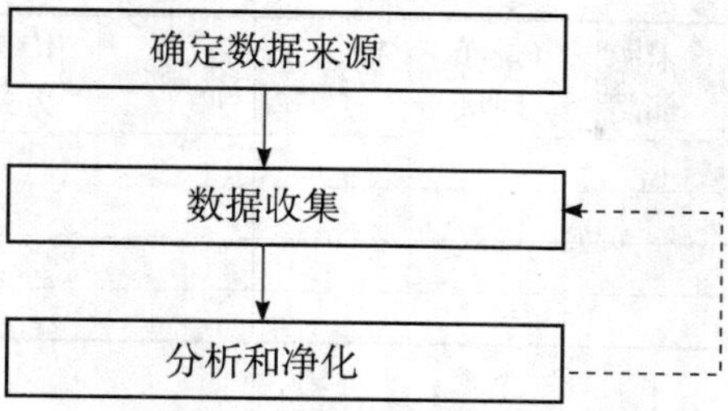

图 4—16 数据收集的步骤

数字、文字等符号数据，也有其他媒体形式的数据。

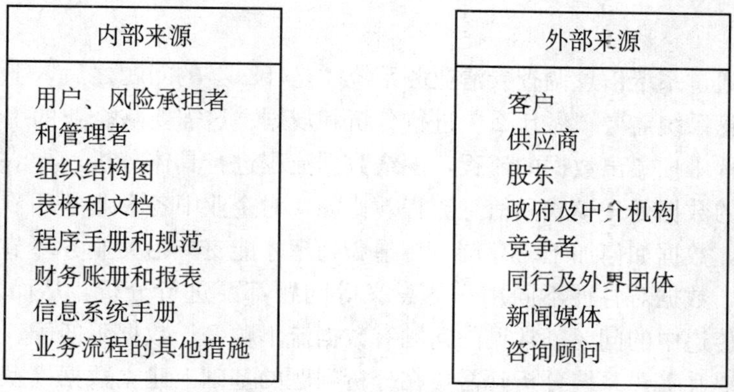

图 4—17 不同来源的企业业务数据

要以业务流程的需要为原则，尽可能完整、准确、全面地收集这些不同来源和性质的数据。从各个来源收集的数据往往会有大量重复、不一致、不规范甚至彼此矛盾的情况，因此需要进行比照分析，努力找出导致这些问题的原因，对源头数据进行净化，避免不合格数据影响今后的系统分析过程。

3. 数据调查的方法

数据收集和调查需要采取一定的方法和技巧，只有根据所要调查的内容选取适宜的方法，才能最大限度地保证信息调查的质量，收集到完整和可靠的数据。常用的方法有以下几种。

(1) 全面地直接收集文字资料、报表、账册等纸质载体的数据。

(2) 通过有计划的访谈收集用户反映和业务部门需求等具有变动性和灵活性的信息。

(3) 采用问卷调查、抽样、统计分析等方法收集分布范围广、数量较多的信息，了解数据的主要特征，如订单格式和客户数据的分析等。

(4) 直接观察和实践参与也是信息技术人员了解业务实际进程的有效方法。

对通过各种方法收集的数据要进行有效的保存和必要的整理，不能损失有用信息，以便开发团队的成员了解和使用这些调查结果。表 4—4 显示的是一个数据归类表的格式。

表 4—4　　输入/输出信息一览表

名称	代码	使用目的	来源部门	发布时间	数据量	复制量	传递方式	去向部门	主要内容	更新频率

制表：　　审核：　　日期：

4.6 新系统逻辑模型

通过系统信息调查弄清业务系统“是什么”的问题之后，下一步需要对所开发的信息系统需要“做什么”进行分析和规划。这需要从企业的组织结构、物资和业务流程中抽象出数据的流程，围绕数据流程进行具体分析，弄清这一业务构架所应采取的数据处理模式和信息流程。比如，对企业中各个业务环节产生和使用了什么数据，数据如何加工、存储、传递和处理才能支持相关业务环节，各项数据之间的关系，数据对各种不同用户的意义等问题都要进行分析，从而发现和解决数据流通、传递中的问题。常见的问题有数据流不顺畅、数据不匹配、传递不及时、数据冲突混乱等。系统分析师需要在分析问题的基础上建立数据模型，整理和规范数据的流程，改善数据与数据之间、数据与处理环节之间的关系，建立新的信息系统的逻辑模型。数据流程图、数据字典、系统功能格栅图等都是进行数据分析和系统逻辑模型设计的有效工具。

4.6.1 数据流程图

1. 数据流程图的符号

数据流程图（data flow）是系统逻辑模型设计工具，用规范化的图示符号反映和描述数据在系统中的流动、处理和存储的情况。数据流程图包括四种成分要素，描述数据在不同的处理环节和对象间流动的关系，并建立数据模型。这四种成分是数据流、数据处理、外部实体及数据存储。这些符号都很容易使用，也容易为非专业人员所理解。图 4—18 是数据流程图的符号示例。

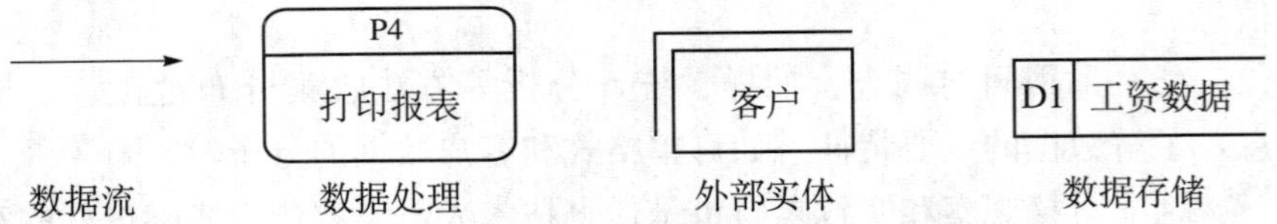

图 4—18　数据流程图的符号

（1）数据流。用带有名称的箭线表示，表示特定数据元素的传递路径。箭头指向数据传递的方向，箭尾标志数据产生的地方。数据流可以由多个数据组成，如“发票”数据流，可由品名、规格、单位、单价、数量等多个数据项组成。数据流可以有多种形态，如纸质单据、电子数据、电话、短消息、统计报表、订货单、调价通知等。数据流必须用名词命名，可以流入或取自一个数据存储，但是必须以一个数据处理作为起始点或者结束点。

（2）数据处理。也叫处理功能，是数据流程图的焦点元素，即数据从输入到输出的变换过程。这些变换包括对数据流的分解、合并、确认、过滤、格式化等，或者产生了新的数据。每个数据处理必须有输入和输出数据流，处理功能的编号反映它在数据流图中的层次，名称中应包含动词，如“编制计划”、“查询预订”、“打印报表”、“计算费用”、“审核”等。

（3）外部实体。是与该系统有关联，但独立于该系统之外的对象。外部实体既可以作为向系统输送数据的来源或起点，也可以作为系统输出数据的终点。比如，填写订单的客户、取得工资的员工、得到报表的部门、接受客户信息的另一个系统等，都可以是外部实体。

（4）数据存储。表示逻辑上需要保存的数据，多用开口的长条框表示。数据存储标出了在数据流程中需要在何地保存何种数据内容，并将它作为数据存储的名称。数据存储不涉及具体的存储介质和技术手段等，只表明有一个存储的逻辑环节。存储介质可以是磁盘、文件、账簿或档案袋等。有些数据存储是临时性的，有些则是永久性的。

数据存储的名称应与存储的内容相一致。流出数据存储的数据流用来表示从该存储中读出内容，流入数据存储的数据流用来表示向该存储写入或更新内容；又读又写时可用双向数据流表示。查询及显示数据一般只画单向数据流。

2. 数据流程图的特点

数据流程图是系统逻辑模型设计的重要工具。它具有概括性，将企业业务流程的各个环节用数据流相互连接成一个整体，能准确地反映系统的全貌，以及各个组成部分之间的联系机制。它是一种具有抽象性的设计工具，使人们能够从日常的物理流程及操作细节中抽象出信息沟通机制，用数据流的来源去向、处理过程和存储操作等来描述业务关系。使用数据流程图进行系统逻辑关系的设计，可以帮助人们摆脱一些实际因素和物理因素的限制，从流程本身的合理性出发进行思考，找出支持业务进程的合理结构。同时，数据流程图采用自顶向下逐步求精的方法绘制而成，逐层细化地描述系统和子系统，可清楚地反映系统的全貌、细节和各种错综复杂的沟通关系，既便于信息技术人员了解企业的业务进程，也便于业务人员了解信息系统的工作原理，是系统分析人员与各层次管理者和业务人员进行交流的有力工具。

3. 数据流程图的绘制

我们通过一个小的实例来了解数据流程图的上述特点和绘制过程。

某礼品经销商 A 公司欲建立企业销售管理系统。其主要业务流程如下：

客户在购买商品时，A 公司会为客户开具一式两份的销售收据，一份交给客户，另一份留作档案。A 公司经理每日需对客户交付的现金、支票和信用卡支付情况进行汇总，把货款存入银行，并拿到银行的存款收据。银行每隔两周都会给 A 公司提供一份借贷报告，反映 A 公司的存款支付变动情况。

每天营业结束时公司都要对销售数据进行分类汇总，及时了解库存变动情况，确定需要采购的商品清单，将清单交给采购员。

在需要采购商品时，公司会查询供应商名录，找到相应的供应商并给对方发订货单。公司会把订货单原件给供应商，并留一份备份存档。公司收到供应商发送的货物时会同时收到一份送货单，上面列出了给A公司所送货物的详细数据。采购人员负责将送货单与存档的订货单进行比较，确认货物收到。供应商还通过递送或邮寄等方式把账单及发票给A公司。公司会计负责保存所有尚未支付的账单，一般每周统一支付一次应付账款。

公司员工上班时都要记录考勤，值班经理负责确认员工的考勤，会计人员根据考勤情况和员工工资标准文件等信息计算和发放员工工资。

我们可以先绘制一个A公司销售管理系统的背景图（如图4—19所示）。背景图也叫内外关系图，阐述了系统与环境之间的边界。它将要开发的系统作为一个独立的整体，识别出与该系统相关的主要外部实体，并通过信息流把系统和各个外部实体间的联系描述出来。在背景图中不能有数据存储，所有的数据存储都应该是信息系统内部设计的对象。

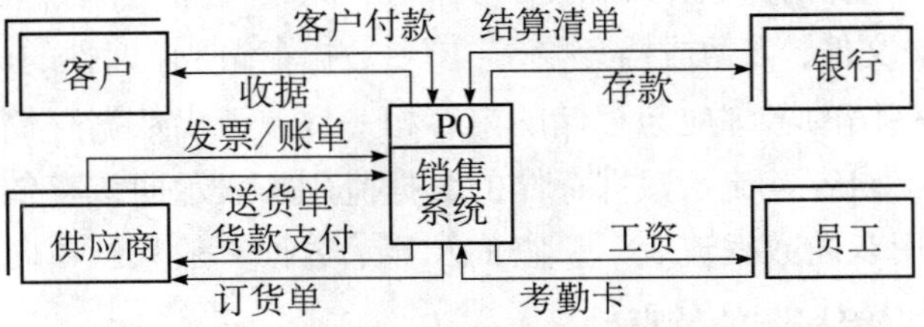

图4—19 某销售系统的背景图

对背景图做出的首次分解细化被称为顶层数据流程图，又称第0层图。我们首先对销售系统功能进行简单分解。它包括四个数据处理功能块：P1销售单管理，P2库存管理，P3采购管理，P4收付账管理。这四个处理功能和客户、供应商、银行和员工等外部实体间数据流的分布如图4—20所示。这个第0层图反映了该销售系统的基本结构。

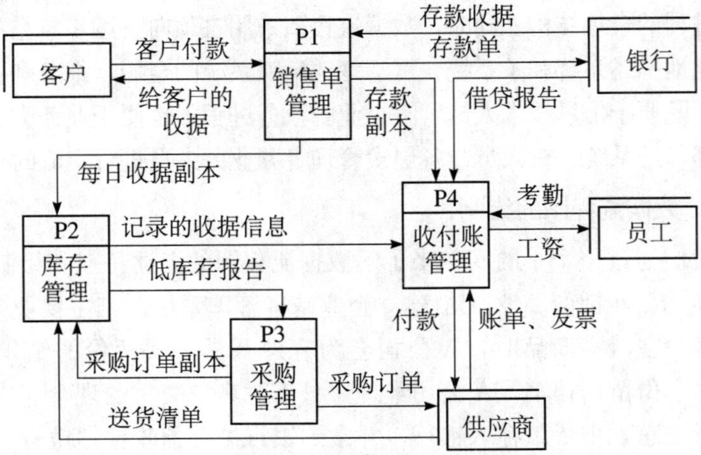

图4—20 销售系统的第0层图

显然，第 0 层图中的数据处理的描述很不具体，因此需要借助下层数据流程图对各个数据处理功能进行细化分析。展开后的第 1 层图可能有四个，分别与第 0 层图中的数据处理模块编号相对应，描述“销售单管理”功能的下层图为 1 号图（如图 4—21 所示）。

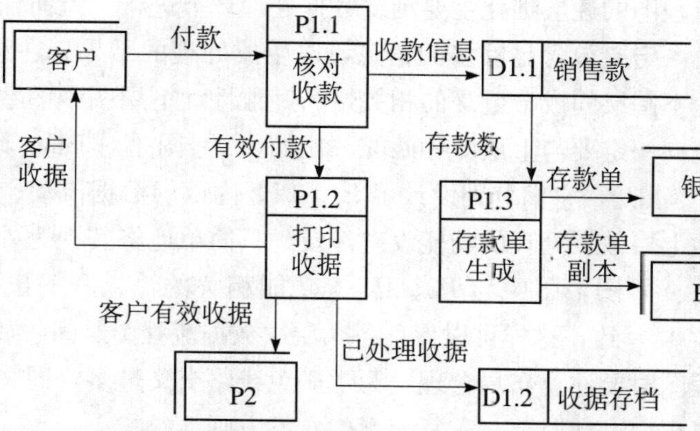

图 4—21 第 1 层数据流程图：销售单管理（1 号图）

描述“库存管理”功能的下层图为 2 号图（如图 4—22 所示），描述“采购管理”的下层图为 3 号图，描述“收付账管理”的下层图为 4 号图。这些下层图的构成单位也是四个基本元素成分，分别对上层图的某一个处理功能进行具体的设计和描述。下层图中的处理功能编号也承袭了上层图。下层图在设计实现上层图中的具体处理功能时，往往需要增加必要的“数据存储”要素。以 2 号图为例，其中四个数据处理功能的编号分别为：P2.1 输入日常数据，P2.2 生成低库存商品报告，P2.3 收货单审核，P2.4 订单归档。图中有三个数据存储，分别为 D2.1 未完订单，D2.2 完成的订单，D2.3 库存文件。

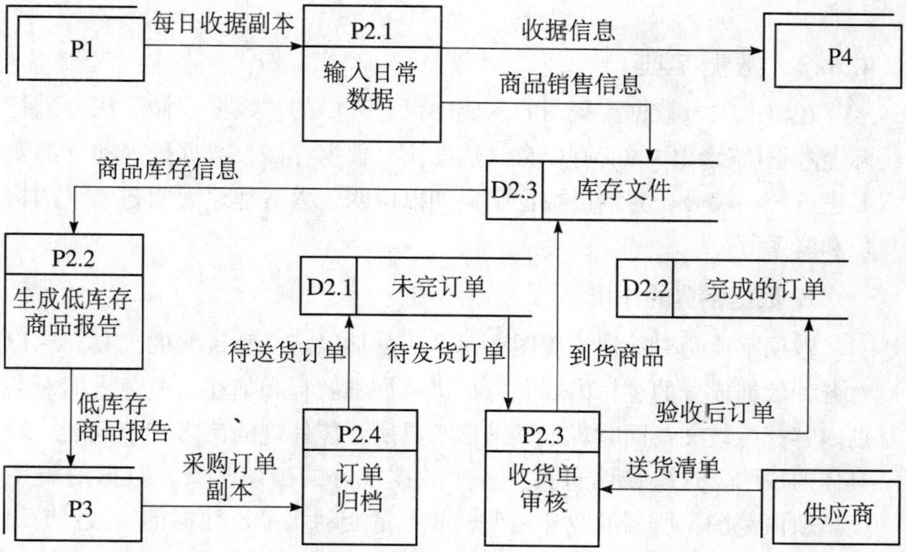

图 4—22 第 1 层数据流程图：库存管理（2 号图）

为了便于思考和分析，每个独立的数据流程图都不能过于复杂。如果系统复合功能很多，结构比较复杂，还可以再次展开绘制更下层的数据流程图。比较简单的系统数据流程图的分层较少，复杂系统的数据流程图分层较多，往往会有四五级，形成庞大的设计文件。

数据流程图的逐层细化主要围绕数据处理环节进行。流向任何一个数据处理环节的数据流一定要包含足够多的信息，以生成处理的结果。在逐层细化的过程中，还要保持上下图层间成分要素的相关性和一致性，下层图中的数据流名称、数据输入、输出流向一定要与上层图相匹配。比如，1 号图是对 P1 的具体展开，2 号图是对 P2 的具体展开，它们分别设计了 P1 和 P2 内部的数据流动、存储和处理变换关系，对其他上层数据处理的功能没有涉及，只简单地将其视为外部实体。但无论是 1 号图还是 2 号图，图中与 P3、P4 等功能相关的输入和输出数据流都与上层图（见图 4—20）一致，这样可以保证各个层次数据流程图之间收放自如地衔接。在绘制数据流程图时要注意布局合理，为了避免线路交叉过多，同一个元素可以在不同的位置重复出现，此时要在重复元素的右下方画上斜线。

系统分析人员既可用数据流程图抽象描述原有系统，也可以用它来对新系统的需求进行综合分析，形成新系统的逻辑设计。设计数据流程图是一个发挥创造力的过程，正确的数据流程图也不是唯一的。“条条大路通罗马”，只要能够实现业务目标，内在流程合理，逻辑清晰，就可以认为是正确的设计。在设计过程中，系统分析人员要注意与用户保持联系，征求不同层次用户对数据流程图的意见，反复讨论修改并达成共识，还可以利用计算机辅助设计工具制作数据流程图。

数据流程图的四种符号可以直观地表述系统对信息的收集和加工处理过程，但是它不能表述数据和处理过程的具体含义，这些内容需要借助数据字典和处理功能分析等来表达。

4.6.2 数据字典

在以上关于数据流程图的示例中仅对其中的“数据存储”成分进行了编号，实际上数据流程图中的所有要素（数据流、数据存储、数据处理和外部实体等）都需要进行统一编号，并借助数据字典加以说明，以清楚地表明各要素的构成内容、地位和联系等。

1. 数据字典的作用

数据字典是对数据流程图上每个成分加以定义和说明的工具。它以文字的方式对各种数据成分的逻辑内容和特征进行详细解释和描述，避免人们对某些成分概念的内容产生歧义，同时规定了图形工具所不能体现的诸多细节问题，对数据进行了具体的说明。这些说明包括：各个数据成分的确切含义、数据的类型、数据的长度、取值范围、所属的业务类型、业务量变动水平、数据的输入/输出频率、数据的重要性、数据所要求的保密程度（如读、写、修改的权限）、数据加工的优先顺序等。

作为与数据流程图相配套的系统逻辑设计工具，数据字典是极为重要的系统开发文档，不仅在系统分析中的逻辑建模过程中起关键作用，而且是系统设计、实施和维护的重要依据。所以，系统分析人员应该把对系统开发维护有用的信息尽可能地放入数据字典。

2. 数据字典的编写要求

从总体上讲，数据字典对数据流程图中有关成分的描述要尽可能说明下列问题。

(1) 什么。要明确是什么或做什么，如某“库存量”数据，需要定义是关于什么对象（如产品范围）在什么状态下（已经入库的产品，还是包括在途产品）的数量，对那些审批、检验、核对、抄送环节的操作内容也要加以说明。

(2) 何处。要明确在何处或来自何处，去往何处。

(3) 何时。包括何时出现，时间长短，发生频率，各种峰值和谷值的情况等。

许多计算机辅助软件工程工具都可支持数据流程图与数据字典的开发，以输入的方式接受数据字典的创建，提供编辑、索引、查询和统计功能，并可以进行完整性和一致性的检查；还可以利用数据库软件方便地创建数据字典。

创建数据字典需要注意一些技术性规范，下面是比较基本的要求。

- 定义明确，具有唯一性；
- 命名、编号与数据流程图保持一致，必要时可增设编码，以方便查询和检索；
- 一致性与完整性，即定义和说明无遗漏，条目无矛盾，无同名异义或异名同义；
- 格式规范，风格统一；
- 描述和定义的文字精练。

3. 数据字典的内容

数据字典中的条目分为以下六种，前两种条目可视处理过程需要而增设，后四种是数据流程图中已有的成分。

(1) 数据项。数据项是组成数据的不可再分的最小单位，也称数据元素，如商品号、商品名、库存量等。在数据字典中定义的内容包括数据项的名称、编号、别名和简述，数据项的类型、长度，数据项的取值范围及含义。一个数据项可能会在许多数据结构和其他数据条目中出现，单独进行定义有利于查阅，并保持数据定义的一致性。对“编码”类元素需要附加编码构成的说明。例如：

数 据 项 编 号：I03-01

数 据 项 名 称：商品编号

数 据 项 别 名：商品编码、条码、条形码

数 据 项 简 述：通用 EAN-13 条形码、无条码商品用店内编码

数 据 项 类 型：字符型

数 据 项 长 度：13 个字节数字

数据项取值范围："0000000000001"～"9999999999999"

（2）数据结构。数据结构定义了数据项之间的组合逻辑关系。数据结构往往是若干数据项（或数据结构）的组合体，如"客户记录"由"客户代码"、"身份证号"、"联系电话"、"职业"等四个数据项组成，它就是一个数据结构。表4—5中的"用户订货单"是由三个数据结构（订货单标识、用户情况、配件情况）组成的复合程度更高的数据结构，在数据字典中要对其名称和编号、确切含义和组成情况加以说明。

表4—5　用户订货单DS03-01的数据结构

DS03-01用户订货单		
DS03-02：订货单标识	DS03-03：用户情况	DS03-04：配件情况
I1：订货单编号 I2：日期	I3：用户代码 I4：用户名称 I5：用户地址 {I6：用户电话} I7：开户银行 I8：账号 (I9：代理人姓名)	I10：配件代码 I11：配件名称 I12：配件规格 I13：订货数量 I14：包装方式［大箱｜中箱｜小箱｜散货］

数据结构包含的元素成分有不同形式，可以分别用不同的符号标出。例如：

- A+B：表示A与B直接叠加合成；
- ［A｜B］：限选项，表示A或B任意选择一个（如表4—5中的I14）；
- (A)：可选项，表示数据A可以省略（如表4—5中的I9）；
- {A}：可重复项，表示数据A可以多次出现（如表4—5中的I6）。

数据结构的示例如下。

数据结构编号：DS03-01

数据结构名称：用户订货单

简　　　述：用户所填写/提交的用户情况及订货要求等信息

数据结构组成：DS03-02+DS03-03+DS03-04

（3）数据流。数据流由一个或一组固定的数据项组成，表明了该组数据项的传递路径。对输入数据流的定义一般包括数据流的编号、名称、使用目的、收集地点和方式、发生周期、数据量、校对方式、保存期、相关业务、使用文字等。输出数据流往往需要定义数据流的编号、名称、使用单位、使用目的、输出量、发送方法、使用文字、输出时间、输出方式等。例如：

数据流编号：F03-08

数据流名称：发货单

简　　述：销售部门给用户开出的发货单

数据流来源：开"发货单"处理功能

数据流去向：用户

数据流组成：发货单数据结构

流　通　量：平均 20 份/日

高峰流通量：25 份/每周一上午 9：00～11：00

（4）数据处理。数据处理需要对数据流程图中基本的处理逻辑加以说明，在字典中定义的内容有处理功能的名称、编号、处理内容、逻辑方法、时间、场所、输入输出数据流等。必要时可借助决策树或结构化语言等准确地说明该处理过程。例如：

数据处理编号：P2　3-1

数据处理名称：送货单审核

简　　　述：确定供应商的送货单是否有效

输入的数据流：送货清单，来自“供应商”；待发货订单，来自“未完订单”

处　　　理：查验单据内容是否完整；对填写完整的送货单查验其商品要求是否符合订单要求

输出的数据流：合格送货单去向为 D22 和 D23，不合格送货单返回给“供应商”

处 理 频 率：20 次/日

（5）数据存储。对数据存储首先需要说明其存储的数据结构，此外还可能会考虑其他相关内容，包括数据存储的编号、名称、数据内容、关键字、保管单位、保存周期、总信息量、查询要求、保密要求、使用步骤、删除周期、追加步骤、删除频率等。

（6）外部实体。外部实体条目需要说明的内容一般有外部实体的编号、名称、简述、输入输出数据流、外部实体的特征、实体的数量、对信息流的要求等。

4.6.3　处理功能描述

对那些比较复杂的数据处理过程，尤其是具有多级结构和逻辑分支的数据变换环节，往往难以用数据流程图和数据字典准确描述，可以采用决策树或决策表工具，详细说明该处理功能该根据何种规则将输入数据转换为输出数据。

1. 决策树

决策树源自决策分析技术，是一种描述多种条件组合情况下，决策方案选择路径及选择结果的树形图，非常有助于分析有两三个决策条件及多项选择方案下的处理逻辑。图 4—23 是一个决策树的例子，它描述的是如何根据材料库存量与特定极限值的比较结果进行判断的情况。决策树非常直观，容易理解，但是当判断条件较多且出现复杂的组合形式时，决策树会很复杂，不容易清楚判断，难以保证判断策略的完备性。

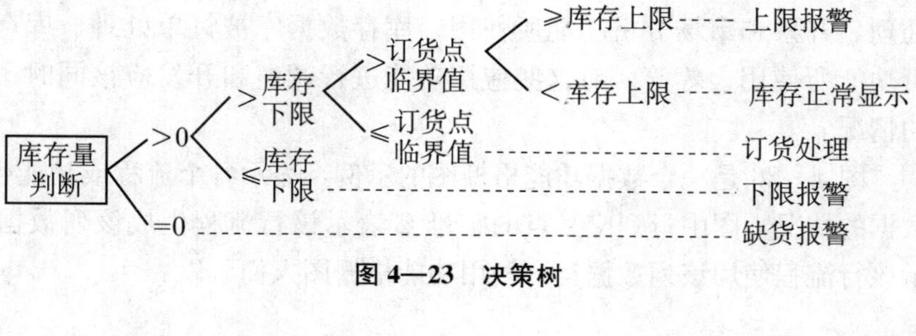

图 4—23　决策树

2. 决策表

决策表是又称判断表，是用表格描述和处理多判断条件、多方案选择决策过程的工具。如图 4—24 所示，它分为四个部分。左上角为进行方案选择的依据或判断条件，右上角为这些条件出现的状态和组合情况，左下角是决策方案或处理功能的内容，右下角是决策选择的对应规则。决策表在表达复杂决策规则方面具有清晰性、完整性和准确性。

判断条件	状态组合
方案选择	决策规则

图 4—24　决策表的结构

编制决策表时应该首先明确数据处理环节的功能和目标，然后识别出影响决策的各类因素，列出这些因素有效组合的状态，最后确定具体的策略方案和决策的原则。

假设订货处理拟根据客户信誉情况采取不同的发货策略，具体规则如下：对无欠款的老客户照订单正常发货；对欠款数量不大于 5 000 元，且欠款时间不超过 30 天的老客户和新客户只发小批量货物；对欠款数量大于 5 000 元，或欠款时间大于 30 天的老客户暂缓发货，保留现收现付交易方式。表 4—6 为订货单处理环节的决策表。

表 4—6　　订货处理问题的决策表

判断条件	新客户？	Y	N	N	N	N	状态组合
	无欠款？		Y	N	N	N	
	欠款数量＞5 000 元？			Y	N	N	
	欠款时间＞30 天？				Y	N	
方案选择	照订单正常发货		√				决策规则
	限小批量发货	√				√	
	用现收现付方式发货			√	√		

3. 格栅图

格栅图是一种用网格分布的方法直观地表示两种开发资源之间关系的分析工具。图 4—25 是一个表现数据库使用情况的格栅图，表左侧的行标题为处理功能或应用子系统的名称，表上面的列标题为企业的数据库或数据来源系统的名称。该格栅图显示出不同的数据库被各种应用功能使用的情况，如客户数据库被订单处理、开票和市场分析功能所使用；库存数据库被订单处理、库存控制和市场分析功能所使用；等等。对这些应用功能进行调整和开发应该同时了解相应数据库的情况。

图 4—26 是一个数据功能格栅图的示例，表示各个流程或功能生成及使用各类数据的情况。图中行列交叉点的字母 C 表示该行流程生成该列数据类，字母 U 表示该行流程使用该列数据类。利用功能格栅图人们可以：

数据库应用	客户数据库	库存数据库	供应商数据库	应收账数据库
订单处理应用	√	√		
库存控制应用		√	√	
市场分析应用	√	√		
开票应用	√			√

图 4—25　数据库应用分布格栅图

流程＼数据类	计划	财务	产品	部件目录	材料单	供应商	原料库存	产品库存	设备	任务单	机器负荷	待购材料	工序	顾客	贸易地区	订货单	价格	职工
企业计划	C	U	U						U					U			U	U
财务计划	C	U								U								U
资产		C																
产品预测	U		U											U	U			
设计开发			C	C	U									U				
产品工艺			U	C	C	U											U	
采购				U	U	C												
接收				U	U	U	U											
库存控制				U	U		C	C		U								
工序设计			U	U	U				C				U					
调度			U	U	U	U			U	C	U					U		
容量计划					U	U			U		C	U	U					
材料需求			U		U	U						C				U		
操作										U	U	U	C					
贸易区管理			U											C		U		
销售			U											U	C	U		
市场管理															U	U		
订货服务			U											U		C		
装运			U					U								U		
总会计		U				U								U			U	U
价格计划						U										U	C	
成本会计	U	U								U							U	U
人事计划		U																C
招聘与开发																		U
考评		U																U

图 4—26　数据功能格栅图示例

（1）通过整行或整列互换的方法在图上进行运作，使 C 基本呈对角线排列，找出数据流动关系紧密的互依单元，斜向划分出方框，囊括所有的 C。这些方框可以作为系统整体模块或子系统划分的依据。

（2）审核系统的总体设计与细节的一致性，发现数据和功能之间是否有遗漏、冗余或冲突之处，有无数据多头生成或无人负责的情况，并进行相应的调整。比如图 4—26 中“计划”和“部件目录”数据列中都有两个 C，有可能因数据多头提供而导致数据不一致，需要进行调整。这时，可以考虑将其中的一个改为 U，或者进一步细分数据列，使两个处理流程各自对应不同的 C。

（3）分析系统结构和布局关系，提供分布式系统的参考。比如，格栅图中的数据 U 如果集中在方框内，则基本为本地使用的数据，比较适合放到本地存储器上；如果方框外的 U 很多，则说明该列数据的共享程度很高，比较适合放到共享设备上。

4.7 系统说明书

系统分析阶段的最后要根据企业发展目标和经营战略，考虑企业面临的内外环境，合理安排系统建设的进程，提出新系统建立的总体方案，即系统说明书。它是系统分析阶段正式提交的完备工作成果，要经过用户和开发项目组的确认，并提交上级审批通过。其具体内容如下。

（1）对原系统的阐述。说明系统开发的原因和基础条件，包括原有系统的业务内容、工作过程、机构设置、存在的主要问题和后果，业务部门和未来用户对新系统的主要期望和要求等。

（2）新建系统的目标与范围。系统所要实现的主要的技术目标、经济目标和管理目标，包括必要的定性和定量分析指标；系统的近期目标和长期目标；系统服务的主要对象、用户和潜在用户，主要的系统服务质量指标，系统与外部环境的信息联系和接口；系统与企业其他系统（如 CAD，CAM）的界面和信息联系等。

（3）新系统的建模方案。以数据流程图为基础，辅以数据字典、功能格栅图等手段，说明新系统的逻辑模型，描述新系统的主要功能、系统的基本构成、主要的处理功能、数据流和数据存储的变化，以及在企业应用的步骤和预期效果。

（4）系统应用环境。说明新系统运行支持的基本条件，包括计算机和网络设备配置要求，管理思想及方法的更新设想，对系统内外部资源、用户素质、体制改革、业务流程变动、组织结构调整等方面的新要求。

（5）系统开发计划。系统分析过程中拟订的主要开发方案，以及对不同方案进行分析筛选的结果；与系统开发方式相对应的实施阶段，开发项目各个阶段投入的资源预算，主要的任务、活动、评价准则和管理目标等。

由相关企业的管理、领导机构讨论通过后的系统说明书是具有约束力的指导性文件，是下一步系统设计的依据。

思考题

1. 系统分析阶段的主要任务是什么?
2. 信息系统的开发有哪些特点?
3. 系统文档有哪些主要作用?
4. 系统分析师应当具备哪些能力?
5. 简述系统分析阶段业务人员的主要职责。
6. 系统调查的原则有哪些?
7. 什么是业务流程图?
8. 系统数据调查要经过哪些阶段?
9. 简述需求分析报告的作用。
10. 什么是数据流程图? 数据流程图的作用是什么?
11. 数据流程图的四种符号是什么?
12. 什么是数据字典?
13. 数据字典的定义要符合什么要求?
14. 数据字典中数据流由什么组成?
15. 决策树有哪些优点和不足?
16. 决策表如何构成?
17. 系统说明书的主要内容有哪些?
18. 诺兰模型和价值链分析方法对企业信息系统规划的实际作用何在?
19. BSP 倡导的“自上而下的分析，自下而上的实现”有什么实际意义?
20. 系统数据调查中为什么需要有“重复和净化”的过程? 这一过程的必要性如何?

练习题

1. 数据流程图练习题

某系统可以接受客户填写的订货单，对订货单进行查验，将不合格的订货单直接退给客户，根据合格的订货单确定发货量。确定发货量时需查询库存账，将无存货的订单记入暂存账保存，对有存货的订单做发货处理。发货处理环节需要将发货单分别发给客户和库房，根据发货的数量对库存账进行同步修改，将应收货款记入应收账，并将客户的订货单存档。采购部门采购到商品后会发出到货通知，系统可以根据接收的到货通知来处理暂存订单，将可以发货的订货单做发货处理，并修改暂存订单账。绘制满足上述功能的数据流程图。

2. 决策树、决策表练习题

试分别用决策树和决策表描述某课程学生总成绩的评定逻辑：学生总成绩是平时作业、期末考试分数以及平时课堂参与程度三项成绩的综合结果。三项成绩均为合格，则总成绩为“优”；三项成绩中有两项合格，则总成绩为“良”；三项成绩中仅有一项合格，则总成绩为“中”；三项成绩均不合格，则总成绩为“未通过”。

第5章 系统总体设计

系统分析报告经过专家和用户评审通过后，开发工作便进入了系统设计阶段。系统设计的主要任务是：根据已批准的系统分析报告，依照系统逻辑模型以及实际运行环境，考虑实际的经济和技术条件，确定新系统的物理实施方案。简单地说，就是利用当前的信息技术，将逻辑模型对应成相应的物理模型的过程。

系统设计的过程可以分为两个阶段：首先是系统总体设计阶段，包括模块设计、数据库设计和系统运行平台设计；然后是系统详细设计阶段，包括代码设计、输入输出界面设计和处理过程的设计。在实际开发过程中，这两个阶段常常是交错进行的。在设计过程的最后还应当制定设计规范及编写系统设计报告。

本章主要介绍系统总体设计。系统详细设计和编写系统设计报告的内容将在第6章讨论。

5.1 系统总体结构设计

5.1.1 系统总体结构设计概述

1. 系统总体结构设计的任务

系统总体结构设计的任务是：根据系统分析的文档资料和系统的逻辑模型数据流程图和数据字典，设计应用程序系统的物理模型和物理结构。

系统物理模型必须符合逻辑模型，能够完成逻辑模型所规定的信息处理任务，这是物理设计的基本要求。同时，必须考虑到一个计算机应用软件系统不是固定的、静止的，在其生命周期中，它总是处于动态变化过程之中。在系统调试和运行初期，要进行大量改错工作，以消除在设计阶段未考虑或未预见到的问题和隐患。随着时间的推移，改错的工作逐渐减少，但系统环境的变化（如机构的调整、业务的扩大、体制和政策的变更、产品的更新，以及计算机和外围设备的更新换代）都要反映到系统中来，都会对系统提出新的修改要求；同时，随着计算机应用的深入开展，领导和管理人员的眼界更加开阔，他们会对系统提出一些更新、更高的要求，因此，系统也随之不断改进。

上述种种原因，都要求系统具有可修改性，即易读，易于查错、改错，可以根据环境的变化和用户的要求进行各种改变和改进。系统是否具有可修改性，对于系统开发和维护影响极大。如何使系统具有可修改性，成为系统总体结构设计要着重解决的问题，为此提出了系统结构化设计的方法。系统设计阶段的任务是靠系统设计员完成的。

2. 系统总体结构设计的主要问题

由于系统具有复杂性，因此对系统的维护和修改比较困难。系统中各部分之间错综复杂的交叉联系如图 5—1 所示。

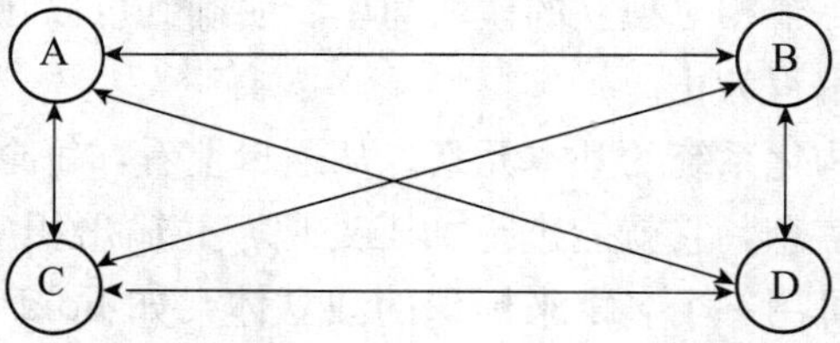

图 5—1 系统中各部分之间的联系

由图 5—1 可知，系统由 A，B，C，D 四个部分组成，带箭头的线段表示信息流向。如果要修改 A 中的某些内容，由于 A 通过信息联系着 B，C 和 D，因此 B，C，D 必然需要做相应的修改。系统中各部分的关系往往是牵一发而动全身，这种现象被称为“波动效应”。对于结构复杂的大系统，这种各部分间错综复杂的联系就是造成设计、修改和维护工作难以进行的主要原因。

3. 解决问题的方法

为了尽量减少波动效应，必须为系统设计一种合理的物理结构，于是 1974 年美国的 W. 史蒂文斯（W. Stevens）等首先提出了“结构化设计”的构想，后来经过逐步发展和完善，成为系统设计的基本思想。结构化设计的主要原则是结构化和模块化，基本思想是“自顶向下，逐步求精”。结构化设计的思想来源于结构化程序设计的方法。

为了改变毫无规范的随意性程序设计方式，20 世纪 60 年代产生了一种程序设计的理论和方法，这就是结构化程序设计（structured programming，SP）。结构化程序设计提出了顺序、选择和循环三种基本的程序结构，并证明任何程序都可以用这三种基本结构构成。图 5—2 分别用程序流程图和 N-S 图画出了三种基本结构。

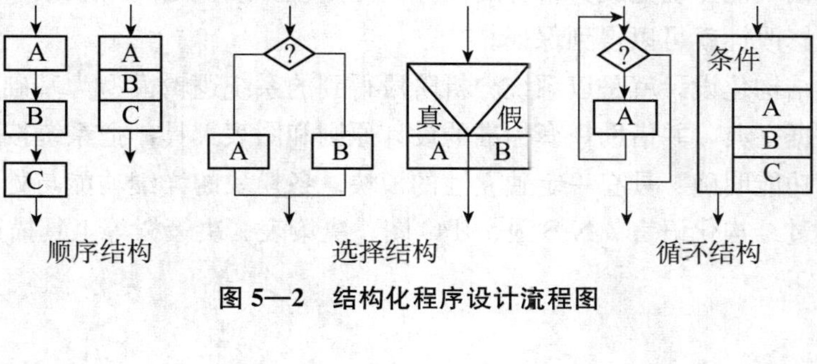

图 5—2 结构化程序设计流程图

随着工程化开发系统观念的提出和建立，结构化程序设计开始向系统设计阶段扩展，根据结构化思想形成了系统设计阶段的结构化设计，而且结构化设计又向系统分析阶段扩展，于是形成了结构化分析，最终构成了完整的系统结构化设计方法。这些在 3.2.1 节中已经有了描述，本章描述的结构化设计是衔接结构化分析（SA）和详细设计阶段的结构化程序设计（SP）的研究工具。

4. 模块化

结构化设计方法是从数据流程图出发，逐步建立系统的总体结构。它首先将系统看作一个模块，然后按任务和功能逐步将这个复杂的大模块分解成具体的多个子模块；再将每个子模块进一步分解为更加具体、简单的多个子模块；如此层层分解，一直到每一个相对独立的模块简单、明确到可以让程序设计员直接按照模块的处理过程描述编程为止。

模块是结构化系统的基本元素。从逻辑上看，每个模块就是一个处理功能，给出一定的输入信息，它就能进行加工处理，并输出相应的结果信息。从物理上看，每个模块又是可用一个名字来标识的独立体，如 FoxPro 中的一个程序（PRG）文件。在结构化设计中，模块划分的基本原则是：模块相对独立，模块间联系小，内部数据冗余小，考虑到系统的发展并便于系统分阶段实现。

5. 自顶向下，逐步求精

模块有层次和大小的区分，将待分解的大系统看成是一个总体模块，按功能将它分解成多个子系统，这些子系统就是第一层模块。这样的模块一般比较复杂，内部包含了更小的系统，所以需要进一步分解。第二层模块如果还是比较复杂，可再分解出第三层模块。如果第三层模块仍不简单，又可分解出第四层模块……直到每个模块只完成一个基本功能。

可以看出，这种层次划分形成了树形结构。越向上模块数量越少，模块内容越笼统、抽象，越能描述系统总体或部分的全局属性；越向下模块数量越多，模块内容越具体、简单，越能描述系统的局部属性。系统设计应当按层次进行，设计者要首先设计顶层模块结构，然后逐层向下设计各模块结构，不应过早地解决低层次的细节问题。所以说，结构化设计总是自顶向下，逐步求精的。

5.1.2 模块和模块结构

模块化的层次结构具有简明性，设计者容易思考，阅读者容易理解。只要保证每个模块能正确完成其自身的任务，尽量减少模块之间的联系，整个系统的正确性和可修改性就可以得到保证。

结构化设计就是以系统分析阶段得到的系统逻辑模型为基础，根据数据流程图和数据字典，并借助一套标准的设计原则和图表工具，把系统按功能划分为大小恰当、功能明确、具有一定独立性的模块。各模块的详细功能与处理逻辑的构成，可以通过结构化语言、N-S 图、IPO 图、决策表、决策树等工具描述。

1. 模块

模块是结构化设计的基础，因为各模块功能明确、相对独立，所以对某个模块功能的增加、减少或者修改只影响该模块，不会影响其他模块或整个系统。为了使系统具有良好的可修改性和可维护性，模块应当具有以下四种基本的属性。

（1）功能。必须明确、具体且独立。

（2）处理逻辑。指如何实现其功能的方法。

（3）位置。描述模块所处环境、条件及模块间的相互关系。

（4）模块的调用。必须遵循以下规则。

- 每个模块都有特定的任务，只有上级模块才能调用下级模块；
- 只有上下级模块之间才可以通信；
- 相邻模块必须通过各自的上级模块传递才能间接通信；
- 模块按自上而下的顺序调用，调用完成返回调用模块。

2. 控制结构图的基本符号

（1）方框 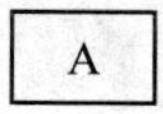

。方框表示模块，方框中的名称表示模块的功能。

（2）箭头 。模块间的调用关系用箭头表示，箭头尾部联系着调用模块，头部联系着被调用模块。

（3）黑点箭头  。表示模块之间控制信息的传递方向，完整的表示还应当将控制流名称写在箭头旁边。控制流表示数据处理过程的状态，控制信息决定了应当调用哪个下层模块，或执行哪个模块功能。

（4）空心箭头  。表示模块之间数据信息的传递方向，同样还应当将数据流名称写在箭头旁边。传递的数据流可以是数据元素或者数据结构。

（5）弧形箭头 。表示需要循环调用下层模块，常常与箭头符号配合使用。

（6）菱形 。表示需要判断选择调用下层模块，也常常与箭头符号配合使用。

（7）圆柱形 。用来表示数据的存储。

3. 基本结构

上层模块分解为下层模块，有三种不同的结构形式，即顺序结构、判断选择结构和循环结构。无论多么复杂的系统，都可分解为三种基本结构形式的组合。图 5—3 显示了这三种基本结构。

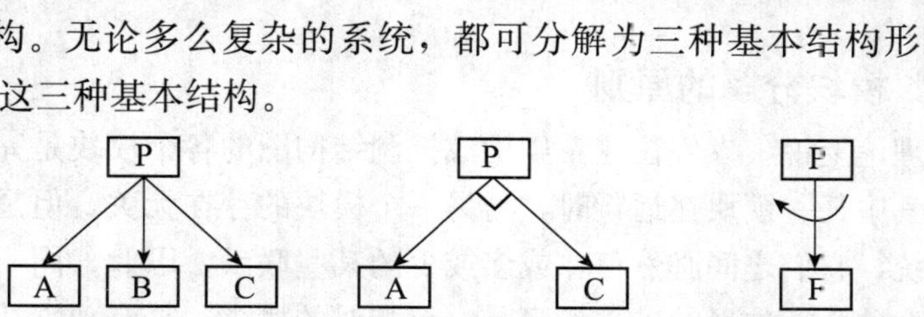

（a）顺序调用结构　（b）判断选择调用结构　（c）循环调用结构

图 5—3　模块的基本结构

4. 控制结构图

控制结构图也称软件结构图或模块结构图，它能够清楚地表示出系统的层次分解关系、模块调用关系、模块之间数据流和控制信息流的传递关系。

图 5—4 显示了控制结构图各种符号的使用方法。

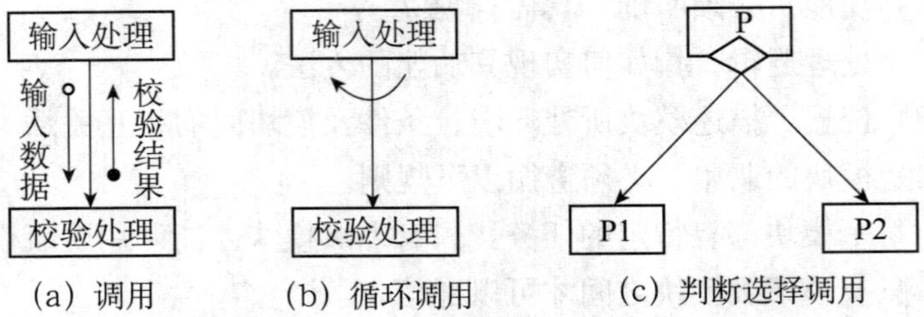

图 5—4 控制结构图各种符号的使用方法

图 5—5 是一个控制结构图的示例。

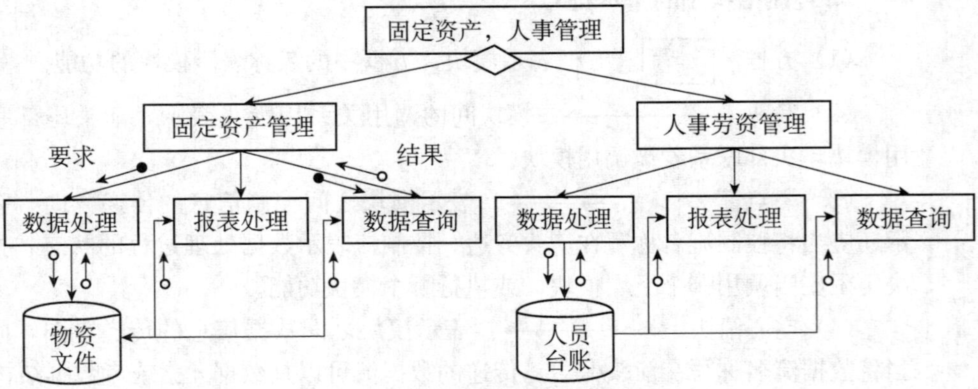

图 5—5 控制结构图示例

在图 5—5 中，输出结果包括数据处理、查询和报表功能。在物理实现时就形成了模块调用关系，上层模块调用下层模块，具体操作由下层模块去完成，上层模块主要起到判断、控制和传递信息的作用。

控制结构图既可以反映系统整体结构，又能反映系统的细节，还能准确反映各组成部分（各模块）及它们之间的联系。通过控制结构图，可以将系统任务分散为许多模块，由不同的设计人员分别承担不同模块的设计和实施任务，便于管理与控制。

5.1.3 模块分解的原则

从理论上说，人们往往希望构成控制结构图的各个模块是完全独立的。完全独立是指其中任一模块在运行时，与另一个模块的存在无关。但是，各模块隶属于同一个系统，它们之间必然存在或多或少的某些联系，因此，同一个系统中的模块不可能完全独立，这里的独立性只是一个相对的概念。具有独立功能，而且和其他模块之间相互作用少的模块，称为独立性高的模块。

在分解模块时，使模块保持较高的独立性是设计一个系统的关键。这样的设计具有以下优点。

(1) 系统容易开发。系统开发往往由若干人分工合作完成，由于模块之间联系少，接口简单，可以简化合作者之间的协调工作。

(2) 系统可靠程度高。模块之间的相互影响小，当一个模块出错时，产生波动效应的概率小，从而提高了系统的可靠性。

(3) 系统容易维护。在对一个模块进行修改和维护时，不必担心其他模块的内部是否会受到影响。

模块的相对独立程度可以由两个定性指标衡量：一是应使模块内部自身联系紧密；二是应使外部各模块之间的信息联系尽可能少。从同一个数据流程图导出的控制结构图，可以有不同的形式，但应当遵循两项重要原则。

1. 模块凝聚

我们把模块内部联系的紧密程度称为“模块凝聚”，它是衡量一个模块自身功能内在联系是否紧密的指标，也是衡量模块质量好坏的重要指标。模块按凝聚程度由低到高可分为五级：偶然凝聚、逻辑凝聚、时间凝聚、数据凝聚和功能凝聚。

(1) 偶然凝聚。一个模块内部各组成部分的处理彼此无关，只是偶然地组合在一起，这是一种组织得最差的模块，凝聚程度最低。

(2) 逻辑凝聚。一个模块内部各组成部分的处理逻辑相似，但功能彼此不同。比如，将系统所有输入内容各不相同的输入操作放在一个模块中，这个模块就是逻辑凝聚的例子。这种模块通常包含一个选择控制开关，根据上层模块的要求，模块先执行选择功能，再根据选择的结果，控制执行不同的处理功能。由于它的逻辑途径比较复杂，修改困难，因此凝聚程度较低。

(3) 时间凝聚。这是由若干执行时间彼此有关的处理集中在一起组成的模块。如初始化模块，各处理内容必须在特定时间内执行，而各处理内容彼此无关，故凝聚程度较低。时间凝聚的模块通常会影响到其他模块的运行，因此与其他模块之间联系多，修改比较困难。

(4) 数据凝聚。模块内部包含若干处理，它们按一定的顺序执行，且前一处理所产生的输出数据是下一处理的输入数据，这种模块称为数据凝聚模块。比如，制定材料供应计划模块，包括输入生产计划、材料定额、计算生产用料量等处理，属于数据凝聚模块。这种模块可较明确地表述其功能，内部结构较密切，与其他模块联系一般较少，凝聚程度较高。

(5) 功能凝聚。一个模块只执行一个明确的功能，当上级模块调用它时，只完成一项确定的任务，这种模块叫做功能凝聚。比如，在工资系统中统计职工实发工资的模块，可以根据给定的算法对一组输入数据进行明确的处理，得出确定的结果，这种模块就是功能凝聚模块。它的独立性强，便于修改，凝聚程度高，是结构化设计模块的理想目标。

2. 模块耦合

模块之间的信息联系称为模块耦合，它是衡量模块间结构性能的重要指标。耦合程度的高低反映了模块信息联系的紧密程度，如果模块耦合程度高，用户对一个模块的修改可能会引起多个模块的变化，甚至发生连锁的波动效应，模块改动将会变得十分困难，所以应当尽量降低模块耦合程度。模块耦合有以下三种类型。

（1）数据耦合。若在两个调用模块之间的信息联系是通过数据传递实现的，那么它们之间的耦合称为数据耦合。比如，图 5—6 中“水电费管理”模块与下层模块之间就是数据耦合，“材料管理”模块与下层模块之间也是数据耦合。

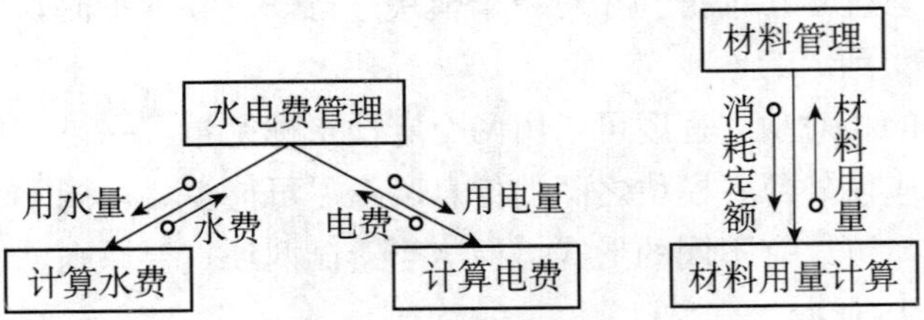

图 5—6　数据耦合示意图

（2）控制耦合。如果两个模块通过调用关系，既传递数据，又传递对运行过程有影响的控制信息，就叫做控制耦合（如图 5—7 所示）。

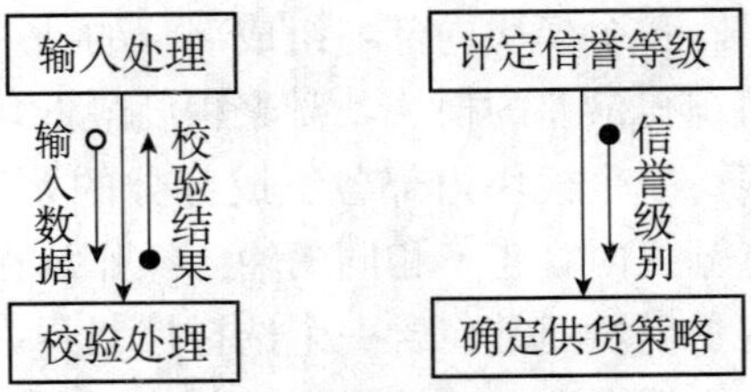

图 5—7　控制耦合示意图

从图 5—7 中的左边可以看到，下层模块执行校验功能，校验结果的控制信号传回上层模块，以控制该模块的运行。如果输入数据校验正确，就调用正常处理模块；如果输入数据校验异常，就调用相应处理模块处理。从图 5—7 中的右边可以看到，根据销售业绩、货款回收情况等数据，可以评定各销售代理的信誉等级，而这个信息又决定了企业的供货策略。

这种控制耦合方式导致一个模块的执行结果直接影响到接受该控制信号的模块运行。这对于系统的修改工作是不利的，特别是对自下向上传递的控制信号的影响面更大。因此，应当尽量将这种耦合减少到最低限度。

（3）内容耦合。一个模块与另一个模块内部发生联系，即一个模块中的某些内容未经调用，在另一模块中以某种方式被直接引用，称为内容耦合，或者叫非法耦合。这是耦合程度最高的一种方式，它总是不按调用规则，而是直接调用或修改另一个相邻模块中的数据。比如，在学生管理系统中，本科生管理和研究生管理是两个子系统。由于采用的信息输入界面相似，为了编程方便，可能让研究生系统直接调用本科生系统的部分程序，或者用研究生系统的一些数据直接修改本科生系统中输入模块的数据，并使用该输入模块输入研究生信息（如图 5—8 所示）。

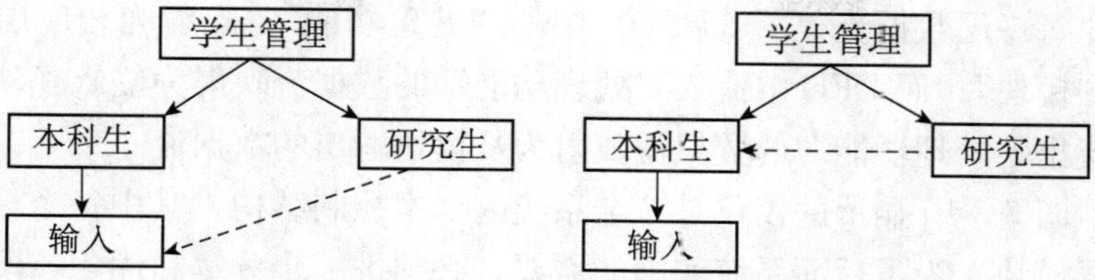

图 5—8 内容耦合示意图

模块间出现这种内容（非法）耦合，是造成改动模块时发生错误的主要原因，这是一种病态的、非法的耦合方式。如图 5—8 所示，“研究生”模块不经“学生管理”上层模块的调用直接将控制转至“输入”模块中，使用其中的部分内容。如果需要改动这部分内容，就必须修改所有用到该内容的模块，检查所有模块，否则就可能发生错误。应当不惜一切代价，消除模块间的非法耦合。

所以，模块间数据耦合是最正常的方式，为保持模块的独立性，模块之间互相传递的数据要尽可能少，要努力减少控制耦合，特别是避免自下而上传递控制信号，必须消除任何形式的非法耦合。

5.1.4 控制结构图的绘制

绘制控制结构图的依据是数据流程图。绘制控制结构图，首先要将上层数据流程图映射为上层控制结构图，由顶层数据流程图开始，逐级下推。比如，财务管理系统的一层、二层数据流程图如图 5—9 所示。

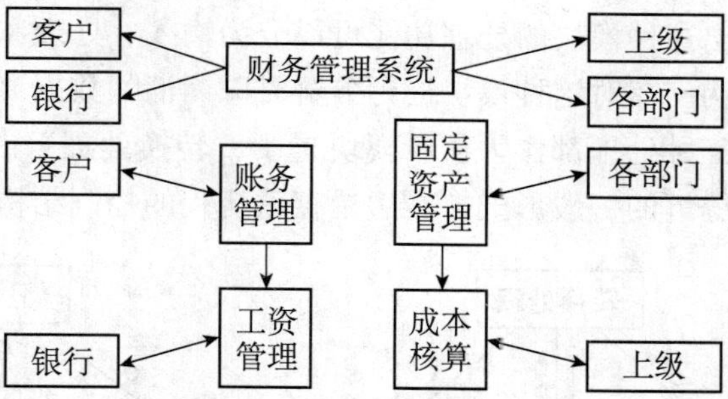

图 5—9 数据流程图

根据其一层、二层数据流程图，可绘制出如图 5—10 所示的控制结构图。

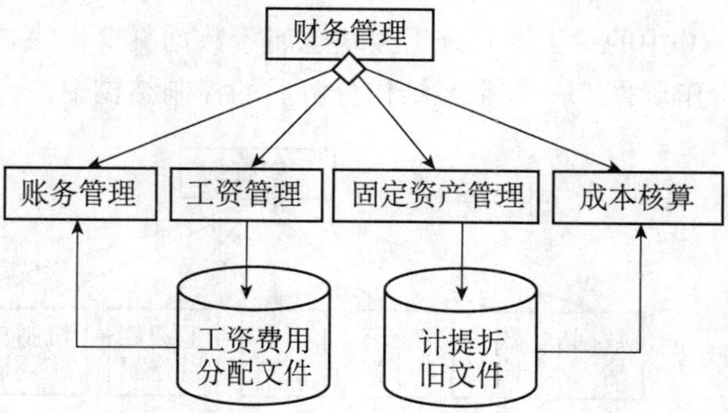

图 5—10 控制结构图示例

每一层数据流程图（DFD）中的“处理功能”，映射为相应层次控制结构图中的“模块”；而DFD中流入“处理功能”的数据流映射为输入模块的数据流，DFD中流出“处理功能”的数据流映射为从模块输出的数据流。

图5—10显示的仅仅是一个系统的基本控制结构，其中每个模块都很大，属于高层模块。为了后面系统实施的需要，必须进一步分解和优化各模块。

在对这些模块进行分解时，一方面可参照低层次数据流程图的功能结构划分模块；另一方面应按照模块分解的规则，将凝聚程度低的或具有控制耦合、非法耦合的模块进行分解。由于待分解的模块凝聚类型不同，在分解时采用以下两种不同的方式。

1. 分解以转换为中心的结构

假设有如图5—11所示的储户银行存款数据流程图，根据背景数据流程图可以导出存款处理模块与外部的联系。根据顶层数据流程图分解这个模块时，可以看到，“登账处理”和“存折处理”是主要的处理功能。输入信息经过这种处理的转换，以清单和存折的形式输出。所以这两个模块属于数据凝聚模块。

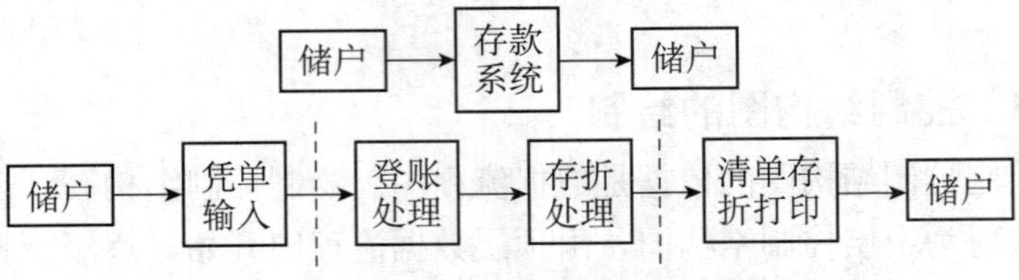

图5—11 储户银行存款数据流程图

可以看出这种模块的处理功能可以分为输入、处理和输出三部分，称为以转换为中心的结构。在对这种模块进行分解时应当消除数据凝聚。为此应当将首层数据流程图中的三种处理都作为从属模块置于“转换处理”的上层模块之下。图5—12左边是这种分解的一般形式，右边是存款流程的控制结构图形式。

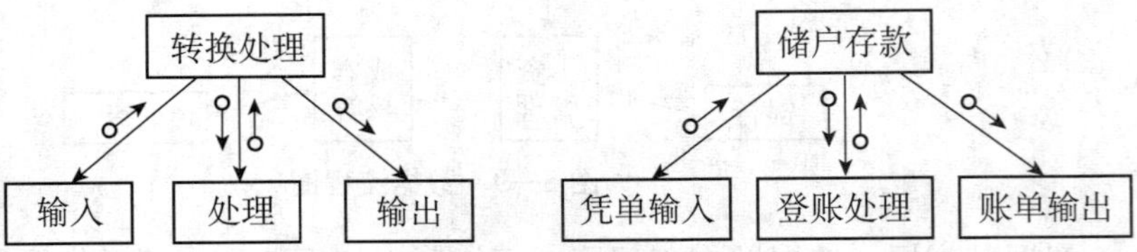

图5—12 分解处理控制结构图

图5—10中的“工资管理”模块也属于数据凝聚模块，可以按以转换为中心的方式进行分解。图5—13是经结构分解后的控制结构图。

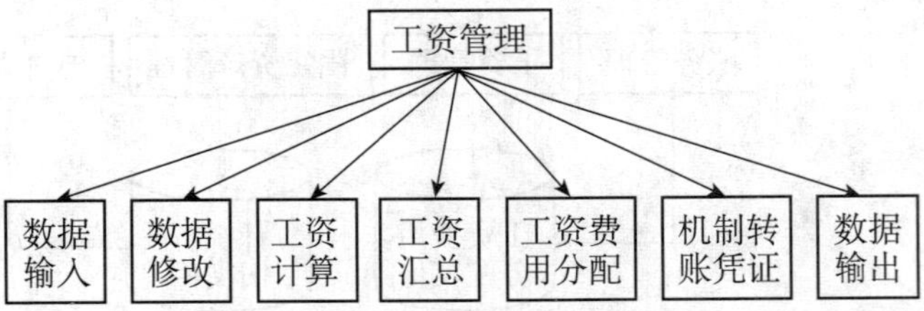

图5—13 工资管理控制结构图

其中，“数据输入”模块的功能是在每月计算工资前，输入职工的变动数据，“数据修改”模块包括调资、人事变动等原因引起的固定数据的修改，这两个模块属于数据输入部分。“工资计算”、“工资汇总”、“工资费用分配”等模块属于处理部分，“机制转账凭证”及“数据输出”（包括工资汇总表和工资条）属于输出部分。

2. 分解以业务为中心的结构

在分析低层数据流程图时常能见到，有的处理功能需要根据条件判断结果决定进行不同的业务处理。在绘制控制结构图时，这样的处理功能对应的就是一个逻辑凝聚模块，它需要处理若干逻辑上相似的业务。这种模块的凝聚程度很低，需要把它分解为高凝聚度的模块（功能凝聚模块或数据凝聚模块），分解的方式就是以业务为中心的结构分解。

一般将这种模块分解为一个判断业务类型的模块和一个调度模块，再由调度模块根据不同的业务类型调度下层各业务处理模块，进行相应的处理（如图 5—14 所示）。

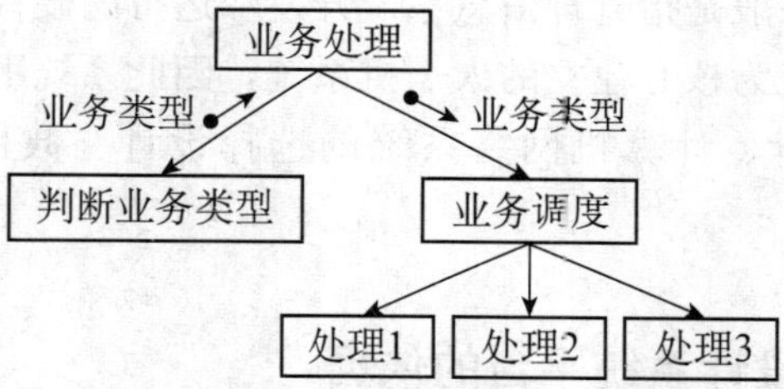

图 5—14　以业务为中心的结构图

比如，固定资产管理的输出报表有固定资产卡片、资产增减变动表、计提折旧汇总表、固定资产明细表等处理，这些内容在逻辑上相似，但每项业务互相没有什么联系。这样一个以业务为中心的结构，可以分解为如图 5—15 所示的形式。

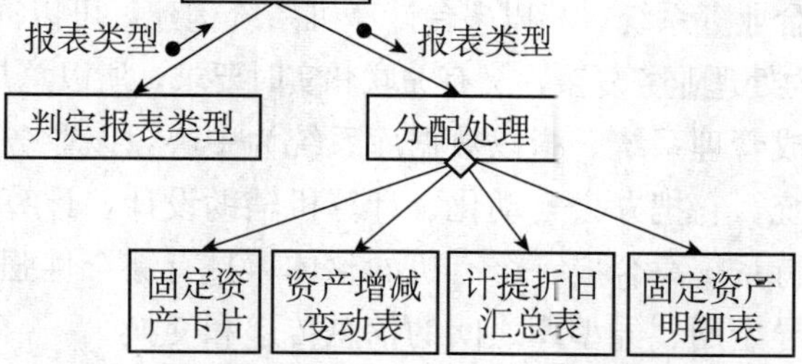

图 5—15　报表处理控制结构图

但是在图 5—15 的控制结构中，存在由下层模块往上层模块传递控制信息的情况，这会给系统修改工作带来不便。为解决这一问题，当任务不复杂时，还可将“判定报表类型”及“分配处理”模块合并到上层模块中去，形成如图 5—16 所示的形式。

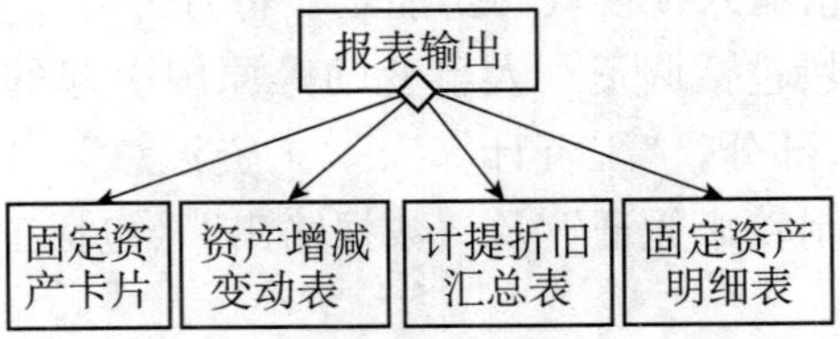

图 5—16 简化报表处理控制结构图

在某些系统中，如果检查判断和调度功能相当复杂，就不宜合并至上层模块中。在实际系统中，因为数据流程图中两类结构往往会同时存在，并混杂在一起，所以模块的两种分解方式也常常需要混合使用，以达到模块凝聚程度高、模块之间独立性强、易于修改的目的。

5.2 系统平台设计

系统平台一般是指管理信息系统开发和运行的硬件、软件环境。管理信息系统是以计算机系统为核心建立的人—机系统，因此系统平台设计主要包括计算机处理方式的选择设计、计算机网络系统的选择设计、数据库管理系统的选择设计等方面。

5.2.1 选择设计系统平台的依据

1. 根据管理信息系统的目标选择

在系统分析阶段必然需要根据系统调查的结果确定管理信息系统开发的目标，针对不同的开发目标应当选择不同的系统平台。

(1) 单项业务系统。指以一台单独的计算机系统构建的单个业务处理系统。因为处理业务相对简单，所以一般用个人计算机系统支持，以 PC 数据库管理系统（比如 Visual FoxPro）搭建。

(2) 综合业务系统。指以多台计算机系统构建，可以同时完成多项综合业务的处理系统。因为处理业务复杂，又有关联和实时要求，所以总是用计算机网络系统构建。

(3) 集成管理系统。指以数据库系统为中心，以业务管理和办公自动化为应用目标的大系统。它把办公自动化、计算机辅助设计、计算机辅助制造、管理信息系统、决策支持系统集合成一个有机的整体，具有综合性强、规模大的特点，可以实现异型机、异型网、异型库之间的信息传递和交换。

2. 根据处理模式选择

根据管理信息系统的功能、业务处理的特点和要求以及对性价比等因素的分析，可以选择不同的处理模式。

(1) 批处理模式。先将各种需要处理的数据保存在某种介质上，然后将一批数据作为一个作业一次提交给计算机处理的模式。

（2）联机处理。将分散发生的每一项业务都通过终端传送到主机中处理，再将处理结果从主机传送给相应终端的处理模式。它还可以细分为联机实时处理和联机成批处理等。

（3）分布式处理。把系统资源分散管理和运用，贵重设备集中管理；根据系统组织和业务处理的特点与需求，用客户机处理各子系统的分散数据，而用主机处理主要数据的处理模式。

5.2.2 计算机网络系统设计

计算机网络系统的设计内容应当包括：计算机与计算机网络的选取，通信介质的选型，网络拓扑结构与应用模式的设计，网络操作系统及协议的选择等。目前使用最多的是采用分布式处理的综合业务系统或集中管理系统，其对应的计算机网络平台是客户机/服务器（C/S）结构形式。随着网络技术的发展，采用浏览器/服务器模式的计算机网络平台也越来越多。浏览器/服务器模式（又称 Browser/Server 模式，或 B/S 模式）就是内联网（Intranet），它从根本上改变了信息获取和信息交流的方式，是最新型的企业内部计算机网络。它利用成熟的因特网技术，以 TCP/IP 协议为基础，以 WWW（万维网）为核心应用，构成企业内部专用和统一的信息交换平台。

1. 客户机/服务器模式

这是一种分布式处理的计算机网络系统，常常写成 Client/Serve 模式或C/S模式。这种模式是当前十分流行的管理信息系统的基本构建模式，也是目前管理信息系统主要采用的计算机系统平台。这个网络系统同时还是一个网络平台，网络中的计算机分为有机联系的客户机和服务器计算机。客户机可以是具有一般功能的 PC 机、工作站，服务器则由处理功能和存储容量都很强大的高档微机、小型机、大型主机承担。服务器既可以建立在局域网内，也可以通过广域网或因特网与客户机联系。

同时，管理信息系统的软件也分别保存在客户机和服务器中。客户机中只包括用户界面、本地数据库、各种查询等前端应用软件；服务器则主要存储和管理大量的数据资源、共享程序等。

客户机/服务器系统将一个应用分解为多个任务，再由客户机和服务器分别处理，从而共同完成一个应用。在多个任务之间存在各种交互关系，它们以“请求/响应”的方式进行联系。客户机向服务器提出“请求”，服务器接受后再“响应”这个“请求”进行相应的处理，并通过网络反馈处理结果。

2. 客户机/服务器模式的构成

客户机/服务器模式的基本组成结构如图 5—17 所示。

许多大型企业的下属机构往往分布在不同的地方，各机构有可能已经建立各自的局域网，并且开发出自己的管理信息系统，通过专门的交换机与服务器连接。

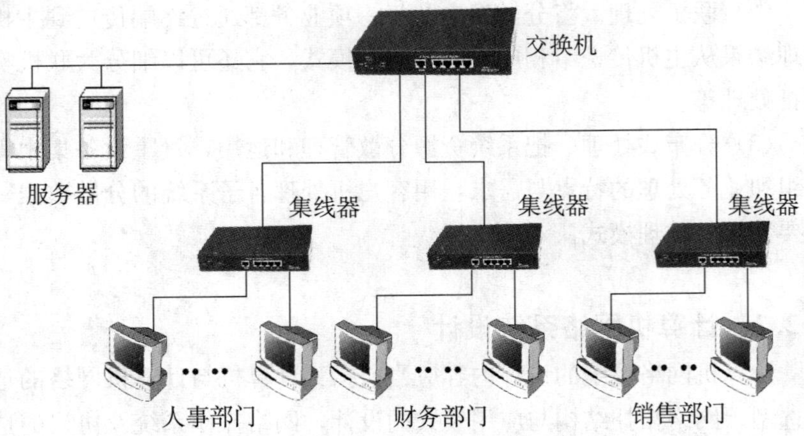

图 5—17　客户机/服务器模式的基本组成结构

3. 计算机网络连接

目前的计算机网络主要是由微型计算机构成的分布式客户机/服务器结构网。网络互联通过内联网和因特网实现，以令牌环网和以太网为主，通信介质一般是光缆或同轴电缆。网络操作系统采用 Windows NT 或者 Unix，OS2，Novel Netware 等，客户端采用 Windows XP 等。局域网采用 IEEE802 协议，互联网采用 OSI，TCP/IP 协议。通过网桥、路由器、网关和集线器等网络设备构成计算机网络。

4. 数据库管理系统的选择

管理信息系统必须有完善的数据库系统支持，数据库管理系统是创建、管理和操纵数据库的基本软件系统，所以在设计计算机网络系统时必须选择合适的网络数据库管理系统。选择数据库管理系统的原则应当是：支持先进的数据处理模式，具有分布处理数据的功能，能够实现多线程查询的联机事务处理能力，同时能够提供良好图形界面的开发工具包，适合待开发项目的、具有较高性价比的系统。其中大型数据库管理系统有：Microsoft SQL Server，Oracle Server，Sybase SQL Server，Informix Server 等，小型的数据库管理系统有：Visual FoxPro，Clipper，Paradox 等。

5.3 数据库设计

管理信息系统中总是需要处理大量的数据资源，这是管理信息系统的基础和核心。为了合理组织并高效存取这些数据，目前的最好方式就是建立数据库系统。在系统总体设计阶段，数据库设计是一项十分重要的内容。

5.3.1 数据模型的基本概念

1. 模型的概念

我们常常会说：“嘿！这个汽车模型太逼真了。”这里说明了两个问题，一是我们看到的不是真实的汽车，二是它真实地反映了真实汽车的属性和特征。

这种对现实世界事物特征的模拟和抽象就是这个事物的模型。人们对现实世界事物的研究，总是通过对它的模型研究实现的。特别是计算机不能直接处理现实世界的具体事物，所以人们必须先把具体事物转换为抽象的模型，进而转换为计算机可以处理的数据，从而以模拟的方式实现对现实世界事物的处理。所以说，在数据库中，数据模型是抽象地表示和处理现实世界中数据的工具。

模型应当满足真实反映现实世界，容易被人理解以及便于在计算机上实现等要求。能够真实地反映（模拟）现实世界是根本要求，但既要容易被人理解又要便于计算机实现就很不容易了。因此信息采用逐步抽象的方法，把数据模型划分为两类，以人的观点模拟现实世界的模型叫做概念模型（或称信息模型），以计算机系统的观点模拟现实世界的模型叫做数据模型。

概念模型和数据模型分属两个层次。为了把现实世界中的具体事物抽象成计算机能够处理的数据和信息，应首先按人们的认识观点将现实世界抽象为属于信息世界的概念模型，然后将概念模型转换为机器（计算机）世界的数据模型。数据模型还可以进一步细分为逻辑数据模型和物理数据模型，它们的层次如图 5—18 所示。

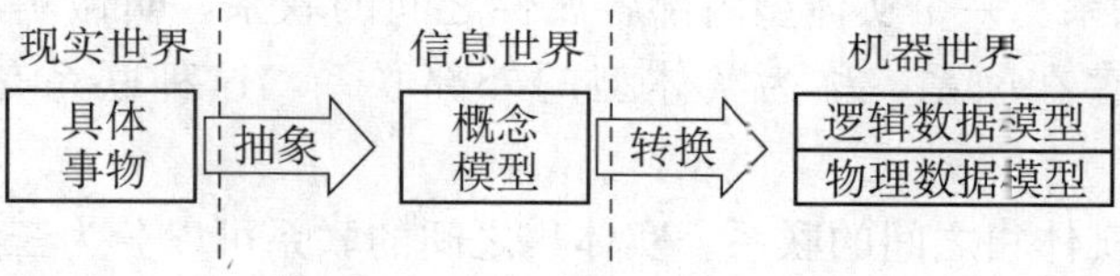

图 5—18　模型的转换

（1）概念模型。概念层次的数据模型简称概念模型。概念模型按用户的观点对现实世界建模，是缺乏计算机知识的基本用户最容易理解的，便于和数据库设计人员进行交流的语言。它独立于任何数据库管理系统，但是又很容易向数据库管理系统支持的逻辑数据模型转换。

（2）逻辑数据模型。它是用户通过数据库管理系统构建的现实世界，描述了数据库数据的整体结构。不同的数据库管理系统提供了不同的逻辑数据模型，如层次模型、网状模型、关系模型等。

（3）物理数据模型。物理数据模型用来描述数据的物理存储结构和存储方法，不但受数据库管理系统控制，而且与计算机存储器、操作系统密切相关。一般用户是看不到物理数据结构的，所以无须过多了解。

2. 概念模型

概念模型也称信息模型。概念模型是从人对现实世界的认识出发，根据建模的需要将具体的事物抽象形成的便于人们理解和研究的模型。

（1）常用术语。

1）实体。客观存在，并且可以互相区别的事物称为实体。它可以是具体的物件，比如：张三、中国人民大学、某一台计算机。也可以是抽象的概念，比如：我国的交通法规。还可以是某种联系，比如：学生的选课、顾客的购物等。

2）属性。实体具有的特性都称为属性。选择的实体属性越多，刻画出的实体越清晰。属性有“型”和“值”的概念，属性的名称（说明）就是属性的“型”；对型的具体赋值就是属性的“值”。比如一个计算机实体可以由编号、品名、规格型号、单价、出厂日期等属性型的序列来描述，每个属性值（1091，台式微机，实达梦飞Ⅱ代，6998.00，2001/5/4）的集合则表征了一个计算机实体的值。

3）码。在众多属性中能够唯一标识（确定）实体的属性或属性组称为实体的码。比如计算机实体的码应当是“编号”属性。

4）域。属性的取值范围称为该属性的域。比如计算机单价属性的域可以是0～20 000。

5）实体型。用实体名及描述它的各属性名，可以刻画出全部同质实体的共同特征和性质，它被称为实体型。比如，计算机（编号、品名、规格型号、单价、出厂日期）就是一个实体型。

6）实体集。某个实体型下的全部实体称为实体集。比如，某单位目前拥有的全部计算机，就是一个计算机实体集。

7）联系。一个实体型内部各属性之间的联系，叫做实体型内部联系。在实体型之间也存在联系，称为实体型的外部联系，这种联系是指不同实体集之间的联系。

（2）实体集之间的联系。实体集之间的联系可以分为三类。

1）一对一联系。当前实体集中的每一个实体，在另一个实体集中最多只能找到一个可以与它相对应的实体；反过来说，在另一个实体集中的每一个实体，也只能在当前实体集中最多找到一个能够与它相对应的实体，那么这两个实体集之间就存在一对一联系，记作1∶1。比如，国家元首和国家的联系就是一对一联系，因为一个国家只能有一位国家元首，而一个人也只能成为一个国家的元首。用图形表示如图5—19（a）所示。

2）一对多联系。当前实体集中的每一个实体，在另一个实体集中可以找到多个能够与它相对应的实体；反过来说，在另一个实体集中的每一个实体，却只能在当前实体集中找到一个能够与它相对应的实体，那么这两个实体集之间就存在一对多联系，记作1∶n。比如，每个教师一般都能开几门课程，若每门课程只能由一个教师开设，那么“教师”和“课程”的联系就是一对多联系。如果反过来看，“课程”和“教师”的联系就是多对一联系了。用图形表示如图5—19（b）所示。

3）多对多联系。当前实体集中的每一个实体，在另一个实体集中可以找到多个与它相对应的实体；反过来说，在另一个实体集中的每一个实体，也能够在当前实体集中找到多个与它相对应的实体，那么这两个实体集之间就存在多对多联系，记作m∶n。比如，在顾客购物的过程中，商品和顾客之间就存在多对多联系，因为每位顾客都可以选购多种不同的商品，同时每种商品有可能被多位顾客所选中。用图形表示如图5—19（c）所示。

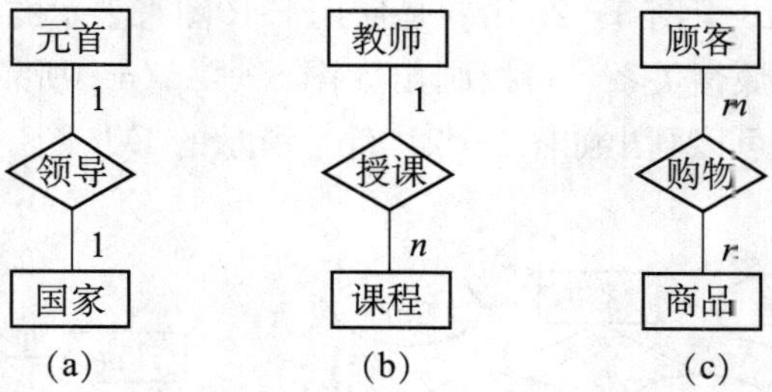

图 5—19 实体间联系示例

实际上一对一联系是一对多联系的特例，而一对多联系又是多对多联系的特例。在实际处理中，总是将两个一对一的实体合并成一个实体，而将一个多对多联系分解为两个一对多联系。比如，增加一个购物“清单”实体集，将所有顾客购买的全部商品信息都集中在这里，所以一张“清单”和所有“顾客”之间就是一对多联系。同样，一张“清单”和全部“商品”之间也是一对多联系。这样，通过“清单”这个新实体的加入，“顾客”和“商品”之间的多对多联系就被分解成了两个一对多联系。在这个转换的过程中，“清单”实体起到了一种纽带的作用，所以就把它叫做纽带实体。

(3) 实体集内部各属性之间的联系。在一个实体集内部也存在一对一、一对多和多对多的联系。比如，在职工实体中，每个职工的编号属性与姓名（假定没有同名同姓）属性之间存在一对一联系，而职务为科长的实体与职务为科员的实体之间存在一对多联系。又如，在职工实体中，因为每个职工可以胜任多个工种，而每个工种又可以为多个职工所掌握，所以它们之间就存在多对多联系。这些对应关系如图 5—20 所示。

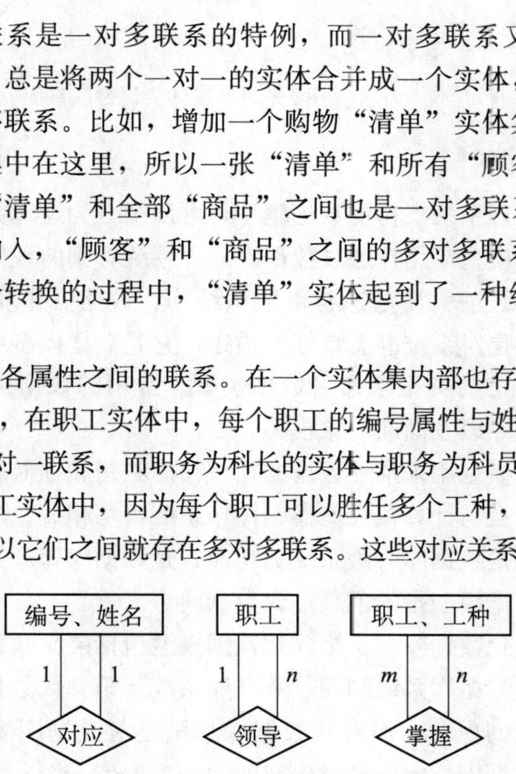

图 5—20 实体集内部联系示例

(4) 概念模型的表示方法。描述概念数据模型的主要工具是 E-R（实体—联系）模型，或者叫做 E-R 图。利用 E-R 图实现概念结构设计的方法就叫做 E-R 方法。

E-R 图主要是由实体、属性和联系三个要素构成的。在 E-R 图中，使用了以下四种基本的图形符号（如表 5—1 所示）。

表 5—1　　　　E-R 模型的图形表示符号

图形符号	含义
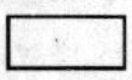	矩形表示实体，框中填写实体名
	菱形表示实体间联系，框中填写联系名
	椭圆形表示实体或联系的属性，圈中填写属性名
—	无向边连接以上三种图形，构成具体概念模型

在图 5—18 至图 5—20 中就是使用 E-R 图来表示的概念模型。又如，要表示一个学生实体的属性关系，可以画出如图 5—21（a）所示的 E-R 图。要表示一个材料供应关系，可以画出如图 5—21（b）所示的 E-R 图。

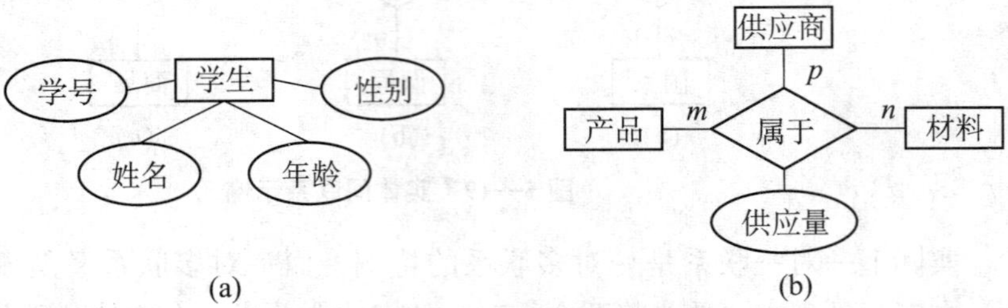

图 5—21 实体、属性联系图

3. 数据模型

数据库管理系统支持的数据模型，可以细分为逻辑数据模型和物理数据模型。

逻辑数据模型是用户通过数据库管理系统看到的现实世界，它描述了数据库数据的整体结构。逻辑模型通常由数据结构、数据操作和数据完整性约束三部分组成。数据结构是对系统静态特性的描述，它是数据模型中最重要的部分，所以人们一般以数据结构的类型来命名数据模型。常用的数据模型有：层次模型、网状模型、关系模型，以及面向对象模型。

物理数据模型用来描述数据的物理存储结构和存储方法。它不但受数据库管理系统控制，而且与计算机存储器、操作系统密切相关。一般用户是看不到物理数据结构的，这些是数据库管理系统的功能，是数据库管理系统的存储模型。所以我们通常所说的数据模型指的就是逻辑数据模型。

（1）格式化数据模型。格式化数据模型包括层次数据模型和网状数据模型，它们构成的层次数据库系统和网状数据库系统是第一代数据库系统。层次数据库系统是数据库系统的先驱，而网状数据库系统是对数据库系统概念、方法和技术的奠基；它们是数据库技术中最早研究的两种数据库系统。

层次模型和网状模型都支持三级模式结构，并通过外模式与模式之间的映射和模式与内模式之间的映射，保证数据库系统具有数据和程序的物理独立性和一定的逻辑独立性。

层次数据库的特点是实体之间按层次关系来定义。实体用记录（类型）表示，实体的属性对应记录的数据项；实体之间的联系用有向边表示。

层次模型以每个实体为结点，有向边的始端结点叫做父（双亲）结点，终端结点叫做子（子女）结点。层次模型像一棵倒置的树，父结点在上，子结点在下，逐层排列。最上层的结点没有双亲，称为根结点；最下层的结点没有子女，称为叶结点。所以层次模型是一种以记录类型为结点的有向树结构。层次模型表示的是从根结点到子结点的一个结点对多个结点，或从子结点到父结点的多个结点对一个结点的数据间的联系（一对多）。图 5—22（a）是层次模型的示意图。

层次模型的主要特征如下：

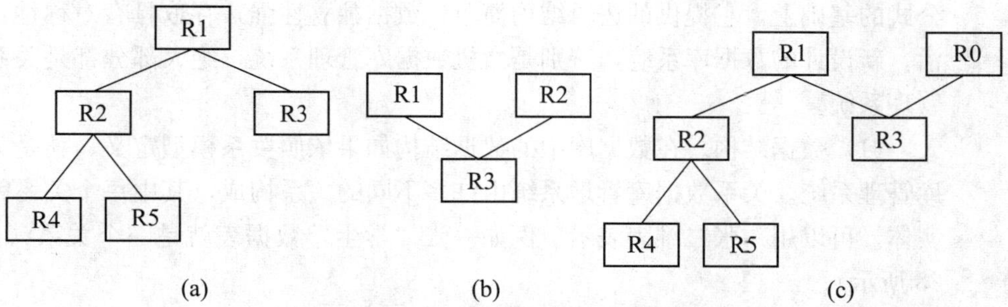

图 5—22　层次模型及网状模型示意图

- 有且仅有一个无双亲的根结点；
- 根结点以外的其他结点，向上仅有一个父结点，向下可有若干子结点。

由于层次模型还不能很好地表达实体间的复杂关系（多对多联系），因此又产生了网状模型，它很好地解决了实体间复杂关系的表达问题，其主要特征如下：

- 允许有一个以上的结点无双亲；
- 至少有一个结点有多个双亲。

网状模型是一种比层次模型更加具有普遍性的结构，它不但忽略了层次模型的两个限制条件，而且允许两个结点之间不受层次的限制实现多种联系。可以说，层次模型仅仅是网状模型的一个特例。图 5—22（b）和图 5—22（c）是网状模型的示意图。

网状模型虽然能够更加直接地描述现实世界，具有较高的存取效率，但是它的结构复杂，并且随着应用环境的扩大会变得越来越复杂，用户掌握和使用都比较困难。同时，格式化模型的特点是通过存取路径来实现记录之间的联系，所以用户必须十分了解系统结构的细节，这导致应用程序的编写也很困难。

（2）关系模型。1970 年，美国 IBM 公司 San Jose 研究室的研究员科德（E. F. Codd）提出了数据库关系模型的理论，首次运用数学方法来研究数据结构和数据操作，将数据库的设计从以经验为主提高到以理论为指导。不仅如此，关系模型以人们经常使用的表格形式作为基本的存储结构，通过相同关键字段实现表格间的数据联系。由于关系模型简单明了、易学易用，因此它从一开始就吸引了公众的注意，成为广大用户特别乐于接受的、最重要的一种数据模型。

（3）面向对象数据模型。与层次、网状、关系等传统的数据模型不同，面向对象数据模型是非传统的数据模型，面向对象数据库系统（OODBS）是面向对象程序设计方法与数据库技术相结合的产物。

面向对象数据库系统支持面向对象数据模型，面向对象数据模型定义的对象集合体就是一个对象库，而面向对象数据库系统是一个持久的、可共享的对象库的存储和管理者。由于到目前为止还缺乏对面向对象数据模型的统一的严格的定义，因此面向对象数据库系统还不存在一个清晰的规范说明。

5.3.2　关系模型与关系数据库

1. 关系模型

关系模型是一种新的数据模型。它建立在严格的数学理论、集合论和谓词演算公式的基础上。它提供的逻辑结构简单，数据独立性强，存取具有对称性，操作灵活。新设计的数据库系统，特别是微机数据库管理系统，绝大部分都是关系数据库管理系统。

（1）数据结构。在数据库中的数据结构如果依照关系模型定义，就是关系数据库管理系统。关系数据库管理系统由许多不同的关系构成，其中每个关系就是一个实体，可以用一张二维表表示。例如一张“学生”数据表就是一个关系（如图5—23所示）。

框架 属性名 属性值 元组

系别	专业号	专业	姓名	性别	年龄	学号
财经系	05	财经	张三	男	19	100215
信息系	10	信息管理	李四	女	20	100078
国经系	23	国际贸易	王五	女	20	120123
计算机系	07	软件工程	赵六	男	21	112333

图5—23 关系二维表

关系二维表中的术语含义如下：

- 关系（relation）：一张二维表对应一个关系；
- 属性（attribute）：表中每一列叫做一个属性，属性有名和值的区别；
- 元组（tople）：由属性值组成的每一行叫做一个元组（记录）；
- 框架（framework）：由属性名组成的表头称为框架（关系型）；
- 域（domain）：每个属性的取值范围；
- 候选码（candidate key）：可以唯一地确定一个元组的属性或属性组（可简称码），比如表中的“姓名”属性；
- 主码（primary key）：一个关系中往往会有多个候选码，可以指定一个为主码；
- 主属性（primary attribute）：可以作为候选码的属性也叫主属性；
- 非主属性（non-key attribute）：不能作为候选码的属性叫做非主属性；
- 外部码（foreign key）：如果属性（或属性组）X不是当前关系的码，却是另一个关系的码，则称属性X是当前关系的外部码，简称外码；
- 参照关系（referencing relation）：外码所在的关系叫做参照关系；
- 被参照关系（referenced relation）：主码与另一个关系的外码相对应的关系叫做该外码的被参照关系，或叫做目标关系（target relation）。

对一个关系的描述可以称为一个关系模式，常常记作：

关系名（属性1，属性2，属性3，…，属性n）

比如图5—23中的学生关系可以记作：

学生（系别，专业号，专业，姓名，性别，年龄，学号）

在关系模型中，不但实体用关系表示，而且实体之间的联系也用关系来表示。比如图 5—19 中的“顾客”和“商品”之间的多对多联系，在关系模型中可以表示为如下关系模式：

顾客（顾客号，姓名，性别）
商品（商品号，商品名，单价）
清单（顾客号，商品号，数量）

（2）关系模型的基本要求。关系模型要求关系必须是规范化的，也就是要求每个关系必须满足一定的条件。

其中最基本的一条就是，关系中的每个分量必须是不可再分的基本项，换句话说，就是在一张表中不能嵌套另一张表。并不是所有平面表格都可以满足关系的这个约束条件。比如，图 5—24 显示的两张平面表格就不是关系二维表。

<table>
<tr><th colspan="2">所在单位</th><th rowspan="2">姓名</th><th rowspan="2">性别</th><th rowspan="2">年龄</th></tr>
<tr><th>系别</th><th>专业</th></tr>
<tr><td>计算机系</td><td>软件工程</td><td>张三</td><td>男</td><td>20</td></tr>
<tr><td>会计系</td><td>会计</td><td>王小小</td><td>女</td><td>19</td></tr>
<tr><td>工商学院</td><td>企业管理</td><td>李四</td><td>男</td><td>21</td></tr>
</table>

<table>
<tr><td>单位</td><td colspan="3">中国人民大学</td></tr>
<tr><td>姓名</td><td>王五</td><td>电话</td><td>62510000</td></tr>
<tr><td>通讯地址</td><td colspan="3">北京市中关村大街 59 号</td></tr>
</table>

图 5—24　不规范的关系示例

作为一个关系模型，必须具备以下基本约束条件：

- 表格中的每一数据项不可再分，是最基本的单位；
- 每一列数据有相同的类型，叫做属性。各列都有唯一的属性名和不同的属性值，列数可根据需要而设定；
- 每列的顺序是任意的；
- 每一行数据是一个实体诸多属性值的集合，叫做元组。一个表格中不允许有完全相同的元组出现；
- 各行的顺序可以是任意的。

2. 关系的完整性

关系数据库中的数据需要不断更新。为了使数据与现实世界保持一致，就必须对关系数据库加以约束，关系模型的完整性规则就是这样的约束条件。具体地说，关系模型一般有三类完整性约束条件，分别是：实体完整性、参照完整性和用户定义完整性。其中实体完整性和参照完整性是关系模型必须满足的完整性约束条件，应当由关系系统自动支持。

（1）实体完整性。实体完整性规则：关系中的主属性不能取空值（null）。

这就是说，实体完整性规则规定，关系中包括主码在内的所有主属性都不能取空值。因为一旦主属性中出现空值，关系中必然会存在某个不可识别的实体，这就违反了对实体的定义。例如：

学生关系：学生（系别，专业号，专业，姓名，性别，年龄，学号）

其中“姓名”和“学号”为主属性，所以这两个属性值就都不允许取空值。

（2）参照完整性。参照完整性规则：若参照关系中的外码与目标关系中的主码相对应，则参照关系中每个元组在外码上的每个属性值必须为空值，或者等于目标关系中某个元组的主码值。参照关系和被参照关系可以是同一个关系。例如：

专业关系：专业（专业号，专业）

在学生关系和专业关系之间存在联系，这种联系是通过属性“专业号”引用的。显然学生关系引用了专业关系的主码“专业号”，所以学生关系中“专业号”的属性值必须是在专业关系中存在的专业和专业号。也就是说学生关系中外码必须参照专业关系中主码的属性取值。当然学生关系的外码“专业号”取空值也是可以的，这表示还没有给该学生分配专业。

（3）用户定义的完整性。用户定义的完整性就是由用户根据具体的应用环境，为某个关系数据库设定非约束条件。比如对学生关系，可能要求其“年龄”值在16～25之间；“学号”值必须由数字组成等。但关键是关系模型应当提供定义和检验这类完整性的机制，以便用统一的系统方法处理这类约束条件，而不是要求应用程序完成这个任务。

3. 关系操作

关系数据模型的理论基础是集合论，每一个关系就是一个笛卡尔积的子集。在关系数据库系统中，对数据的各种处理都是以传统集合运算和专门的关系运算为根据的。

（1）传统集合运算。传统的集合运算有并、交、差三种，可以用图5—25表示。其中每个圆形表示一个关系，R和S分别为关系名。图5—25（a）中的一组关系是“并”运算的情况，运算结果是所有元组的集合。

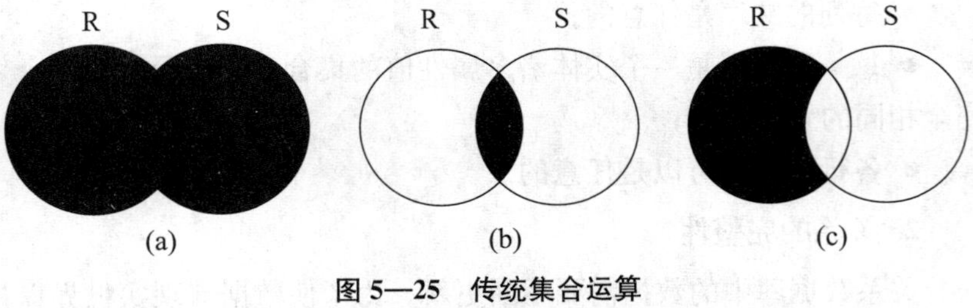

图5—25 传统集合运算

比如，有两个班级的课程表如表5—2和表5—3所示。

表5—2 **一班课程表**

时间	地点	课程名
周一	1201	会计学
周三	3502	英语

续前表

时间	地点	课程名
周二	球场	体育
周四	2120	计算机
周二	3305	生产管理
周五	2316	产业经济

表 5—3　　**二班课程表**

时间	地点	课程名
周四	2120	计算机
周一	2110	商品学
周三	3502	英语
周二	球场	体育

为了统计两个班一周内的开课情况，可将两表用“并”运算合并成一张表（如表 5—4 所示）。

表 5—4　　**一班、二班一周内开课情况**

时间	地点	课程名
周一	1201	会计学
周三	3502	英语
周二	球场	体育
周四	2120	计算机
周二	3305	生产管理
周五	2316	产业经济
周一	2110	商品学

图 5—25（b）的一组关系是“交”运算的情况，运算结果是两个关系中所有重复元组的集合。比如，表 5—2 和表 5—3 的“交”运算结果如表 5—5 所示。

表 5—5　　**一班、二班一周内合上课程表**

时间	地点	课程名
周四	2120	计算机
周三	3502	英语
周二	球场	体育

图 5—25（c）的一组关系是“差”运算的情况，运算结果是两个关系中除去重复的元组后，R 关系中所有元组的集合。比如，表 5—2 和表 5—3 的“差”运算结果如表 5—6 所示。

表 5—6　　**一班一周单独开设课程表**

时间	地点	课程名
周一	1201	会计学
周二	3305	生产管理
周五	2316	产业经济

（2）专门的关系运算。专门的关系运算主要有选择（筛选）、投影和连接三种。选择运算是对关系表中元组（行）的操作，操作结果是找出满足条件的元组。比如，要找出表5—3中所有在周一开设的课程，可以对此关系表进行选择运算，条件是：

```
时间 IN("周一")
```

用SQL语言写出选择命令（若关系名为KB）可以是：

```
SELECT * FROM KB WHERE 时间 IN("周一")
```

或者用FoxPro的命令语句写成以下两条命令：

```
USE KB
LIST FOR "周一" $ 时间
```

或者

```
DISPLAY ALL FOR "周一" $ 时间
```

选择操作的结果如表5—7所示。

表5—7　　周一开设的课程

时间	地点	课程名
周一	1201	会计学
周一	2110	商品学

投影运算是对关系表中属性（列）的操作，操作结果是找出关系中指定属性全部值的子集。比如，对表5—7的关系进行投影，只保留"地点"和"课程名"两个属性，SQL语言的操作命令可以是：

```
SELECT 地点,课程名 FROM KB WHERE 时间 IN("周一")
```

或者用FoxPro的命令语句写成以下两条命令：

```
USE KB
LIST FIELDS 地点,课程名 FOR "周一" $ 时间
```

选择操作的结果如表5—8所示。实际上，选择运算和投影运算可以同时用一条命令实现。

表5—8　　投影运算示例

地点	课程名
1201	会计学
2110	商品学

连接运算是对两个关系的运算，操作结果是找出满足连接条件的所有元组，并且拼接成一个新的关系。

完善的关系数据库管理系统以数据操纵语言，或者结构化查询语言（SQL）来实现各种关系运算。

5.3.3 数据库的安全性

具有防止因非法用户的闯入，及合法用户的非法使用造成数据泄露、更改或破坏的功能是数据库必须具备的安全性。它与数据完整性是两个不同的概念，安全性是防范非法用户及非法操作，完整性是防范使用不合语义的数据。

安全性问题存在于包括数据库系统、计算机系统在内的各种系统中，在数据库系统中特别强调这个问题，是因为数据库最重要的特点就是数据共享。我们知道，数据库中往往存放了大量的数据，而且会为众多的用户共享使用。很多数据都是非常重要的、机密的、或者涉及大量隐私的，如果数据库的安全性没有保障，将会给用户造成巨大的损失，并严重制约数据库的应用。

一般来说，为了保证整个系统的安全性，建立在计算机系统中的数据库系统的安全措施是层层设置的。用户在开机进入计算机系统时，首先要进行身份验证；合法用户进入计算机系统后，数据库系统还要进行用户身份验证，并进行存取控制；最后，对于数据库中的数据还要加密保存。

对于数据库系统来说，常用的安全措施主要是身份验证和存取控制。

1. 身份验证

用户身份的验证一般需要分两步实现。

(1) 输入用户名或用户标识号作为用户身份，比对内部保存的合法用户记录，核实正确则可以进入下一步的验证，否则不能使用计算机。

(2) 系统核对用户输入的口令，以口令的正确与否最后确认用户的身份。为了防止口令泄露，用户输入的口令码不会直接显示。

但是口令仍然容易被别人窃取，所以有的系统会为用户提供一个随机数，并使用事先约定的某个过程或函数进行计算，最后根据计算结果进一步验证用户身份。

2. 存取控制

即使是通过了身份验证的合法用户也只能存取与自己相关的数据，也就是只能访问事先为他定义好权限的那些数据，所以必须事先为每个用户定义好访问权限。访问权限由两个要素构成，一个是数据对象，另一个是操作类型。定义用户的访问权限就是要设置他可以在哪些数据对象上进行哪些类型的操作。

在关系数据库中，数据对象主要有两类，第一类是表、字段（列）等，第二类是外模式、模式和内模式。用户不但可以控制第一类数据对象，而且经过 DBA 授权后，也可以控制第二类数据对象，可以创建库、表、索引和视图。

在数据库系统中，定义用户访问权限叫做授权。系统将这些授权定义经过编译以后存放在数据字典中。每当用户发出存取数据库的请求时，数据库管理系统就会去查找数据字典，并根据数据字典中保存的用户权限进行合法性检查。如果用户的请求超出了他的权限，系统将拒绝执行其请求。

5.3.4 数据库设计的要求和步骤

1. 数据库设计的要求

数据库设计的目标是建立一个合适的数据模型，这个数据模型应当做到以下几点。

（1）满足用户要求：既能合理地组织用户需要的所有数据，又能支持用户对数据的所有处理功能。

（2）满足数据库管理系统的要求：能够在数据库管理系统中实现。

（3）具有较高的范式：数据完整性好、效益高，便于理解和维护，没有数据冲突。

2. 数据库设计的步骤

数据库设计可以分为概念结构设计、逻辑结构设计和物理结构设计三个阶段。

（1）概念结构设计。这是数据库设计的第一个阶段。在管理信息系统的分析阶段，我们已经得到了系统的数据流程图和数据字典，现在就是要结合数据规范化的理论，用一种数据模型将用户的数据需求明确地表示出来。

在本章第一节我们已经了解到，概念数据模型是按人们的认识观点从现实世界中抽象出来的，属于信息世界的模型。概念数据模型是面向问题的模型，反映了用户的现实工作环境，与数据库的具体实现技术无关。因此，一方面，缺乏计算机和数据库知识的管理人员很容易理解，便于和数据库设计人员协商、交流；另一方面，概念数据模型又很容易向逻辑数据模型转换，便于进一步设计数据库。建立系统概念数据模型的过程叫做概念结构设计。

（2）逻辑结构设计。这是数据库设计的第二个阶段。这个阶段就是要根据已经建立的概念数据模型，以及所采用的某个数据库管理系统软件的数据模型特性，按一定的转换规则，把概念模型转换为这个数据库管理系统所能够接受的逻辑数据模型的过程。

在第一节我们已经了解到，逻辑数据模型是用户通过数据库管理系统构建的现实世界，它描述了数据库数据的整体结构。不同的数据库管理系统提供了不同的逻辑数据模型，如层次模型、网状模型、关系模型等。

（3）物理结构设计。这是数据库设计的最后阶段，为一个确定的逻辑数据模型选择一个最适合应用要求的物理结构的过程，就叫做数据库的物理结构设计。数据库在物理设备上的存储结构和存取方法称为数据库的物理数据模型。

在第一节我们已经了解到，物理数据模型用来描述数据的物理存储结构和存储方法。它不但受数据库管理系统控制，而且与计算机存储器、操作系统密切相关。作为一般的用户，在数据库设计时不需要过多地考虑物理结构，所选定的数据库管理系统总会自动地加以处理，用户只需要选择合适的数据库管理系统，以及用该数据库管理系统提供的语句命令实现数据库。

5.3.5　概念结构设计

描述概念数据模型的主要工具是 E-R（实体—联系）模型，或者叫做 E-R 图。利用 E-R 图实现概念结构设计的方法就叫做 E-R 方法。

1. 概念模型的表示方法

E-R 图主要是由实体、属性和联系三个要素构成的。在本章第一节我们已经对这三个概念进行过详细的描述，为了节约篇幅这旦不再赘述。在 E-R 图中使用了四种基本的图形符号（见表 5—1）。

2. 确定系统实体、属性及联系

设计管理信息系统的数据库概念结构，首先要利用系统分析阶段建立的数据字典，并对照数据流程图对系统中的各个数据项进行分类、组织，确定系统中的实体、实体的属性、标识实体的码，以及实体之间联系的类型。

例如，要建立一个酒店管理系统，假定要求该系统具有如下主要功能。

- 登记客人的基本信息，进行客房分配，建立客人账单和客人数据文件；
- 计算客人的娱乐餐饮消费；
- 计算客人的总消费金额，以便结账处理；
- 能够记录所有离开客人的历史信息，并打印报表。

（1）数据流程图。利用系统分析的工具可以画出该系统的数据流程图（如图 5—26 所示）。

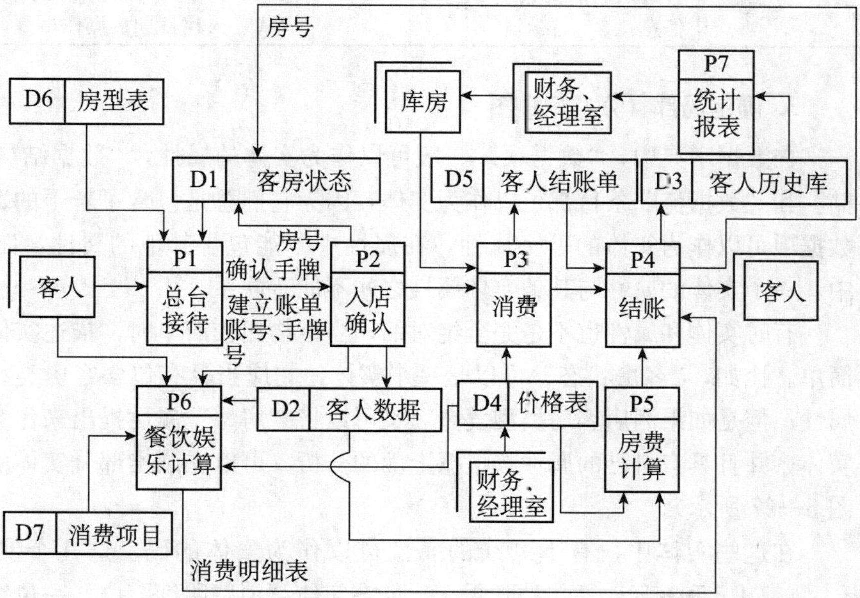

图 5—26　酒店管理系统数据流程图

（2）数据字典。系统数据字典的部分内容如表 5—9 和表 5—10 所示。

表 5—9　　酒店管理系统数据字典（1）

条目	名称	编号	说明	来源	去向	组成	数据量	存取频度	存取方式
数据存储	客人数据	D2	所有客人信息	P2	P5，P6	手牌号、姓名、性别、证件名、证件号、单位名、电话……	500	不定期	自动
数据存储	客房状态	D1	客房状态表	P2，P4	P1	房号、编码、楼层、状态、已选中、已清理	500	不定期	自动
数据存储	客人结账单	D5	离店客人的结算清单	P3	P4	账单号、手牌号、房费、娱乐服务费、总金额、打折、应付款、收银员、日期	50	不定期	自动键入
数据存储	价格表	D4	酒店各种价格	财务、经理室	P3，P5，P6	编号、名称、类型、细目、单价	1 000	固定	键入
数据存储	房型表	D6	定义房屋类型		P1	编码、分类、普通价、长包价、优惠价	30	固定	键入
数据存储	消费项目	D7	消费项目信息		P6	代码、类型、项目名、价格、计量单位	100	固定	键入
数据存储	客人历史库	D3	已离店客人信息	P4	P7	账单号、姓名、性别、总金额、打折、实付款、离开日期、说明	50	不定期	自动

表 5—10　　酒店管理系统数据字典（2）

条目	名称	说明	来源	去向	组成	数据流量
数据流	消费明细	每位客人的每次消费信息	P6	P4	手牌号、代码、类别、数量、金额	100/天
数据流	账单	客人入店的初始信息	P1	P2	账单号、手牌号、押金、结算方式、入住日期、操作员	30/天

3. 确定局部（分）E-R 图

在数据字典中，“数据项”一般可以作为实体的属性，“数据结构”、“数据存储”和“数据流”条目都可以作为实体，因为它们总是包含了若干的数据项。每个数据项可以作为实体的一个属性，在属性中不能包含其他的属性，而且在 E-R 图中，一个实体的属性与其他实体属性之间不能有联系。

有时实体和属性也不是完全绝对的，当事物比较简单时，描述实体也可以比较简单。比如，“客房状态”可以是一个实体，它应当具有包含客房类型在内的若干属性；但是如果酒店客房类型复杂，又可以将“房型”属性提出来作为一个独立的实体，并且具有自己的属性。根据上面的分析，可以先画出部分实体的属性图（如图 5—27 所示）。

在这些实体中，有下划线的属性可以作为实体的码，这几个实体之间存在 1∶1，1∶n 和 m∶n 等几种联系，比如在实体“消费明细”中，一位客人可以在实体“消费项目”中选择多项消费；相反实体“消费项目”中的一种项目也可以被实体“消费明细”中的多个客人选择。所以这两个实体之间存在多对多联系，可以画出 E-R 图（如图 5—28 所示）。

“客人数据”实体中的每位客人都必须有唯一的账单，同样“账单”实体中的

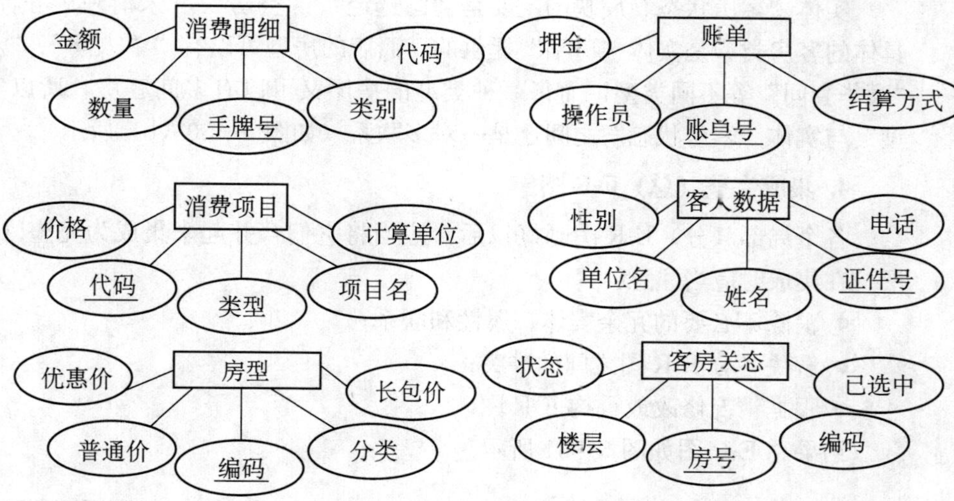

图 5—27　部分实体的属性图

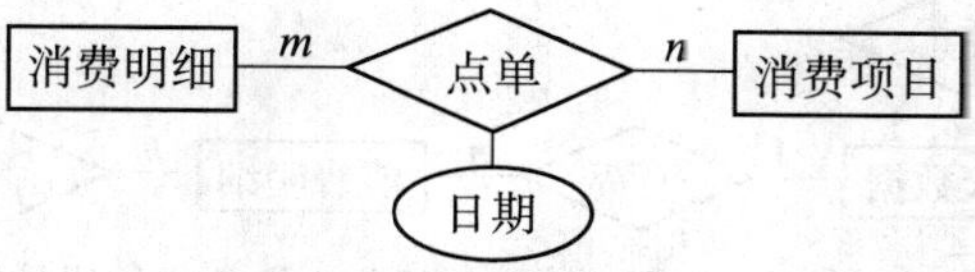

图 5—28　消费明细属性图

每一份账单只能唯一地对应一位客人，所以这两个实体之间的联系是一对一联系。可以画出如图 5—29（a）所示的局部 E-R 图。

如果假定客人必须开房间，而不能只开床位，那么客人入住建立账单时，房间与客人必然是一一对应的，所以“账单”实体和“客房状态”实体之间也是一对一联系（如图 5—29（b）所示）。

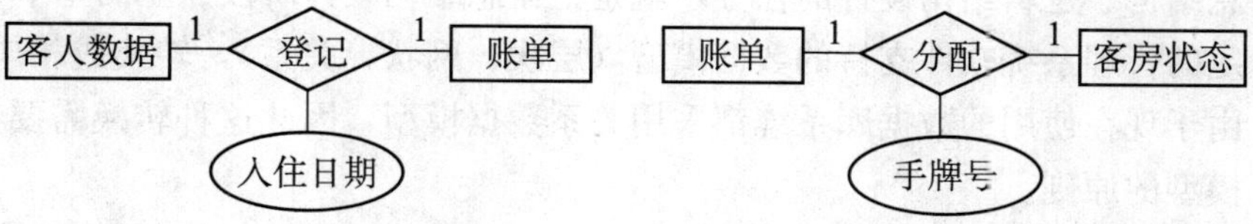

(a)　(b)

图 5—29　客人数据与账单属性图

“客人数据”实体中的每个客人，在“消费明细”实体中可以有多条消费记录，而每条消费记录只能由一个客人付费，所以“客人数据”实体与“消费明细”实体之间存在一对多联系（如图 5—30（a）所示）。

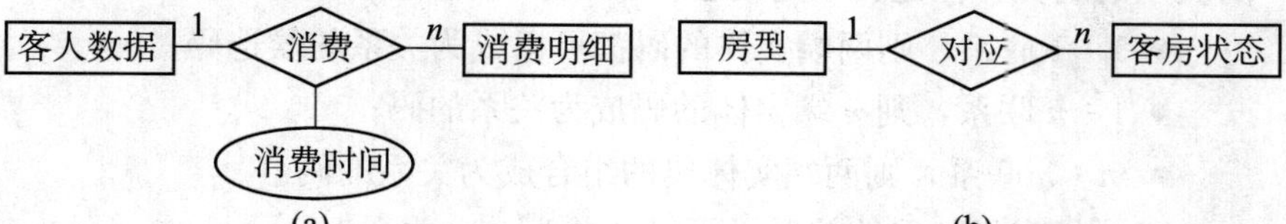

(a)　(b)

图 5—30　客人数据与房型属性图

实体“客房状态”反映的主要是“已选定”、“空房”、“未清理”等客房状态，具体的客房类型是实体“房型”提供的。酒店的房型可以有“单人间”、“双人间”、“豪华套间”等不同类型，而每一种类型的房屋又可以有多间客房，所以实体“房型”与实体“客房状态”之间还是一对多联系（如图5—30（b）所示）。

4. 集成完整（总）E-R图

各个局部（分）E-R图画好以后，应当将它们合并起来集成为完整（总）E-R图。在集成时应当注意：

- 消除不必要的冗余实体、属性和联系；
- 解决各分E-R图之间的冲突；
- 根据情况修改或重构E-R图。

结果总E-R图如图5—31所示。

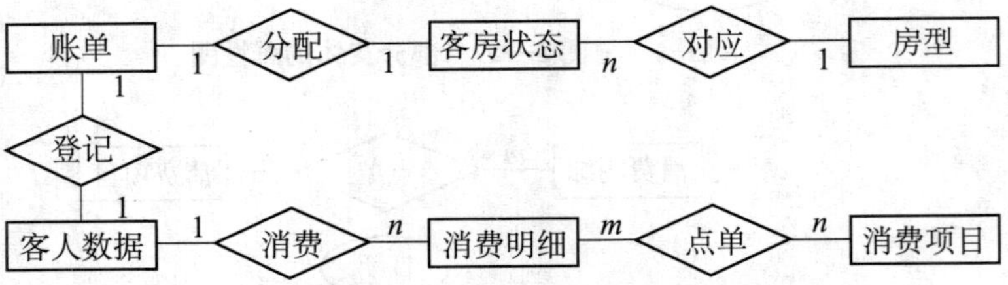

图5—31 部分实体集成的属性图

在六个实体之间产生了五个联系，每个联系的属性包括联系自己的属性及两端实体的码。如“消费”联系的属性是手牌号、证件号、消费时间。

5.3.6 逻辑结构设计

概念结构可以用E-R模型清楚地表示出来，它是独立于任何一种数据模型的信息结构。逻辑结构设计的任务，就是把概念结构设计阶段建立的基本E-R图，按选定的管理系统软件支持的数据模型（层次、网状、关系），转换成相应的逻辑模型。由于现在使用的数据库系统都采用关系数据模型，因此这种转换需要符合关系数据模型的原则。

E-R图向关系模型的转换要解决的问题是：如何将实体和实体间的联系转换为关系，并确定这些关系的属性和码。这种转换一般按以下原则进行。

（1）一个实体转换为一个关系。实体的属性就是关系的属性，实体的码就是关系的码。

（2）一个联系也转换为一个关系。联系的属性及联系所连接的实体的码都转换为关系的属性，但是关系的码会根据联系的类型变化，具体原则如下。

- 1∶1联系，则两端实体的码都可以成为关系的候选码；
- 1∶n联系，则n端实体的码成为关系的码；
- m∶n联系，则两端实体码的组合成为关系的码。

（3）具有相同码的关系。可以合并为一个关系。

1. 转换关系

遵循这样的原则，图 5—31 的 E-R 图将转换为下列关系。

首先将六个实体转换为六个关系：

客人数据（证件号，姓名，性别，单位名，电话……）
消费明细（手牌号，代码，类别，金额，数量……）
消费项目（代码，类型，项目名，价格，计量单位……）
账单（账单号，押金，结算方式，操作员……）
客房状态（房号，编码，楼层，状态，已选中……）
房型（编码，分类，普通价，长包价，优惠价……）

每个关系的码分别是用下划线标识的属性。再将五个联系转换为关系：

消费（消费时间，证件号，手牌号）
点单（日期，代码，手牌号）
分配（手牌号，账单号，房号）
登记（入住日期，证件号，账单号）
对应（房号，编码）

2. 合并关系

将“客人数据”与“登记”合并，“消费明细”与“消费”合并，“客房状态”与“对应”及“分配”合并。

客人登记（证件号，姓名，性别，单位名，电话，账单号，入住日期……）
消费明细（手牌号，代码，类别，金额，数量，证件号，消费时间……）
客房分配（房号，编码，楼层，状态，已选中，手牌号，账单号……）

最后得到的七个关系如下：

- 消费项目（代码，类型，项目名，价格，计量单位……）；
- 账单（账单号，押金，结算方式，操作员……）；
- 房型（编码，分类，普通价，长包价，优惠价……）；
- 客人登记（证件号，姓名，性别，单位名，电话，账单号，入住日期……）；
- 消费明细（手牌号，代码，类别，金额，数量，证件号，消费时间……）；
- 客房分配（房号，编码，楼层，状态，已选中，手牌号，账单号……）；
- 点单（代码，手牌号，日期）。

数据库逻辑模型的设计结果可以是不同形式的，为了进一步提高数据库应用系统的性能，还应当根据需要适当调整、修改数据模型的结构，对数据模型进行优化。关系数据模型的优化是采用规范化理论实现的。将概念模型转换为全局逻辑模型以后，还应当根据用户的局部需要，结合所使用的数据库管理系统软件的特点，设计用户的局部逻辑模式。

数据字典中描述的数据结构、数据流、数据存储等条目都是由若干数据项组成的，要使这些数据项以最优的方式组织起来，就要用到数据规范化的理论。同样，在逻辑结构设计的过程中，为了提高数据库应用系统的性能，也需要使用数据规范化理论来优化逻辑数据模型。本书暂不讨论数据规范化的问题。

5.4 数据库的物理实现

数据库设计的最后阶段是确定数据库在物理设备上的存储结构和存取方法，也就是设计数据库的物理数据模型。物理数据模型不但受数据库管理系统的控制，而且与计算机存储器、操作系统密切相关，所以这是一项相当复杂的设计工作。但是作为一般的用户，特别是微机用户，在数据库设计时不需要考虑数据库的物理结构，只要选定一种数据库管理系统（如 SQL Server 或 Visual FoxPro 等），利用软件系统提供的语句命令，就可以根据数据库逻辑模型完成数据库的物理实现。

目前比较流行的 SQL Server 关系型数据库管理系统，是纯粹的 SQL 语言开发软件，它提供的是 T-SQL（Transact SQL）语言，能够与标准 ANSI92 SQL 语言完全兼容，并且进行了扩充，还能够提供程序结构语句。但是它毕竟是一个基于客户机/服务器模式的大型数据库管理系统，虽然对于数据库的管理和操纵功能强大，但是没有提供客户端用户界面的创建功能。所以客户端的用户界面一般仍需要诸如 Visual Basic、PowerBuilder 等前端软件的支持。而 Visual FoxPro 虽然比较简陋，也比较落后，但是它操作简单、有比较多的用户群。它既提供了基本的 SQL 语句，又具有用户界面及程序结构语句，容易实现教学实践环境。同时它也可以作为 SQL Server 的前端软件来开发客户端的操作界面。

本书将主要通过 SQL Server 2000 以及 Visual FoxPro 6.0 数据库管理系统的 SQL 语言来介绍创建、操纵和管理数据库的基本命令和方法。

5.4.1 基本数据元素

1. 数据库和数据表

关系数据库管理系统所管理的数据都是依照关系模型进行存储的，因此其数据库为关系数据库。在关系数据库中，每个数据节点相当于一个二维表。一个关系数据库由若干按关系模型设计的二维表组成。在关系数据库中，每一个数据表都具有相对的独立性，这一独立性的唯一标志是数据表的名字，称为表文件名。同时，数据表之间又是相互关联的，这种相关性是数据库通过独立的数据表内部具有的相同属性字段建立的。

一个关系数据库由若干数据表组成，每一个数据表又由若干记录组成，而每一个记录是由若干以字段属性加以分类的基本数据项组成的。关于关系模型、SQL Server 及 Visual FoxPro 数据表的术语请看表 5—11 的对照。

表 5—11　　术语对应表

关系模型	SQL Server 2000	Visual FoxPro
关系	表	数据表（表）
元组	行	记录
属性	列	字段
框架	结构	结构
主码	主键	主索引
候选码	键	候选索引

关系数据库是支持关系模型的数据库，一个关系数据库中包含了若干关系。一般的 SQL 数据库是基本表的汇集，包含了基本表、视图和索引等。在 SQL Server 2000 中关系数据库以文件的形式存放在计算机外存储器中，其文件扩展名是 MDF。数据库文件主要有主数据库文件、其他数据文件和事务日志文件三类。在数据库中包含了表、视图、存储过程、触发器、用户自定义数据类型、用户自定义函数、索引、规则、默认值等。

在 Visual FoxPro 中，数据库也作为一个文件存放在计算机外存储器中，其文件扩展名是 DBC。在数据库中不能直接存放任何用户数据，它只负责组织和管理。其中包含数据表、视图、存储过程、触发器、索引等，并且建立了数据字典和数据安全保护。

2. 数据类型

数据是反映客观事物属性的记录。描述事物属性会用到不同类型的数据。数据可以分为数值型和字符型两种基本类型。数据类型一旦被定义，就确定了它的存储方式和使用方式。

先介绍 SQL Server 2000 的数据类型。在定义表时要对每一列定义数据类型，这是列的属性，它决定了在表中这一列可以存放哪些数据。在 SQL Server 2000 表中各列的数据类型可以是：

（1）字符型。

1）CHAR：按固定长度存放字符，每个字符占 1 个字节，用 CHAR（n）的形式定义，n 的范围是 1～8 000。

2）VARCHAR：与 CHAR 类似，但不按固定长度存放字符，最多可存放 8 000个字符，用 VARCHAR（n）的形式定义。

3）NCHAR：与 CHAR 相同，但每个字符占 2 个字节，所以最多可存放4 000 个字符。

4）NVARCHAR：与 VARCHAR 相同，但每个字符占 2 个字节，所以最多可存放4 000个字符。

（2）整型。用来存放整数，有四种定义方式。

1）INT：存放$-2^{31}\sim2^{31}-1$之间的整数，一个整数占 4 个字节。

2）SMALLINT：存放$-2^{15}\sim2^{15}-1$之间的整数，一个整数占 2 个字节。

3）TINYINT：存放 0～255 之间的正整数，一个整数占 1 个字节。

4）BIGINT：存放$-2^{63}\sim2^{63}-1$之间的整数，一个整数占8个字节。

（3）浮点数型。用来存放实数，有三种定义方式。

1）REAL：一个浮点数占4个字节，范围是$-3.4\times10^{38}\sim3.4\times10^{38}$，最大精度为7位。

2）FLOAT：默认为8个字节的浮点数，范围是$-1.79\times10^{38}\sim1.79\times10^{38}$，可以用FLOAT（$n$）的形式定义，$n$的范围是1～53；若$n<7$时就是一个REAL数，当$n>7$时是长浮点数，占8个字节，最大精度为15位。

3）DECIMAL和NUMERIC：这两个是同义的，一般使用DECIMAL，并且可以简写为DEC。可以用DEC（p，s）的形式定义，范围是$-10^{38}-1\sim10^{38}-1$，用2～17个字节存放，最大精度为38位。其中p表示精度位数（1～38），s表示小数位数（0～p）。

（4）日期时间型。存放日期和时间信息，有两种形式。

1）DATETIME：日期和时间混合存放，范围是1753年1月1日0时～9999年12月31日23时59分59秒。数据占8个字节的空间。

2）SMALLDATETIME：只占用4个字节存放数据，范围是1900年1月1日～2079年6月6日，精确到分。

（5）货币型。专门用于货币数据处理，有两种形式。

1）MONEY：按整数4个字节小数4个字节的形式存放数据，范围是$-2^{63}\sim2^{63}-1$，可精确到万分之一。

2）SMALLMONEY：按整数2个字节小数2个字节的形式存放数据，范围是－214 748.364 8～214 748.364 7，可精确到万分之一。

（6）二进制数。就是用十六进制表示的数据，比如十进制数245可以用十六进制F5表示。包括BINARY固定长度和VARBINARY可变长度两种定义类型。

（7）文本和图形型。

1）TEXT：存放大文本数据，其范围可在$1\sim2^{31}-1$个字符之间。定义时不用指定数据长度，系统自动分配空间。

2）NTEXT：与TEXT相同，但是每个字符占2个字节。定义时不用指定数据长度，系统自动分配空间。其范围可在$1\sim2^{30}-1$个字符之间。

3）IMAGE：用于存放照片、目录图片或图画等，理论上可存储$2^{31}-1$个字节。

（8）特殊类型。

1）TIMESTAMP：叫做时间戳类型。是系统自动记录表中数据修改时间顺序用的，相当于一个单调上升的计数器。

2）UNIQUEIDENTIFIER：称为全局标识代码，存放一个16位的二进制数（GUID）。它由网络适配器地址和CPU时钟产生，可保证在全球范围内每一台计算机的GUID都不相同。

（9）自定义数据类型。SQL Server 2000允许用户自定义数据类型。

下面介绍Visual FoxPro 6.0的数据类型。Visual FoxPro中的数据类型比SQL

Server 2000 的简单，而且已经基本上被其包含。数据表中字段的数据类型可以用字母 C、D、T、N、Y、L、M、G 表示。

（1）字符型。字符型数据（C）描述不具有计算能力的文字数据，可由汉字和 ASCⅡ代码表中可打印字符（英文字符、数字字符、空格及其他专用字符）组成。长度范围是 0～254 个字符，使用时必须用定界符双引号（"　"）或单引号（'　'）或方括号（[　]）括起来定界。

（2）数值型。数值型数据是描述数量的数据类型，允许进行各种数值计算。又可细分为以下五种类型：

● 数值型（N）：由数字（0～9）、小数点和正负号组成。最大长度为 20 位（包括正负号和小数点）。

● 浮点型（N）：是数值型数据的一种，与数值型数据完全等价。浮点型数据只是在存储形式上采取浮点格式。

● 双精度型（N）：是更高精度的数值型数据。它只用于数据表中的字段类型的定义，并采用固定长度浮点格式存储。

● 整型（N）：是不包含小数点部分的数值型数据。它只用于数据表中的字段类型的定义。整型数据以二进制形式存储。

● 货币型（Y）：是货币单位数值型数据。它以 $ 开头，四舍五入保留 4 位小数。

（3）日期型。日期型数据（D）是用于表示日期的数据，用默认格式｛mm/dd/yyyy｝来表示。其中 mm 代表月，dd 代表日，yyyy 代表年，长度固定为 8 位。

（4）日期时间型。日期时间型数据（T）是描述日期和时间的数据，其默认格式为｛mm/dd/yyyy hh [：mm [：ss]] [A | P]｝。其中 yyyy 代表年，前面的 mm 代表月，dd 代表日，hh 代表小时，后面的 mm 代表分钟，ss 代表秒，A 表示上午，P 表示下午，长度固定为 8 位。

（5）逻辑型。逻辑型数据（L）是描述客观事物真假的数据，用于表示逻辑判断结果。只有真（.T.）和假（.F.）两种值，长度固定为 1 位。

（6）备注型。备注型数据（M）用于存放较长的字符型数据类型。可以把它看成是字符型数据的特殊形式。备注型数据没有数据长度限制，仅受现有的磁盘空间的限制。它只用于数据表中的字段类型的定义，其字段长度固定为 4 位，而实际数据被存放在与数据表文件同名的备注文件（扩展名为 .DBT）中，长度根据数据的内容而定。

（7）通用型。通用型数据（G）是用于存储 OLE 对象的数据。通用型数据中的 OLE 对象可以是电子表格、文档、图片等。它只用于数据表中的字段类型的定义。

显然，Visual FoxPro 6.0 的数据类型要简单得多，而且可以用一个字母来定义；在 SQL Server 2000 中数据类型全面，但是没有逻辑型数据，这是需要特别注意的。

5.4.2 数据库的创建

在 SQL Server 2000 或 Visual FoxPro 中都可以直接用 SQL 语句或主语句定义数据库，也可以用对话框窗口定义数据库。

1. 使用 SQL Server 2000 创建

在 SQL Server 2000 中用文件来存放数据库，数据库文件可分为三类。

（1）主数据文件：一个数据库可以有多个数据文件，只有一个被指定为主数据文件，其后缀是 MDF。主数据文件存放数据库的启动信息和部分或全部数据，是所有数据文件的起点，它包含了指向其他数据文件的指针。

（2）辅助数据文件：如果主数据文件足够大，一般不需要辅助数据文件，辅助数据文件存储主数据文件不能或不够存储的数据。比如，为了提高数据处理效率，有时需要在不同的磁盘上存储数据，就可以在各磁盘创建多个辅助数据文件。辅助数据文件的后缀是 NDF。

（3）事务日志文件：用来存放恢复数据库的日志信息。每个数据库可以有一个或多个事务日志文件，其后缀是 LDF。事务日志文件最小应当是 512KB。

简单的数据库可以只由一个主数据文件和一个事务日志文件构成，其默认的存储路径为 \ MSSQL \ data \ 。在 SQL Server 2000 中创建的数据库文件除了需要指定每一个存放到磁盘上的文件名及路径以外，有时还需要指定其对应的逻辑文件名，以便在 SQL 命令访问该数据库时用该逻辑文件名标识文件。

在 SQL Server 2000 中还可以定义数据文件组，这样便于对多个数据文件的整体管理。若有多个辅助数据文件分别存放在几个磁盘上，可以将它们组成一个数据文件组，这样在创建或查询表时就可以指定这个文件组，其中的所有文件将得到使用。

［例 5—1］ 在指定路径“E:\ 新版 \”中，创建一个学生管理系统的数据库：“本科生”，其主文件名为：“本科生 _ Data. MDF”，初始大小为 20MB，最大尺寸为无限，增长速度为 10%；事务日志文件名为：“本科生 _ Log. LDF”，初始大小为 2MB，最大尺寸为 8MB，增长速度为 1MB。

（1）用向导创建

在企业管理器中逐层展开“控制台根目录”，指定“数据库”目录后，单击“工具”选项打开其下拉菜单，再单击“向导”选项，打开对话框窗口如图 5—32（a）所示。

选择“创建数据库向导”，并单击“确定”按钮。系统打开向导，弹出“欢迎”窗口如图 5—32（b）所示。

单击“下一步”按钮，在弹出窗口中输入数据库名称和存取路径等，如图 5—33 所示。

单击“下一步”按钮，在弹出窗口中修改默认的文件名和文件初始大小，如图 5—34 所示。

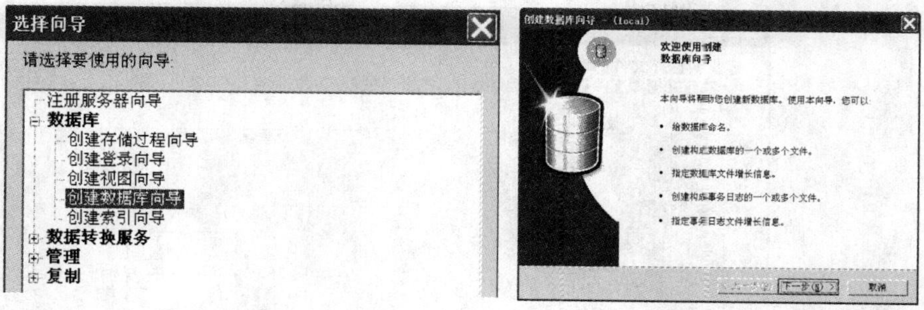

（a）　　　　（b）

图 5—32　向导窗口

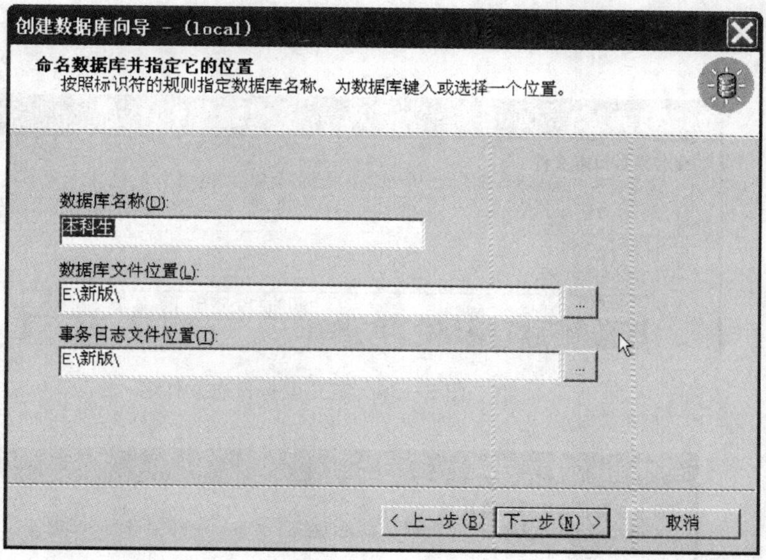

图 5—33　进入向导界面

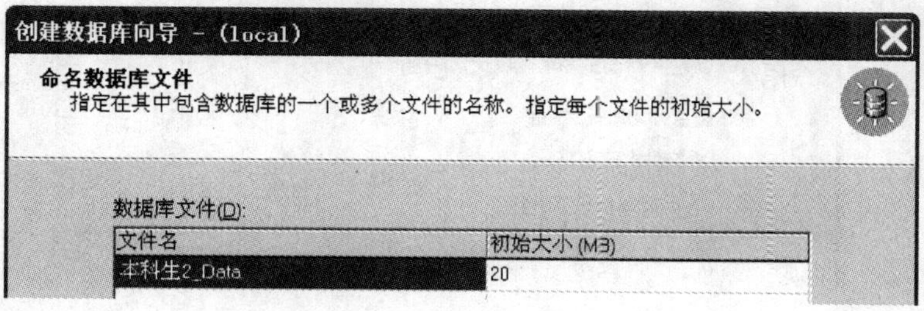

图 5—34　定义数据库文件名

单击“下一步”按钮，在弹出窗口中按题目要求定义增长比例和最大限制，如图 5—35 所示。

单击“下一步”按钮，在弹出窗口中定义事务日志文件名和初始大小，如图 5—36 所示。

单击“下一步”按钮，在弹出窗口中定义文件增长率及最大文件数值，如图 5—37 所示。

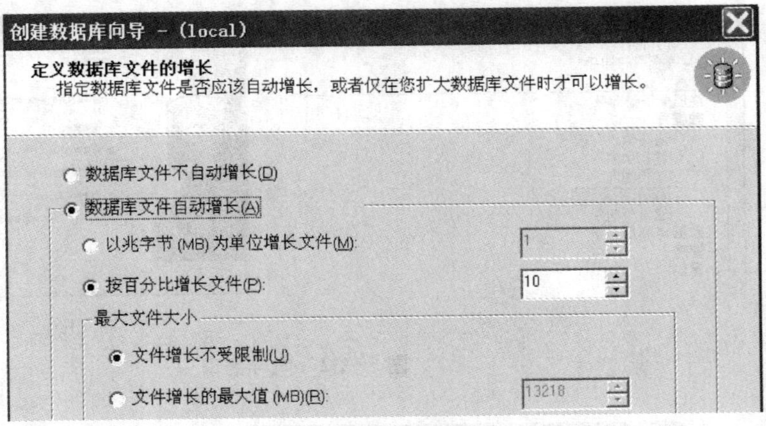

图 5—35　定义增长比例

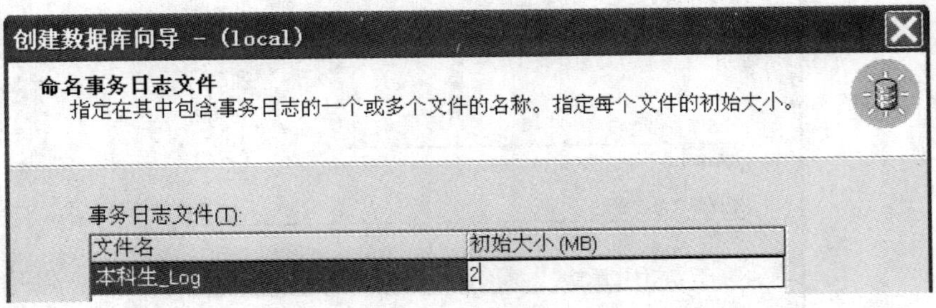

图 5—36　定义事务日志文件名

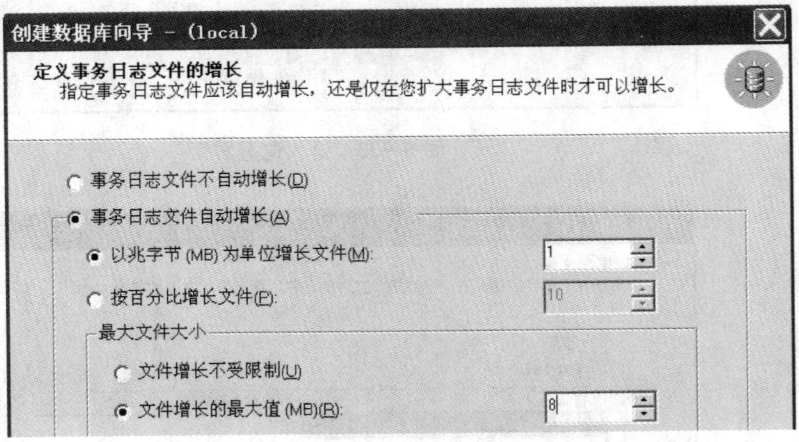

图 5—37　定义事务日志文件增长率及大小

单击“下一步”按钮，在弹出窗口中看到数据库的数据库向导已经完成了指定数据库的定义。单击“完成”按钮可以结束向导。

如果发现定义有问题，在单击“完成”按钮前，可以随时单击“上一步”按钮返回修改。完成后，在指定的路径下可看到两个文件：本科生 _ Data. MDF 和本科生 _ Log. LDF。

(2) 用对话框窗口创建

假设还是创建本例中的本科生数据库。在企业管理器口选定“数据库”目录后，在其快捷菜单中单击“新建数据库”选项，将会打开属性窗口如图 5—38 所示。这个窗口也可以看成是数据库的设计器窗口。

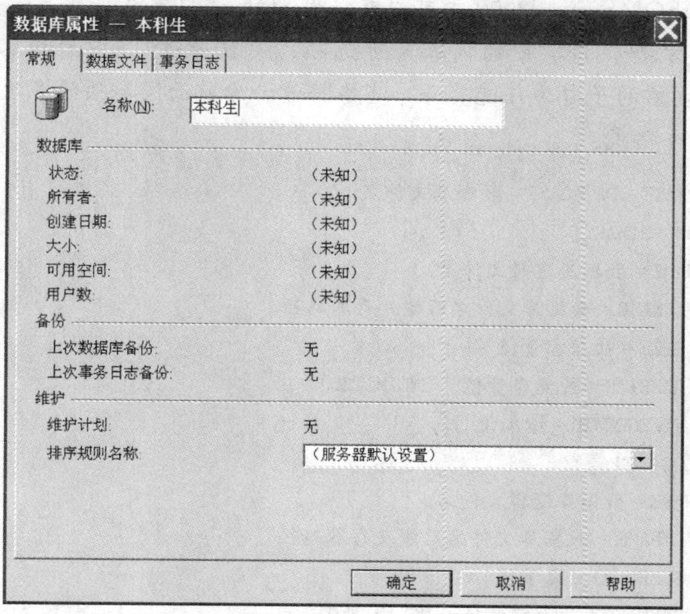

图 5—38　定义数据库名

在“常规”页面首先输入要创建数据库的文件名（如：本科生），再选择“数据文件”页面，按需要修改文件名、文件存放路径，如图 5—39 所示。

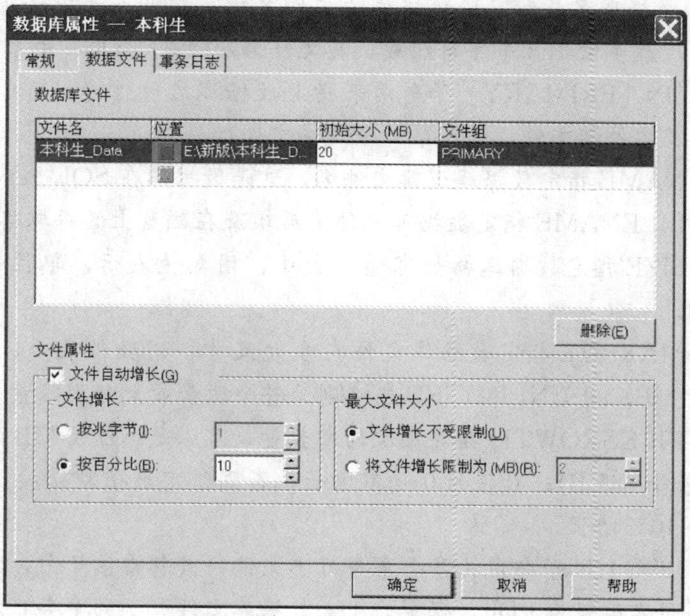

图 5—39　定义数据库文件名及路径

按题目的要求，文件初始大小为20MB、增长速度为10%等选择，文件组是默认的，PRIMARY是主文件组。再选择“事务日志”页面，按题目要求修改文件名及存放路径以及初始大小等。最后单击“确定”按钮完成数据库的创建。

(3) 使用SQL命令创建

在SQL Server 2000中可以直接用SQL语句定义数据库，语句命令格式如下。其中，方括号［］中的内容为可选项，尖括号＜＞中的内容为必选项，竖线符号 | 左右的子句为任选其一，省略符号…为前面同类项的多次重复。

命令格式：

```
CREATE  DATABASE<数据库文件名>
[ON[PRIMARY]
(NAME=数据库逻辑文件名,
FILENAME='数据库文件名后缀及存取路径'
[,SIZE=初始容量值]
[,MAXSIZE=最大容量值 | UNLIMITED]
[,FILEGROWTH=增加值])[,…]
[LOG  ON
(NAME=数据库逻辑文件名,
FILENAME='数据库文件名后缀及存取路径'
[,SIZE=初始容量值]
[,MAXSIZE=最大容量值 | UNLIMITED]
[,FILEGROWTH=增加值])[,…]
[FOR  LOAD | FOR  ATTACH]
```

说明：

1. 数据库名是新定义数据库的文件名称，在服务器中必须是不可重复的物理文件名，最多由128个字符组成，其文件名后缀是MDF，由系统自动给出。

2. ON［PRIMARY］子句用来指定数据库文件信息，可以用逗号分开列出多个文件及文件组文件，默认第一个是主文件。

3. NAME指定数据库逻辑文件名，这是数据库在SQL Server中的标识。

4. FILENAME指定数据库文件名后缀及在磁盘上的存取路径。

5. SIZE指定数据库初始容量的大小，用数值表示，单位是KB或MB，默认为1MB。

6. MAXSIZE指定数据库文件在最大尺寸，用数值表示，单位是KB或MB，默认为MB；用UNLIMITED忽略则为整个磁盘最大可用容量。

7. FILEGROWTH指定每次的增长量，可以是KB或MB的数值或百分数增长（每次最小64KB）；数值为0时不增长，否则给定数值默认按MB增长，如果忽略默认按10%增长。

8. LOG ON子句定义多个事务日志文件，若忽略该子句，默认生成一个与数据库文件同名后缀为LDF，容量为1/4数据库文件大小的事务日志文件。

9. FOR ATTACH子句可以为已经存在的数据库文件创建一个新的数据库。

10. FOR LOAD子句可以将备份直接装入新建数据库。

［例5—2］创建一个学生管理系统的数据库："本科生A"，全部参数都采用默认值。

在SQL Server 2000中启动查询分析器，在查询窗口输入T-SQL命令：

```
CREATE  DATABASE 本科生 A
```

在"查询"下拉菜单或快捷菜单或工具栏中单击"执行"选择命令或按钮，执行上述语句命令，建立简单数据库文件。屏幕上显示执行过程信息：

```
CREATE DATABASE 进程正在磁盘'本科生 A'上分配 0.75 MB 的空间.
CREATE DATABASE 进程正在磁盘'本科生 A_log'上分配 0.49 MB 的空间.
```

可以在默认路径中看到主数据库和事务日志两个文件："本科生A. MDF"和"本科生A _ log. LDF"。

如果需要将文件放置在指定路径（如E：盘的"新版"目录）下，那么起码应当将上面的语句命令更新为：

```
CREATE  DATABASE 本科生 A
ON
(NAME = '本科生 A',
FILENAME = 'E:\新版\本科生 A. MDF')
```

执行后，在指定路径"E:\新版\"中，将建立数据库文件"本科生A. MDF"和事务日志文件"本科生A _ log. LDF"。

［例5—3］在指定路径"E:\新版\"中，创建一个学院管理系统的数据库："学院"，主文件名为："学院 _ Data. MDF"，初始大小为5MB，最大尺寸为无限，增长速度为10%；事务日志文件名为："学院 _ Log. LDF"，初始大小为1MB，最大尺寸为3MB，增长速度为1MB。

在SQL Server 2000中启动查询分析器，在查询窗口输入T-SQL命令：

```
CREATE  DATABASE 学院
ON  PRIMARY
(NAME = '学院_DATA',
FILENAME = 'E:\新版\学院_DATA. MD',
SIZE = 5,
MAXSIZE = UNLIMITED,
FILEGROWTH = 10 % )
LOG  ON
(NAME = '学院_log',
FILENAME = 'E:\新版\学院_LOG. LDF',
SIZE = 1,
MAXSIZE = 3,
FILEGROWTH = 1)
```

在工具栏中单击“执行”按钮，执行上述语句命令，建立一个数据库文件。屏幕上显示执行过程信息：

CREATE DATABASE 进程正在磁盘'学院_Data'上分配 5.00 MB 的空间.

CREATE DATABASE 进程正在磁盘'学院_log'上分配 1.00 MB 的空间.

同时在指定路径“E:\新版\”中，可以看到数据库文件“学院_Data.MDF”和事务日志文件“学院_Log.LDF”。

在企业管理器中逐层展开“控制台根目录”，我们可以在“数据库”目录下看到新创建了三个学生数据库名，如图 5—40 所示。

图 5—40 控制台各级目录

如果选定了某个数据库，比如“本科生”数据库（如图 5—41 所示），可以看到其中有 10 个项目。这些选项是系统设置的、数据库必不可少的内容；因为数据库是新建的，所以每个选项中目前还没有用户数据信息。

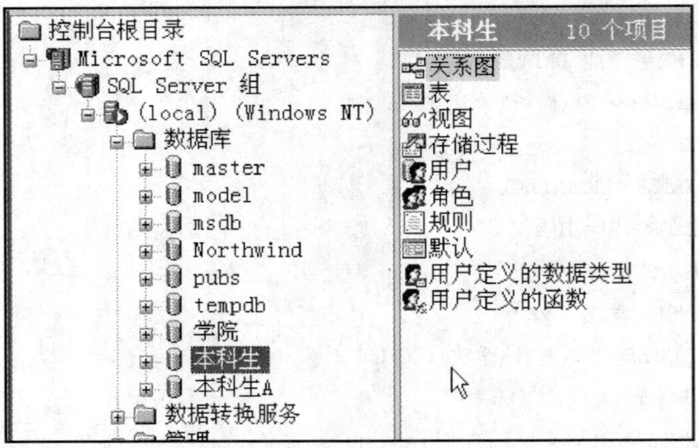

图 5—41 本科生数据库内容

2. 使用 Visual FoxPro 创建

与 SQL Server 2000 一样，在 Visual FoxPro 中数据库本身是不直接存储用户数据的，它只保存数据表、视图及它们之间的关系等；但是它比 SQL Server 2000 的数据库要简单得多。因为系统不会自动创建任何数据库相关文件，所以从形式上看，数据库文件只是一个可以容纳其他对象的空箱子。可以叫做空数据库或数据库结构，这种空数据库本身是毫无意义的，只有将用户数据表、视图等装入数据库文件以后，才能构成一个完整的数据库。数据库文件由：数据库主文件（.DBC）、数据库备注文件（.DCT）和数据库索引文件（.DCX）三类组成。

（1）使用对话框窗口创建。这是创建数据库文件的基本方法，也是最常用的方法。在系统窗口的主菜单中单击“文件”选项，打开文件下拉菜单，单击“新建”选项；或者直接单击常用工具栏中的“新建”按钮，打开“新建”对话框窗口如图 5—42（a）所示。

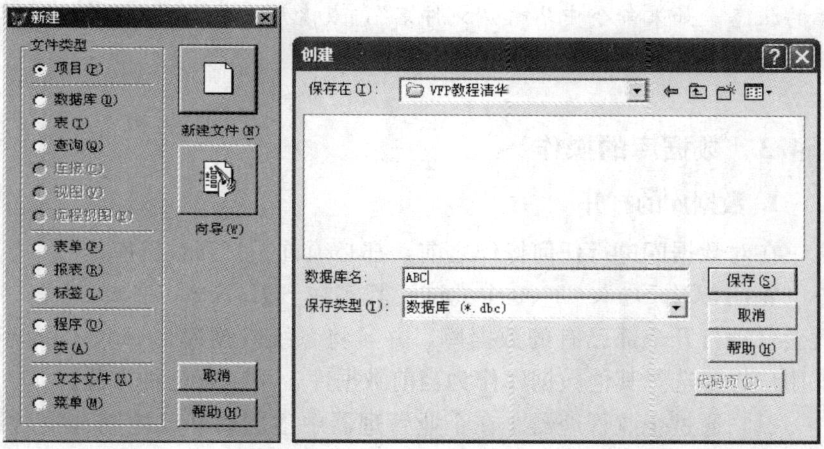

（a）　　　　（b）

图 5—42　创建数据库

先在“文件类型”框中选定“数据库”，再单击“新建文件”按钮。系统将打开创建对话框如图 5—42（b）所示。

在这个对话框中键入数据库文件名（比如 ABC，系统默认数据库文件扩展名为 DBC），选择好存取路径，最后单击“保存”按钮。系统将以给定文件名在指定路径文件夹中创建该数据库文件。同时在系统主窗口中打开数据库设计器窗口如图 5—43 所示。

图 5—43　ABC 数据库

在数据库设计器中自动打开了新建的数据库 ABC，因为数据库中还没有任何数据，所以数据库是空的。可以使用数据库设计器工具栏向数据库中添加数据表及视图数据等。

单击“关闭”按钮可以关闭数据库设计器，并且保存当前数据库文件 ABC. DBC。如果查看文件目录，将会看到系统同时自动创建了与该数据库文件同名的备注文件 ABC. DCT 和索引文件 ABC. DCX。

（2）使用命令方式创建。也可以直接在 Visual FoxPro 的命令窗口中执行主命令（非 SQL 命令）创建数据库文件。

命令格式：

```
CREATE DATABASE [文件名 | ?]
```

说明：如果命令中有选择项“文件名”，系统直接创建该数据库文件；因为在内存中打开该文件，但是不打开数据库设计器，所以在屏幕上不能直观地看到数据库的状态。如果命令中省略“文件名”，或者用参数“?”代替文件名，则会弹出对话窗口，要求用户输入数据库文件名。

5.4.3 数据库的操作

1. 数据库的打开

在对数据库进行任何操作之前，都必须首先打开数据库。

先在 SQL Server 2000 中尝试。其实在 SQL Server 2000 中，一旦启动系统后就会自动打开全部已有的数据库，并且将系统数据库 master 作为当前数据库。如果用户想要选择其他数据库作为当前数据库，可以有三种方法。

（1）通过企业管理器。在企业管理器中逐层展开“控制台根目录”，在“数据库”目录下可以看到所有系统和用户创建的数据库，如图 5—44（a）所示。单击选定数据库名即可完成选定。

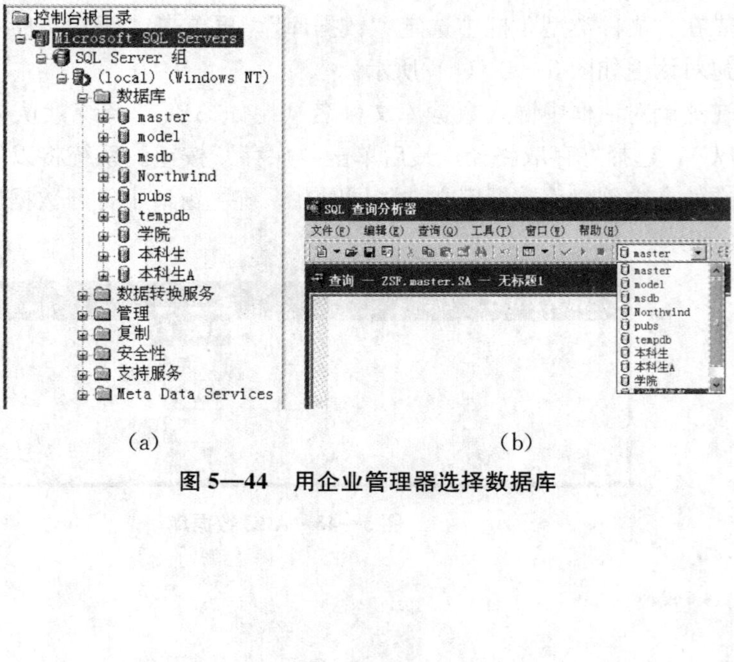

（a）　　　　（b）

图 5—44　用企业管理器选择数据库

（2）通过查询分析器。打开查询分析器，可通过工具栏的数据库选择窗口下拉选择，如图 5—44（b）所示。然后单击选定数据库名。

（3）通过命令。

命令格式：

```
USE 数据库名
```

比如要选择“本科生”数据库，可以直接执行命令

```
USE 本科生
```

再在 Visual FoxPro 6.0 中尝试。新创建的数据库文件总是默认打开的，否则需要专门打开。在 Visual FoxPro 6.0 中也可以不打开数据库，直接使用自由数据表；但是任何时候都只能打开一个数据库。

（1）用对话方式打开。在系统窗口的主菜单中单击“文件”选项，打开文件下拉菜单，单击“打开”选项；或者直接单击常用工具栏中的“打开”按钮，屏幕弹出“打开”对话框窗口如图 5—45 所示。

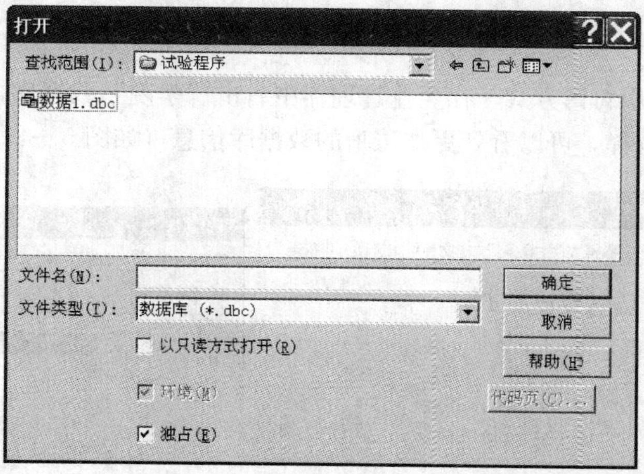

图 5—45 打开数据库文件

先选择“文件类型”为数据库（DBC）文件，再指定存取路径和目录，最后在文件显示框中指定需要打开的文件名，单击“确定”按钮关闭对话框；屏幕上弹出数据库并在数据设计器窗口中打开选定数据库文件。

（2）用命令方式打开。

命令格式：

```
OPEN DATABASE [文件名 | ?][EXCLUSIVE | SHARED][NOUPDATE]
```

说明：如果命令中省略“文件名”，或者用参数“?”代替文件名，则会弹出对话窗口，要求用户输入数据库文件名。选项［EXCLUSIVE］可以使系统以独占方式打开数据库文件；选项［SHARED］可以使系统以共享方式打开数据库文件；而选项［NOUPDATE］可以使系统以只读方式打开数据库文件。用命令打开数据库时，不会打开数据库设计器窗口，一般在程序中使用。

2. 显示数据库信息

（1）用命令方式。在 SQL Server 2000 中启动查询分析器，在查询窗口输入系统存储过程命令。

命令格式：

```
SP_HELPDB  [数据库名]
```

比如要查看“学院”数据库的信息，可以直接执行命令

```
SP_HELPDB  学院
```

在工具栏中单击“执行”按钮，数据库的信息将作为结果显示，如图 5—46 所示。

	name	db_size	owner	dbid	created	status	compatibility_level
1	学院	6.00 MB	sa	13	05 2 2012	Status=ONLINE, Updateability=READ_WRIT...	80

	name	fileid	filename	filegroup	size	maxsize	growth	usage
1	学院_DATA...	1	E:\新版\学院_DATA.MDF...	PRIMARY	5120 KB	Unlimited	10%	data only
2	学院_log	2	E:\新版\学院_LOG.LDF	NULL	1024 KB	3072 KB	1024 KB	log only

图 5—46　学院数据库的信息

（2）用对话方式。在企业管理器中右击“学院”数据库，在其快捷菜单中单击“属性”选择，可以看到更加清晰的数据库信息（如图 5—47 所示）。

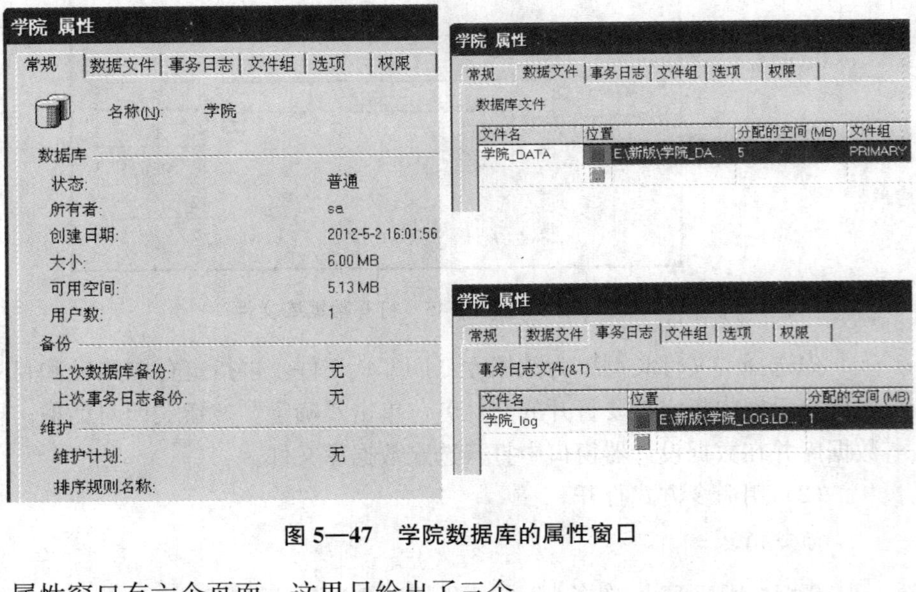

图 5—47　学院数据库的属性窗口

属性窗口有六个页面，这里只给出了三个。

3. 数据库的删除

可以随时删除没有用的数据库，这种删除应当在数据库管理系统内部实现。

（1）使用对话框窗口。在企业管理器的“控制台根目录”中打开“数据库”子目录，右击要删除的数据库名，在其快捷菜单上单击“删除”选择。系统还会用如图 5—48 所示的窗口信息提示用户确认。

用“是”确认后，自动删除指定数据库。

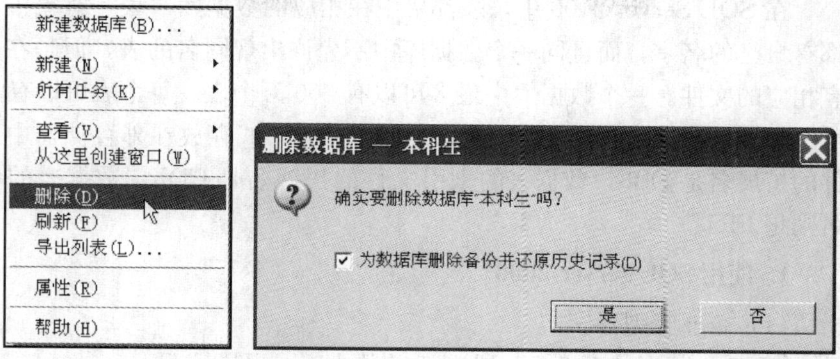

图 5—48 删除数据库提示

(2) 使用命令。使用 SQL Server 2000 提供的 T-SQL 命令。

命令格式：

```
DROP  DATABASE  数据库名
```

比如可以在查询分析器中执行命令

```
DROP DATABASE 本科生
```

如果数据库“本科生”是当前数据库，系统将不允许删除，否则它的所有文件都将被彻底删除。因为这种删除是不可逆的，所以在删除前一定要仔细检查。

在 Visual FoxPro 中的命令如下。

命令格式：

```
DELETE DATABASE <文件名 | ?> [DELETETABLES][RECYCLE]
```

说明：如果参数为“?”则打开对话框，用户必须选定要删除的数据库文件。增加选择项 DELETETABLES 以后，可以在删除数据库文件的同时删除其中的数据表、视图等；而选择 RECYCLE 可以把删除的文件放入回收站中。

5.4.4 数据表的创建

数据库的全部数据都存放在数据表中，数据库和数据表是一个有机的整体，没有用户数据表的空数据库对用户没有任何实际用处。为了方便叙述，常常把数据表简称为表。

为了方便用户的特殊要求及对早期版本的兼容，在 Visual FoxPro 中数据表也可以不保存在数据库中，这种游离于数据库之外的表叫做自由表；保存在数据库中的表则叫做数据库表。由于数据库为数据表提供了数据字典、各种数据保护和数据管理功能，因此数据库表比自由表要完善得多、优越得多。自由表可以随时“添加”到数据库中，成为数据库表；数据库表也可以随时“移出”数据库，成为自由表。

在 SQL Server 2000 中，所有的表都是数据库表，可以直接在定义表命令中用选项 [数据库名 .[所有者 .]] 指定数据库及所属用户，若省略这个选项，则以当前数据库为新建表的数据库。

在 SQL Server 2000 中，表都集中在相应的数据库“表”对象中，虽然每个表都有自己的名字，而且同一个数据库中不允许出现同名的表，但是在外存储器中没有相应的文件。一个数据库中最多可以有 200 万个表，每个表可以有 1 024 个列。

在 Visual FoxPro 中数据表总是以文件的形式存放在外存储器中。数据表主文件的扩展名是 DBF，数据表的索引文件的扩展名是 CDX，数据表的备注文件扩展名则是 FPT。

1. 使用 SQL Server 2000

（1）企业管理器。

［**例 5—4**］创建如表 5—12 所示的学生表 STUDENT1。

表 5—12　　学生表结构

列名	类型	大小	允许空值	主键	约束	注释
XN	CHAR	8	×	√		学号，主键
XM	CHAR	8	√	×		姓名
XB	CHAR	2	√	×	男或女	性别
NL	INT	2	√	×	16～25	年龄
CJ	DECIMAL	2，1	√	×		成绩
ZP	IMAGE		√	×		照片
RQ	DATETIME		×	×		日期

在企业管理器的控制台目录中选定“表”，如图 5—49（a）所示。再在“操作”下拉菜单或者快捷菜单中单击“新建表”选项，打开表设计器窗口如图 5—49（b）所示。

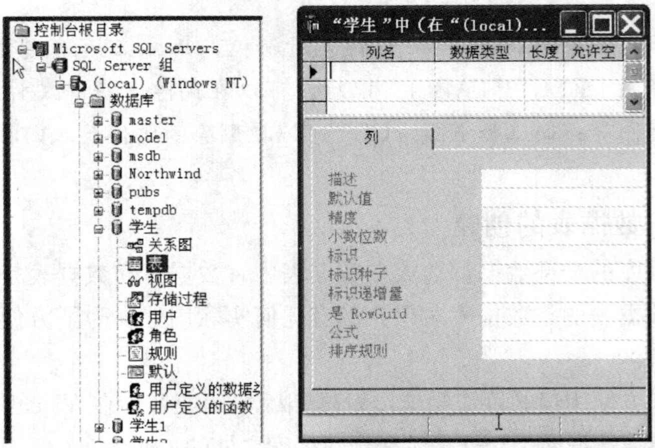

（a）　　　　（b）

图 5—49　创建新表窗口

在图 5—49 的窗口中逐行定义每一列的属性，如图 5—50（a）所示。

接着先选定“CJ”列定义约束条件，打开快捷菜单如图 5—50（b）所示，单击“CHECK”选项打开对话框窗口如图 5—51 所示。

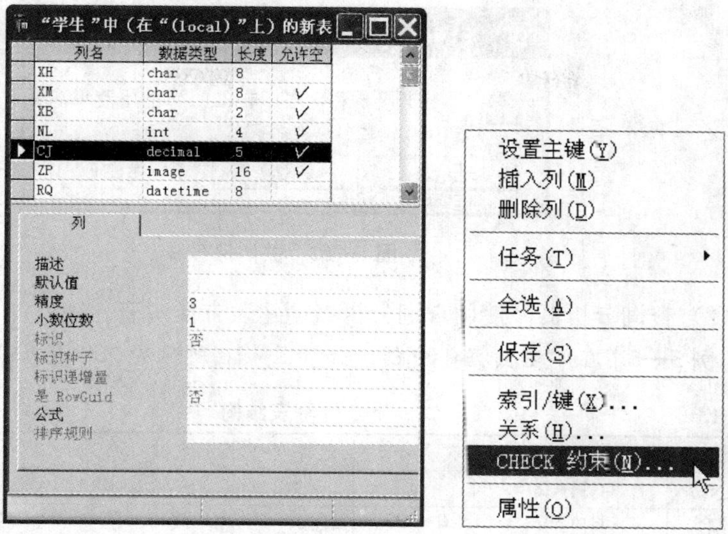

(a)　　　　(b)

图 5—50　定义新表各列

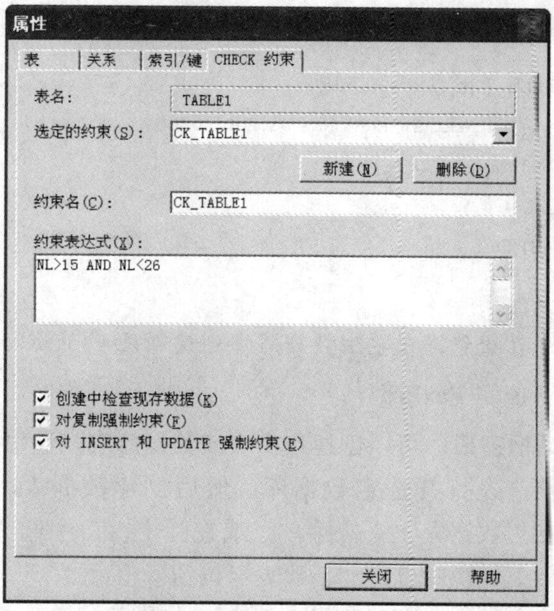

图 5—51　建立 CHECK 约束

先单击"新建"按钮，再在"约束表达式"窗口输入约束条件表达式：

NL>15 AND NL<26

单击"关闭"按钮结束。XB 列约束条件的定义方法与之类似。先选定 XH 列，再单击如图 5—49（b）所示的"设置主键"选项，可以将 XH 列设置为表的主键。最后关闭表定义窗口，屏幕上弹出对话框窗口如图 5—52 所示。

如果要保存已定义的表，单击"是"按钮，并在新窗口中输入新表名：STUDENT1。

图 5—52 关闭保存表

（2）查询分析器。使用查询分析器创建表方便快速。

［**例 5—5**］在学生数据库中创建如表 5—13 所示的课程表 COURSE。

表 5—13 **课程表结构**

列名	类型	大小	允许空值	主键	约束	注释
KN	CHAR	4	×	√		课号，主键
KM	CHAR	10	√	×		课名
XF	INT	4	√	×		学分
JSH	CHAR	8	√	×		教师号

启动查询分析器，输入 T-SQL 语句命令：

```
CREATE TABLE 学生.DBO.COURSE
(KH CHAR(4)NOT NULL PRIMARY KEY DEFAULT '0000',
KM CHAR(10)NULL,
XF INT NULL,
JSH CHAR(8)NULL
)
```

执行该语句命令将在学生数据库中创建新表 COURSE。

2. 使用 Visual FoxPro

（1）对话框窗口。可以创建自由表或数据库表，这里我们只介绍数据库表的创建。同样必须首先打开选定数据库，然后创建数据表。比如已经打开了数据库 ABC。然后在“数据库”下拉菜单，或在弹出窗口中选“新建表”，也可以在“数据库设计器”工具栏中单击“新建表”按钮。

屏幕上将会弹出“新建表”对话框，如图 5—53（a）所示。接着单击“新建表”或“表向导”按钮来建立新表。假定单击“新建表”按钮，会打开“创建”对话框。选定文件夹以后，输入表名（如 KC）后单击“保存”按钮。将打开表设计器对话框如图 5—53（b）所示。

观察这个对话框窗口，会发现它的上半部分与 SQL Server 2000 表设计器窗口是类似的；但是下面增加了四个小窗口。对于创建表来说，可以先不管这四个窗口，逐行输入每个字段的定义即可。最后单击“确定”按钮退出设计器窗口，指定新数据库表的名称及存取路径。

（2）SQL 命令。如果已经创建了数据库“数据 1”，必须先打开数据库，然后

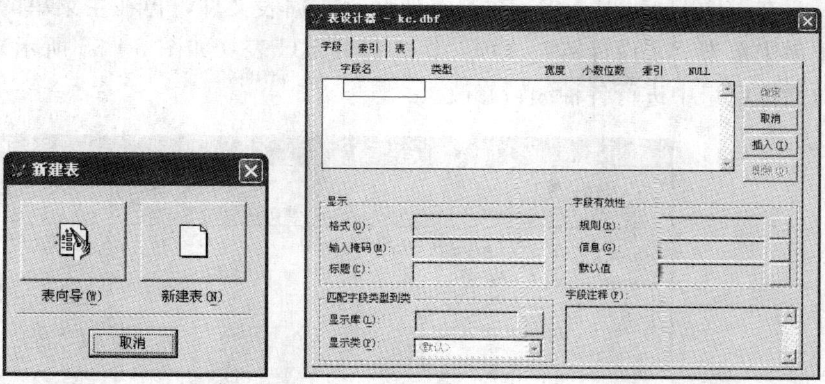

(a) (b)

图 5—53 创建数据库表

创建其数据库的表 KC。操作命令如下：

```
OPEN DATABASE 数据 1
CREATE  TABLE  KC(KH C(4)NOT NULL,KM C(10),XF N(4),JSH C(8))
```

5.4.5 数据表的操作

1. 查看和修改表结构

在 SQL Server 2000 中，可以利用企业管理器查看数据表的信息。在企业管理器的控制台目录中选定“表”，再在“操作”下拉菜单中或者快捷菜单中单击“设计表”选项，将弹出表设计器的窗口。可以直接在窗口中修改各列内容，或插入新内容。

如果仅仅是查看表的基本信息，在下拉菜单中单击“属性”选项，将弹出表属性窗口如图 5—54 所示。

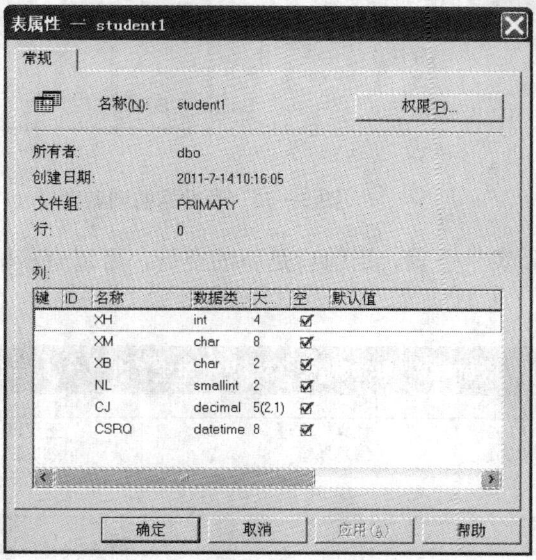

图 5—54 表的属性

在 Visual FoxPro 中首先打开要修改数据表文件，再在主菜单的“显示”下拉菜单中单击“表设计器”选项，比如打开 KC 表（如图 5—55 所示），用户可以在对话框窗口中进行各种编辑修改。

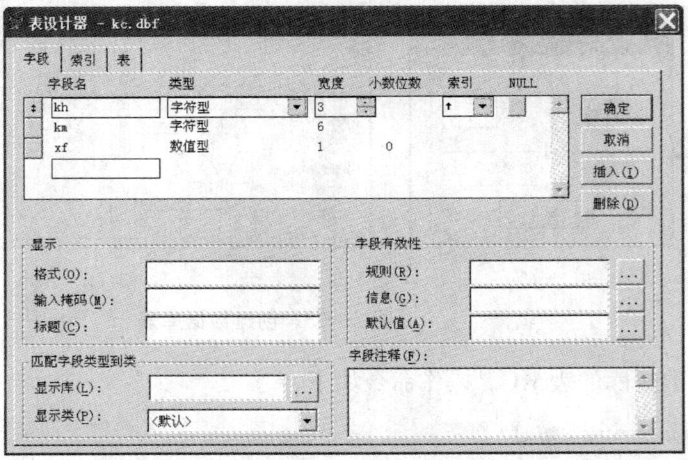

图 5—55　KC 表结构

2. 追加数据记录

可以使用对话框方式向表中插入或追加数据记录。在 SQL Server 2000 中需要打开企业管理器，逐层展开“控制台根目录”，在“表”目录中找到需要添加数据记录的表。打开其快捷菜单或“操作”下拉菜单，指向“打开表”选项并在二级菜单中单击“返回所有行”选项（如图 5—56（a）所示）。假定打开的是课程表 COURSE，则屏幕上将弹出该表的浏览窗口，如图 5—56（b）所示。

(a)　(b)

图 5—56　表数据的浏览窗口

COURSE 表是空表，当前行是新的空行，可以直接输入各列数据，如图 5—57 所示。

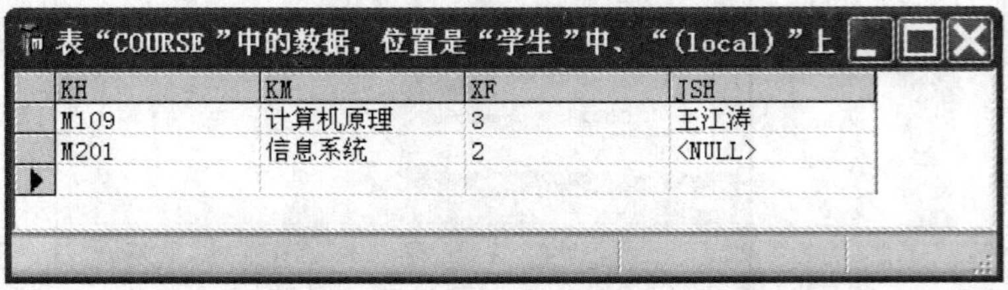

图 5—57　插入数据记录

如果某一列数据不全，且该列允许为空，则系统自动用 NULL 填入。可以随时将光标移到某个列值上进行数据修改，如需输入空值 NULL，可敲“Ctrl＋0”实现。如果表的列设置为标识列，或有一些约束条件，可能会不允许修改。

如果需要删除某行数据，应当先单击行左端指针按钮选定该行，再敲“Delete”键删除。或者在该删除行上用右键打开快捷菜单，单击“删除”选项完成。

在 Visual FoxPro 中插入记录的方法与之类似。在创建数据表时可以根据系统提示打开浏览窗口直接输入记录。也可以随时向已经存在的数据表追加记录。比如要向 KC 表追加记录，应当先打开该表的浏览窗口，如图 5—58（a）所示。

然后在主菜单的“表”下拉菜单中，单击“追加新记录”选项；系统在当前表记录的后面添加一条新记录。将会看到当前记录是空记录，光标在该记录首字段。如图 5—58（b）所示。

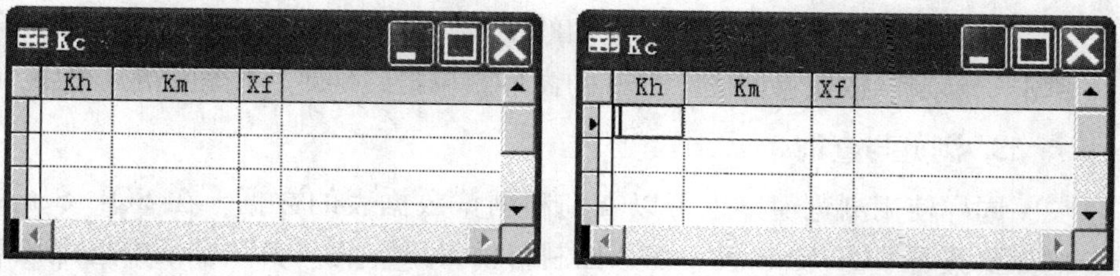

（a）　（b）

图 5—58　KC 表浏览窗口

直接键入相应的数据就可以完成新记录的追加。操作方法与在 SQL Server 2000 中表浏览窗口是一样的，但是它没有那么多的完整性保护。

如果需要追加多条记录，可以选择连续追加方式。在打开“浏览”窗口以后，在主菜单的“显示”下拉菜单窗口中，单击“追加方式”选项，同样会出现如图 5—58 所示的形式。

顺序键入当前记录中各字段值后，敲光标移动键↓，或用鼠标单击下面的空行，可以接着连续追加新记录。这种操作可以一直延续下去，直到关闭浏览窗口为止。

如果需要将某个数据表文件（或者某个数据文件）中的若干条记录追加到当前数据表中，可以使用成组追加记录功能。在主菜单的“表”下拉菜单窗口中，单击“追加记录”选项，系统将打开对话框如图 5—59 所示。

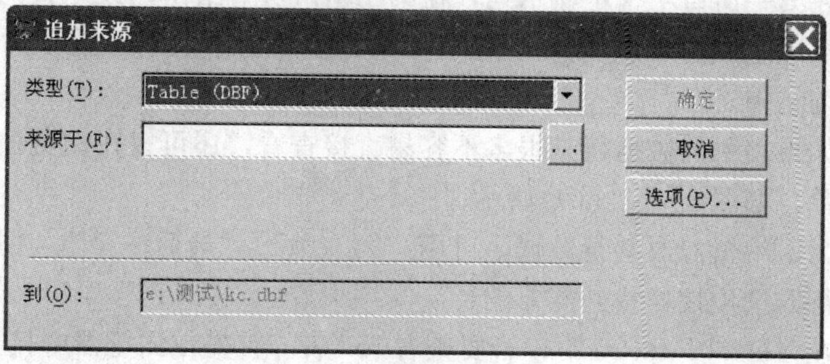

图 5—59　追加一批记录

在“追加来源”对话框中默认数据表为数据源的文件类型，如果追加其他类型的数据，可以在“类型”下拉列表框中选择。接着在“来源于”文本框中键入指定文件名。如果只需要追加选定数据源文件中的部分记录，还可以单击“选项”按钮，打开对话框如图 5—60 所示。

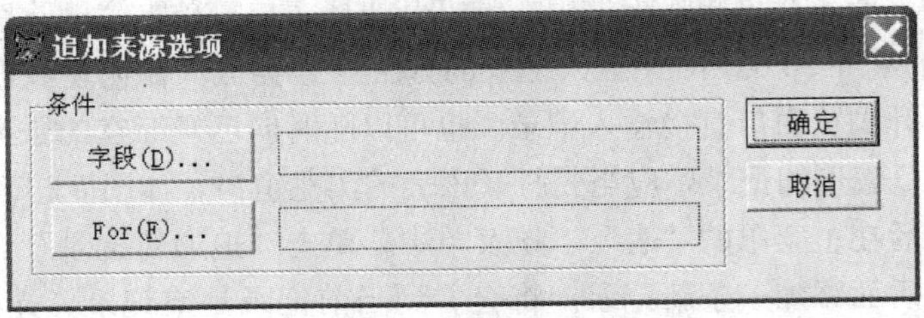

图 5—60　设定选择

在这里用户可以选择需要追加的字段，还可以设定某种追加的限制条件。最后单击“确定”按钮返回图 5—60 的窗口。单击“确定”按钮完成一组记录的追加。

3. 浏览与查询

同样使用浏览窗口也可以查询和浏览数据表的数据。在 SQL Server 2000 中，比如要查看 COURSE 表，在“控制台根目录”的“表”目录中选定该表后，打开其快捷菜单或“操作”下拉菜单，指向“打开表”选项会弹出其二级菜单如图 5—56（a）所示。如果选择“返回所有行”则弹出浏览窗口如图 5—57 所示，而且指针指向首行。如果选择“返回首行”，则弹出对话框窗口如图 5—61 所示。

图 5—61　浏览表菜单

单击“确定”按钮，系统将在浏览窗口显示指定行记录，且指针指向首记录行。如果在图 5—56（a）中选择“查询”，则打开查询设计器窗口，如图 5—62（a）所示。

在第一窗口中指定显示列，在第二窗口可对给出列设定查询选项，在第三窗口自动显示生成的 SQL 语句。在快捷菜单上单击“运行”选项后，在第四窗口中显示查询结果。

如果表中的数据行有很多不容易直接查看，还可以在浏览窗口单击右键打开快捷菜单，如图 5—62（b）所示。

为了编辑修改某行数据，可用“第一个”、“最后一个”、“下一个”、“前一个”或“行”选项快速找到需要的行。

在 Visual FoxPro 中，若要查看 KC 表。首先在浏览器中打开 KC 表，如图 5—63（a）所示。

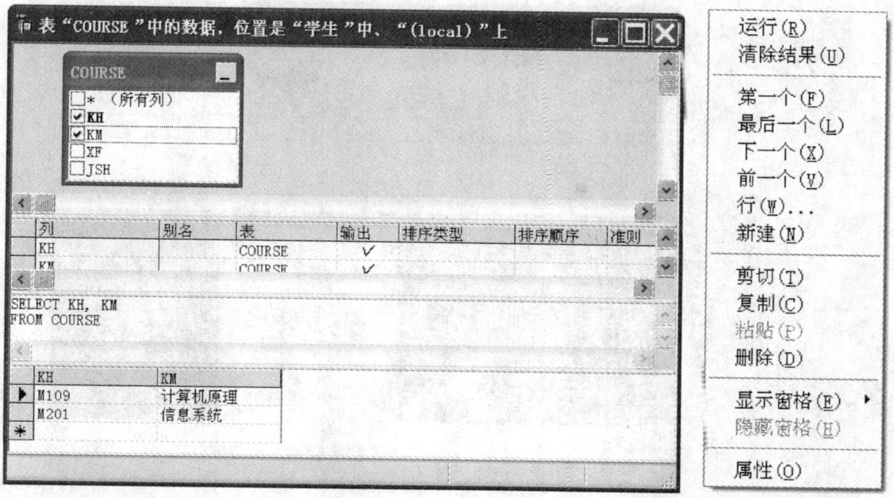

(a)　　　　(b)

图 5—62　查询设计器

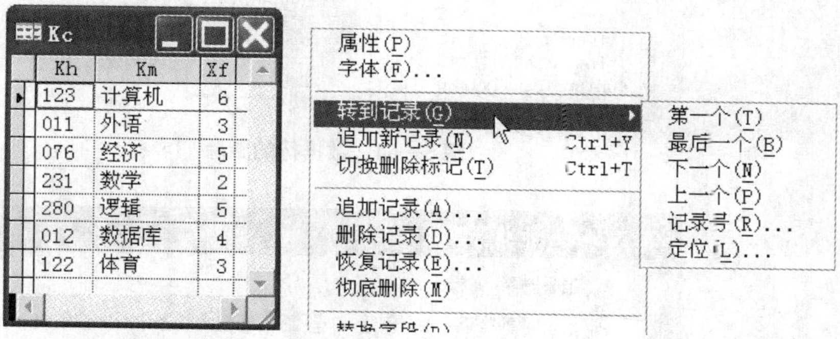

(a)　　　　(b)

图 5—63　查找记录

在“表”下拉菜单中指向“转到记录”选项，其二级菜单窗口有 6 个选项，如图 5—63（b）所示。单击这些选项后，可以分别实现各种查找操作。

4. 数据记录的删除与恢复

在 SQL Server 2000 中，要删除某些数据行，首先应当在浏览窗口用鼠标左键单击左端的行选择按钮选定行，或者按住 Shift 键单击鼠标左键选择多行。然后敲“Delete”键，或者单击图 5—62（b）中的“删除”选项删除。如图 5—64 所示。

数据行一旦删除就无法恢复，所以系统还会用如图 5—65 所示的对话框提示用户确认。

在 Visual FoxPro 中删除记录行的方法有两种，一种是逻辑删除（可恢复），一种是物理删除（不可恢复）。打开“学生”数据表 STUDENT 的浏览窗口，在窗口左端第二列是记录行的删除标记位，用鼠标左键单击某个记录的删除标记位，就会将该标记涂成黑色方块，表示该记录已经被逻辑删除（如图 5—66 所示）。

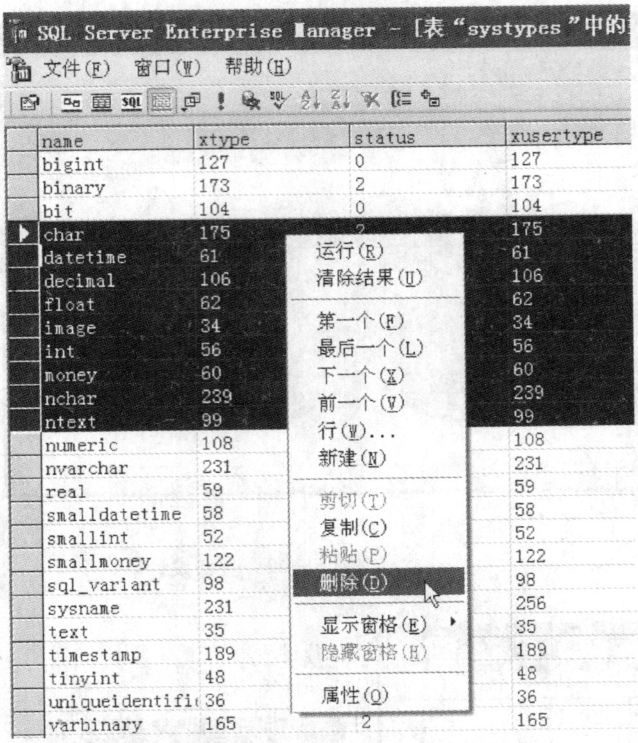

图 5—64　数据行的删除

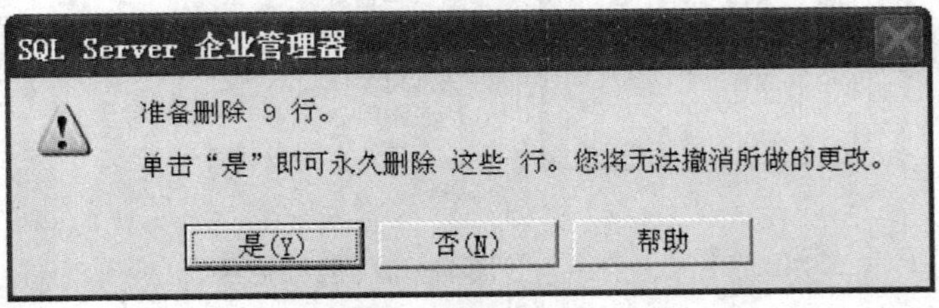

图 5—65　删除提示

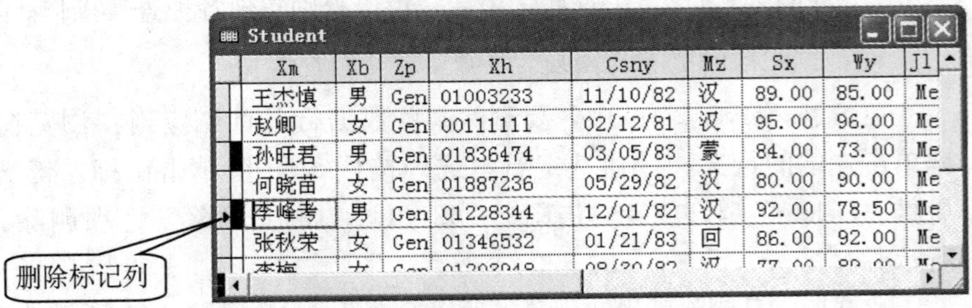

图 5—66　逻辑删除

若系统默认忽略已删除记录，将该窗口关闭以后再重新打开，带删除标记的记录将不会显示。用户对表操作时，感觉就像记录真的已经被删除了一样。

要改变“删除判定”参数，可以直接执行命令

```
SET  DELETE  ON | OFF
```

用 ON 选择忽略逻辑删除记录，OFF 选择不忽略逻辑删除记录。

被逻辑删除的记录是可以随时恢复的，只要再单击记录左端的删除标记，将记录前面的删除标记清除就可以了。如果有多条逻辑删除记录，而且比较分散，使用命令操作更适合。

命令格式：

```
RECALL  [＜范围＞][FOR＜条件＞][WHILE＜条件＞]
```

比如要恢复 STUDENT 表中所有逻辑删除记录，应当执行命令

```
RECALL  ALL
```

确实不再需要的记录可以进行物理删除。如果这些待删除记录已经是逻辑删除的，那么可以用打包命令彻底删除。

命令格式：

```
PACK
```

说明：可将当前数据表中带删除标记的记录全部进行物理删除。

如果数据表中的记录全部过时需要彻底删除，那么可直接使用记录删除命令。

命令格式：

```
ZAP
```

说明：可将当前数据表中的全部记录（不论是否有删除标记）都进行物理删除。

5. 数据表的备份

在 SQL Server 2000 中可以利用数据导入/导出功能实现数据表的备份与复制。比如要复制表 COURSE，应当在企业管理器“控制台根目录”中选定“表”，再打开快捷菜单指向“所有任务”打开二级菜单，如图 5—67 所示。

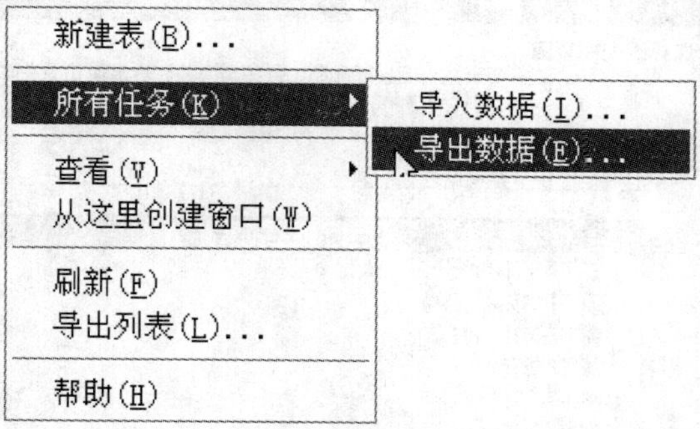

图 5—67　数据备份

单击“导出数据”选项，将打开数据备份向导，如图 5—68（a）所示。

单击“下一步”弹出如 5—68（b）所示的窗口，应当指定数据库名如图所示。再单击“下一步”弹出如图 5—69 所示的窗口，指定需要复制的表。

单击“下一步”弹出如图 5—70 所示的窗口，先选定源数据表，再对目的表的路径和表名进行更改。比如仍然放在“学生”数据库中，叫做 COURSE1。

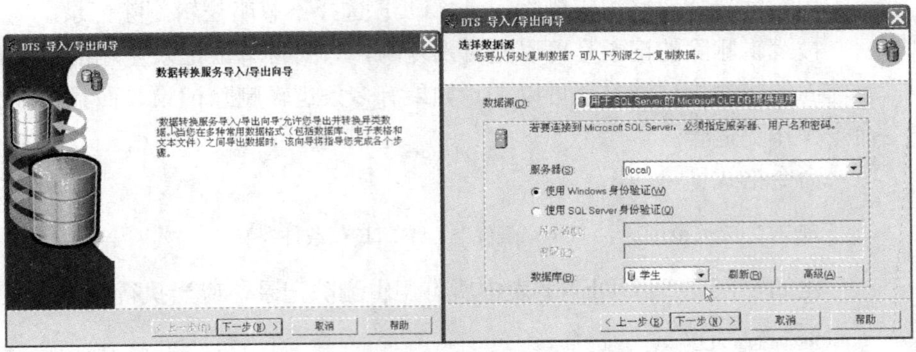

（a）　　　　　　　　　　（b）

图 5—68　导入/导出向导

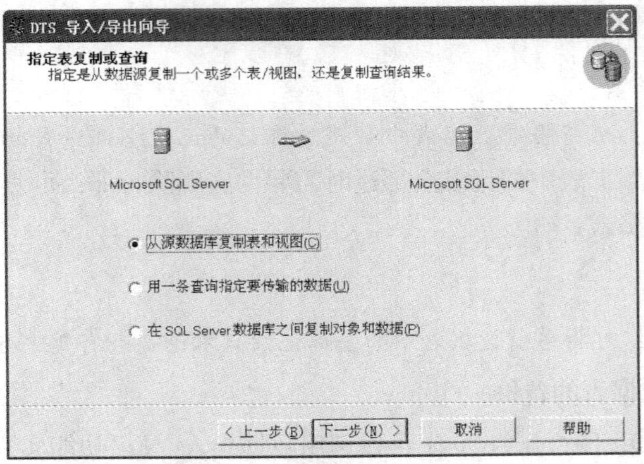

图 5—69　确定复制内容

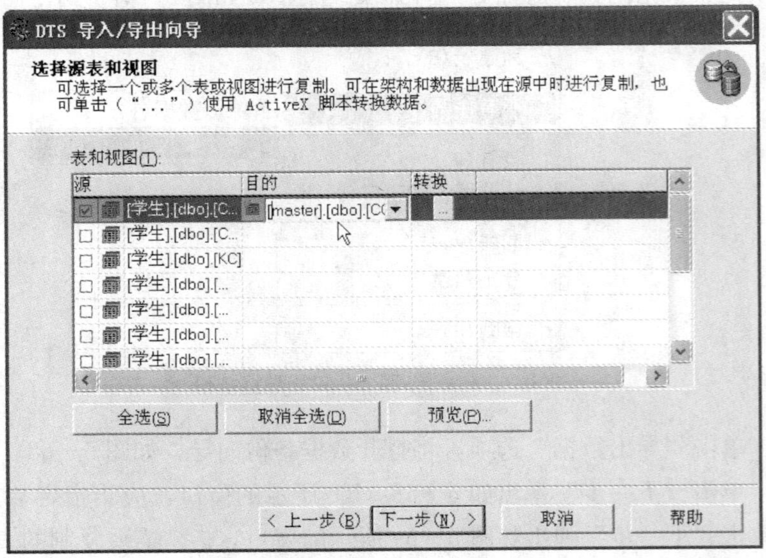

图 5—70　选择表

再单击“下一步”弹出如图 5—71 所示的窗口，可保持默认值。

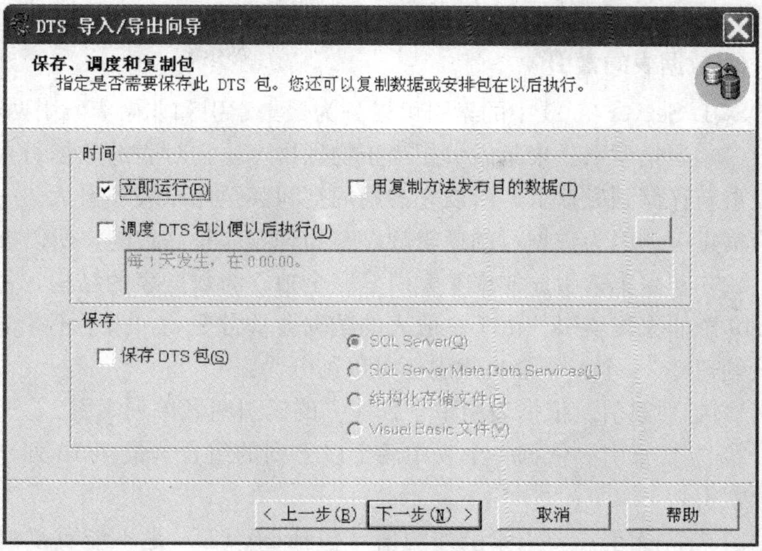

图 5—71 选择保存

单击“下一步”将弹出向导完成提示窗口。单击“完成”按钮实现数据表的复制操作。

在 Visual FoxPro 中复制数据表要简单得多，也可以使用其导出功能。比如要复制 KC 表，在主窗口的“文件”下拉菜单中单击“导出”，弹出如图 5—72 所示的窗口。

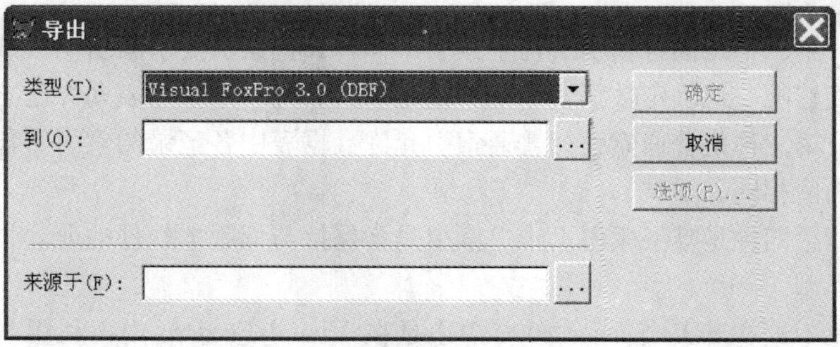

图 5—72 导出向导

输入目标表的路径和名称，再选择输入源表，如图 5—73 所示。

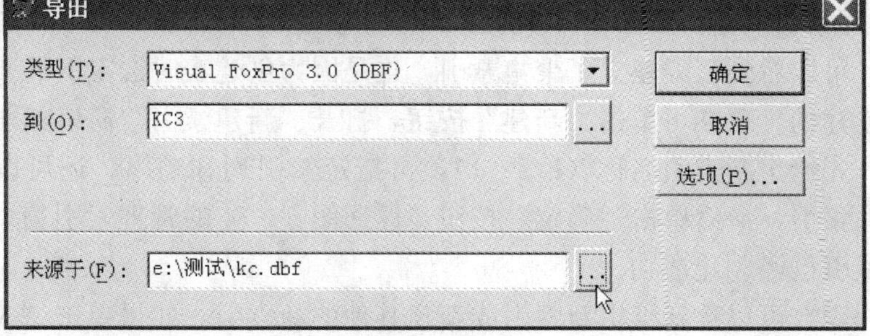

图 5—73 选定源表和目标表名

还可以单击“选项”按钮打开对话框窗口选定复制的字段及记录，最后单击“确定”按钮完成复制。

6. 数据表的索引

SQL Server 2000 中的索引可以分为聚集索引和非聚集索引两种基本类型。

（1）聚集索引。聚集索引相当于物理排序，它对表的数据行重新排列，并替换原表重新存储到磁盘上，所以它占用的空间甚至比原表还要大。一个表只能创建一个聚集索引，因为数据行的逻辑顺序与物理顺序是一致的，所以查询效率最高。

（2）非聚集索引。非聚集索引是完全独立与数据表的结构，每个表最多可以建立 249 个非聚集索引。由于一般表的数据会常常变动，为了不影响效率，实际上一般只创建 3～4 个。非聚集索引还可以细分为：

1）单列索引。依据表中单个列建立的索引叫做单列索引。

2）复合索引。依据一个表中两个以上列的组合（最多 16 列）建立的索引叫做复合索引。

3）唯一索引。要求索引列的值（包括 NULL）是不能重复的，若是复合索引则要求组合列值不能重复。

4）非唯一索引。指索引列值可以重复的索引。

Visual FoxPro 中的索引有四种类型。

第一种是主索引。它要求索引字段或字段组合表达式值能够唯一地确定数据表中的一条记录。主索引只能在数据库表中创建和使用，而且一个数据表只能指定一个主索引。

第二种是候选索引。与主索引一样，候选索引要求索引字段或字段组合表达式值能够唯一地确定数据表中的一条记录。但是一个数据表允许建立多个候选索引。

第三种是普通索引。普通索引允许数据表中各记录的索引字段或字段组合表达式的值相同。

第四种是唯一索引。唯一索引是为保持与低版本软件的兼容性而保留的一种索引类型。

不论在 SQL Server 2000 中还是在 Visual FoxPro 中，利用对话框窗口创建数据表的索引都很方便。比如要在 SQL Server 2000 中为数据表 COURSE 创建索引，应当首先打开企业管理器的“控制台根目录”，再选定表 COURSE；从“操作”下拉菜单或快捷菜单中，单击“所有任务”的二级菜单中“管理索引”选项。弹出“管理索引”窗口如图 5—74 所示。

可以看到已经建立了聚集索引，这是因为创建表时选定 KH 列为主键，系统自动创建的。现在可单击“新建”按钮，打开“新建索引”窗口如图 5—75 所示。

先给定新索引名称（KC _ 1），再指定索引列和顺序，还可以选择是否建立唯一性索引，最后单击“确定”按钮，返回图 5—74 的管理索引窗口。可以看到一条新索引已经创建成功。

现在可以重新编辑新索引或新建其他的新索引，如果单击“关闭”则结束数据表索引创建操作。

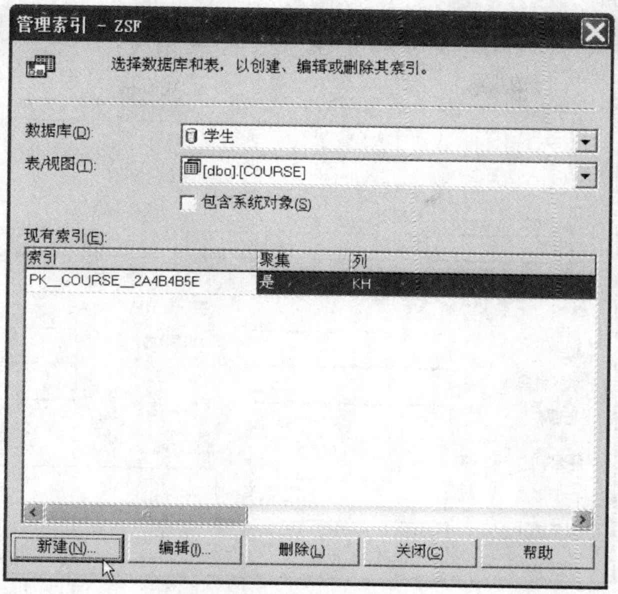

图 5—74　管理索引窗口

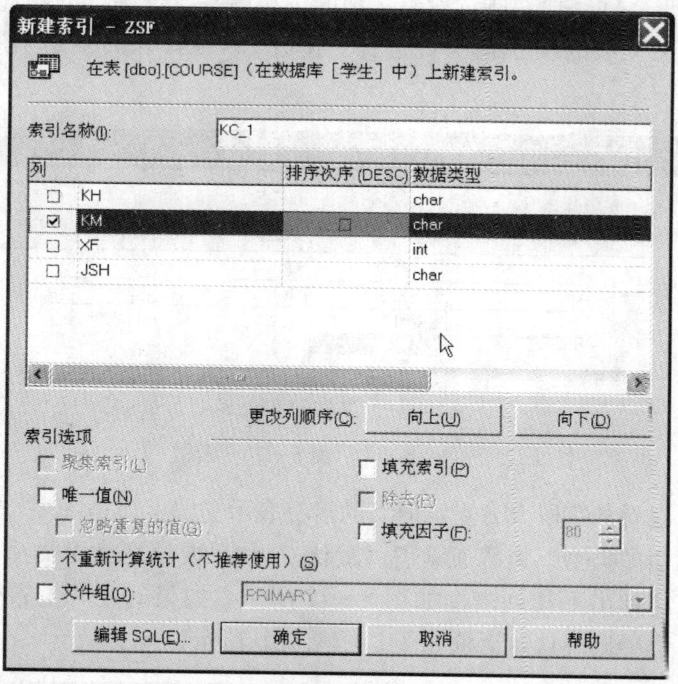

图 5—75　创建新索引

在 Visual FoxPro 中，若要创建“学生”表 STUDENT 的结构复合索引文件，使其中含两个索引项（Tag）XH 和 MZ，而 XH 按升序排列，MZ 按降序排列。

先打开数据库文件 ABC，再打开 STUDENT 表。在主菜单的“数据库”选项下拉菜单中单击“修改”选项，或者在主菜单的“显示”选项下拉菜单中单击“表设计器”选项都可以打开“表设计器”对话框如图 5—76 所示。

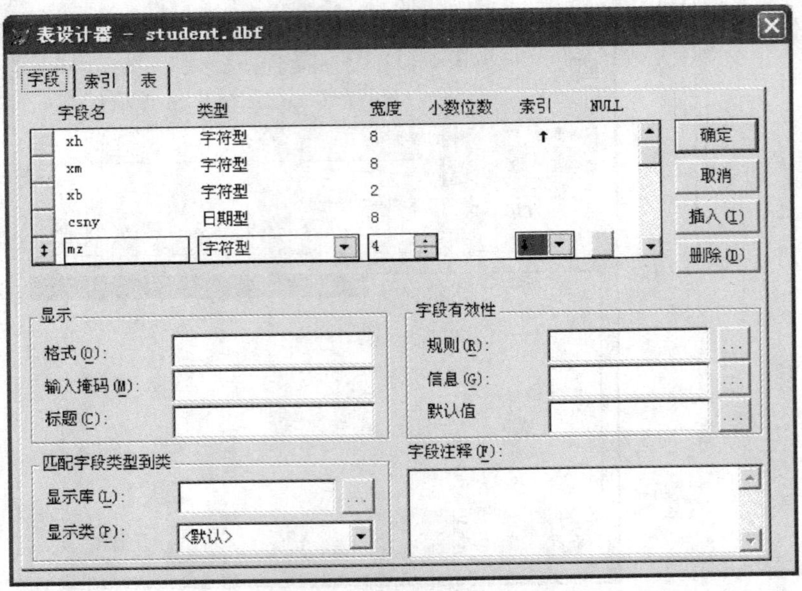

图 5—76　数据库表设计器

单击 XH 字段右端"索引"项的下拉箭头，选择"升序"。再单击 MZ 字段右端"索引"项的下拉箭头，选择"降序"。再打开的"索引"选项卡如图 5—77 所示。

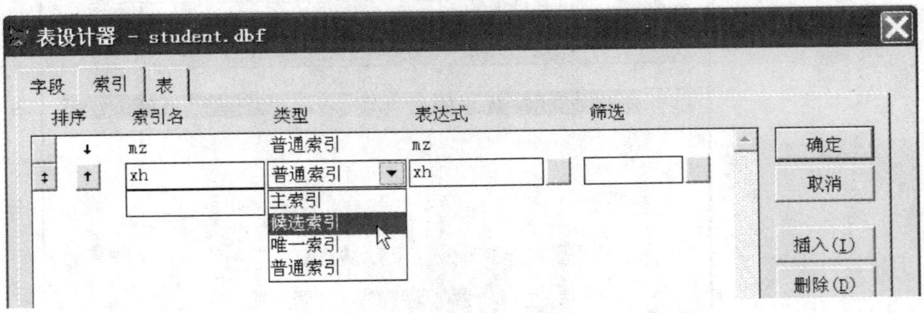

图 5—77　索引

可以看到字段 MZ 左端向下的箭头表示它的索引是降序，其"表达式"为该字段，索引"类型"为普通索引（默认）。如果要改变索引类型，单击"类型"右端箭头，将弹出下拉列表框如图 5—77 所示。如果选定"主索引"，并单击"确定"按钮，会弹出确认对话框如图 5—78（a）所示。

（a）　　　　　　　　　　（b）

图 5—78　确认修改

若单击“是”按钮，系统将给出提示信息对话框如图5—78（b）所示。因为系统自动检测发现MZ字段的值不唯一，所以不能定义为主索引（或候选索引）。单击“确定”按钮返回。如果定义XH字段为主索引或候选索引，将会被数据表接受并保存。

思考题

1. 试述数据库设计各阶段的任务和过程。
2. 简述模型、数据模型的概念、作用和分类。
3. 简述逻辑数据模型的组成。
4. 实体之间的联系有几种？实体内部的联系有几种？
5. 什么是E-R图？E-R图的构成要素有哪些？
6. 关系模型的特点是什么？它的五个基本条件是什么？
7. 关系模型的完整性约束条件有哪些？
8. 基本的关系操作有哪些？
9. 简述模块间调用的规则。
10. 简述保证模块独立性的好处。
11. 何谓数据凝聚的模块？
12. 什么是数据库的概念结构？
13. 试述数据库概念结构的设计步骤。
14. 什么是数据库逻辑结构设计？其主要步骤如何？
15. 数据库安全性的含义是什么？与完整性有何不同？
16. 数据库系统的主要安全措施有哪些？
17. 学校中有若干系，每个系有若干班级和教研室，每个教研室有若干教员，其中教授和副教授都可以指导若干研究生；每个班有若干学生，每个学生可以选修若干课程，每门课程也可以由若干学生选修。请用E-R图画出此学校的概念模型。
18. 试述数据库系统的组成。
19. 举一个E-R图实例，并试述将E-R图转换成关系模型的规则。
20. 试将第17题的E-R图转换成关系模型。
21. 逻辑删除记录和物理删除记录有什么不同？

练习题（第3～第8题请分别使用SQL Server 2000和Visual FoxPro完成）

1. 某建筑单位可以承接各种工程。若每项工程均有一位负责人，每位负责人只能承包一项工程。每项工程都要使用多种建材，每种建材又可以用于不同的工程。若每种建材只由一位供应商提供，每位供应商可以提供多种建材。

假定供应商提供的建材数量为PMQ，各工程需要的建材数为SMQ，每位承包人的工期为 SRT。如果已知四个实体如下：

工程：编号，名称，承包价，合同号

S（SN，ST，SP，SC）

建材：编号，名称，计量单位，单价

M（MN，MT，MU，MP）

供应商：编号，名称，地址，电话，传真

P（PN，PT，PAD，PTEL，PFX）

承包人：编号，姓名，职称，工作单位

R（RN，RM，RF，RU）

请先画出完整的 E-R 图，再转换成优化的关系模型。

2. 分析图 5—79 的数据流程图，并分别回答下面的问题。

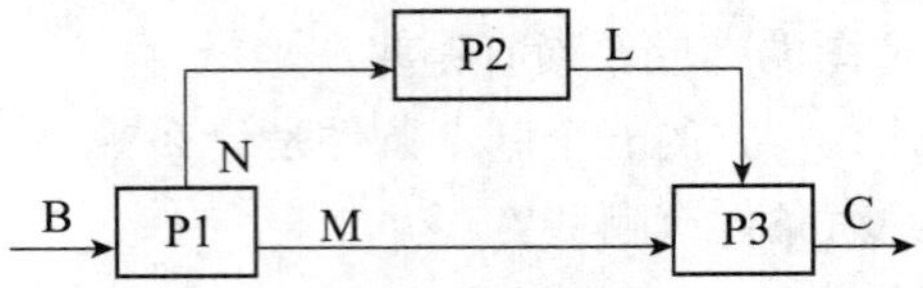

图 5—79 数据流程图

（1）将数据流程图转化为控制结构图。

（2）若系统要求只有当 C>0 时才输出 C，结构图应作何修改？

（3）若系统要求反复调用“B 变 C”，直到 C 为正，此时结构图应作何修改？

3. 使用 SQL 语句创建一个名为“学生管理”的学生数据库。

4. 使用 SQL 语句在学生管理数据库中创建学生选择专业的“基本”数据表，形式如图 5—80 所示。

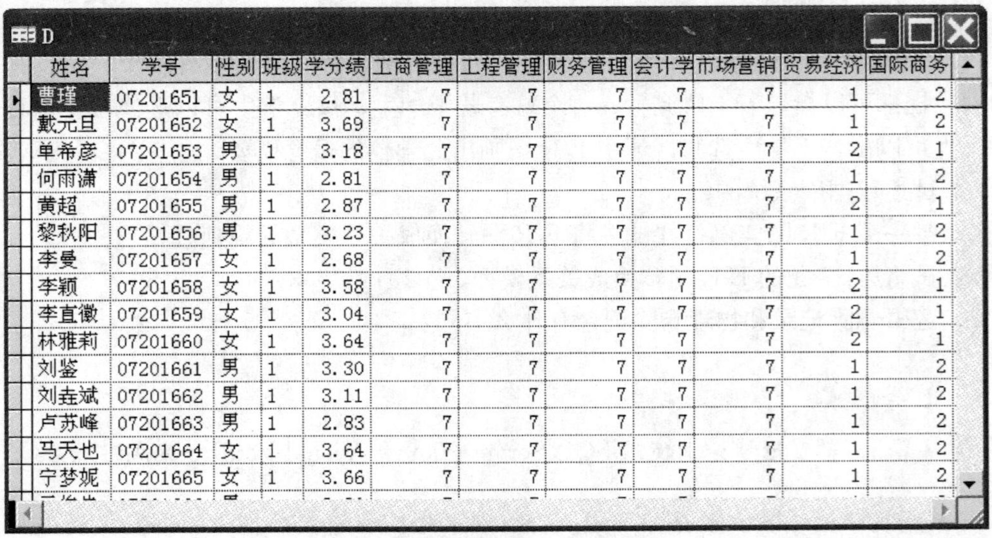

D

姓名	学号	性别	班级	学分绩	工商管理	工程管理	财务管理	会计学	市场营销	贸易经济	国际商务
曹瑾	07201651	女	1	2.81	7	7	7	7	7	1	2
戴元旦	07201652	女	1	3.69	7	7	7	7	7	1	2
单希彦	07201653	男	1	3.18	7	7	7	7	7	2	1
何雨潇	07201654	男	1	2.81	7	7	7	7	7	1	2
黄超	07201655	男	1	2.87	7	7	7	7	7	2	1
黎秋阳	07201656	男	1	3.23	7	7	7	7	7	1	2
李曼	07201657	女	1	2.68	7	7	7	7	7	1	2
李颖	07201658	女	1	3.58	7	7	7	7	7	2	1
李直徽	07201659	女	1	3.04	7	7	7	7	7	2	1
林雅莉	07201660	女	1	3.64	7	7	7	7	7	2	1
刘鉴	07201661	男	1	3.30	7	7	7	7	7	1	2
刘垚斌	07201662	男	1	3.11	7	7	7	7	7	1	2
卢苏峰	07201663	男	1	2.83	7	7	7	7	7	1	2
马天也	07201664	女	1	3.64	7	7	7	7	7	1	2
宁梦妮	07201665	女	1	3.66	7	7	7	7	7	1	2

图 5—80 基本表数据

要求最少有 8 条记录，可以有 NULL 项。

5. 使用设计器创建“教师”表，要求有编号、姓名、性别、职称、年龄、课号等字段。最少输入 10 条记录。

6. 修改表结构，将“年龄”字段改为“出生日期”，并根据当前年份更新每个教师的出生日期；再添加一个“基本工资”字段，并添加每个教师的基本工资。

7. 试为“教师”数据表创建各类索引，要求索引关键字为：(1) 姓名；(2) 姓名和年龄；(3) 课号。

8. 逻辑删除第 2、第 5、第 8 条记录，然后重新恢复。

系统详细设计 第6章

管理信息系统的总体设计完成以后，首先要进行系统代码的设计，然后需要确定软件系统和各模块的具体实现方法，以便最终真正建立一个完善的管理信息系统。要建立系统的各个功能模块，就要进行程序设计。过去曾定义程序就是算法加数据结构，程序设计就是使用给定的语句命令描述算法的过程。程序设计的计算机语言也都是一些面向过程的语言，现在人们主要使用诸如 SQL Server 2000、Visual FoxPro 及 Visual Basic 之类的面向对象的程序设计语言，采用面向对象的程序设计方法创建系统。

面向对象的程序设计方式，是将若干对象有机地组合在一起，以对对象的操作完成对整个任务的操作。它以对象为中心，将数据和程序捆绑在一起，封装在对象之中，淡化了解决问题的过程程序。使用对象时只需了解其接口提供的功能，而不必知道它的内部的数据描述和具体的功能实现。

面向对象的方法关心的是每个对象，思考的是对象之间的联系。基本的对象不需要用户去创建，系统提供了各类对象的许多仓库。用户需要什么对象，只要到相应的仓库中取出对象，加以组合、稍加修改和调整后，描述好每个对象的属性与方法工作就可以了。

程序设计实际上是对象的设计。对象有自己的数据（属性），也包括作用于数据的操作（方法）和对象的响应（事件）。

6.1 代码设计

为了唯一地、正确无误地标识系统中的每个实体，必须为管理信息系统建立相应的代码系统。代码是计算机和人都容易理解的符号（或语言），能够实现人和计算机的沟通。代码设计是一项重要的基础工作，代码设计的好坏，不仅关系到计算机管理信息系统处理的效率，而且影响到管理信息系统的推广和使用。

代码也叫信息编码，是作为事物（实体）唯一标识的、一组有序字符的组合。

它必须便于计算机和人进行识别与处理。

6.1.1　代码设计方法

1. 代码的重要性

代码的重要性表现在以下几个方面。

- 可以唯一地标识一个分类对象（实体）；
- 加快输入，减少出错，提高处理效率；
- 便于存储和检索，节省存储空间；
- 使数据表达标准化，简化处理程序；
- 为全局数据的一致性提供了基础。

2. 代码的含义

代码设计就是用规范化的编码符号来标识所有信息实体的工作过程。在系统开发中，代码设计要针对信息的收集、加工、表示和传递等所有处理环节，所有代码都有实际含义，是对现实物品、单位、人员、业务环节等信息服务对象的标识。

规范有序的编码在系统设计中的地位非常重要，是各个信息系统运作和彼此联系的基础。比如，企业集团内部的数据要能够顺畅传递，整个集团内部的业务单位、物料、供应商、客户等就要有统一的编号来彼此识别。如果各个子公司只从局部视野出发随意设计编码，子公司间数据的传递和查询就会遇到困难。

3. 代码设计的原则

（1）唯一性。是区别系统中每个实体或属性的唯一标识；代码所对应的应该是现实管理和数据处理中意义的最小单元，实现“一物一码”。比如，超市中的商品会根据最小销售单元设计编码，运输流通企业则要根据最小包装单元进行编码。

（2）简单性。尽量压缩代码长度，减少出错机会。

（3）可识别性。有些代码需要面向最终用户，比如身份证号、邮政编码等都会直接由用户输入计算机。这类代码的设计需要有较好的可识别性，便于记忆和区分，减少输入错误的机会。比如不使用易于混淆的字符，用 24 小时制表示时间等。

（4）可扩充性。设计中需要计算代码的容量，在对系统业务拓展和对代码的使用周期进行预测的基础上估算出新的实体增加的可能性。代码体系的寿命很可能会超过信息系统的寿命，因此要考虑到长远使用，预留出必要的空间，以保证业务扩充和调整后不至于打乱原有的体系和顺序。计算代码容量的公式如下。

$$C=\prod_{i=1}^{p}S_i$$

式中，C——编码容量（可得代码的总数）；

p——码位数；

S_i——每位上的代码数。

（5）合理性。代码必须在逻辑上满足应用需要，在结构上与处理方法相一致。

（6）规范性。编码要以科学划分的、通行的分类体系为基础，保持全局的一致性，为数据的分类存储、检索和统计提供方便；尽可能采用现有的国标、部标编码，结构统一。比如企业中的物料、产品、设备、工作环节、机构等，学校中的学号、教工号、单位号、课号、科研项目号等，都是使用频率很高、应用范围很广的编码，在应用系统中经常扮演关键信息项的角色，尤其要注重其规范性。

4. 代码的类型

代码的类型是指代码符号的表示形式，代码设计时可选择一种或几种代码类型组合。

（1）顺序码。也叫序列码，用连续数字作为每个实体的标识。编码顺序可以是实体出现的先后，或实体名的字母顺序等。优点是简单、易处理、易扩充、用途广，缺点是没有逻辑含义，不能表示信息特征；序列无法插入，如果不事先预留空位，则只能在尾部扩充；删除数据会造成空码。例如，参展商代码可设计如表 6—1 所示。

表 6—1　　参展商代码

参展商	序号	顺序码
新浪	1	001
搜狐	2	002
雅虎	3	003
⋮	⋮	⋮

（2）重复码。采用与原来手工系统相同的编码，叫做重复码。其优点是容易被原系统人员接受，易实现，便于推广；缺点是不能任意更改，可能不尽合理。例如，图书代码可设计如表 6—2 所示。

表 6—2　　图书代码

图书名	重复码
《管理信息系统的理论与应用》	ISBN 7-301
《数据库系统概论》	ISBN7-04-007
《大众软件》	ISSN 1007-74

（3）成组码。也叫位别码、数字码、分组码，是最常用的一种编码。它将代码分为几段（组），每段表示一种含义，可以某种编码方式表示，每段都由连续数字组成。比如，学号是 8 位，1～2 位代表年级，3～4 位代表系别，5～6 位代表专业，7～8 位是顺序号。身份证编码也是成组码。它的优点是简单，方便，能够反映出分类体系，易校对，易处理；缺点是位数多不便记忆，必须为每段预留编码，否则不易扩充。例如，身份证编码共 18 位，各段的含义如表 6—3 所示。

表 6—3　　身份证号码的分段

段号	位数	含义	实体数	预留数	代码区间
1	1～3	省市	800 左右	199	001～999
2	4～6	区县	＜500	499	001～999
3	7～14	出生日期	13 亿	任意	0001. 1. 1～9999. 12. 31
4	15～17	顺序号	不定	999	001～999 第 17 位奇数为男，偶数为女
5	18	校验码	—	11	0～9，X

（4）表意码。也叫字符码或助记码。它将表示实体特征的文字、数字或记号直接作为编码。比如在身份证编码中，用出生日期作为 7～14 位的编码。优点是可以直接明白编码含义，易理解，易记忆；缺点是编码长度位数可变，给分类、处理带来不便。例如，网站代码可设计如表 6—4 所示。

表 6—4　网站代码

网站名	表意码
中国教育科研网	CERNET
中国科技网	CSTNET
中国公共互联网	CHINANET
中国金桥网	CHINAGBN

（5）专用码。它是具有特殊用途的编码，如汉字国标码、五笔字型编码、ASCⅡ代码等。

5. 代码的校验

我们知道，代码是计算机管理信息系统的重要信息，它能唯一地、正确无误地标识系统中的每个实体。代码设计的好坏，不仅关系到计算机管理信息系统处理的效率，而且会影响管理信息系统的推广和使用。但是在人们重复抄写或录入代码的过程中，非常容易由于人为原因或者计算机系统故障，使进入系统的代码出现各种各样的错误。

为了尽可能地减少这些错误，往往要使用编码校验技术。这是在原有代码的基础上附加校验码的技术。校验码是根据事先规定好的算法构成的，将它附加到代码本体上以后，便与代码本体融合在一起，成为代码的一个组成部分。当代码输入计算机以后，系统将会用规定好的算法验证，从而检测代码的正确性。

常用的简单校验码是在原代码上增加一个校验位，并使得校验位成为代码结构中的一部分。系统可以按规定的算法对校验位进行检测，校验位正确，便认为输入代码正确。例如，ASCⅡ代码如表 6—5 所示。

表 6—5　ASCⅡ代码

字符	最高位	有效代码（7 位）	实际代码（8 位）
A	0	1000001	01000001
B	0	1000010	01000010
⋮	⋮	⋮	⋮
a	0	1100001	01100001

ASCⅡ代码是 7 位二进制数字编码，为防止出错，在最高位增加了一位校验位，算法规定校验位应当总是数字 0。实际 ASCⅡ代码是 8 位二进制编码，系统会在接收到某个字符的 ASCⅡ代码时，先检测最高位是不是 0。如果不是 0，则要求重新发送这个字符的 ASCⅡ代码信息。

6.1.2　管理信息系统中的代码

管理信息系统中常见的代码有部门代码、人员代码、物资代码、工程代码、设备代码、会计科目代码等。根据上面介绍的代码设计原则，这些常见代码的设计方法如下。

1. 部门代码

根据目前企业的实际情况，部门代码一般采用成组码，比如使用 4 位数字编码（如图 6—1 所示）。

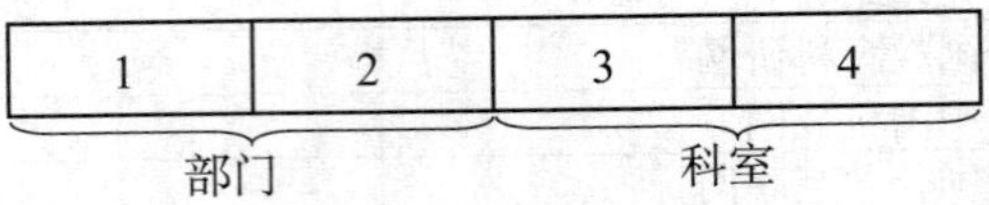

图 6—1　部门代码

前 2 位作为一个企业各部门的编码，后 2 位作为部门内各科室、班组的编码。代码的位数可以根据企业部门的多少，部门内科室、班组的多少来确定，同时应当预留出代码区间。

2. 人员代码

人员代码涉及人事劳资部门，一般有两种编码方法。一是用简单的顺序码，代码位数可以根据企业职工人数确定；二是使用组合编码，因为这样便于分类、汇总。比如，使用部门码加顺序码的编码方法。在教学管理信息系统中，若商学院“院办公室”的部门码是 0801，那么其中某职工的代码就可以是：0801016。

3. 物资代码

物资代码的设计既要考虑物资管理部门的要求，也要满足会计核算的要求。一般可以采用成组码，并且用表意码辅助。比如，汽车牌照的编码——京 OD1001，表示北京公安系统某系列的多少号车。

4. 设备代码

设备代码的使用涉及设备管理部门和会计核算部门的需要。应当尽可能在代码中反映设备的经济用途、使用情况、使用部门及设备类别等信息，所以一般使用组合编码。

比如，教育部规定的仪器设备分类编码是 8 位代码。其中 1～2 位代表总类，如 03 表示仪器仪表，04 表示机电设备，05 表示电子设备等；3～4 位代表分类，如总类 05 下面的 01 表示计算机类，02 表示广播电视设备，03 表示通信设备；5～6 位代表子类，如在“计算机”分类下面的 01 表示电子计算机，02 表示模拟计算机，03 表示数模计算机，04 表示计算器；7～8 位代表细目，如在“电子计算机”子类下面的 04 表示小型电子计算机，05 表示微型电子计算机；其代码形式为：05010105。

5. 产品代码

设计产品代码是为了产品（商品）的生产管理、成本核算及销售管理的需要。产品代码也可以采用组合编码或直接使用表意码设计。

比如，A. O. 史密斯（中国）热水器有限公司生产的各款电热水器代码是：EWH 60C、EWH 80C、EWH 100C。其中英文 EWH（electric wall hung）的含义是电气墙壁悬挂，表示了产品的类型特征；后面的 60C、80C、100C 则表明了产品的容积分别是 60 升、80 升和 100 升。

6. 工程代码

为满足生产、物资和财务部门的需要，明确反映出工程的性质，可以设置工程代码，工程代码一般采用成组码，如序列号＋年份＋工程性质。

7. 会计科目代码

会计科目反映经济业务和会计核算的内容，能够在一定范围内综合汇总会计指标。代码设计应当注意通用性，根据财政部及本行业、本地区的规定，编制会计科目代码。一般采用成组码形式，分 3～4 段设计代码（如图 6—2 所示）。

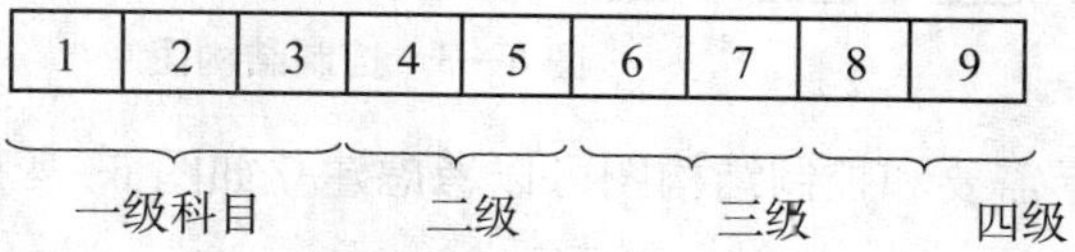

图 6—2　会计科目代码

6.2　人机接口界面的设计

人机对话也叫人机交互，是指在程序运行过程中，为了达到控制或校验目的，通过计算机显示屏幕，使人和计算机对话（交互）的操作。在 Windows 平台上，这种对话操作的界面主要有三种形式。

（1）菜单方式。屏幕显示可选功能的菜单，用户指定需要的选项，程序执行选定的功能。可以建立下拉菜单和快捷菜单两类菜单。

（2）工具栏方式。这是图形操作平台 Windows 的特殊对话方式，系统将常用功能以图标形式成组显示在屏幕上，用户随时直接单击图标实现指定功能的操作。

（3）对话框方式。以特殊的屏幕窗口提示和接受用户的简单指令。

利用 Visual FoxPro 可以很容易地为应用系统创建各类人机接口界面。

6.2.1　下拉菜单的创建

下拉菜单一般作为应用系统的主菜单，创建菜单的过程可以分成规划与设计、创建、确定任务、生成和运行测试五步。

1. 规划与设计

应当遵循需要完成任务的性质、要求以及用户处理问题的一般习惯分层次地设计菜单结构。注意设计时既要涵盖每一项操作，又要尽量简洁明快，不要出现重复选项。

例如，需要创建某学校的“薪酬管理信息系统”，经过系统总体设计后，可以得到如图 6—3 所示的控制功能结构图。

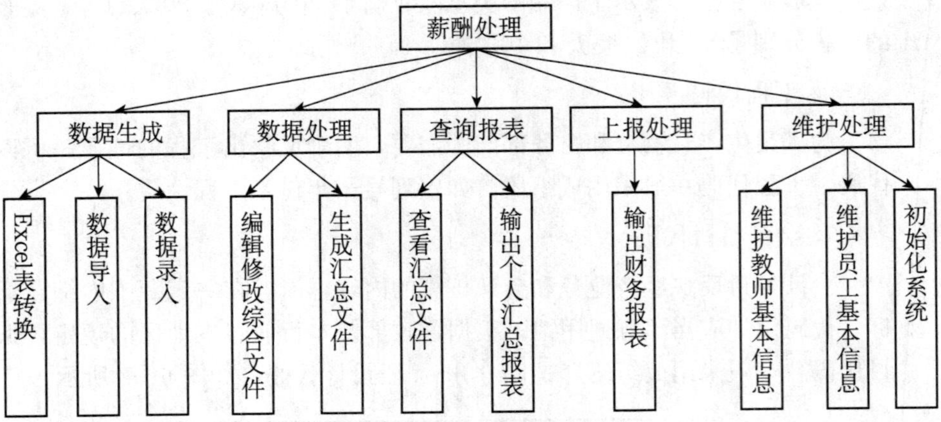

图 6—3　控制结构图

根据实际需要和控制结构图可以考虑建立如图 6—4 所示的下拉菜单。

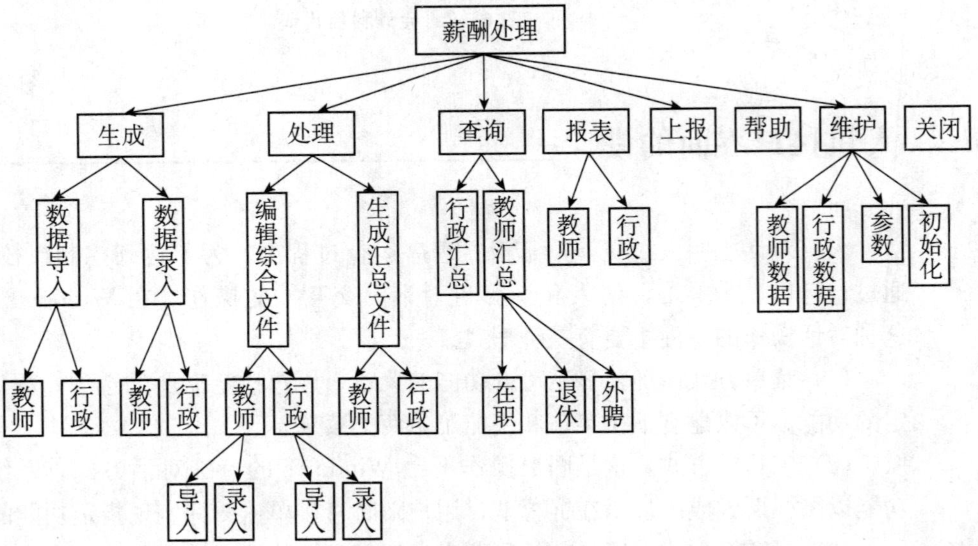

图 6—4　下拉菜单布局

从图 6—4 的下拉菜单布局可以看出，该薪酬处理系统主菜单分成四个层次（四级）：菜单栏是第一级，有 8 个菜单项；第二级是下拉菜单，许多下拉菜单选项中还可以拉出第三、第四级子菜单。在图 6—4 中对每个选项的标题已经定义了基本名称，但没有规定菜单中每个命令项的操作命令或操作方式。

2. 创建菜单格式文件

菜单格式文件描述下拉菜单的结构层次和各层的数据项，是建立下拉菜单的基本依据。在规划好下拉菜单的布局以后，就可以创建菜单格式文件了。我们就以图 6—4 为例创建一个菜单格式文件。

打开 Visual FoxPro 系统，在主窗口单击工具栏的“新建”按钮，打开“新建”窗口。选择建立“菜单”类型的文件，单击“新建文件”按钮。系统将弹出“新建菜单”对话框如图 6—5（a）所示。因为要创建下拉菜单，所以单击“菜单”按钮，打开“菜单设计器”对话框如图 6—5（b）所示。

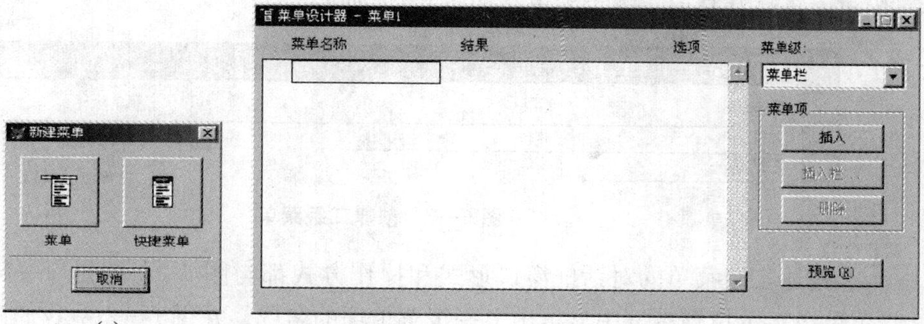

(a)　　(b)

图 6—5　新建菜单窗口

在对话框窗口右面的“菜单级”下拉列表框中，总是显示当前的菜单级别。目前是对第一级菜单进行操作，所以在“菜单级”下拉列表框中显示的是“菜单栏”。在窗口左面的输入框中，可以顺序输入当前菜单级别每个菜单项的信息，如“菜单名称”、“结果”及“选项”等。

先逐行在“菜单名称”列的文本框中输入第一级菜单的 8 个菜单项名称，结果如图 6—6 所示。

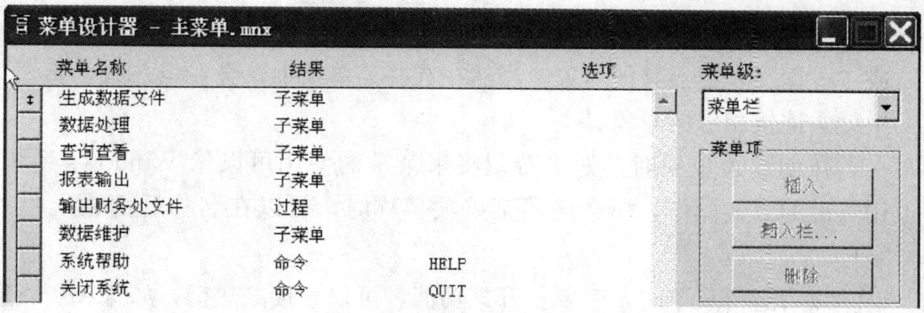

图 6—6　创建菜单

然后为每个菜单项确定“结果”列信息，在菜单设计器中，“结果”列是下拉列表框，其中有四个选项。

- 命令：在其右边的“选项”文本框中，可输入一条 Visual FoxPro 命令；
- 过程：单击右边弹出的“创建”按钮，将打开编辑器窗口，可输入一段过程程序；
- 填充名称：为了实现动态菜单，选择此项后，在文本框中输入该菜单项的标题；
- 子菜单：然后可定义下级菜单，这是默认选项。

因为从图 6—4 中我们已经知道，上面 8 个菜单选项是一级菜单，其中 5 个菜单选项下面都有下级菜单对应，所以在图 6—6 中有 5 个菜单项选择“结果”为“子菜单”，其余 3 个为“命令”和“过程”。

为了进一步描述二级菜单，应当分别单击每个菜单选项后面的“创建”按钮。

比如，对于“生成数据文件”菜单项，选择“结果”为“子菜单”，单击“创建”按钮，将打开其第二级子菜单，如图 6—7 所示。

图 6—7 创建二级菜单

描述二级菜单的对话框窗口形式和操作方式都与图 6—6 的窗口一样，只是在“菜单级”下拉列表框中显示出上一级菜单项的名称。在图 6—2 中我们已经输入了二级菜单的选项信息，因为各选项还有三级子菜单，所以其“结果”列仍然选择“子菜单”，并且可以用同样的方式打开下级菜单描述窗口，接着输入其菜单项名称。如图 6—8 所示。

图 6—8 创建三级菜单

在这个选项中，第三级子菜单已经是最下层菜单，所以应当在这里用“命令”或“过程”来连接其他对象。当然在有些菜单项中，会在第二级，甚至第一级菜单中就去连接相应的对象。

在创建菜单项时，如果希望将来菜单的使用可以像 Windows 系统菜单那样，用热键的方式操作，那么描述菜单项名称时，可以在名称后面输入：“\＜”和字母。

以后运行菜单时，若要打开某功能，可以直接敲热键，如【Alt+S】实现。

如果在下拉菜单窗口中用字符串“\－”代替菜单选项名称。那么在运行菜单时，在下拉菜单中就会发现，子菜单窗口中增加了一条分隔横线。

下拉菜单的格式设计好以后应当以文件的方式保存起来，以便以后修改、生成及调用。单击图 6—5 设计器窗口右上角的“关闭”按钮。

Visual FoxPro 系统规定，创建的菜单格式文件包含“菜单文件”（.MNX）和“菜单备注”（.MNT）两个文件。

3. 确定菜单项任务

主菜单控制着整个系统的运行，每一个基本菜单项都联系着一个对象；反过来说，应用系统中的每个对象又通过菜单项互相联系起来。在菜单中，这种联系是靠命令或程序过程建立的，而联系的对象可以是表单、菜单、报表、查询等。

（1）通过命令建立联系。比如在图 6—6 中，“系统帮助”和“关闭系统”两个选项已经是菜单中的最低层选项。我们为它选定的“结果”为“命令”，这时在它右边的文本框中就直接输入了相应的命令。

（2）通过程序过程建立联系。有时不是一条命令就可以将对象联系起来的，需要创建一段程序，比如图 6—6 中的“输出财务处文件”选项。这需要在“结果”框中选定为“过程”，并单击“创建”按钮，在如图 6—9 所示的编辑窗口中输入相应的程序行。

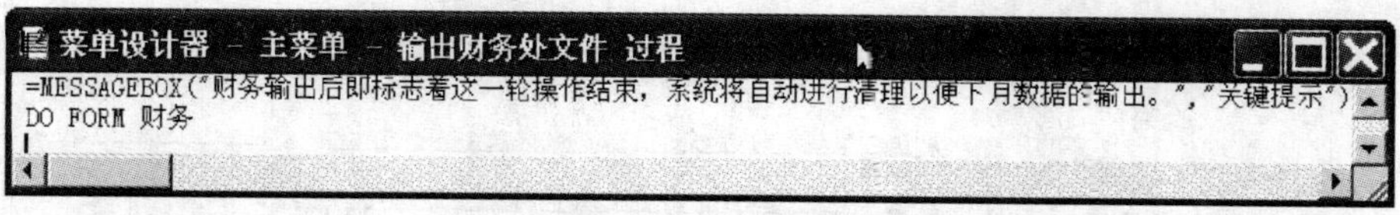

图 6—9　创建过程编辑窗口

4. 下拉菜单的生成

菜单文件（.MNX）和菜单备注文件（.MNT）仅仅是菜单格式信息的文件。这种文件只能编辑修改，不能运行操作。要想运行菜单，就必须创建菜单程序。利用菜单生成功能可以自动创建菜单程序，生成操作的步骤如下。

（1）打开菜单设计器。在 Visual FoxPro 主菜单的“文件”下拉菜单中，单击“打开”选项，将弹出“打开”对话框窗口。找到要打开的菜单文件后，单击“打开”按钮，将在菜单设计器窗口中打开选定的菜单文件。如果在创建菜单文件时不退出菜单设计器，也可以直接生成菜单程序。

（2）生成。在系统主菜单的“菜单”项下拉菜单中，单击“生成”选项，将弹出对话框窗口如图 6—10 所示。

图 6—10　菜单设计器对话框

在“输出文件”文本框中显示出系统测定的路径、文件夹及文件名。可以直接修改，或单击文本框右端按钮打开“另存为”窗口，指定新的存取路径及文件名。最后单击“生成”按钮。如果是第一次生成，系统将会自动操作，并在状态行左端显示提示信息。如果是重新生成，系统又会提示是否重新改写。用户确认“是”改写以后，系统才自动进行生成操作。最后产生一个与原菜单文件同名的程序文件（.MPR）。

5. 下拉菜单的运行

只有让菜单运行起来才能通过菜单实现对用户应用系统中各对象的联系和管理。在系统主窗口中通过对相应选项的选定或相应命令的执行可以实现用户菜单的运行。

（1）用主菜单。先在菜单设计器中打开用户菜单，再在系统主菜单的“程序”下拉菜单中单击“运行”选项；或者不打开用户菜单，直接在系统主菜单的“程序”项下拉菜单中单击“运行”选项。系统将会打开其对话框如图 6—11 所示。

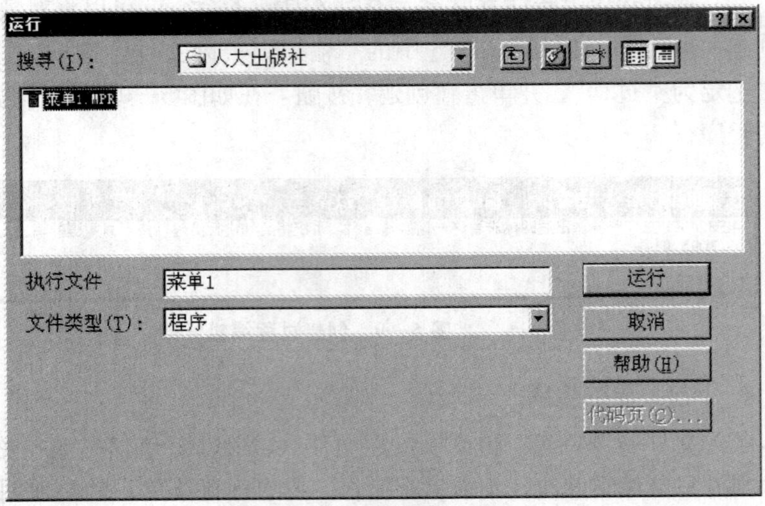

图 6—11　运行菜单程序

选中要运行的菜单程序“菜单 1. MPR”后，单击“运行”按钮，系统将运行指定菜单。

（2）用命令。可以直接在系统命令窗口中键入命令运行用户新建菜单。格式为：

```
DO  <菜单文件名.MPR>
```

注意：运行菜单的命令中，必须给定菜单文件的扩展名，否则将自动查找执行同名的.PRG 程序文件。比如，为了运行自己新建的菜单程序，应当在命令窗口键入

```
DO  菜单 1.MPR
```

一旦菜单程序（.MPR）文件运行，系统将会自动编译该菜单程序，生成一个同名的编译程序（.MPX）文件。以后再运行该用户菜单时，系统会优先运行编译程序文件。

直接运行这样的菜单后，用户会发现自己的菜单栏中可能会残存系统菜单的选项，而且当用户关闭自己的菜单后，无法重现系统菜单。要解决这种问题，应当在调用用户菜单前后设定和恢复系统环境。比如，要运行新建立的用户“菜单 1. MPR”程序，可以先创建一个控制程序如下：

```
SCREEN.CAPTION = "薪酬管理系统 "          && 将屏幕标题改成用户信息
SET  SYSMENU  TO                          && 隐含系统菜单
DO  菜单 1.MPR                            && 运行用户菜单
READ  EVENTS                              && 打开事件驱动环境
SET  SYSMENU  TO  DEFAULT                 && 重新显示系统菜单
```

以上是调用用户系统主菜单的基本程序语句，在实际应用系统中控制程序会更加复杂。

6.2.2 对话框的设计

对话框界面是最常见的人机接口界面，它既可以作为系统显示提示或警告信息的窗口，又可以作为人机信息交流的窗口。在 Visual FoxPro 中，对话框窗口界面一般用表单控件来实现。

1. 显示提示信息

比如，要建立一个系统说明的窗口，使得系统运行时，通过下拉菜单或工具栏打开这个对话框会有如图 6—12（a）所示的显示。

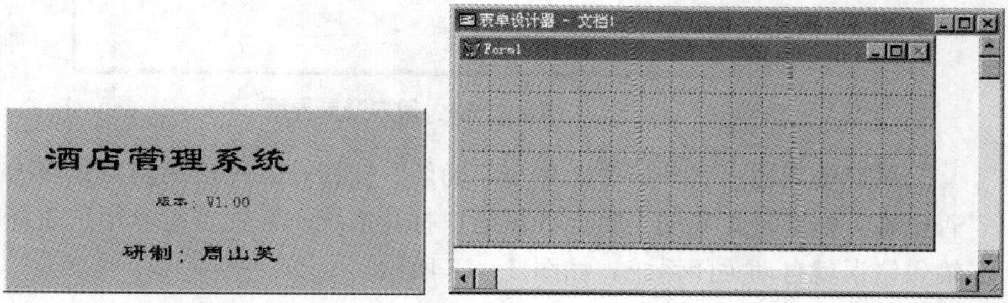

(a)　　(b)

图 6—12　打开表单设计器

创建这个对话框窗口，应当在 Visual FoxPro 系统中打开“新建”窗口，选择文件类型为“表单”，再单击“新建文件”按钮，将打开表单设计器如图 6—12（b）所示。

在表单 Form1 的适当位置分别插入三个标签控件，并且使得标签的 Caption 属性分别为：酒店管理系统，版本：V1.00，研制：周山芙。将三个标签的字体属性 FontName 改变为：隶书；将字号属性 FontSize 改变为：28，11，18 磅。最后把表单的标题栏属性 TitleBar 设置为“关闭”，并把表单背景设置为绿色[①]，如图 6—13 所示。

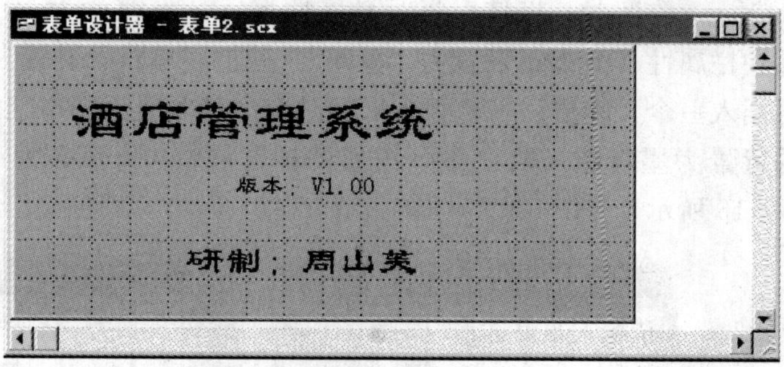

图 6—13　设计表单

关闭并保存这个表单，以后就可以在管理信息系统中随时打开它，作为系统的提示信息。

① 本书为黑白印刷，无法表现涉及颜色的内容，读者只需理解即可，后同。

2. 人机对话窗口

在系统中更常见的是需要用户根据提示随机输入信息的人机对话界面。比如，在每个管理信息系统中都会提供确认用户权限的功能，而实现这个功能的方式，主要就是利用人机对话界面。图 6—14 就是一个简单的用户登录界面。

图 6—14　用户登录界面

用户输入用户名和口令，单击“确认”按钮，系统检测用户是否合法，口令是否正确。如果是正确的，将允许该用户打开系统；否则将提示用户重新输入，三次输入错误就自动关闭系统，如图 6—15 所示。

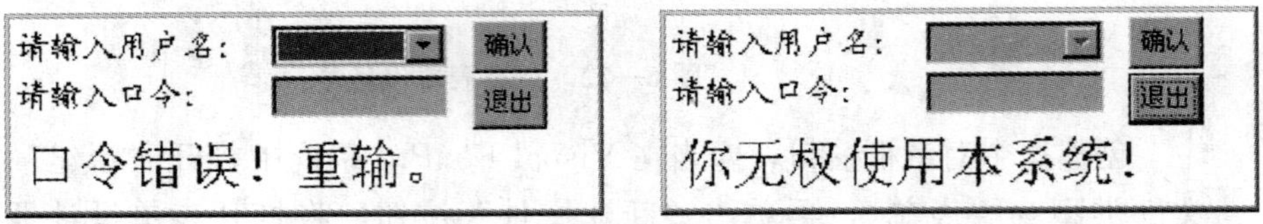

图 6—15　用户登录对话窗口

创建这个对话框窗口，也应当在 Visual FoxPro 系统中打开“新建”窗口，选择文件类型为“表单”，再单击“新建文件”按钮，将打开表单设计器如图 6—12(a) 所示。

在表单 Form1 的适当位置分别插入三个标签控件，并且使得标签的 Caption 属性分别为：“请输入用户名:”，“请输入口令:”和“(无)”。将前两个标签的字体属性 FontName 改变为：楷体；将字号属性 FontSize 改变为：12，12，20 磅。把表单的标题栏属性 TitleBar 设置为“关闭”，并把表单背景设置为白色。

再插入一个文本框、一个组合框和两个命令按钮。文本框的背景为青绿色，组合框的背景为墨绿色，两个命令按钮的标题属性 Caption 为“确认”和“退出”。如图 6—16 所示。

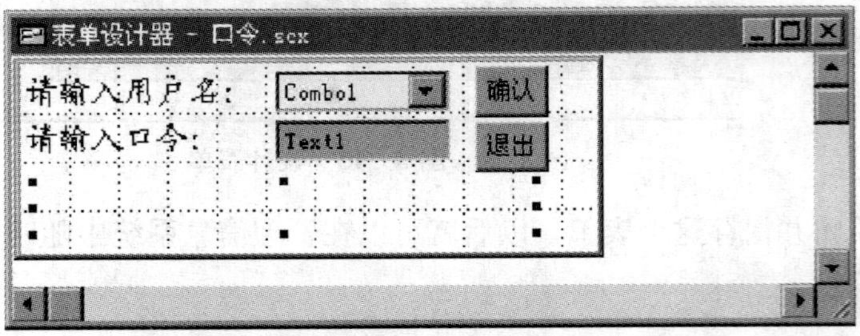

图 6—16　利用表单设计器设计用户登录窗口

命令按钮“退出”的单击事件的方法如下：

```
THISFORM.RELEASE
```

组合框有两个属性必须描述：

```
数据源类型 RowSourceType = 1—值
数据源 RowSource = "张三,李四"
```

这样处理组合框在表单运行时，可以单击组合框右端箭头，在下拉列表中就会显示“数据源”给定的用户名，只要选择一个合适的人名即可。

文本框需要设定口令占位符属性 PasswordCher 为“*”。

关闭并保存这个表单，以后就可以在管理信息系统中随时打开它，作为系统的登录界面。

6.3 输入界面设计

任何信息系统都可以视为由输入、处理、输出三部分构成。系统交付使用后，如果设备不发生故障，系统能否输出正确的结果，完全取决于输入信息是否正确可靠。统计资料显示，管理信息系统运行时，数据输入占用 60%的时间，数据处理占用 10%的时间，数据输出占用 30%的时间。所以说，数据输入的质量和速度直接决定了整个系统的效率。设计输入界面的目的就是方便用户，做到高效、直观、准确、简便。

信息的输入包括数据的采集和数据的录入两个部分。采集就是确认和获取新产生的数据；录入就是把源数据转变成计算机可以识别处理的信息，并保存在外存储器中的过程。信息处理的一条基本原则是：按正确的程序，用正确的操作，去处理正确的数据。俗话说：“输入的是垃圾，输出的也一定是垃圾！”所以，保证能够通过管理信息系统得到正确信息的根本，是原始数据采集的正确和数据录入的正确。

6.3.1 信息输入的方法和原则

1. 信息输入的方法

数据信息的输入可以分为批处理和联机处理两种类型。批处理就是先把数据采集到一个文件中，待检测合格或计算机空闲时，再把数据文件中的数据一次性地输入管理信息系统。联机处理则是直接将采集到的数据实时输入管理信息系统的方式。各种输入方法又需要得到各种输入设备的支持。表 6—6 列出了主要的输入设备及特点。

表 6—6　各类输入设备

输入设备及方式	介质	特点
键盘	屏幕	成本低、灵活；速度慢，易出错
鼠标	屏幕	操作方便，无须训练；一般是辅助设备

续前表

输入设备及方式	介质	特点
触摸屏	荧光屏	操作方便，无须训练；输入信息有限
话筒	声音信号	操作方便，无须训练；易出错，不够成熟
光笔	写字板	操作方便，无须训练；速度慢，易出错
POP 终端	键盘	操作方便、灵活，适合专业化应用
条码阅读器	纸面条码图形	操作方便、灵活，速度快，适合专业化应用
USB 接口	U 盘	成本低，容量大，方便灵活，速度快
磁盘机	磁盘	成本低，容量大，使用方便，速度快
磁性墨水阅读器	用磁性墨水书写的单据	处理效率高，适合银行专业化应用

应当根据输入数据量的多少，输入的频率，要求的输入速度，数据的准确性，数据的类型、格式、保密性以及允许的输入费用等条件，考虑选择合适的输入方式。如果数据量不大又要求具有实时性，可以考虑使用键盘输入方式。如果数据量很大，应当事先将数据存入磁盘或磁带中，需要时再用磁盘或磁带快速输入。在商店、银行则使用 POP 机、磁性墨水阅读器等专用设备输入。而在机场、车站等公共场合，更适合使用触摸屏、ATM 机等输入设备。

2. 信息输入的原则

（1）源点输入。应当尽可能在数据发源地，由实际当事人输入数据。比如，由仓库管理员录入材料收发数据，不要集中到统计中心输入，因为每增加一次数据的转抄、传递，就有可能增加一个出错的环节。在源点输入还便于发现错误和修改错误，使修改结果一次到位，可以避免数据的不一致。

（2）统一输入。如果某些数据在多个部门发生和使用，应当集中在一个部门输入。比如，学校输入新生数据，在招生办和学生处都需要使用，就应当集中在一处输入。因为学生处可以同时为每个新生分配学号，所以放在这里输入较好；虽然学生处不需要新生的入学成绩，但是为了招生办统计分类的需要，它应当同时输入这些数据。

这个原则也叫“一次输入”原则，因为多次输入同样的数据，难免会出现数据的不一致，或者格式的不统一。数据一次输入，多次享用，是最经济、高效、可靠的方式。

（3）数据简洁。输入的数据量越大，就越容易出现错误，所以应当尽可能减少数据量。输入的数据应当是基本数据（一次性数据），不要输入可以经过计算得到的（二次性）数据，以及可以随时取得的数据，如可以通过 DATE（）函数得到的当前日期数据。

对于取值范围不大又有固定值的数据，比如职工性别、职称等只能是有限的几个值，完全可以事先定义好，输入时随机选择即可。

（4）用户界面友好。对于能够完成同样功能的系统，若拥有赏心悦目的友好界面，自然会受到用户的欢迎。好的界面不仅仅是色彩鲜艳、富于变化的，更加重要的是结构合理、科学，充分考虑用户的操作习惯。比如，使屏幕上的输入凭证形式和手工填写的凭证形式相似，但又能克服随意性。

3. 输入数据的校验

输入数据难免出现错误，所以系统应当加强输入错误的校验。数据校验主要使用人工静态校验和计算机动态校验两种方式。使用这两种校验方式的常用校验方法包括以下几种：

（1）静态校验。就是利用人工目测的方式检查错误。因为人会疲劳，所以这种方式效率不高，错误查出率因人而异，一般不超过80%。

（2）重复校验。就是对于同一组数据，由不同人员重复输入，然后由计算机比较检查一致性。因为两个人在同一个地方出错的机会很小，所以重复校验可以将出错率降到0.1%以下。

（3）界限校验。就是事先制定数据的取值范围，由计算机系统校验数据是否超出了界限。

（4）逻辑校验。就是校验数据的逻辑合理性。比如，在做固定资产折旧处理前，检测当前的日期是否比上次折旧日期晚。如果早于上次折旧日期，肯定是当前日期出错。或者本来应当是数值的年龄，却无意中输入了字符值，这也可以由计算机来校验。

（5）平衡校验。就是由计算机来校验一组相关数据之间是否平衡。比如，总计数应当等于各小计数之和。

（6）匹配校验。就是以业务代码与存储文件代码比较，若不匹配则有数据错误。比如，酒店系统中“消费明细”表中的某个消费在“消费项目”表中却找不到。这一般由计算机和人工共同校验。

（7）存在校验。就是有些信息在输入文件中必须存在，如果找不到，就可以判定是数据错误。比如，账单号是“建立账单”表中的主码，如果发现账单号空缺，则此条记录有错误。这也可以用计算机来校验。

4. 计算机数据校验的实现

在数据库中，为了保证数据在输入、输出以及更新处理时的完整性，应当建立相应的约束条件，如第5章所述，数据的安全性、完整性、可靠性主要通过数据字典的设定来实现。具体的处理方式在SQL Server 2000和Visual FoxPro中不完全一致。

（1）重复校验。要让系统自动进行重复性校验，最简单的办法是将数据表的码设置为主索引或候选索引。比如，把教师表的教师号字段JSH定义为主索引，当用户输入教师记录时，如果输入了相同的教师号信息，系统将弹出警告信息，并拒绝接受用户的输入。

（2）界限校验。例如，有“教师”数据库表JS，需要将教师“年龄”字段NL的值控制在25～62岁之间。

在SQL Server 2000的企业管理器的控制台目录中选定“表”，再在其窗口中选定要操作的表“JS”，接着在下拉菜单或者快捷菜单中单击“设计表”选项，打开表设计器窗口如图 6—17 所示。单击鼠标右键，在快捷菜单中选定“CHECK 约束”选项。

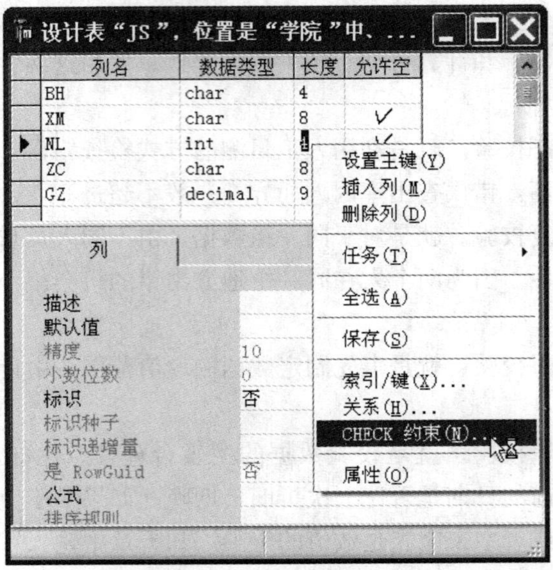

图 6—17　打开约束条件设置

单击该选项可打开操作窗口，在“约束条件表达式”框中选定合适的逻辑表达式，如图 6—18 所示。

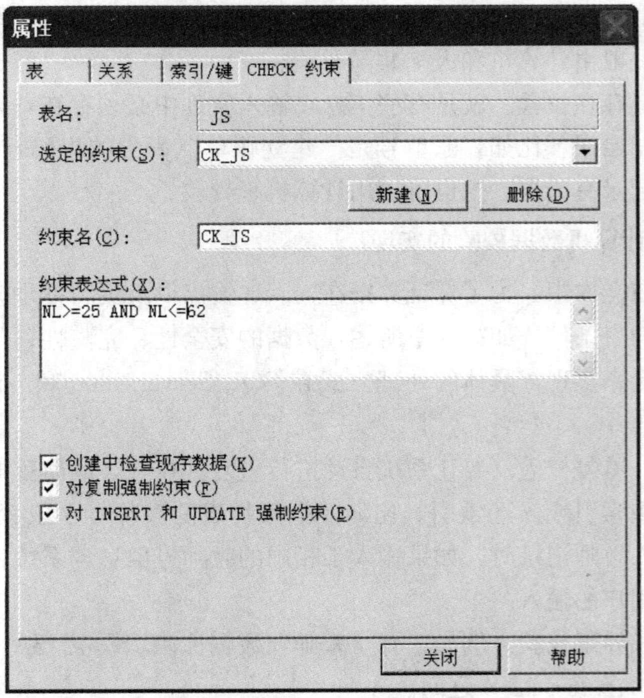

图 6—18　设置约束条件

单击“关闭”按钮结束。为了在录入记录时不出现错误，应当为该字段设置初始默认值。可以在图 6—17 的“默认值”框中输入默认值（如 25）。

如果在 Visual FoxPro 中创建约束，先打开教师数据表，再在显示下拉菜单中单击“设计器”选项，打开它的表设计器如图 6—19 所示。

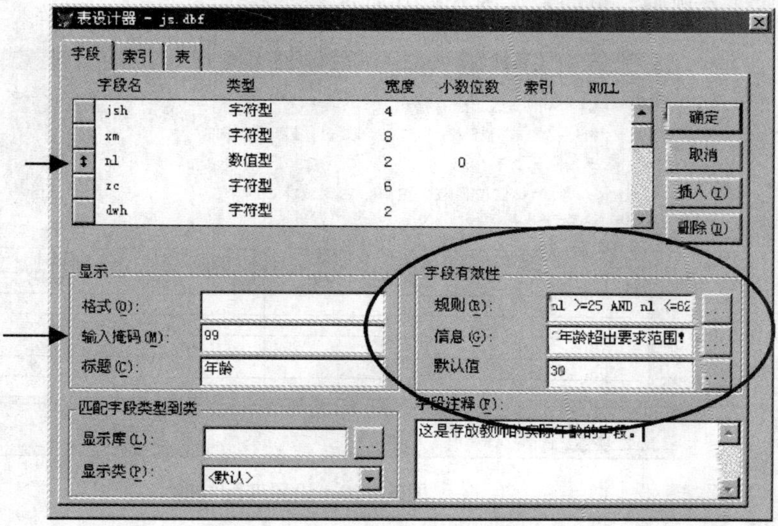

图 6—19 设置界限校验

先选定 NL 字段，再设定“字段有效性”中的“规则”。在“规则”输入框中输入条件表达式：

NL＞＝25 AND NL＜＝62

在“默认值”输入框中输入 25，并在“信息”输入框中输入：“年龄超出要求范围!”。

有了这样的限制条件，当用户为教师数据表输入教师记录时，系统将自动校验用户输入的年龄数据。数据符合要求则被接受，否则将弹出警告信息，并拒绝接受输入数据。

（3）逻辑校验。是为了防止出现逻辑错误，比如要控制教师的工资永远不能为负值。

在 SQL Server 2000 的企业管理器的控制台目录中选定“表”，再打开表设计器窗口如图 6—17 所示。并单击“CHECK 约束”选项打开操作窗口，单击“新建”按钮后，在“约束条件表达式”输入框中输入合适的逻辑表达式：GZ＞＝0 即可。

在 Visual FoxPro 中，可在图 6—19 的“规则”输入框中针对 GZ 字段输入表达式 GZ＞＝0 即可。

（4）匹配校验。匹配校验是检查两个表之间的错误，如果已经建立了教师表和课程表，当用户要在教师表中插入一条新的教师记录时，系统会自动在课程表中查找该教师所开设课程的编号，如果找不到这个课程号，说明学校还没同意开设该课程，则不允许插入该教师的开课记录。这样就可以避免教师所开课程与学校规定开设课程之间的不一致。

在 Visual FoxPro 中，先打开包含教师表与课程表的数据库，在数据库设计器对话框中，首先用鼠标左键单击两个表之间的关联线，再在“数据库”下拉菜单中，单击“编辑参照完整性”选项。打开“参照完整性生成器”对话框窗口，并选择“插入规则”页面，如图 6—20 所示。

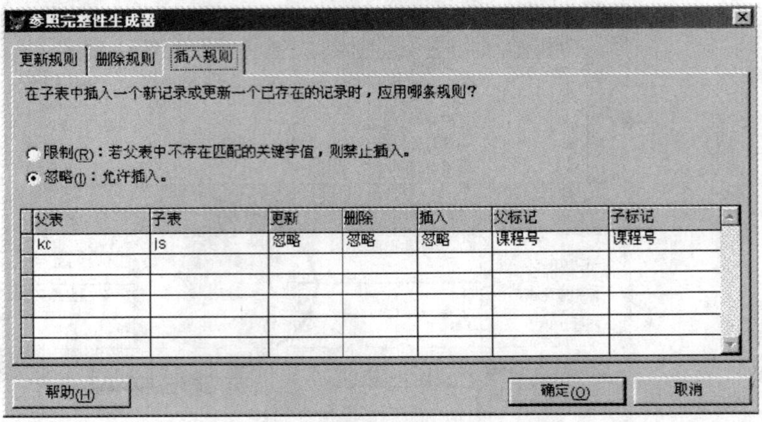

图 6—20　设置匹配校验

可以看到“插入规则”页面中只有两个单选择按钮，它们的功能如下：

- 限制：若父表中没有匹配的关键字值，则禁止插入。
- 忽略：可以随意在子表中插入记录。

目前应当设置“限制”条件。最后单击“参照完整性生成器”窗口的“确定”按钮，可以建立这种表间的校验规则。

在 SQL Server 2000 中可以通过建立外键约束条件来实现这种校验。

（5）存在校验。例如，对于“教师”数据表来说，不允许主要字段“教师号”和“姓名”的值同时都是空的。如果出现这种情况，系统应当判断为非法记录，不予接受并报警显示。为此，在 Visual FoxPro 中，用户可以在表设计器的“表”页面中，找到“记录有效性”控制框，并在其“规则”输入框中输入逻辑表达式：

```
NOT(JSH = "   "AND XM = "  ")
```

在“信息”输入框中输入:"在教师号或姓名字段中必须输入一项数据"。如图 6—21 所示。

有了这样的校验条件，当用户为教师数据表输入教师记录时，系统将会自动校验用户的输入。数据符合要求则被接受，否则弹出警告信息，并拒绝接受输入数据。

在 SQL Server 2000 的企业管理器的控制台目录中选定“表”，再打开表设计器窗口如图 6—17 所示。并单击“CHECK 约束”选项打开操作窗口，单击“新建”按钮后，在“约束条件表达式”输入框中输入合适的逻辑表达式：NOT（JSH＝NULL AND XM＝ NULL）即可。

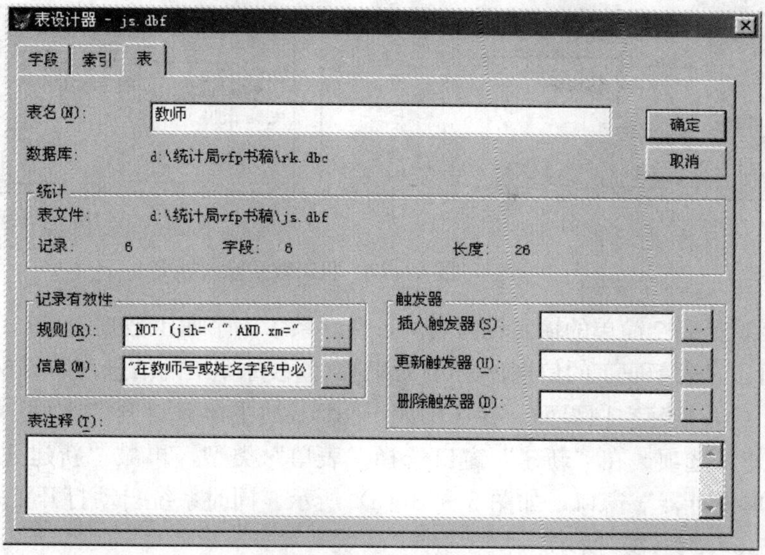

图 6—21 设置存在校验

6.3.2 输入界面的设计

1. 界面设计的原则

系统输入界面也是人机交互的重要界面，所以设计输入界面一般应注意以下几个方面：

（1）可靠性高、容错性好。

- 为可能的参数设置初始值；
- 设置各种校验，随时检查和提示用户系统工作状态与错误信息；
- 设置容错、纠错功能，允许用户出错。

（2）操作简单，易学易用。

- 尽可能减少录入量，特别是汉字的录入，对固定信息在选单当时输入；
- 操作符简单、明确，容易记忆；
- 适当增加帮助功能，使用户可以边用边学；
- 输入界面的色彩不可过于单调，也不可过于浓重；
- 信息反馈时间不能过长（<10 秒），否则应当增加提示信息。

（3）风格一致，布局合理。应当使系统中所有的输入界面具有统一的风格和基本统一的操作方式。同时在布局上要把相关信息集中在一起，主要的信息突出显示；输入的顺序符合自上而下、自左而右的习惯；输入信息过多可以分屏显示，不要使界面过于拥挤。

2. 界面设计的实例

假定需要为学院管理系统建立职工数据输入界面，在 Visual FoxPro 中利用表单来建立是很方便的。图 6—22（a）就是一个这样的数据输入界面。

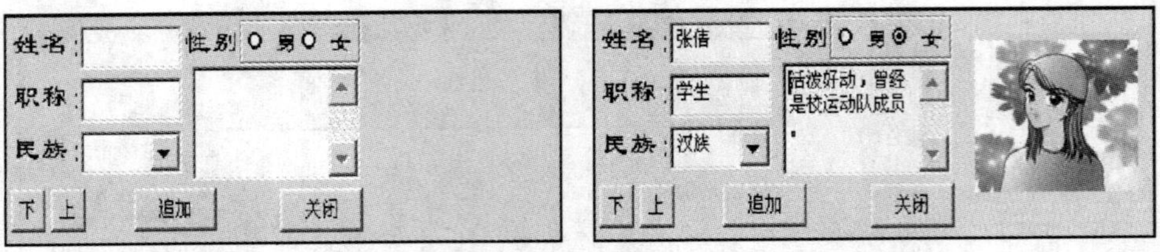

(a) (b)

图 6—22 职工数据输入界面

这是一个简单的输入界面实例，它联系了一个职工数据表 JZG1. DBF。这个界面既可以录入新职工的信息，也可以浏览、修改原职工的信息，如图 6—22（b）所示。

（1）创建空白界面。在 Visual FoxPro 的主窗口打开“文件”下拉菜单，选择“新建”选项。在“新建”窗口选择“表单”类型，再敲“新建文件”按钮，进入“表单设计器”窗口，如图 6—23（a）所示。同时系统自动打开了表单控件工具栏，如图 6—23（b）所示。

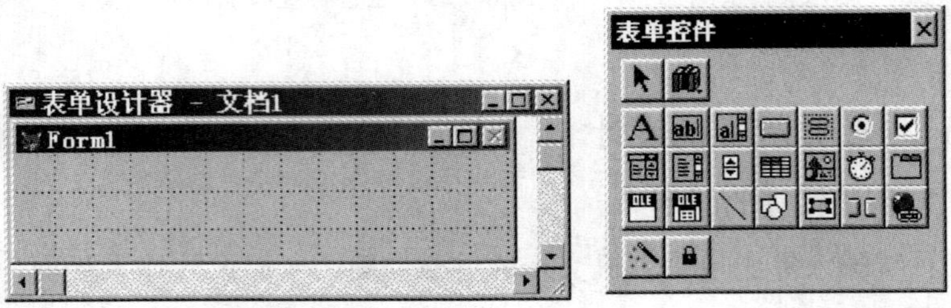

(a) (b)

图 6—23 表单设计器及工具栏

为了将表单标题栏隐含掉，应当设置以下属性：

隐含标题栏： TitleBar 0 - 关闭

（2）添加数据环境。把职工数据表 JZG1. DBF 作为表单的数据环境添加到表单对象中，如图 6—24 所示。

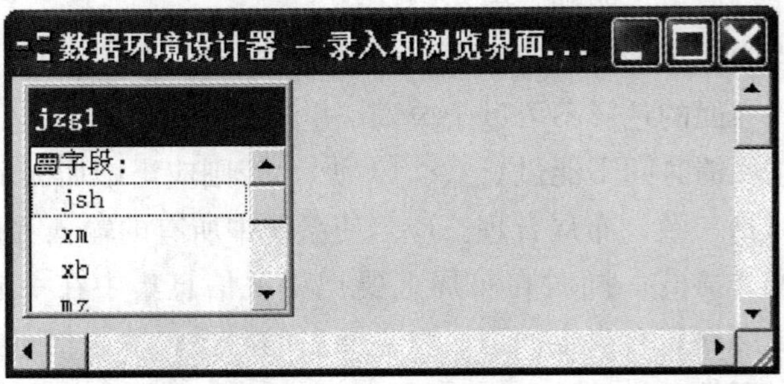

图 6—24 数据环境设计器

（3）为表单添加控件。将数据环境中表 JZG1. DBF 的相应字段拖到表单的适当位置，并且修改和调整它们的显示形式及 Tab 键顺序。再添加四个命令按钮，结果如图 6—25 所示。

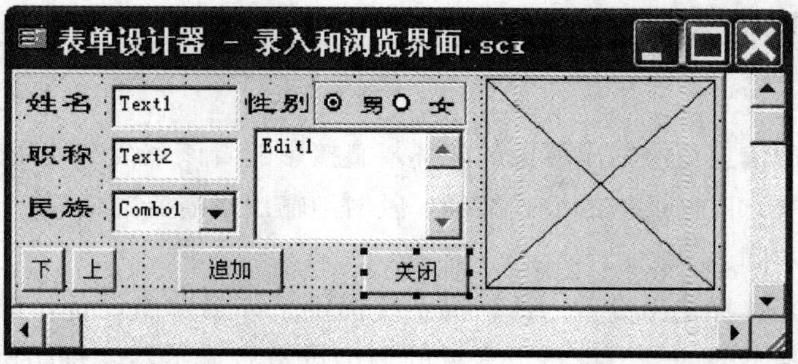

图 6—25　表单设计结构

其中“民族”字段的默认匹配类是文本框控件，需要事先将其匹配类改为下拉组合框控件 ComboBox。操作方式不在这里赘述，读者可以查阅参考书。

（4）创建按钮。在图 6—25 中有四个命令按钮，先将它们的标题属性 Caption 分别设置为：“下”、“上”、“追加”和“关闭”，分别为它们的单击事件 Click 编写方法程序，如下所示。

“下”按钮的 Click 方法：

```
IF .NOT.EOF()
SKIP
ELSE
GO TOP
ENDIF
THISFORM.Edit1.SETFOCUS
THISFORM.REFRESH
```

“上”按钮的 Click 方法：

```
IF .NOT.BOF()
    SKIP - 1
ELSE
    GO BOTTOM
ENDIF
THISFORM.Edit1.SETFOCUS
THISFORM.REFRESH
```

“追加”按钮的 Click 方法：

```
APPEND BLANK
THISFORM.Text1.SETFOCUS
THISFORM.REFRESH
```

“关闭”按钮的 Click 方法：

```
THISFORM.RELEASE
```

6.4 输出界面设计

管理信息系统输出界面的好坏，直接影响着该系统的使用效果，所以，针对用户的需求，以最适当的方式准确、及时地输出最需要的信息，是输出界面设计要解决的根本问题。

（1）选择输出设备。计算机系统提供了许多输出设备，根据用户的不同需求，应当选择不同的输出设备。常见的输出设备有显示器、打印机、磁盘/磁带、绘图机、网络，也可以是扬声器等。

（2）选择输出形式。由于输出设备不同，因此会有不同的输出形式。一般用报表、标签输出，也可以用简单提示、报警等形式，但是最基本和常见的还是屏幕窗口输出方式。另一方面，输出也可以是文字、图表、图形、声音，甚至影像的形式。

（3）输出内容。根据用户的不同，使用目的、使用期限、安全级别的不同，分类设计各类输出内容。比如，企业的领导需要综合性的、概括的、统计性的内容；业务人员需要的却是具体的、详细的、可操作性的信息。

每一个报表应当集中输出某一类内容，最忌讳包罗万象的大表格。当然也不希望原本相关的信息被分散到多个报表中输出。

6.4.1 屏幕窗口输出

查询表数据记录是数据库最基本的数据输出操作，这种通过屏幕窗口的界面输出表数据的方式也是信息系统最基本的数据输出方式。本小节将详细介绍这种输出方式。

查询是数据库最基本和最重要的操作，不论是在 SQL Server 2000 中，还是在 Visual FoxPro 中，都提供了两种查询数据的方法。一种是直接使用 SELECT 语句编制程序查询，另一种是使用查询设计器生成程序查询。但本质上还是通过 SELECT 语言实现的。

先来看看 SQL Server 2000 中 SELECT 语句的格式。

命令格式：

```
SELECT [ALL | DISTINCT]<[表名.]列名表达式 | [表名.]*>[AS  列标题][,…]
FROM <表名或视图名>[,…]
[WHERE <条件表达式>]
[ORDER  BY <列名>[ASC | DESC]][,…]
[TOP n [PERCENT]]
[GROUP  BY <列名>[,…][HAVING<条件表达式>]]
[INTO <新表名>]
[COMPUTE <AVG | COUNT | SUM | MAX | MIN | VAR | VARP | STDEV
| STDEVP>(列名)[,…][BY <列名>[,…]]
```

说明：

1. 选项［ALL］指定包括重复的所有行，是默认设置。［DISTINCT］指定不重复的所有行。

2. * 表示显示输出所有列。选项［AS 列标题］可为该列指定一个新的标题。

3. 选项［WHERE］指定查询条件。

4. 选项［ORDER BY］指定排序列名，如果是多列排序，应当用逗号分隔。

5. 选项［TOP n］指定返回查询结果的前 n 行，［PERCENT］表示按 n%行返回。如果指定了［ORDER BY］，则返回排序后的前 n 行或前 n%行。

6. 选项［GROUP BY］可指定按列名值分组，可指定多个列名按级分组。

7. 选项［HAVING］必须与［GROUP BY］一起使用，表示按给定条件筛选分组记录。

8. 选项［INTO］可以复制当前表的备份。

9. 选项［COMPUTE］可计算指定列的给定聚合函数值（统计），其列名必须在 SELECT 列名表中出现过，且不能与［INTO］选项一起使用。

10. 选项［COMPUTE BY］可分组统计，但必须与［ORDER BY］一起使用，且指定列个数应小于它。

再来看看在 Visual FoxPro 中 SELECT 语句的格式。

命令格式：

```
SELECT [ALL| DISTINCT][别名.]<字段表达式> [AS 列名] [,…]
FROM  [库名!] <表或视图名>[[AS]本地别名][,…]
[[INNER|LEFT|RIGHT|FULL JOIN 库名!]<表或视图名>[[AS]本地别名]…]
[WHERE <连接表达式> [AND <连接表达式>…][AND|OR<筛选条件>
[AND|OR<筛选条件>]]]
[GROUP BY <分组表达式> [,<组表达式>…]] [HAVING <条件表达式>]
[ORDER BY <字段名> [ASC | DESC][,<字段名> [ASC | DESC]]…]
[UNION [ALL]<SELECT 命令>]
[TOP <数值表达式>[PERCENT]]
[INTO <输出目标>] | [TO FILE <文件> [ADDITIVE]] | TO PRINTER
[PROMPT]]| TO SCREEN]]
```

说明：

1. 选项［ALL］指定包括重复的所有行，是默认设置。［DISTINCT］指定不重复的所有行。

2. 必选项<字段表达式>指定输出列表中包含的表项，如果有多个表项应用逗号分隔。如果要将所有字段作为输出表项，可以用 * 代替。该选项一般为字段名，但是也可以是含字段名的表达式，别名是包含该字段的表名。

3. 选项［AS 列名］必须与<字段表达式>连用，使得输出列表中不用<字段表达式>作为列名，改用指定的“列名”输出。

4. 必选项 FROM 给出查询的数据源，可以是一个或多个表（或视图），用数据库名指定非当前数据库的表。选项［WHERE］确定查询条件表达式，可以用逻辑运算符连接多个条件表达式。

5. 选项［GROUP］可以使输出列表分组显示，分组原则是<分组表达式>值相同的记录为一组。<分组表达式>一般是字段名或表达式，并可以用多个表达式实现多级分组；选项［HAVING］必须与［GROUP］连用，对分组记录按<条件表达式>进行筛选。

6. 选项［ORDER BY］可以使输出列表按指定<字段名>排序，其中 ASC 指定按升序排列，DESC 指定按降序排列，忽略此选项系统默认按升序排列。

7. 选项［TOP<数值表达式>］必须与［ORDER BY］连用，用来在满足条件的记录中指定记录数或百分比，［PERCENT］参数可以对<数值表达式>值向上取整。

8. 选项［INTO］可确定查询输出的目标位置，系统默认是在浏览框中输出列表。

9. 选项［TO］与［INTO］类似，也可以确定输出列表的方向，但是不能同时使用。

10. 选项［ADDITIVE］指定将查询结果追加到 FILE<文件>后面；［PROMPT］在打印前显示提示窗口。

通过比较可以看出，两条命令基本相同。下面用简单的实例逐条说明 SELECT 语句的各种使用方法。

1. 查询单表所有字段

［例 6—1A］ 在 SQL Server 2000 中，查看 JS 表所有列的全部行。

在查询分析器中执行如下命令：

```
SELECT *  FROM JS
```

在查询窗口中，查询命令和查询结果显示如图 6—26（a）所示。

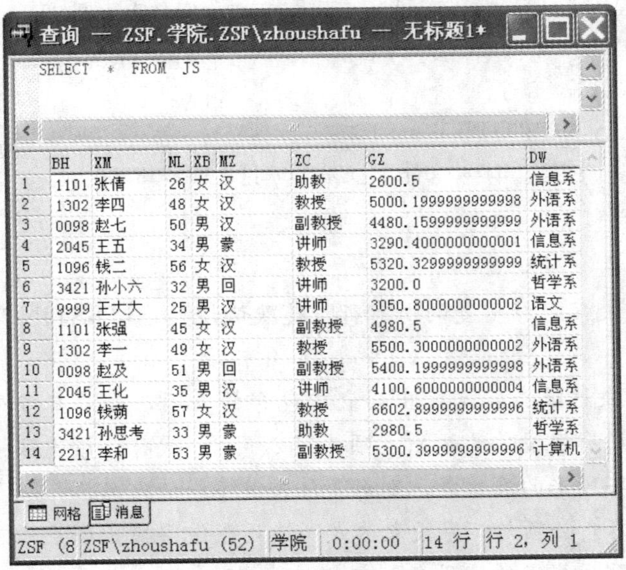

(a)

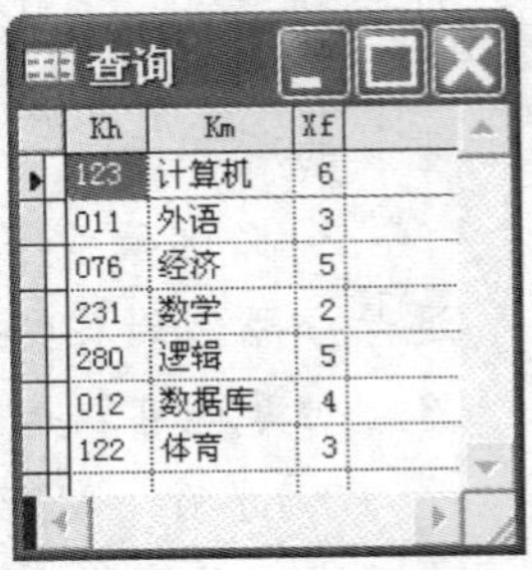

(b)

图 6—26 所有列的查询结果

［**例 6—1B**］在 Visual FoxPro 中，查询课程表 KC 的所有字段的全部记录。

在命令窗口中执行如下命令：

```
SELECT  *  FROM  KC
```

在屏幕上弹出查询窗口如图 6—26（b）所示。

可以得出这样的结论，在 SQL Server 2000 和 Visual FoxPro 中，简单 SELECT 语句的格式和结果都是一样的，只是结果的显示窗口有所不同。为了更清楚地查看所使用的语句格式，下面所有的 SQL Server 2000 查询只显示结果内容。

2. 查询数据表的指定列

［**例 6—2A**］在 SQL Server 2000 中，查找表 JS 中 BH、XM、GZ 三列的全部行，并将 GZ 列用“工资”标题表示。

在查询窗口中执行如下命令：

```
SELECTBH,XM,GZ AS 工资 FROM JS
```

结果如图 6—27（a）所示。

	BH	XM	工资
1	1101	张倩	2600.5
2	1302	李四	5000.1999999999998
3	0098	赵七	4480.1599999999999
4	2045	王五	3290.4000000000001
5	1096	钱二	5320.3299999999999
6	3421	孙小六	3200.0
7	9999	王大大	3050.8000000000002
8	1101	张强	4980.5
9	1302	李一	5500.3000000000002
10	0098	赵及	5400.1999999999998
11	2045	王化	4100.6000000000004
12	1096	钱萌	6602.8999999999996
13	3421	孙思考	2980.5
14	2211	李和	5300.3999999999996

(a)

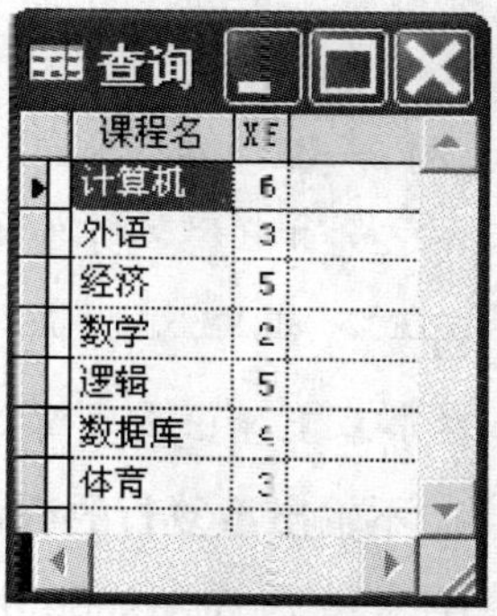

(b)

图 6—27　指定列的查询结果

［**例 6—2B**］在 Visual FoxPro 中，查询课程表 KC 的 KM、XF 字段的全部记录，并将 KM 字段用“课程名”表示。

在命令窗口中执行如下命令：

```
SELECT  KM  AS课程名,XF  FROM  KC
```

在屏幕上弹出查询窗口如图 6—27（b）所示。

3. 使用列表达式查询

查询命令不但可以有选择地输出表的各列，而且允许输出由列组成的表达式，甚至输出不含列名的表达式。

［**例 6—3A**］在 SQL Server 2000 中，查询表 JS 中 XM、XB、NL 列，及每人的

出生年份。

在查询分析器的查询窗口中执行如下命令：

```
SELECT XM,XB,NL,YEAR(GETDATE()) - NL AS 出生年份 FROM JS
```

结果如图 6—28（a）所示。

	XM	XB	NL	出生年份
1	张倩	女	26	1986
2	李四	女	48	1964
3	赵七	男	50	1962
4	王五	男	34	1978
5	钱二	女	56	1956
6	孙小六	男	32	1980
7	王大大	男	25	1987
8	张强	女	45	1967
9	李一	女	49	1963
10	赵及	男	51	1961
11	王化	男	35	1977
12	钱萌	女	57	1955
13	孙思考	男	33	1979
14	李和	男	53	1959

(a)

查询

Kh	Km	总学分
123	计算机	7
011	外语	4
076	经济	6
231	数学	3
280	逻辑	6
012	数据库	5
122	体育	4

(b)

图 6—28　查询计算值

[**例 6—3B**] 在 Visual FoxPro 中，查询课程表 KC 的 XF 字段加 1 的值。

在命令窗口中执行如下命令：

```
SELECT   KH,KM,XF + 1 AS 总学分   FROM   KC
```

在屏幕上弹出浏览窗口如图 6—28（b）所示。

4. 不输出重复行的查询

在 SQL Server 2000 中 NULL 也算是重复值，所以当数据中 NULL 值比较多时很容易出现重复行。或者当用户只显示数据表中的若干列时，不论在哪个数据库管理系统中都可能会出现完全相同的重复行；如果不希望显示出重复行，可以在命令中增加选项 DISTINCT。

[**例 6—4A**] 在 SQL Server 2000 中，查询表 JS 全部行的 ZC 和 DW 列值；再查询其不含重复行的情况。

在查询分析器的查询窗口中执行包含重复行的命令：

```
SELECT ZC,DW FROM JS
```

结果如图 6—29（a）所示。

再执行不含重复行的命令：

```
SELECT DISTINCT ZC,DW FROM JS
```

结果如图 6—29（b）所示。

	ZC	DW
1	助教	信息系
2	教授	外语系
3	副教授	外语系
4	讲师	信息系
5	教授	统计系
6	讲师	哲学系
7	讲师	语文
8	副教授	信息系
9	教授	外语系
10	副教授	外语系
11	讲师	信息系
12	教授	统计系
13	助教	哲学系
14	副教授	计算机

(a)

	ZC	DW
1	副教授	计算机
2	副教授	外语系
3	副教授	信息系
4	讲师	信息系
5	讲师	语文
6	讲师	哲学系
7	教授	统计系
8	教授	外语系
9	助教	信息系
10	助教	哲学系

(b)

查询

Xf
2
3
4
5
6

(c)

图 6—29　使用 DISTINCT 查询

［例 6—4B］在 Visual FoxPro 中，查询课程表 KC 的 XF 字段的全部记录，不显示重复记录。

在命令窗口中执行如下命令：

```
SELECT  DISTINCT  XF  FROM  KC
```

在屏幕上弹出浏览窗口如图 6—29（c）所示。

5. 查询结果排序输出

使用 ORDER BY 子句可以使输出信息按指定字段值的大小排序，系统默认是按升序排列，但是还可以用 ASC 指定按升序，用 DESC 指定按降序。

［例 6—5A］在 SQL Server 2000 中，查询表 JS 时要求先按职称排序，再按总年龄由大到小显示信息。

在查询分析器的查询窗口中执行如下命令：

```
SELECT * FROMJS ORDER BY ZC,NL DESC
```

执行结果如图 6—30（a）所示。

	BH	XM	NL	XB	MZ	ZC	GZ	DW
1	2211	李和	53	男	蒙...	副教授	5300...	计算机
2	0098	赵及	51	男	回...	副教授	5400...	外语系
3	0098	赵七	50	男	汉...	副教授	4480...	外语系
4	1101	张强	45	女	汉...	副教授	4980.5	信息系
5	2045	王化	35	男	汉...	讲师	4100...	信息系
6	2045	王五	34	男	蒙...	讲师	3290...	信息系
7	3421	孙小六	32	男	回...	讲师	3200.0	哲学系
8	9999	王大大	25	男	汉...	讲师	3050...	语文
9	1096	钱蒴	57	女	汉...	教授	6602...	统计系
10	1096	钱二	56	女	汉...	教授	5320...	统计系
11	1302	李一	49	女	汉...	教授	5500...	外语系
12	1302	李四	48	女	汉...	教授	5000...	外语系
13	3421	孙思考	33	男	蒙...	助教	2980.5	哲学系
14	1101	张倩	26	女	汉...	助教	2600.5	信息系

(a)

查询

Kh	Km	Xf
123	计算机	6
076	经济	5
280	逻辑	5
012	数据库	4
011	外语	3
122	体育	3
231	数学	2

(b)

图 6—30　排序查询

[例 6—5B] 在 Visual FoxPro 中，查询课程表 KC 中 XF 按降序、KH 按升序排列后的结果。

在命令窗口中执行如下命令：

```
SELECT  * FROM  KC ORDER BY XF DESC,KH
```

屏幕上弹出如图 6—30（b）所示的运行结果。

6. 只输出部分行的查询

[例 6—6] 在 SQL Server 2000 中，查询表 JS 时要求按年龄由小到大排序后显示前 3 条信息，或显示前 60%的记录。

在查询分析器的查询窗口中执行如下命令：

```
SELECT TOP 3 * FROMJS ORDER BY NL
SELECT TOP 60 PERCENT * FROMJS ORDER BY NL
```

执行结果如图 6—31 所示。

	BH	XM	NL	XB	MZ	ZC	GZ	DW
1	9999	王大大	25	男	汉...	讲师	3050.8...	语文
2	1101	张倩	26	女	汉...	助教	2600.5	信息系
3	3421	孙小六	32	男	回...	讲师	3200.0	哲学系

	BH	XM	NL	XB	MZ	ZC	GZ	DW
1	9999	王大大	25	男	汉...	讲师	3050.8...	语文
2	1101	张倩	26	女	汉...	助教	2600.5	信息系
3	3421	孙小六	32	男	回...	讲师	3200.0	哲学系
4	3421	孙思考	33	男	蒙...	助教	2980.5	哲学系
5	2045	王五	34	男	蒙...	讲师	3290.4...	信息系
6	2045	王化	35	男	汉...	讲师	4100.6...	信息系
7	1101	张强	45	女	汉...	副教授	4980.5	信息系
8	1302	李四	48	女	汉...	教授	5000.1...	外语系
9	1302	李一	49	女	汉...	教授	5500.3...	外语系

图 6—31　显示部分行

[例 6—7] 在 Visual FoxPro 中，只显示 KC 表排序后的 70%的记录；再显示前 3 条记录。

在命令窗口中分别执行如下两条命令：

```
SELE * FROM KC ORDER BY XF DESC TOP 70 PERCENT
SELE * FROM KC ORDER BY XF DESC TOP 3
```

屏幕上弹出如图 6—32 所示的运行结果。

7. 满足逻辑条件的查询

使用 WHERE 选项，按给定条件进行查询是最灵活的一种查询方式，这里先介绍一些基本条件查询，后面还要介绍比较复杂的方式。这里用到的条件运算符号如表 6—7 所示。

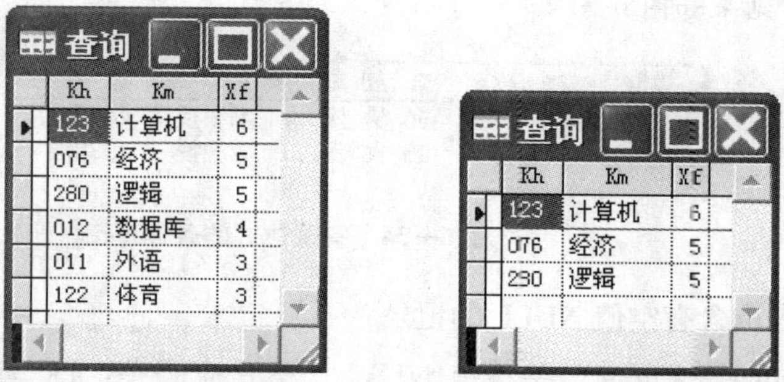

图 6—32　显示部分排序记录

表 6—7　　条件运算符

运算符号	说明
=、>、<、>=、<=、<>或！=、! <、! >	比较运算
NOT、AND、OR	逻辑运算

[**例 6—8A**] 在 SQL Server 2000 中，查询表 JS 中总工资大于等于 3 000 元的男士。

在查询分析器的查询窗口中执行如下命令：

```
SELECT * FROMJS WHERE GZ> = 3000 AND XB = '男'
```

执行结果如图 6—33（a）所示。

(a)　　(b)

图 6—33　条件查询

[**例 6—8B**] 在 Visual FoxPro 中，查询课程表 KC 中 XF 字段值不为 5 的全部记录。

在命令窗口中执行如下命令：

```
SELECT  * FROM  KC WHERE XF! = 5
```

在屏幕上弹出查询窗口如图 6—33（b）所示。

[**例 6—9**] 在 SQL Server 2000 中，查询表 JS 中工资低于 5 000 元的副教授。

在查询分析器的查询窗口中执行如下命令：

```
SELECT * FROMJS WHERE GZ< = 5000 AND ZC = '副教授'
```

执行结果如图 6—34 所示。

	BH	XM	NL	XB	MZ	ZC	GZ	DW
1	0098	赵七	50	男	汉...	副教授	4480.1...	外语系
2	1101	张强	45	女	汉...	副教授	4980.5	信息系

图 6—34　有表达式的条件查询

8. 查询含有空值 NULL 的记录

查询的条件也可以是空值 NULL，格式应当是：IS　NULL 或 IS　NOT NULL。

[例 6—10A] 在 SQL Server 2000 中，查询表 JS1 中民族 MZ 为空值 NULL 的行（JS1 是 JS 的副本，假定其中 MZ 字段含有 NULL）。

在查询分析器的查询窗口中执行如下命令：

```
SELECT * FROMJS1 WHERE MZ IS NULL
```

执行结果如图 6—35（a）所示。

	BH	XM	XB	MZ	NL	ZC	GZ	DW
1	0098	赵七...	男	NULL	50	副教授	4480.1...	外语系
2	1101	张强...	女	NULL	45	副教授	4980.5	信息系
3	2045	王化...	男	NULL	35	讲师	4100.6...	信息系

(a)

查询

Kh	Km	Xf

(b)

图 6—35　查询含 NULL 的记录

[例 6—10B] 在 Visual FoxPro 中，查询课程表 KC 中 XF 字段值为 NULL 的记录。

在命令窗口中执行如下命令：

```
SELE * FROM KC WHERE XF IS NULL
```

命令执行结果如图 6—35（b）所示。因为 XF 字段没有 NULL 的记录，所以显示记录为空。

9. 控制输出方向

可以使查询结果不再查询浏览窗口中输出，而作为一个备份表保存起来。在 Visual FoxPro 中更可以将结果直接打印或作为数据文件输出。

[例 6—11] 在 SQL Server 2000 中，将表 JS 的子集作为查询结果备份。

在查询分析器的查询窗口中执行如下命令：

```
SELECT * INTO JS_A FROM JS WHERE MZ = '汉'
```

将在当前数据库中创建一个只有汉族数据的新表 JS _ A。

[例 6—12] 在 Visual FoxPro 中，查询 KC 表所有字段的全部记录，并用打印机方式输出。

在命令窗口中执行如下命令：

```
SELECT *  FROM  KC TO  PRINTER
```

将在打印机上（同时在屏幕上）输出查询结昊。

KH	KM	XF
123	计算机	6
011	外语	3
176	经济	5
231	数学	2
280	逻辑	5
012	数据库	4
122	体育	3

10. 使用统计（聚合）函数查询

系统也允许在命令中使用统计（聚合）函数进行简单计算并查询数据，常用的函数有：

SUM(＜字段＞)	求该字段或列值的和
AVG(＜字段＞)	求该字段或列值的平均值
COUNT(*)	求记录行总数
COUNT(条件)	求满足条件的总行数
MIN(＜字段＞)	求该字段、列或表达式中最小值
MAX(＜字段＞)	求该字段、列或表达式中最大值

［**例 6—13A**］在 SQL Server 2000 中，在表 JS 中按 NL 平均值和 GZ 总计统计查询。

在查询分析器的查询窗口中执行如下命令：

```
SELECT '统计 ' AS 类别,AVG(NL)AS 平均年龄,SUM(GZ)AS 总计 FROM JS
```

执行结果如图 6—36（a）所示。

(a)　(b)　(c)

图 6—36　统计查询

［**例 6—13B**］在 Visual FoxPro 中，统计 KC 表 XF 字段的最大值。

在命令窗口中执行如下命令：

```
SELE '统计 ' AS 类别,MAX(XF)AS 最高学分 FROM KC
```

在屏幕上弹出浏览窗口如图 6—36（b）所示。

［例 6—13C］在 SQL Server 2000 中，在表 JS 中统计教师民族数。

在查询分析器的查询窗口中执行如下命令：

```
SELECT '统计 ' AS 类别,COUNT(DISTINCT MZ)AS 民族数 FROM JS
```

执行结果如图 6—36（c）所示。

11. 分组查询

在前面的各种查询都是针对整个表进行的，但是实际操作中经常需要针对表中的各个部分分别进行查询或统计。比如需要知道全系各班级的人数及总分，这就需要使用分组查询。

［例 6—14A］在 SQL Server 2000 中，对表 JS1 中民族分别统计人数和平均年龄。

在查询分析器的查询窗口中执行如下命令：

```
SELECT '统计 ' AS 类别,MZ,COUNT(MZ)AS 人数,AVG(NL)AS 平均年龄 FROM JS1 GROUP BY MZ
```

执行结果如图 6—37（a）所示。

	类别	MZ	人数	平均年龄
1	统计	NULL	0	43
2	统计	汉	6	43
3	统计	回	2	41
4	统计	蒙	3	40

(a)

	类别	MZ	人数	平均年龄
1	统计	汉	6	43
2	统计	回	2	41
3	统计	蒙	3	40

(b)

查.

类别	学分	课程数
统计	2	1
统计	3	2
统计	4	1
统计	5	2
统计	6	1

(c)

图 6—37　分组统计查询

还可以为这种分组增加筛选条件，比如只需要知道不含 NULL 的信息，就将命令语句修改为：

```
SELECT '统计 ' AS 类别,MZ,COUNT(MZ)AS 人数,AVG(NL)AS 平均年龄 FROM JS1 GROUP BY MZ
HAVING MZ IS NOT NULL
```

执行结果如图 6—37（b）所示。

［例 6—14B］在 Visual FoxPro 中，统计 KC 表中按 XF 数的不同分组各门课程的数量。

在命令窗口中执行如下命令：

```
SELECT '统计 ' AS 类别,XF AS 学分,COUNT(KH)AS 课程数 FROM KC GROUP BY XF
```

在屏幕上弹出浏览窗口如图 6—37（c）所示。

12. 带清单的统计查询

一般的统计查询只能给出最后的统计数据，无法看到具体的清单。在 SQL Server 2000 中增加了可以在查看到清单的同时进行统计的选项 COMPUTE。

[例 6—15] 统计表 JS 中的平均年龄总人数和总平均工资。

在查询分析器的查询窗口中执行如下命令：

```
SELECT BH,XM,NL,GZ FROM JS COMPUTE AVG(NL),COUNT(BH),AVG(GZ)
```

执行结果如图 6—38（a）所示。

	BH	XM	NL	GZ
1	1101	张倩	26	2600.5
2	1302	李四	48	5000.1...
3	0098	赵七	50	4480.1...
4	2045	王五	34	3290.4...
5	1096	钱二	56	5320.3...
6	3421	孙小六	32	3200.0
7	9999	王大大	25	3050.8...
8	1101	张强	45	4980.5
9	1302	李一	49	5500.3...
10	0098	赵及	51	5400.1...
11	2045	王化	35	4100.6...
12	1096	钱蒴	57	6602.8...
13	3421	孙思考	33	2980.5
14	2211	李和	53	5300.3...

	avg	cnt	avg
1	42	14	4414.8421428571428

(a)

	BH	XM	NL	GZ
1	1101	张倩	26	2600.5
2	1302	李四	48	5000.1...
3	0098	赵七	50	4480.1...
4	1096	钱二	56	5320.3...
5	9999	王大大	25	3050.8...
6	1101	张强	45	4980.5
7	1302	李一	49	5500.3...
8	2045	王化	35	4100.6...

	avg	cnt	avg
1	43	9	4626.2544444444447

	BH	XM	NL	GZ
1	0098	赵及	51	5400.1...
2	3421	孙小六	32	3200.0

	avg	cnt	avg
1	41	2	4300.1000000000004

	BH	XM	NL	GZ
1	2045	王五	34	3290.4...
2	3421	孙思考	33	2980.5
3	2211	李和	53	5300.3...

	avg	cnt	avg
1	40	3	3857.0999999999999

(b)

图 6—38 带清单统计查询

如果想进一步分别统计各民族的情况，应当使用 COMPUTE BY 选项。

在查询分析器的查询窗口中执行如下命令：

```
SELECT  BH,XM,NL,GZ FROM JS ORDER BY MZ COMPUTE AVG(NL),COUNT(BH),AVG(GZ)BY MZ
```

执行结果如图 6—38（b）所示。

13. 模糊查询

如果得不到完整准确的查询条件，也可以用模糊查询功能完成任务。语法格式为：

```
[NOT] LIKE  <条件>
```

说明：在<条件>中经常会使用表 6—8 中列出的通配字符。选项［NOT］是求反操作。

表 6—8　　　　　　　　　　　　　　　通配字符表

通配字符	说明
%	代表 0 或多个任意字符
_（下划线）	代表任意一个字符
[a-d]	代表从 a 到 d 的任意一个字符
[aef]	代表字符 a、e 或 f
[^a-d]	代表除 a 到 d 以外的任意一个字符
[^aef]	代表除 a、e 或 f 以外的任意一个字符

［例 6—16A］在 SQL Server 2000 中，查询表 JS 中所有姓王的教师。

在查询分析器的查询窗口中执行如下命令：

```
SELECTBH, XM, NL, XB, ZC FROM JS WHERE XM LIKE '王 % '
```

执行结果如图 6—39（a）所示。

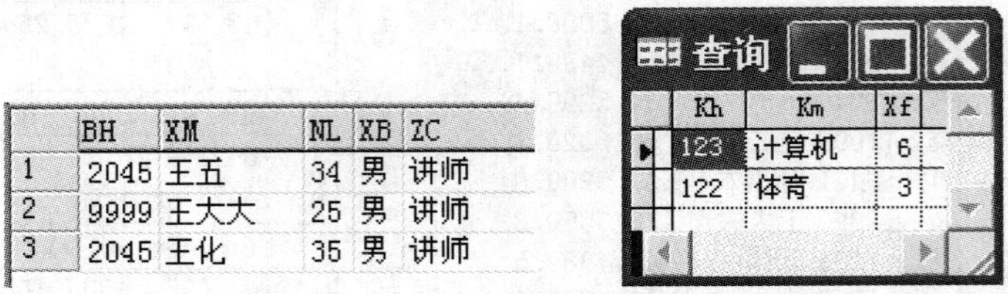

(a)　　　　　　　　　　　　(b)

图 6—39　模糊查询

［例 6—16B］在 Visual FoxPro 中，显示 KC 表中 KH 数的第二位是 2 的所有课程的记录。

在命令窗口中执行如下命令：

```
SELECT * FROM KC WHERE KH LIKE '_2_'
```

在屏幕上弹出浏览窗口如图 6—39（b）所示。

14. 使用 BETWEEN 查询

可以使用 BETWEEN 限定查询的范围，其作用与使用比较符号“>=与<=”一样。语法格式为：

```
[NOT] BETWEEN  <表达式 1> AND <表达式 2>
```

［例 6—17A］在 SQL Server 2000 中，查询表 JS 中所有工资在 3 000～4 000 元的教师。

在查询分析器的查询窗口中执行如下命令：

```
SELECTXM, XB, NL, GZ FROM JS WHERE GZ BETWEEN 3000 AND 4000
```

执行结果如图 6—40（a）所示。

如果用 NOT 选项求反，命令为：

```
SELECT XM, XB, NL, GZ FROM JS WHERE GZ NOT BETWEEN 3000 AND 4000
```

	XM	XB	NL	GZ
1	王五	男	34	3290.4...
2	孙小六	男	32	3200.0
3	王大大	男	25	3050.8...

(a)

	XM	XB	NL	GZ
1	张倩	女	26	2600.5
2	李四	女	48	5000.19...
3	赵七	男	50	4480.15...
4	钱二	女	56	5320.32...
5	张强	女	45	4980.5
6	李一	女	49	5500.30...
7	赵及	男	51	5400.19...
8	王化	男	35	4100.60...
9	钱蒴	女	57	6602.89...
10	孙思考	男	33	2980.5
11	李和	男	53	5300.39...

(b)

查

Kh	Km	Xf
011	外语	3
076	经济	5
280	逻辑	5
012	数据库	4
122	体育	3

(c)

图 6—40 给定范围内的查询

结果如图 6—40（b）所示。

[**例 6—17B**] 在 Visual FoxPro 中，显示 KC 表中 XF 在 3～5 的记录。

在命令窗口中执行如下命令：

```
SELECT  *  FROM  KC  WHERE  XF  BETWEEN  3 AND 5
```

命令执行后，如图 6—40（c）所示是查询结果。

15. 使用 IN 查询

也可以使用 IN 限定查询的范围，其作用与使月逻辑符号“AND 与 OR”类似。语法格式为：

```
[NOT]  IN(表达式 1,表达式 2[,…])
```

[**例 6—18A**] 在 SQL Server 2000 中，查询表 JS 中民族是回族或蒙古族的教师。

在查询分析器的查询窗口中执行如下命令：

```
SELECT * FROM JS WHERE MZ IN( '回', '蒙')
```

执行结果如图 6—41（a）所示。

	BH	XM	NL	XB	MZ	ZC	GZ	DW
1	2045	王五	34	男	蒙	讲师	3290.40...	信息系
2	3421	孙小六	32	男	回	讲师	3200.0	哲学系
3	0098	赵及	51	男	回	副教授	5400.19...	外语系
4	3421	孙思考	33	男	蒙	助教	2980.5	哲学系
5	2211	李和	53	男	蒙	副教授	5300.39...	计算机

(a)

查

Kh	Km	Xf
011	外语	3
076	经济	5
280	逻辑	5
122	体育	3

(b)

图 6—41 限定参数的查询

[**例 6—18B**] 在 Visual FoxPro 中，显示 KC 表中 XF 是 3 或 5 的记录。

在命令窗口中执行如下命令：

```
SELECT  *  FROM  KC  WHERE  XF  IN(3,5)
```

命令执行后，如图 6—41（b）所示是查询结果。

16. 连接查询

关系数据库要求每个关系（表）具有比较高的范式，所以一个应用中的数据往往是由多个表构建的。但是在实际应用中，由于用户某个要求的数据可能会存放在多个表中；因此在查询时就需要同时从多个表中抽取数据。这样的操作就需要使用连接查询完成。

在 SQL Server 2000 和 Visual FoxPro 中，连接查询的命令格式是一样的。

命令格式 1：

```
SELECT <列名表> FROM <表 1> [类型] JOIN <表 2> ON  <表 1. 列> = <表 2. 列>
```

命令格式 2：

```
SELECT <列名表> FROM <表 1,表 2> WHERE  <表 1. 列> = <表 2. 列>
```

说明：

连接［类型］有：内部连接（Inner Join）、左连接（Left Join）、右连接（Right Join）和完全连接（Full Join）四种。系统总是默认使用内部连接，所以会省略［类型］选项。

内部连接	只包含两个表中满足条件的全部记录
右连接	包含满足条件的全部记录及右端表全部记录
左连接	包含满足条件的全部记录及左端表全部记录
完全连接	除重复记录外，左右表中记录全部包含在连接表中

另外，在 SQL Server 2000 中还有交叉连接类型，在这里我们不考虑。

［**例 6—19**］在 SQL Server 2000 中，通过表 JS 和 KC 查询每个教师所授课程。

在查询分析器的查询窗口中的命令与执行结果如图 6—42 所示。

	KH	KM	XF	JSH
1	H022	经济法	1	1234
2	H123	会计学	3	2131
3	M109	计算机原理	3	6444
4	M111	英语	3	7323
5	M156	管理学	2	2312
6	M201	信息系统	2	2121

(a)

	XM	XB	MC
1	张倩	女	外语
2	李四	女	计算机
3	李四	女	体育
4	王五	男	会计学
5	孙小六	男	数学
6	张强	女	外语
7	李一	女	计算机
8	李一	女	体育
9	王化	男	会计学
10	孙思考	男	数学

(b)

图 6—42 两个表连接查询

在图 6—42（a）是课程表 KC 的数据，教师表 JS 的数据如图 6—38 所示，图 6—42（b）是连接运行结果。当表名比较长时，可以临时指定别名，命令可以写成如下形式：

```
SELECT  XM,XB,MC  FROM JS  AS S  JOIN  KC  AS  C  ON  S.BH = C.BH
```

还可以使用命令格式 2 的形式完成上述操作，执行如下命令：

```
SELECT S.XM,S.XB,KM FROM JS AS S,KC AS C WHERE S.KH = C.KH
```

显示结果与图 6—40 一样。

[**例 6—20**] 在 SQL Server 2000 中，通过单位表 DW、教师表 JS 和课程表 KC 查询每个单位的教师及所开课程。

在查询分析器的查询窗口中执行如下命令：

```
SELECTD.MC AS 单位名,J.XM AS 姓名,K.MC AS 课程名
  FROMDW AS D JOIN  JS AS J ON D.MC = J.DW
  JOINKC AS K ON J.BH = K.BH
```

执行结果如图 6—43 所示。

	单位名	姓名	课程名
1	信息系	张倩	外语
2	外语系	李四	计算机
3	外语系	李四	体育
4	信息系	王五	会计学
5	哲学系	孙小六	数学
6	信息系	张强	外语
7	外语系	李一	计算机
8	外语系	李一	体育
9	信息系	王化	会计学
10	哲学系	孙思考	数学

图 6—43 三个表连接查询

[**例 6—21**] 在 Visual FoxPro 中，已经建立了学生数据表 STUDENT 和省市名称表 SS，其中记录显示如图 6—44 所示，要查看每个学生的籍贯信息。

Student

Xh	Xm	Xb	Csny	Qh	Mz	Jl	Zp
01003233	王杰	男	11/10/1982	57	汉	Memo	Gen
00111111	赵卿	女	02/12/1981	10	汉	Memo	Gen
01836474	孙旺君	男	03/05/1983	21	蒙	Memo	Gen
01887236	何晓苗	女	05/29/1982	31	汉	Memo	Gen
01228344	李峰考	男	12/01/1982	90	汉	Memo	Gen

查.

Bh	Mc	Jc	Qh
01	北京	京	10
02	天津	津	22
03	上海	沪	21
04	重庆	渝	23
05	河北	冀	31

图 6—44 两个源表记录

应当通过区号 QH 字段连接两个表，并从中提取数据，使用的命令如下：

```
SELECT  XM,XB,MC  FROM STUDENT AS ST,SS WHERE ALLTRIM(ST.QH) = ALLTRIM(SS.QH)
```

执行结果如图 6—45 所示。

也可以使用如下命令格式操作，结果完全一样。

```
SELECT  XM,XB,MC  FROM STUDENT AS ST Join SS  ON
ALLTRIM(ST.QH) = ALLTRIM(SS.QH)
```

还可以分别用左连接（Left Join）或右连接（Right Join）或完全连接（Full Join）替换内部连接子句 Inner Join 查看有何不同的结果。

查询

Xm	Xb	Mc
钱闻	女	北京
张秋荣	女	北京
赵卿	女	北京
董青一	女	天津
冯键中	男	天津
孙建国	男	上海
孙旺君	男	上海
包磊	女	河北
何晓苗	女	河北
李梅	女	辽宁
王杰	男	浙江
李峰考	男	新疆

图 6—45　两表连接查询

17. 嵌套查询

在 SQL 语言中，由 SELECT … FROM … WHERE 组成的结构叫做一个查询块。在这个结构的 WHERE 子句中再插入另一个查询块的查询方式叫做嵌套查询。其中外层查询块也叫父（外部）查询，内层查询块也叫子（内部）查询。SQL 语言允许多层嵌套查询，但是如果增加排序控制子句，只允许放在最外层结构中，也就是说只能对最终输出内容排序。

嵌套查询的过程是首先执行子查询，再以其结果作为父查询的条件，然后执行父查询并显示出查询结果。

（1）使用 IN 创建。

［例 6—22A］在 SQL Server 2000 中，通过课程表 KC、教师表 JS 和单位表 DW 查询会计学课程（076）授课教师的单位电话。

在查询分析器的查询窗口中执行如下命令：

```
SELECT '076 ' AS 编号, '会计学 ' AS 课程名,DH AS 电话 FROM DW
WHEREMC IN(SELECT DW FROM JS
WHEREBH IN(SELECT BH FROM KC WHERE KH = '076 '))
```

执行结果如图 6—46（a）所示。

	编号	课程名	电话
1	076	会计学	1234

(a)

查询

Xm	Xb	Qh
赵卿	女	10
张秋荣	女	10
钱闻	女	10

(b)

查询

Xm	Xb
孙旺君	男
孙建国	男

(c)

图 6—46　三层 IN 嵌套查询

［例 6—22B］在 Visual FoxPro 中，显示 STUDENT 表中籍贯所在地（区号）与赵卿相同的全部学生记录。

建立嵌套查询的命令结构如下：

```
SELECT XM,XB,QH FROM STUDENT WHERE QH IN(SELECT QH FROM STUDENT WHERE XM = "赵卿")
```

结果如图 6—46（b）所示。

[例 6—22C] 在 Visual FoxPro 中，显示籍贯为“上海”的所有学生的记录。

因为在表 STUDENT 中没有籍贯的信息，所以必须增加 SS 表连接查询。

在命令窗口中执行下面的命令：

```
SELECT XM,XB,QH FROM STUDENT WHERE QH IN(SELECT QH FROM SS WHERE MC="上海")
```

图 6—46（c）显示的是查询的结果。

（2）使用 ANY 创建。在查询中 ANY 的使用形式为：

=ANY，>ANY，>=ANY，<ANY，<=ANY 或<>ANY.

[例 6—23A] 在 SQL Server 2000 中，通过单位表 DW、教师表 JS 查询指定单位（如哲学系）的教师。

[例 6—23B] 在 Visual FoxPro 中，显示籍贯小于“辽宁”区号的所有学生的记录。

在查询分析器的查询窗口中执行如下命令：

```
SELECT XM,XB,DW FROM JS WHERE DW =ANY
(SELECTMC FROM DW WHERE MC='哲学系')
```

执行结果如图 6—47（a）所示。

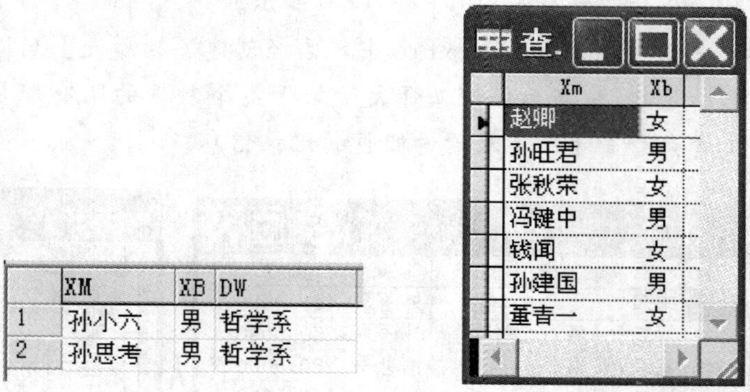

	XM	XB	DW
1	孙小六	男	哲学系
2	孙思考	男	哲学系

(a)

Xm	Xb
赵卿	女
孙旺君	男
张秋荣	女
冯键中	男
钱闻	女
孙建国	男
董青一	女

(b)

图 6—47　ANY 嵌套 2 层

在这里使用=ANY 等价于 IN。

在命令窗口中执行下面的命令：

```
SELECT XM,XB FROM STUDENT WHERE QH<ANY(SELECT QH FROM SS WHERE MC="辽宁")
```

命令执行后，结果如图 6—47（b）所示。

（3）使用 ALL 创建。在查询中 ALL 的使用形式为：

=ALL，>ALL，>=ALL，<ALL，<=ALL 和<>ALL.

[例 6—24A] 在 SQL Server 2000 中，通过教师表 JS、课程表 KC 查询大于某个课程号（如 076）任课教师的所有教师信息。

在查询分析器的查询窗口中执行如下命令：

```
SELECT XM,XB,DW FROM JS WHERE BH >ALL
(SELECT BH FROM KC WHERE KH = '076 ')
```

执行结果如图 6—48（a）所示。

	XM	XB	DW
1	孙小六	男	哲学系
2	王大大	男	语文
3	孙思考	男	哲学系
4	李和	男	计算机

(a)

查询

Xm	Csny
孙旺君	03/05/1983

(b)

图 6—48　ALL 嵌套 3 层

［**例 6—24B**］在 Visual FoxPro 中，查找学生表 STUDENT 中比所有北京（区号 10）学生年龄都小的全部学生记录。

在命令窗口执行下面的命令：

```
SELECT XM,CSNY FROM STUDENT WHERE DATE() - CSNY<ALL(SELECT DATE() - CSNY FROM STUDENT
WHERE QH = "10")
```

执行命令后，结果如图 6—48（b）所示。

［**例 6—25**］在 Visual FoxPro 中，已经创建了教师表 JZG1 和职员表 JZG2（如图 6—49 所示）。先显示任何工资大于等于某个教授的所有职员的记录信息；再显示所有工资大于等于所有教授的职员的记录信息。

Jzg1

Jsh	Xm	Xb	Nl	Zc	Dw	Jbgz
1302	李四	女	48	教授	外语系	441.0000
0098	赵老七	男	50	副教授	外语系	350.0000
2045	王老五	男	34	讲师	信息系	280.0000
1096	钱二	女	56	教授	统计系	441.0000
3421	孙小六	男	32	讲师	哲学系	310.0000
9999	王大大	男	25	讲师	语文	280.0000
1101	张强	女	45	副教授	信息系	410.0000
1302	李一	女	49	教授	外语系	525.0000
0098	赵及	男	51	副教授	外语系	354.0000
2045	王化	男	35	讲师	信息系	270.0000
1096	钱蒴	女	57	教授	统计系	546.0000
3421	孙思考	男	33	助教	哲学系	300.0000
2211	李和	男	53	副教授	计算机	450.0000

Jzg2

Xm	Zc	Jbgz	Xb
李三	副科长	395.0000	女
赵四	处长	480.0000	女
王老七	科长	410.0000	男
侃五	职员	280.0000	男
和二	处长	490.0000	女
里小六	副科长	360.0000	男
平大	职员	250.0000	男
张必	副处长	460.0000	女
李由	副局长	600.0000	女
赵软	处长	500.0000	男
王松	职员	270.0000	男
钱团体	局长	800.0000	女
孙航	职员	300.0000	男
李协	副处长	480.0000	男

图 6—49　源数据表

完成第一问可执行如下命令：

```
SELECT  XM,ZC,JBGZ  FROM  JZG2  WHERE  JBGZ> = ANY(SELECT JBGZ  FROM  JZG1  WHERE
ZC = "教授")
```

完成第二问可执行如下命令：

```
SELECT XM,ZC,JBGZ FROM JZG2 WHERE JBGZ>= ALL(SELECT JBGZ FROM JZG1
WHERE ZC="教授")
```

在图 6—50（a）中显示的是第一问结果，图 6—48（b）中显示的是第二问结果。

Xm	Zc	Jbgz
赵四	处长	480.0000
和二	处长	490.0000
张必	副处长	460.0000
李由	副局长	600.0000
赵软	处长	500.0000
钱团体	局长	800.0000
李协	副处长	480.0000

(a)

Xm	Zc	Jbgz
李由	副局长	600.0000
钱团体	局长	800.0000

(b)

图 6—50 嵌套查询结果

（4）使用 EXISTS 创建。

［**6—26A**］在 SQL Server 2000 中，通过教师表 JS 和课程表 KC 先查询可讲授“计算机”课程的教师。再查询不能讲授这门课程的教师。

在查询分析器的查询窗口中执行如下命令：

```
SELECTXM,XB,ZC FROM JS WHERE EXISTS
(SELECT * FROM KC WHERE JS.BH=KC.BH AND MC='计算机')
```

执行结果如图 6—51（a）所示。

如果查询未选修学生的信息，应当将语句中的 EXISTS 改为 NOT EXISTS，结果如图 6—51（b）所示。

	XM	XB	ZC
1	李四	女	教授
2	李一	女	教授

(a)

	XM	XB	ZC
1	张倩	女	助教
2	赵七	男	副教授
3	王五	男	讲师
4	钱二	女	教授
5	孙小六	男	讲师
6	王大大	男	讲师
7	张强	女	副教授
8	赵及	男	副教授
9	王化	男	讲师
10	钱蒴	女	教授
11	孙思考	男	助教
12	李和	男	副教授

(b)

Bh	Mc	Jc	Qh
C1	北京	京	10
C2	天津	津	22
C3	上海	沪	21
C5	河北	冀	31
C8	辽宁	辽	24
12	浙江	浙	57
31	新疆	新	90

(c)

图 6—51 查询授课教师

［例 6—26B］在 Visual FoxPro 中，在省市表 SS 中查找所有在校生（学生表 STUDENT）的省市名称列表。

在命令窗口执行下面的命令：

```
SELECT * FROM SS WHERE  EXISTS(SELECT * FROM STUDENT WHERE QH = SS.QH)
```

从图 6—51（c）看到有 7 个省市在某校有学生。如果使用关键字 NOT EXISTS，就可以找出没有在校生的省市名称。命令形式如下：

```
SELECT * FROM SS WHERE NOT EXISTS(SELECT * FROM STUDENT WHERE QH = SS.QH)
```

18. 联合查询

联合查询是指利用集合的并运算，实现一个表内，或两个以上表之间的合并查询。具体就是将两个或多个 SELECT 语句的查询结果，通过 UNION 子句合并为一个结果集。所以要求两个表的列数及顺序都一样，并且列的类型也应当兼容。

语法格式为：

```
<查询语句>
UNION  [ALL]
<查询语句>
[UNION  [ALL]
<查询语句>
[…]]
```

说明：

1. 选项［ALL］可以使输出结果保存全部行，忽略则自动删除重复行。
2. 结果集中的列名来自第一个查询语句。
3. 如果包含 ORDER BY 子句，将对最后的结果集排序。
4. 所有查询中的列数和列顺序必须完全相同。

［例 6—27A］在 SQL Server 2000 中，有两个教师表 JS 和 JS＿B 的数据如图 6—52 所示。将两个表中职称是教授的教师挑出来组成一个专家组。

表“JS”中的数据，位置是“学院”中、“

BH	XM	NL	XB	MZ	ZC	GZ	DW
1101	张倩	26	女	汉	助教	2600.5	信息系
1302	李四	48	女	汉	教授	5000.2	外语系
0098	赵七	50	男	汉	副教授	4480.16	外语系
2045	王五	34	男	蒙	讲师	3290.4	信息系
1096	钱二	56	女	汉	教授	5320.33	统计系
3421	孙小六	32	男	回	讲师	3200	哲学系
9999	王大大	25	男	汉	讲师	3050.8	语文
1101	张强	45	女	汉	副教授	4980.5	信息系
1302	李一	49	女	汉	教授	5500.3	外语系
0098	赵及	51	男	回	副教授	5400.2	外语系
2045	王化	35	男	汉	讲师	4100.6	信息系
1096	钱蒴	57	女	汉	教授	6602.9	统计系
3421	孙思考	33	男	蒙	助教	2980.5	哲学系
2211	李和	53	男	蒙	副教授	5300.4	计算机

表“JS_B”中的数据，位置是“学院”中、“

BH	XM	XB	NL	ZC	MZ	GZ	DW
4324	李明	女	26	助教	汉	2600.5	信息系
2565	王小林	女	48	教授	汉	5000.2	外语系
4433	徐建国	男	34	讲师	蒙	3290.4	信息系
6545	周舟	女	56	教授	汉	5320.33	统计系
3322	李广大	男	32	讲师	回	3200	哲学系
3165	钱进	男	25	讲师	汉	3050.8	语文
1856	韩凯	女	49	教授	汉	5500.3	外语系
2145	王抗击	男	51	副教授	回	5400.2	外语系
7755	王娆	女	57	教授	汉	6602.9	统计系
3344	马亮	男	33	助教	蒙	2980.5	哲学系
2211	李散记	男	53	副教授	蒙	5300.4	计算机

图 6—52　两个源数据表

在查询分析器的查询窗口中执行如下命令：

```
SELECT BH,XM,XB,ZC FROM JS  WHERE ZC = '教授'
UNION
SELECT BH,XM,XB,ZC FROM JS_B WHERE ZC = '教授'
```

执行结果如图 6—53（a）所示。

	BH	XM	XB	ZC
1	1096	钱二	女	教授
2	1096	钱蒴	女	教授
3	1302	李四	女	教授
4	1302	李一	女	教授
5	1856	韩凯	女	教授
6	2565	王小林	女	教授
7	6545	周舟	女	教授
8	7755	王娆	女	教授

(a)

查询

Xm	Zc
和二	处长
李和	副教授
李四	教授
李协	副处长
李一	教授
李由	副局长
钱二	教授
钱蒴	教授
钱团体	局长
王老七	科长
张必	副处长
张强	副教授
赵软	处长
赵四	处长

(b)

图 6—53 联合查询成绩

[例 6—27B] 在 Visual FoxPro 中，同时将 JZG1 和 JZG2 两个表（见图 6—49）中基本工资大于 400 元的人显示输出。

执行如下命令：

```
SELECT XM,ZC FROM JZG1 WHERE JBGZ>400 UNION  SELECT XM,ZC FROM JZG2 WHERE JBGZ>400
```

在图 6—53（b）中显示的是命令执行结果，其中 UNICN 是连接两个查询语句的子句，可以不重复地输出两个表中的记录。

6.4.2 输出界面的设计

除了使用屏幕窗口界面输出数据以外，还可以使用其他形式的输出界面。其中报表输出是最常见、最基本的输出形式。在 Visual FoxPro 中提供了报表自动生成工具，用户可以根据需要迅速创建输出报表。例如，我们需要建立职工月收入台账报表。实际输出形式如图 6—54 所示。

下面就通过创建简化了的“职工月收入台账”报表的过程，介绍报表输出界面的设计。

年度北京市企业职工月收入台账

工作单位：中国人民大学劳动服务管理中心　　部门：办公室　　编号：

姓名	杨俊英	性别	女	出生年月	1965.12.14	参加工作时间	1981.09.01	工种		职务职称	副科长
个人交费前连续工龄	11			交费年限	9	档案工资	310.00	来本部门日期	1981.09.01		

	职工个人收入金额（元）													
	全部收入	职务工资	职务补贴	岗位附加津贴	计件工资	书报费	副食补助	交通补助	洗理费	岗位津贴	效益补贴	业绩津贴	岗位目标管理津贴	奖金
甲	1	2	3	4	5	6	7	8	9	10	11	12	13	14
1月	1354.00	310.00	65.00	120.00	0.00	25.00	80.00	40.00	26.00	76.00	40.00	110.00	133.00	329.0
2月	1354.00	310.00	65.00	120.00	0.00	25.00	80.00	40.00	26.00	76.00	40.00	110.00	133.00	329.0
3月	1354.00	310.00	65.00	120.00	0.00	25.00	80.00	40.00	26.00	76.00	40.00	110.00	133.00	329.0
4月	1354.00	310.00	65.00	120.00	0.00	25.00	80.00	40.00	26.00	76.00	40.00	110.00	133.00	329.0
5月	1354.00	310.00	65.00	120.00	0.00	25.00	80.00	40.00	26.00	76.00	40.00	110.00	133.00	329.0
6月	1354.00	310.00	65.00	120.00	0.00	25.00	80.00	40.00	26.00	76.00	40.00	110.00	133.00	329.0
7月	1354.00	310.00	65.00	120.00	0.00	25.00	80.00	40.00	26.00	76.00	40.00	110.00	133.00	329.0
8月	1354.00	310.00	65.00	120.00	0.00	25.00	80.00	40.00	26.00	76.00	40.00	110.00	133.00	329.0
9月	1354.00	310.00	65.00	120.00	0.00	25.00	80.00	40.00	26.00	76.00	40.00	110.00	133.00	329.0
10月	1354.00	310.00	85.00	120.00	0.00	25.00	80.00	40.00	26.00	76.00	40.00	110.00	133.00	329.0
11月	1354.00	310.00	65.00	120.00	0.00	25.00	80.00	40.00	26.00	76.00	40.00	110.00	133.00	329.0
12月	1354.00	310.00	65.00	120.00	0.00	25.00	80.00	40.00	26.00	76.00	40.00	110.00	133.00	329.0
合计	16248.00	3720.00	780.00	1440.00	0.00	300.00	960.00	480.00	312.00	912.00	480.00	1320.00	1596.00	3948.00
月平均金额	1354.00	310.00	65.00	120.00	0.00	25.00	80.00	40.00	26.00	76.00	40.00	110.00	133.00	329.00

负责人：郭瑞林　　经手人：杨俊英

图 6—54　职工月收入台账输出报表

报表对象包括两个基本组成部分：数据源和布局。数据源是报表数据的来源，可以是数据表、视图、查询或临时表；布局是用来定义报表输出格式的文件。布局一般提供了列布局、行布局、一对多布局、多栏布局等。

- 列布局：报表每行是一条记录，各字段按水平方向排列；
- 行布局：一条记录由若干行组成，各字段按垂直方向排列；
- 一对多布局：数据源存在“一对多”关系的报表；
- 多栏布局：实际可以看成是水平排列的多个行报表。

创建报表一般首先建立该报表的布局，报表布局（格式）文件的扩展名是.FRX；然后随时添加相应的数据，形成格式布局相同但是数据不同的报表。

建立布局文件的方法有三种：向导、快速报表或手工操作。我们一般先打开报表设计窗口，再选择快速报表生成基本布局，最后用设计器来编辑修改。

在 Visual FoxPro 的主窗口单击工具栏的“新建”按钮，打开“新建”窗口。选择“报表”类型，单击“新建文件”按钮，将弹出“报表设计器”窗口如图 6—55（a）所示。

在设计器上单击鼠标右键，在快捷菜单中单击“数据环境”选项。接着可以像在表单中一样为报表添加数据环境，我们添加职工工资数据表 YSRTZ.DBF。

打开主菜单的“报表”下拉菜单，单击“快速报表”选项，屏幕上将弹出对话框如图 6—55（b）所示。

单击“字段”按钮，打开“字段选择器”对话框如图 6—56 所示。

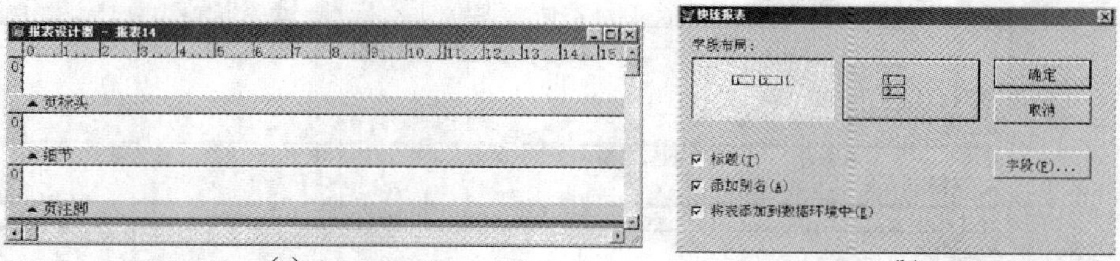

(a) (b)

图 6—55 利用报表设计器创建输出报表

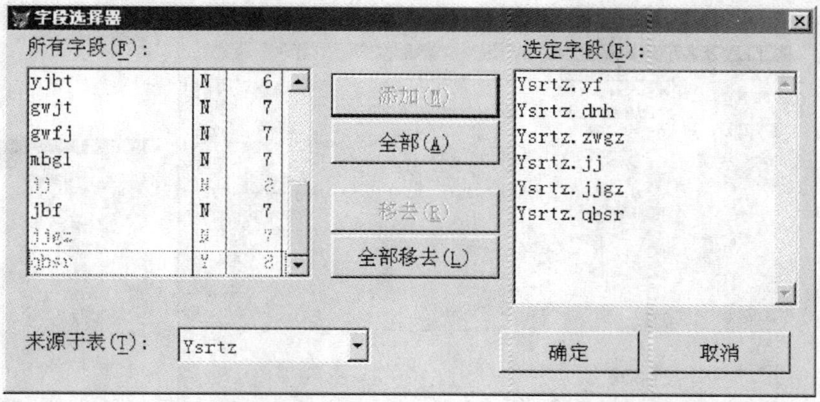

图 6—56 字段选择器对话框

在图 6—56 中已经选择了报表中需要出现的字段：YF（月份）、DNH（电脑号）、ZWGZ（职务工资）、JJ（奖金）、JJGZ（计件工资）、QBSR（全部收入）。单击“确定”按钮，关闭此窗口，回到报表设计器窗口，如图 6—57（a）所示。

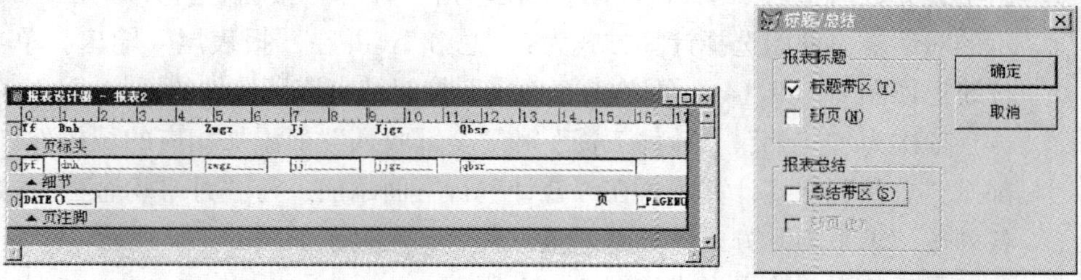

(a) (b)

图 6—57 创建输出报表之一

将页标头内容用汉字表示，给细节带区添加表格线；在“报表”下拉菜单（如图 6—57（b））中，单击“标题/总结”选项，并选择添加标题带区，报表布局如图 6—58 所示。

现在预览报表，我们会发现细节区输出的是数据表中的所有记录。还需要为报表增加“合计”输出栏和“月平均金额”输出栏，先打开对话框如图 6—57（b）所示。选择“总结带区”后，单击“确定”按钮。在报表布局中将添加“总结带区”。先在“月份”列和“电脑号”列下面添加标签“合计”，再在“职务工资”列下方添加域控件。这时会弹出“报表表达式”对话框如图 6—59（a）所示。

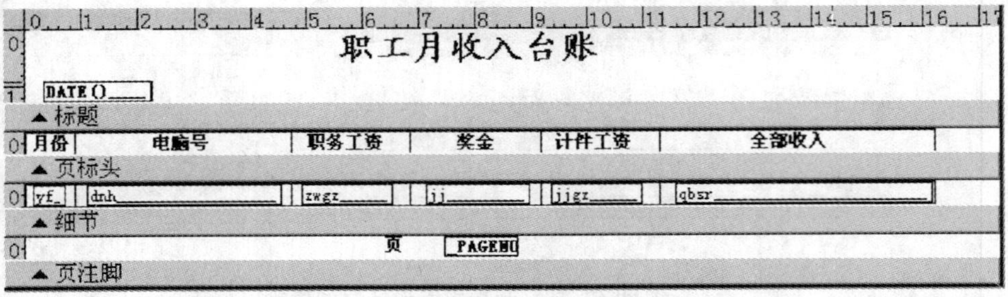

图 6—58 创建输出报表之二

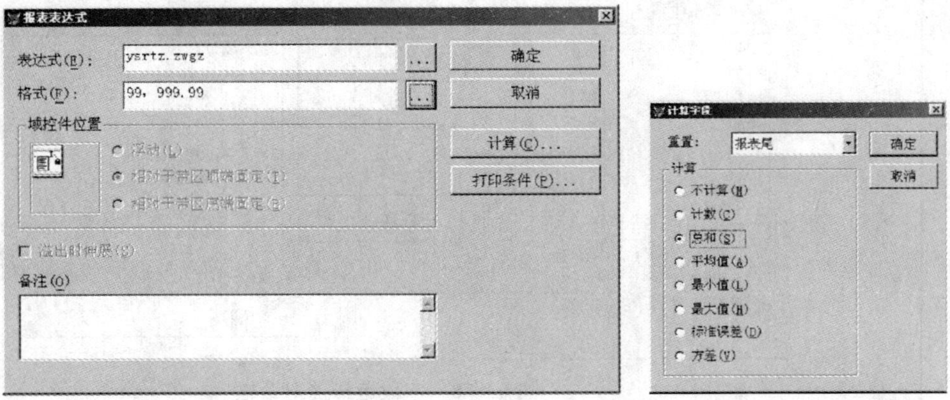

(a) (b)

图 6—59 创建输出报表之三

在图 6—59 中已经输入了此控件的表达式为“职务工资”字段 ZWGZ，而且输出格式为数值型的 99，999.99。现在单击“计算”按钮，打开如图 6—59（b）所示的对话框。如图选择计算方式为：“总和”，并在“报表尾”输出。单击“确定”按钮返回图 6—59（a），再单击“确定”按钮结束该域控件的添加。

依次为“奖金”、“计件工资”和“全部收入”列添加相应的域控件，并使它们都按“总和”方式计算。再在“合计”行下面添加一行“月平均金额”数据，并让各列按“求平均”方式计算。调整位置后布局显示如图 6—60 所示。

最后的报表输出形式如图 6—61 所示。

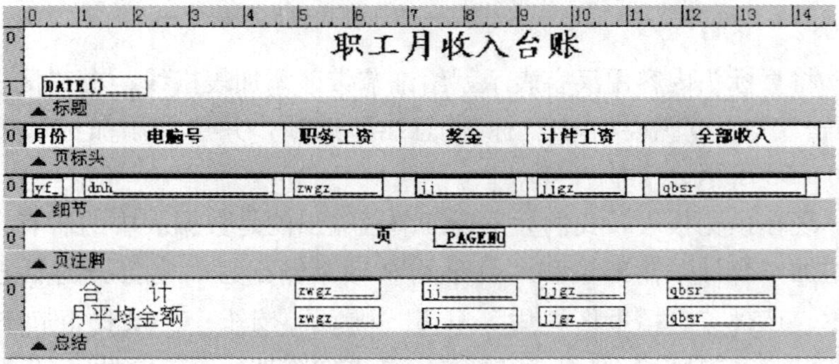

图 6—60 调整输出报表布局

职工月收入台账

02/13/03

月份	电脑号	职务工资	奖金	计件工资	全部收入
1	6080090978	310.00	524.00	0.00	1469.0000
2	6080090978	310.00	524.00	0.00	1469.0000
3	6080090978	310.00	524.00	0.00	1469.0000
4	6080090978	310.00	524.00	0.00	1469.0000
5	6080090978	310.00	524.00	0.00	1469.0000
6	6080090978	310.00	524.00	0.00	1469.0000
7	6080090978	310.00	524.00	0.00	1469.0000
8	6080090978	310.00	524.00	0.00	1469.0000
9	6080090978	310.00	524.00	0.00	1469.0000
10	6080090978	310.00	524.00	0.00	1469.0000
11	6080090978	310.00	524.00	0.00	1469.0000
12	6080090978	310.00	524.00	0.00	1469.0000
合　计		3,720.00	6,288.00	0.00	17,628.00
月平均金额		310.00	524.00	0.00	1,469.00

图 6—61　报表输出示例

6.5　处理过程设计

6.5.1　基本概念

处理过程设计是对控制结构图中每一个模块内部的处理过程进行具体的描述。这种描述将成为以后编写处理程序的基础。每一个模块都可以看成是一个独立的子系统，每一个子系统都分为输入、加工处理、输出几个部分。要详细描述这个处理逻辑可以使用“输入—加工—输出”(input process output，IPO) 图。IPO 图将为编制程序提供指导，所以也叫做程序设计任务书，其基本格式和内容如表 6—9 所示。

表 6—9　　程序设计任务书

<table>
<tr><td colspan="2">新系统名称：用户身份管理</td><td colspan="2">模块编号：C1.0</td><td colspan="2">IPO 图编号：P002</td></tr>
<tr><td colspan="2">库文件号：C012</td><td colspan="2">程序文件号：C20</td><td colspan="2">编程要求文件号：C11</td></tr>
<tr><td>模块名：验证用户身份</td><td>设计者：李××</td><td>使用单位：财务</td><td>程序名：KL</td><td colspan="2">软件：FOXPRO</td></tr>
<tr><td colspan="3">上层调用模块：前台管理</td><td colspan="3">调用下层模块：结算收银</td></tr>
<tr><td colspan="2">输入部分 (I)</td><td colspan="2">处理过程描述 (P)</td><td colspan="2">输出部分 (O)</td></tr>
<tr><td colspan="2">用户姓名
用户口令
读取库存用户记录
读取系统权限码</td><td colspan="2">1. 接收用户名及口令
2. 打开库文件比对用户
3. 打开密码库比对用户口令
4. 判定合法用户
5. 为合法用户打开系统
6. 要求不合格用户重新登录
7. 警告非法用户</td><td colspan="2">将合格标志送回
调用下级模块
不合格信息反馈和提示
非法用户警告</td></tr>
</table>

IPO图的主体是处理过程描述，描述处理过程的工具，可以是图形（程序流程图、N-S图）、表格（决策表、决策树）和伪码（结构化语言）。其实只要能够准确、简明地描述模块执行过程的细节即可。

在结构化系统设计方式中，处理程序的设计需要详细描述各种处理所用的算法和处理步骤等。在面向对象的设计方法中，处理程序主要描述系统中各对象的方法，及其对外部事件的响应和行为。在6.3.2节图6—22中针对按钮对象的设计就是这样的实例。

在Visual FoxPro中提供了许多功能强大的对象设计工具，管理信息系统中各模块的大部分处理过程已经不需要专门编写程序，可以通过工具直接生成，这使得处理过程的设计变得更加容易。

6.5.2 设计用户口令处理

对于任何一个管理系统来说，确认用户的合法性都是必要的。在本章第2节介绍人机接口时，已经介绍了口令对话框的设计，但还没有详细介绍怎样确认用户名和口令的正确性。我们先看看以前建立的口令对话框窗口，如图6—62所示。

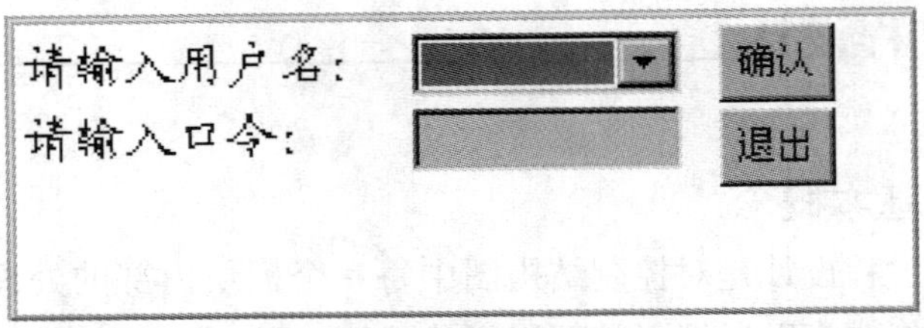

图6—62 口令对话框

当输入用户名和口令以后，单击“确认”按钮，这时系统应当自动检测用户名和用户口令的正确性。如果正确将显示欢迎信息，便可打开管理系统。如果不正确，应当提示出错信息，并要求用户重新输入。若三次输入均不正确，系统将拒绝该用户使用。为了实现这种功能，在表6—9的“处理过程描述”中已经描述清楚；如果用决策树描述就会更加直观，如图6—63所示。

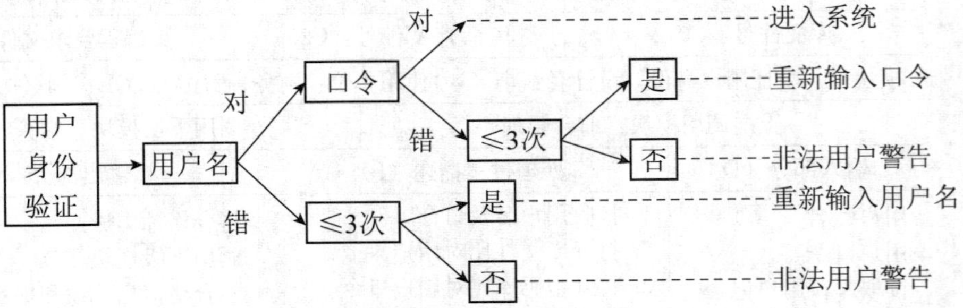

图6—63 用决策树验证用户身份

在图6—62的口令对话框中，要使用户单击“确定”按钮时自动按图6—63的逻辑验证用户身份，应当为命令按钮“确认”编写的单击事件Click方法程序如下：

```
Z1 = 0
Z2 = 0
USE 用户
NAME = THISFORM. COMBO1. VALUE
LOCATE FOR XM = NAME
IF FOUND()
  USE 密码
  PAS = LOWER(THISFORM. TEXT1. VALUE)
  LOCATE FOR KL = PAS
  IF FOUND()
    THISFORM. LABEL2. CAPTION = "欢迎使用本系统!"
    DO 财务
  ELSE
    THISFORM. LABEL2. CAPTION = "口令错误!重输."
    THISFORM. TEXT1. VALUE = ""
    THISFORM. REFRESH
    Z2 = Z2 + 1
    IF Z2 = 3
      THISFORM. LABEL2. CAPTION = "非法用户,无权使用本系统!"
      THISFORM. TEXT1. ENABLED = . F.
      THISFORM. COMBO1. ENABLED = . F.
    ENDIF
  ENDIF
ELSE
  THISFORM. LABEL2. CAPTION = "用户名错误!重输."
  THISFORM. COMBO1. VALUE = ""
  THISFORM. REFRESH
  Z1 = Z1 + 1
  IF Z1 = 3
    THISFORM. LABEL2. CAPTION = "非法用户,无权使用本系统!"
    THISFORM. TEXT1. ENABLED = . F.
    THISFORM. COMBO1. ENABLED = . F.
  ENDIF
ENDIF
```

6.6　系统设计说明书

系统设计说明书又称系统设计报告，是系统设计的最终结果，也是新系统的物理模型和系统实施的依据。

编写系统说明书的要求是全面、清楚、准确、详细地阐明系统实施过程中的具体方法、技术、手段及环境要求。全面是指对系统的总体结构、所有功能模块以及相应运行环境进行详细说明；清楚是要求说明书文字简洁、可读性强，便于系统实施和维护人员阅读和理解；准确则是对模块内部规定、用户接口和相互间逻辑关系进行准确的描述。系统设计说明书的内容应当包括以下七个方面：

- 控制结构图及每一模块的详细说明；
- 数据库设计说明；
- 计算机和网络系统配置说明；
- 代码设计说明；
- 用户界面设计说明；
- 计算机处理过程说明；
- 实施费用估计。

应当提供两个以上的实施方案，以便比较、讨论、修改，最后选定一个方案。经过用户企业或相关领导审批通过的系统设计说明书是具有约束力的开发指导文件，是下一阶段系统实施工作的直接依据。

思考题

1. 参照完整性指的是什么？
2. 数据库的参照完整性会给数据库中的数据操作带来便利吗？
3. 试利用数据库的参照完整性，对一个表设定修改、删除、插入数据规则。
4. 怎样进行字段有效性检验？怎样进行记录有效性检验？它们有什么不同？
5. 试述代码的功能及代码设计的主要原则。
6. 什么是表单？它有什么作用？
7. 表单在应用系统中的地位如何？
8. 什么是对象、类、属性、方法、事件？
9. 什么是容器？什么是控件？常用容器和控件主要有哪些？
10. 如何用表单设计器设计简单的表单？
11. 怎样打开和关闭表单？
12. 如何运行表单？运行表单有几种方法？
13. 数据环境的含义是什么？如何为表单建立数据环境？
14. 怎样用数据环境为表单添加控件？怎样用控件工具栏为表单添加控件？它们之间有何异同？能否为已经添加的控件建立数据源？如何建立？怎样为表单替换数据源？
15. “一对一”表单和“一对多”表单有什么不同？分别应怎样建立？
16. 报表在应用程序中的主要作用是什么？
17. 报表有几种输出方式？各自的优点是什么？
18. 怎样建立报表的数据源？
19. 报表一共可以有多少个带区？常用的带区是哪些？怎样创建新带区？

20. 怎样向报表带区中添加控件、图片?
21. 如何为域控件设置格式?
22. 在屏幕上预览所建立的报表输出。
23. 菜单在系统程序中的作用如何?
24. 创建菜单系统的步骤是什么?
25. 如何生成菜单程序? 如何运行菜单?
26. 在 SQL 语句中可以使用哪几种聚集函数? 它们的基本功能是什么?
27. 试述在 SQL 语句的 WHERE 条件子句中谓词 ALL 和 ANY 有和异同。
28. 解释嵌套查询的结构与作用。
29. 试述嵌套查询与联合查询的异同点。
30. 简述连接查询的基本结构和作用。
31. 什么是顺序编码法?
32. 什么是组合编码法?
33. IPO 图的特点有哪些?
34. 描述处理过程的主要工具有哪些?
35. 输入输出界面设计的原则要求有哪些?

练习题

1. 用菜单生成器为列车订票表单设计一个快捷菜单，其结构如图 6—64 所示。要求在表单上双击右键打开该快捷菜单。

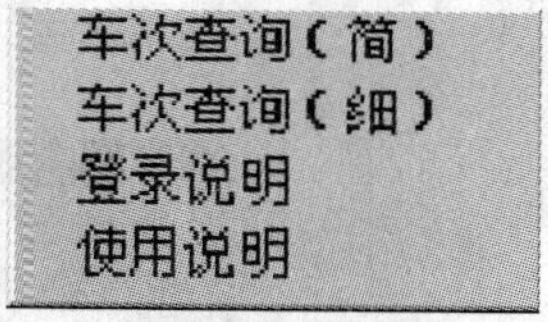

图 6—64　快捷菜单

2. 创建一个友人联系系统的主菜单，要求如图 6—65 所示。

其中各菜单项的下拉菜单如图 6—66 所示。

要求在"编辑"菜单的下拉菜单中还可以弹出子菜单。

图 6—65　菜单栏

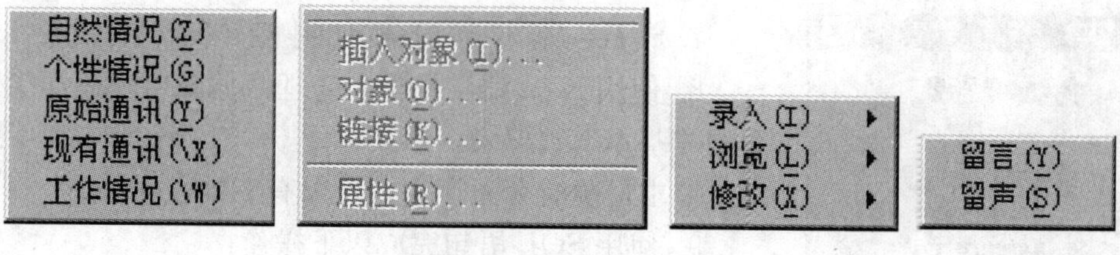

图 6—66　下拉菜单

3. 设计一个仓库管理系统，主要功能有：输入入库单、出库单、查询处理、报表输出。编写出屏幕格式菜单程序。

4. 编程设计一个活动标语表单，形式如图 6—67 所示。要求标语可以从左到右活动显示。

图 6—67　标语窗口

5. 设计一个自动判断选择题结果的表单，形式如图 6—68 所示。

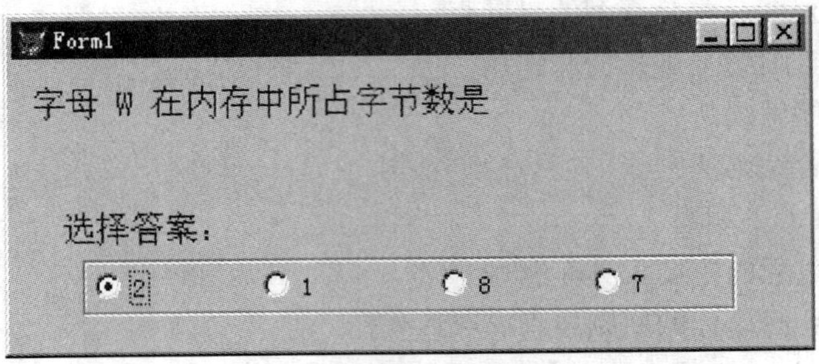

图 6—68　判断选择窗口

6. 设计两个表单，形式如图 6—69 所示。

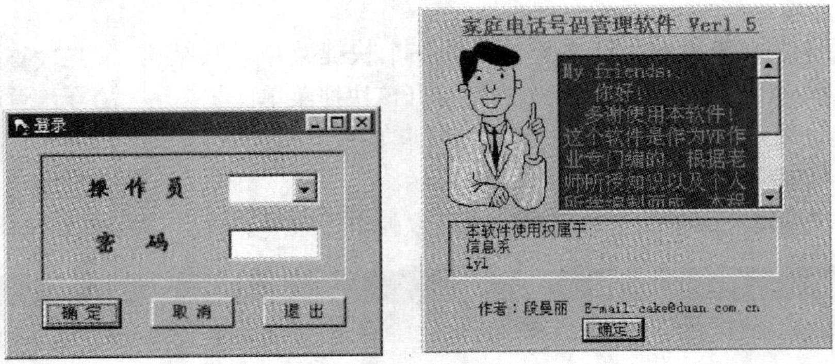

图 6—69　输入显示窗口

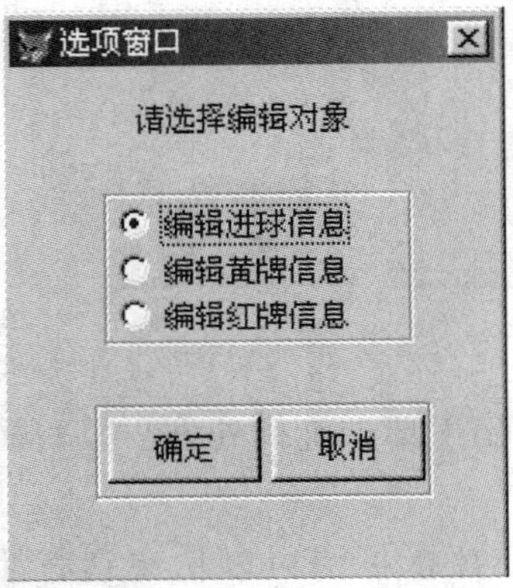

图 6—70　选择窗口

7. 设计一个表单，形式如图 6—70 所示。

8. 使用 SQL 语句在学生管理数据库中创建学生选择专业的“基本”数据表，形式如图 6—71 所示。

要求最少有 8 条记录，可以有 NULL 项。

9. 使用 SQL 语句完成以下操作：

（1）按学分从高到低列出所有男生记录的姓名，性别及各专业志愿。

（2）查询所有班级是 2 班学生的学分。

（3）查询学分不超过 2.6 的所有学生总学分和总平均学分。

基本

学号	姓名	性别	班级	学分绩	工商管理	财务管理	会计学	市场营销	贸易经济	国际商务	工程管理
07201390	赵沐	女	3	3.01	2	5	1	3	7	7	4
07201391	赵岩	男	3	3.27	2	1	3	4	7	7	5
07201392	郑端雅	女	3	3.19	3	2	1	5	7	7	4
07201393	郑立乔	女	3	3.05	3	2	1	4	7	7	5
07201394	周诗洋	女	3	3.62	3	2	1	4	7	7	5
07201395	朱颜	男	3	3.40	2	3	1	4	7	7	5
07201396	邹荣康	男	3	2.08	1	2	3	4	7	7	5
07201397	陈剑宇	男	3	2.30	1	3	4	2	7	7	5
07201399	陈铨	女	3	3.66	3	2	1	4	7	7	5
07201400	丁点	女	3	3.44	4	2	1	3	7	7	5
07201401	葛星	女	3	3.71	3	2	1	4	7	7	5
07201402	郭婷	女	3	3.67	3	1	2	4	7	7	5

图 6—71　基本表数据

（4）按班级分组，查询各组的男女生人数。

（5）按性别分组，查询各组的总平均学分，并列出清单。

（6）在表中插入一条新记录（记录内容自编）。

（7）将专业志愿中的 7 都替换成 NULL（如果是 NULL 就替换成 7）。

（8）将全部各专业志愿都为 NULL 的记录删除。

（9）分班级显示学分最高和最低学生的记录。

（10）查看第一志愿为“贸易经济”的学生学分超过 3.2 的记录。

系统实施 第7章

系统实施阶段是将新系统付诸实现的过程。它的主要活动是根据系统设计所提供的控制结构图、数据库设计、系统配置方案及详细设计资料，编制和调试程序，创建完整的管理系统，并进行系统的调试、新旧系统切换等工作，将逻辑设计转化为物理实际系统。

如果说系统分析和设计相当于一般制造业的产品设计阶段，那么系统实施就相当于产品的生产制造、检测验收阶段，这是真正开发应用程序软件，并整合为实用系统，最后投入运行的阶段。在此期间，将投入大量的人力、物力，占用较长的时间；同时，在使用部门将产生组织机构、人员、设备、工作方法和工作流程等方面的重大变革。因此，系统实施同样是系统开发的重要阶段。

7.1 系统实施阶段的任务

7.1.1 软硬件安装工程

完成了系统分析与设计，仅仅完成了信息系统开发和建设工程的一半，甚至仅仅是一小半。要将设计好的系统转变成为现实中可用的信息系统，还要使系统设计从纸上方案转变为企业可以支配和使用的现实资源，并把信息系统从开发者手中转移到使用者手中。实施不成功，设计良好的系统便无法发挥效益。购置和安装软硬件、网络平台建设、编制程序代码，都是系统实施阶段的硬任务。要保证所有这些技术性工程的建设进度、质量和成本，为系统实施打下坚实的基础。

1. 设备采购和安装

要在规定的时间内完成大批量硬件和软件许可证的采购，并按照系统设计安装到位，是个复杂的系统工程。相关的业务管理部门、位于各地的终端用户、企业的IT部门及产品供应商等，需要协调配合，共同完成产品选型、购买、运输、配置安装等多项任务，任何环节或部门出现问题都会导致整个计划延期。要事先进行周密计划，并采用可靠的物流管理体系协助采购任务的完成；要与可靠的服务商合作；要设定设备的安装标准，规定安装前后的调试过程，保证设备安装质量。

2. 设备配置和部署

要按期完成系统运行所必需的网络、软硬件环境的安装调试和部署，保证系统的运行环境符合系统技术指标的要求。有些系统要求软硬件配置实现标准化，可以选择提供配置服务的厂商合作，并要求在产品出厂前预安装应用软件，或按用户要求进行软硬件安装设置，保证不同地点的用户使用统一配置的设备平台。

3. 程序编制

对于需要自己编写的软件，主要根据系统设计阶段的“系统设计说明书”，或参照系统分析阶段确认的“需求分析报告”进行程序编制。项目实施人员要对软件编程实现的过程进行记录存档，必要时可编制“软件功能确认表”，请用户帮助确认软件功能是否达到要求。复杂的软件可以用外包方式完成编程设计。软件程序的关键基于质量、进度、成本三个要素。

7.1.2　系统实施的准备工作

1. 制定实施计划

系统实施是一项复杂的工程，规模越大的系统，实施阶段的任务越多。如果系统实施牵涉到较大的机构重组、岗位调整、职能权限变动等，往往会遇到阻力。要充分估计和分析阻力因素的来源，事先做好积极的准备，企业领导牵头推动，项目主管单位主动负责，相关部门之间协调配合。

要制定可行的系统实施计划，预先对压力因素和阻力因素做出分析，统筹管理好任务、人员、资金等各种事项，合理控制进度。复杂的系统还要考虑分阶段完成实施，通过计划使各项工作任务彼此衔接。甘特图（如图 7—1 所示）是一种按照

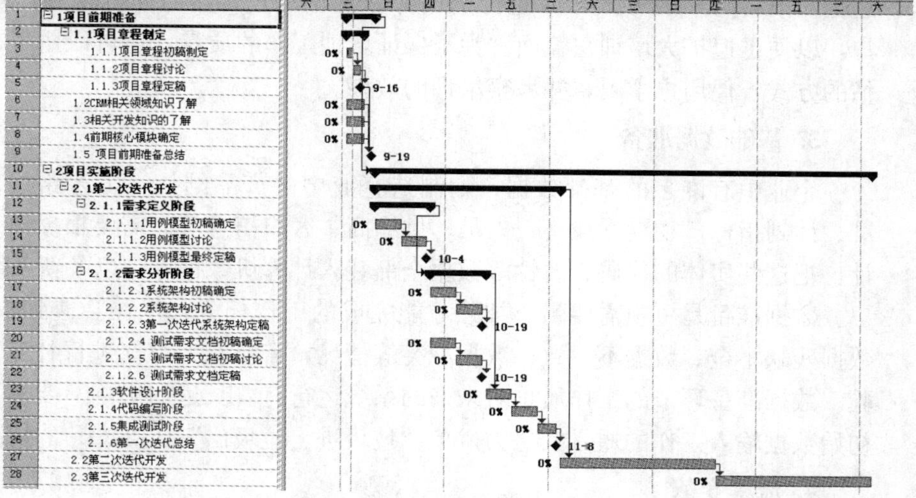

图 7—1　软件系统实施的甘特图

时间进度直观表示任务顺序和持续时间的图形。可以采用甘特图这样的网络分析技术和项目管理工具，对整个系统的实施活动进行统筹规划，提高管理效率。

2. 用户培训

随着系统的实施，用户的权限会不断增长，必须对所有用户进行足够的培训。用户培训是有计划、有目的地向信息系统用户传授必要的知识，使他们掌握相关技能，可有效使用信息系统的过程。培训内容包括两方面：一方面是概念传授，目的是让用户了解信息系统所体现的管理理念、价值和意义，让用户了解新系统的性能，以及新系统对用户的支持作用。这可以消除用户对系统实施的担心和不适，提高用户使用新系统的积极性，对信息系统实施有一个正面的态度。另一方面是面向业务的培训，使用户学会新系统的应用方法，对员工将来如何从事具体工作进行指导。管理者用户不仅要了解系统对自身岗位的要求，还应知道系统对自己和团队工作的影响，能够从全局的视角理解信息系统和自身工作的关系。

新系统的用户包括企业中的决策者、各类管理人员、知识员工和操作人员等各类人员，所以用户培训要有明确目的，根据不同的对象分层实施。

（1）操作人员。重在操作技能的提升和本岗位工作质量的保证。

（2）业务部门用户。重在熟悉岗位职责的变更和新系统的使用方法，能够正确无误地完成业务操作。

（3）知识型用户。应掌握系统资源分布、查询技术和使用方法，并能够与桌面系统集成。

（4）管理人员。应能够利用系统数据辅助决策和管理工作，了解数据来源和分布，能够查询相关数据，了解数据分析报告的含义。

除了上述内容外，用户培训还应包括制度规则、行为规范、防范措施等方面的教育。

培训可以采取多种方式，根据企业的需要灵活设置，如听课、研讨、竞赛、模拟、软件演练、边做边学等。如果培训的人员较多，必须有足够的提前量。还可以选择“滚雪球”的方式，即先行培训部分骨干用户，然后让骨干用户培训其他用户，以便迅速扩大培训覆盖面。为了保证培训工作的质量，还可以用考核和绩效评估的方式督促用户学习，并考察培训的效果。

3. 基础数据准备

企业中有许多的基础数据，如制造企业中的产品结构、工艺路线、定额、标准、计划指标、物料、设备、人员、供应商、客户信息等。需要根据信息系统的设计，把这些实体的代码、属性等数据全部装入计算机数据库，以备新系统使用。

数据准备是一项需要耐心细致才能完成的工作任务，往往会遇到数据不准确、数据残缺不全、数据不一致、数据冲突等情况，需要花大力气进行补充、整理和校验。数据准备环节的工作质量对未来的系统运行有着长远的影响。要尽可能地提高初始数据输入工作的质量，努力避免“垃圾进、垃圾出”（GIGO）的情况出现。

4. 流程变革

随着信息系统的应用，企业原有的业务数据的来源去向、传递途径、生成方式等不再适用，员工的工作内容、工作方式、岗位职责与绩效评价会发生改变，组织的资源、组织内部的权力和责任也需要重新分配。因此，系统实施往往引发组织的流程变革，即对原有业务流程做出部分调整，甚至彻底重建。

一般来说，企业如果出现下述情况，则需要考虑实施流程变革：

(1) 原有信息传递方式和途径妨碍了业务信息沟通，或成为效率提高的明显障碍；

(2) 新系统采用了新的工作方式和指令系统，需要尽快贯彻；

(3) 必须建立和确认新的责任机制、新的合作关系，否则系统无法顺利运行。

组织流程变革和信息系统应用之间的影响是双向的。一方面，信息系统的开发必须顾及组织环境的约束，事先必须进行管理可行性研究；另一方面，企业也要主动适应信息系统的要求，通过积极的变革，采取更加科学合理的运作方式。一般情况下，企业流程的变革比修改软件的效果要好，尤其是像 ERP 这样的整合型软件的实施，往往采用购买现成平台软件并做二次开发的方式。虽然 ERP 软件本身具有一定的定制能力，可以根据企业的状况构建信息流程和操作方式，但是，所有软件的定制能力都是有限的，企业需要主动地根据软件的要求，积极进行业务流程变革，才能使系统实施顺利完成。企业可以从现实需要出发，选择适合自己的流程变革方式。

(1) 业务流程改进。业务流程改进是对旧有流程做出局部性的调整和改善，变革方式相对温和。如将原先分散的业务集中以提高效率；将某些集中管理环节分散，以提高灵活性；明确职责范围，消除空白点；消除流程中的瓶颈，减少重复性环节，缓解资源冲突点；等等。

(2) 业务流程重组。业务流程重组是彻底推翻和否定旧有流程，重建新流程的过程，变革方式相对剧烈。如根据信息系统的要求，重新规定信息流向，重建新的业务流程；对原有组织机构进行较大变革，如压缩管理层次、撤并和新建机构；重新划定各职能部门的职责范围和权限。业务流程重组涉及众多影响因素（如图 7—2 所示）往往会遇到较大阻力，甚至被称为“自讨苦吃”，但变革成功后的效果比较显著，企业要注意不同影响因素的作用。

5. 任务外包

系统实施不是一个封闭的过程。外包是一种积极利用外部资源，更好、更高效地完成系统实施任务的方法。如以租赁代替购买快速获得所需的设备，将繁重的代码编写任务外包出去，聘请有经验的服务商制作文档或设计流程，都是非常普遍的做法。一些大型的系统工程还会聘请专门的咨询公司或集成服务商协助实施项目。

外包还包括使用专业咨询服务。这可以帮助完成复杂的系统实施任务，协助企业降低实施成本，防范实施风险，改进信息系统实施的效果。任务外包的主要优点如下。

(1) 有些企业很难破除已有习惯，难以推行规范而先进的管理思想和业务模式，有经验的咨询服务商可以帮助企业接纳新的理念和模式。

(2) 咨询服务企业在复杂系统实施方面比较有经验，有利于系统应用知识向用

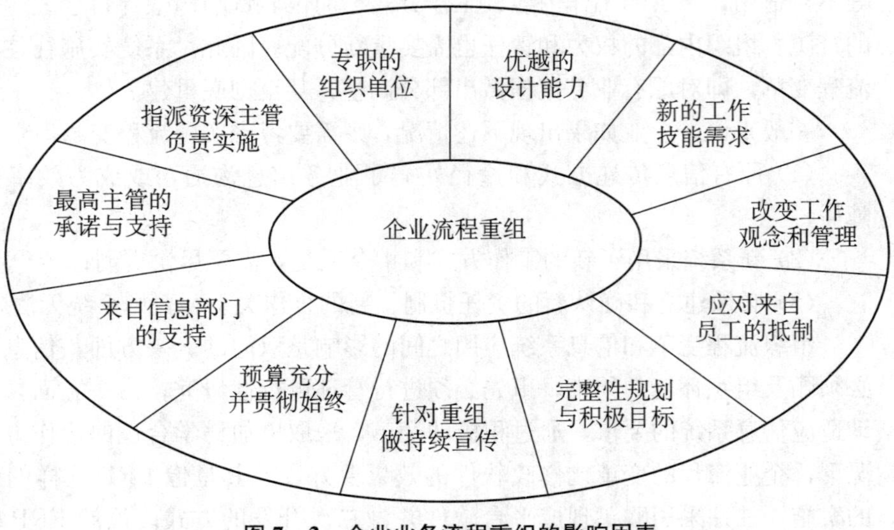

图 7—2　企业业务流程重组的影响因素

户方转移，使系统实施环节更加顺畅。

（3）熟悉信息系统的设计规范的专业服务商，可从行业标准和整体优化的角度审视企业流程，提出有益的解决思路，帮助企业处理难题。

7.1.3　用户参与的主要任务

除了编程过程之外，系统实施的所有环节都需要用户的参与。系统实施的场地准备、安装工程的物理环境、业务流程调整、系统切换等，都是用户主导的实施过程；软硬件购买计划、外包服务商的选择，咨询机构的选择等，也需要用户评判或审查；用户还要组织和参与系统验收测试、培训与质量保证，以及各种管理规程的制定过程。

1. 系统实施的目标

系统实施的目标与实施工作的压力密切相关。用户在确定系统实施目标中发挥着主导作用。

一方面，目标过低会导致系统实施的压力不足，很难取得高水平的实施效果。比如用户对系统的功能心中无数，没有具体的要求，很可能得到并不实用的“表演系统”；如果实施的资金预算过于宽裕，容易出现设备购置超标，冗余或闲置功能过多；如果对业务环境和接口兼容性的要求过于随意，将导致系统数据共享不便，并引发用户抱怨。

另一方面，目标过高会导致系统实施的压力过大，实际效果也会打折扣。比如系统完工的时间过于紧迫，实施中可能会压缩必要的测试流程，安装工程会因赶进度而降低质量；资金约束过严可能会影响软件开发质量；环境兼容性或数据保护的要求过于苛刻，可能形成无法克服的障碍；过于迁就某些利益团体或与旧有流程的对接，会使系统功能受限，延缓实施进度。

2. 系统的数据保障

信息系统的运行不是无源之水，数据准备的重要性毋庸置疑。用户要高度重视数据的正确性，并建立必要的责任制度；保证系统的基础数据能够在切换前圆满地初次装入；系统所需的各类数据源能够保证输入的及时性和连续性。企业还应关注系统运行前后企业数据资源的变动，保证各项业务数据能够有效积累，并得到妥善保护。

3. 选派用户代表

系统开发团队经常需要由用户方派出的专职人员全程深度参与信息系统的实施，甚至整个系统的开发过程。这些参与者是用户的代表。用户代表为胜任工作，不仅要具备一定的计算机知识，更要非常熟悉企业业务，深入了解企业的需求，具备协作意识和责任意识，有良好的沟通能力和表述能力。企业要充分了解和重视用户代表的作用，不能指派不合格的人选作为用户代表。

在各种整合型系统开发的过程中，用户代表的作用会更加关键。比如跨组织的供应链管理系统，实施难点不只局限于技术层面，它需要供应链上的供应商、制造商、分销商以互信关系为基础运作；不是只交流一些浅层数据，而是要彼此共享生产、计划、库存及预测信息，实现真正的协调运作。参与供应链系统实施的用户代表的职责高度复杂，是一项极具挑战性的工作。

7.2 模块程序设计

在系统实施阶段，最重要的任务就是程序设计。在传统的结构化程序设计方法中，程序设计就是处理过程的设计；在面向对象的程序设计方法中，程序设计则主要指对象的设计。

7.2.1 程序设计概述

1. 程序设计的任务

程序设计的任务，就是根据系统设计说明书中关于模块的详细描述和处理过程描述，选择合适的计算机语言（例如 Visual FoxPro）编制程序。

2. 程序设计的质量要求

随着计算机硬件技术的飞速发展，计算机的硬件配置越来越高，人们对程序设计的质量要求也发生了变化。过去强调程序的正确性、高效率和短小精悍，以适应设备资源有限的计算机系统，现在则更加强调程序的正确性、可维护性、可靠性和可理解性。

（1）正确性。正确性是对程序设计的最基本要求，也是进行设计的先决条件。要保证程序正确，一方面要熟悉程序设计语言，避免出现语法错误；另一方面应当使程序描述的处理逻辑和算法符合系统设计功能的要求，避免出现语义的错误。

（2）可理解性。程序不但要求处理逻辑正确，计算机容易执行，而且应当层次清楚，便于人的理解和阅读。因为程序的维护和扩充是必不可少的，而且一个实用系统的程序量是巨大的，程序维护人员总是在维护别人的程序。如果程序难以阅读、不易理解，将会给维护工作带来极大的困难和不必要的浪费。

（3）可维护性。由于系统需求的不确定性，系统需求会随着环境的变化而不断变化。而且由于系统既庞大又复杂，在运行的过程中一定会不断出现各种各样的问题，因此必须对系统出现的问题不断修复，对系统的功能不断完善和扩充、升级。所以一个系统如果不能维护，或者不易维护，其寿命必然会缩短，甚至很快就被淘汰。

（4）可靠性。程序应当具有较强的容错能力，不仅能在正常情况下正确地工作，而且可以在出现意外的情况下，能够自动处理错误，给出报警提示，不会因为用户的误操作而破坏系统或数据，造成系统瘫痪或死机现象。

3. 良好的编程习惯

编制程序要忠实地贯彻系统设计的结果，并在细节上加以完善。编制程序需要熟悉所使用的语言，具有尽可能丰富的编程经验。更重要的是，要具有系统的观点，采用结构化设计思想和工具，自上而下统筹考虑，不能零打碎敲。要避免编程时变量随意增减、变量类型随机指定、无法兼容时再任意转换等问题。

7.2.2 结构化程序设计

面向过程程序设计，需要靠程序语句一条一条地描述怎样逐步创建对象（窗口、按钮等），同时需要描述怎样调用数据、显示数据项，还要考虑怎样发挥每个对象的功能（如按钮功能），以及建立各对象之间的联系，最终建立一个完整的程序。

完成同样任务的程序可以千变万化，为了克服程序编制中的随意性，尽量避免错误的出现，现代程序的编写都遵照“结构化程序设计”的方法。其基本原则是：自顶而下，逐步求精。结构化程序设计方法提出了顺序、选择和循环三种基本程序结构，任何一个程序都可以用这三种结构装配起来。

实际上，面向对象的程序设计方式虽然不需要为创建对象、调用数据、显示数据项及建立各对象之间的联系创建相应的程序过程，但是仍然需要为对象补充实现某些功能的方法程序。这些程序段的创建，还是需要遵照结构化程序设计的方法，用三种基本结构来构建。

1. 顺序结构

顺序执行结构是最基本、最常用的结构。顺序执行就是按照语句行的自然顺序逐条执行程序。从宏观上看，任何程序或系统都可以看成是由若干基本结构或基本程序段构成的顺序结构。

顺序结构只是一种编写和执行程序的协议、规则，并不需要用专门的结构语句来支持。我们来看一个例子。

[**例 7—1**] 显示指定表的记录。有 Visual FoxPro 程序如下：

```
OPEN  DATABASE  RK.DBC                    && 打开数据库
USE  JS.DBF                               && 打开表文件
BROWS  LAST                               && 浏览表
USE                                       && 关闭表
CLOSE  DATABASE                           && 关闭数据库
```

运行结果如图 7—3 所示。

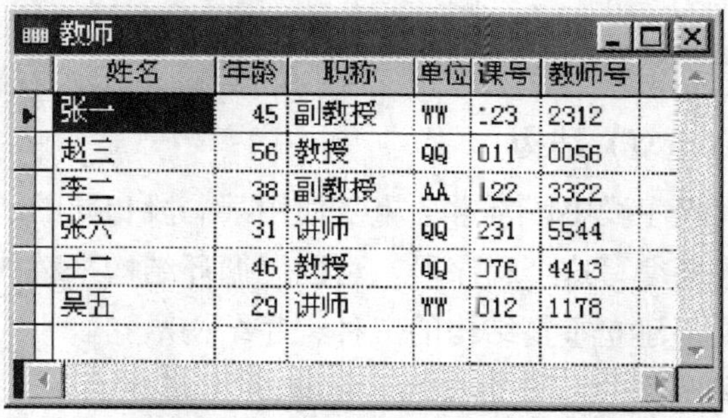

教师

姓名	年龄	职称	单位	课号	教师号
张一	45	副教授	WW	123	2312
赵三	56	教授	QQ	011	0056
李二	38	副教授	AA	122	3322
张六	31	讲师	QQ	231	5544
王二	46	教授	QQ	076	4413
吴五	29	讲师	WW	012	1178

图 7—3 数据库运行结果

2. 判断选择结构

在用程序解决实际问题时，常常需要对问题的给定条件做出判断，以便选择不同的解决方法。这就需要使用判断选择（分支）结构来编制程序。判断选择结构有相应的结构语句（见图 7—4）。

语句格式为：

```
IF  <条件>
<若干语句行 1>
[ELSE
<若干语句行 2>]
ENDIF
```

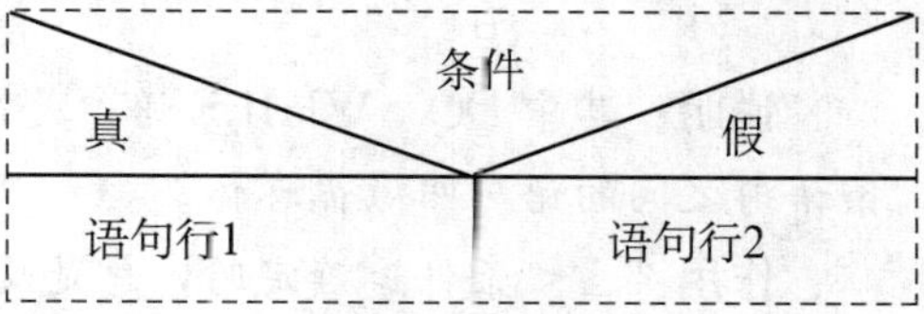

图 7—4 判断选择结构

注意：

1. IF <条件>、ELSE 和 ENDIF 语句各占一行。

2. <若干语句行 1>或<若干语句行 2>可由任何语句行构成。

3. 本结构允许多层次嵌套（不多于 384 层），不能交叉嵌套。

4. IF 语句和 ENDIF 语句必须配对使用。IF 是入口语句，ENDIF 是出口语句。

[**例 7—2**] 从 JZG 数据表文件中查找某人，要求能够判断是否有此人（见图 7—5）。

可根据 N-S 图建立如下程序：

```
OPEN  DATABASE  数据 1
```

```
USE  JZG
ACCEPT"请输入查找人名:"  TO  NAME
LOCATE  FOR  XM = NAME
IF  FOUND()                         && 选择结构入口
    DISPLAY  OFF  XM,ZC
ELSE                                && 转折
    WAIT  "无此人!"  WINDOW
    AT 20,1  TIMEOUT 5
ENDIF
&& 选择结构出口
USE
CLOSE  ALL
```

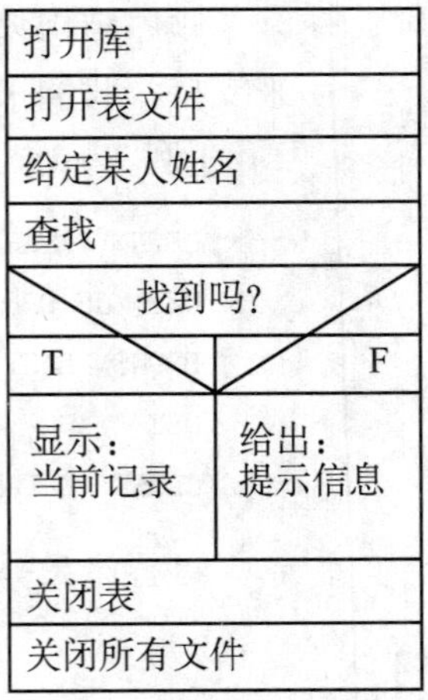

图 7—5　查询指定记录

3. 循环（重复）结构

在一个大程序段中，常常会重复使用某一段相同的或类似的程序段。在编制程序时，不必重复编写这个程序段，可以用循环结构来替代它。重复结构也叫循环结构。系统提供了建立重复结构的三种程序结构语句。

（1）当型循环（见图 7—6）。

语句格式为：

```
DO  WHILE＜条件＞
  ＜若干语句行＞
[LOOP]
  ＜若干语句行＞
[EXIT]
  ＜若干语句行＞
ENDDO
```

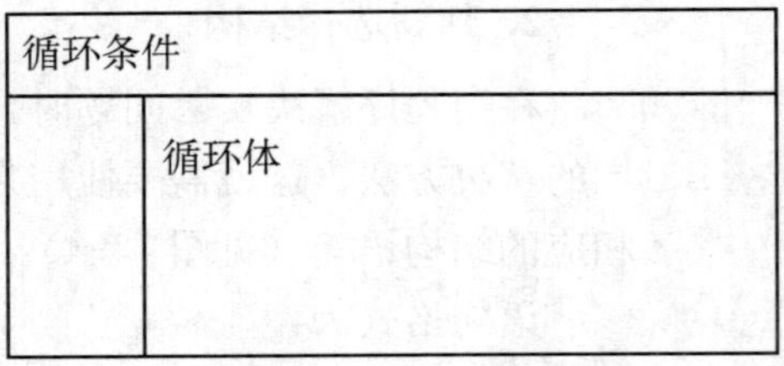

图 7—6　当型循环

说明： 其中 DO　WHILE 语句是循环入口语句，ENDDO 是循环出口语句。两条语句之间的语句叫做循环体。

作用： 当＜条件＞确定时，总是反复执行循环体语句，直到＜条件＞不满足时从 ENDDO 语句跳出循环。

注意：

1. 选项［LOOP］语句可以使程序无条件地跳回 DO　WHILE 语句重新判断＜条件＞。

2. 选项［EXIT］语句可使程序无条件跳出循环体，接着执行 ENDDO 后面的语句。

3. 在循环结构中还可以包含循环结构，这就是循环嵌套。系统可嵌套 384 层。

4. ＜条件＞是否合适是本语句的关键，它控制着重复结构的执行方式。

［例 7—3］ 显示出九九乘法口诀表的程序。假定显示形式如下。

```
1×1=1  1×2=2  1×3=3   1×4=4   1×5=5 … 1×9=9
```

2×1=22×2=4 2×3=6 2×4=8   2×5=10… 2×9=18

3×1=33×2=6 3×3=9 3×4=12 3×5=15… 3×9=27

⋮

9×1=99×2=18 9×3=27 9×4=36 9×5=45… 9×9=81

可以用循环嵌套程序结构实现。

```
*九九表
SET  TALK  OFF
CLEAR
STORE  1  TO  X
DO  WHILE  X<=9
    Y=1
    DO  WHILE  Y<=9
    Z=X*Y
    Z1=STR(Z,2)
    ??  STR(X,1)+ " X "+STR(Y,1)+ " = "+Z1+ "  "
Y=Y+1
    ENDDO
    X=X+1
    ?
ENDDO
SET  TALK  ON
```

(2) 计数循环（见图7—7）。

语句格式为：

```
FOR  <循环控制变量>=<初值>  TO  <终值>  [STEP <步长>]
<若干语句行>
  [LOOP]
<若干语句行>
[EXIT]
<若干语句行>
ENDFOR|NEXT
```

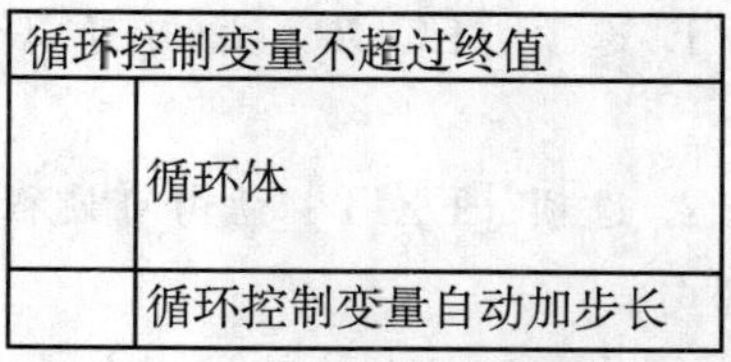

图7—7 计数循环

说明：其中FOR语句是循环入口语句，ENDFOR或NEXT是循环出口语句。两条语句之间的语句叫做循环体。

作用：循环开始，循环变量被赋予初值，判断循环变量值是否超过终值；当条件为真时，顺序执行循环体语句，直到出口时循环变量自动加步长；然后返回入口再判断循环变量是否超过终值，如此反复循环，直到循环变量值超过终值时从出口跳出。这种结构适合固定次数的循环。以循环控制变量计数，用循环终值和步长控制循环次数。

注意：

1. 选项［LOOP］语句可以使程序无条件地跳回 FOR 语句重新判断＜条件＞。

2. 选项［EXIT］语句可使程序无条件跳出循环体，接着执行 ENDFOR 后面的语句。

3. 步长值可正可负，当步长为＋1 时，可以省略步长项。

例如：实现计数的程序。

```
FOR  X=0  TO  100
    ?  X
ENDFOR
```

（3）扫描（指针型）循环（见图 7—8）。

命令格式：

```
SCAN  [<范围>][FOR <条件>][WHILE <条件>]
<若干语句行序列>
[LOOP]
<若干语句行>
[EXIT]
<若干语句行>
ENDSCAN
```

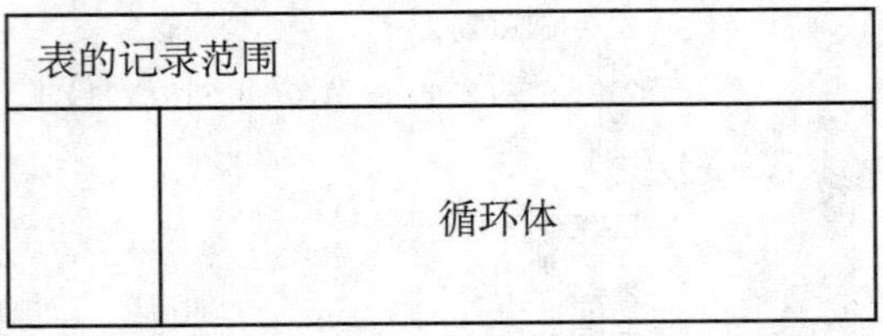

图 7—8　扫描指针型循环

说明：其中 SCAN 语句是循环入口语句，ENDSCAN 是循环出口语句。两条语句之间的语句叫做循环体。

作用：按当前打开的表文件记录的顺序在指定范围内从头到尾扫描每一条记录，每扫描一次就执行一次循环体语句，直到全部扫描完毕跳出 ENDSCAN 语句。

注意：

1. 选项［LOOP］语句可以使程序无条件地跳回 SCAN 语句重新判断＜条件＞。

2. 选项［EXIT］语句可使程序无条件跳出循环体，接着执行 ENDSCAN 后面的语句。

3. 在循环结构中还可以包含循环结构，这就是循环嵌套。系统可嵌套 384 层。

4. SCAN 后面的选项作用和 LIST 命令中这三个选项的作用相同。

［例 7—4］在 JZG 表中随机查询某人。

```
USE  JZG
ACCEPT  "请输入姓名:"  TO  NAME
SCAN  FOR  XM=NAME
    DISPLAY
    WAIT  "是找此人吗?<Y/N>"  TO  PT
    IF  UPPER(PT)="Y"
        EXIT
```

```
    ENDIF
ENDSCAN
```

7.2.3 面向对象程序设计

面向对象程序设计的最大特点是强调构成事物的每一个对象，描述的是每个对象的属性与方法。响应每个事件的程序，则一般不再独立构成一个文件，而是被封装在每个具体的对象之中。

可以说，对于一个应用系统，面向过程的程序设计方法考虑的是解决问题的语句，而面向对象的程序设计方法考虑的是构成系统的每个对象。程序设计实际上是对象的设计。对象有自己的数据（属性），也包括作用于数据的操作（方法）和对象的响应（事件）。

1. 概念和术语

很多概念和术语在3.2.3节中已经介绍过，为了叙述的方便，这里再重复介绍一下。

（1）对象（object）。在系统测试的流程序设计中所研究的对象，只是现实世界中的实体或概念在计算机中的一种抽象的模型化的表示。这种抽象事物是封装了数据和操作的对象，通过定义属性和操作来描述其特征和功能，通过定义接口来描述其地位及与其他对象的相互关系，从而形成一个动态的对象模型；然后选择一种面向对象的高级语言来具体描述该模型，从而解决实际问题。

（2）类（class）。类是一组对象的属性和行为特征的抽象描述，或者说是具有共同属性、共同操作性质的对象的集合。比如，昆虫是类，而瓢虫、蝗虫等就是实例，是对象。微型机是类，而奔腾Ⅲ微机就是一个对象。比如，在 Visual FoxPro 中标签（label）是类，而具体标签“单位:”、“教师编号:”是对象。

（3）属性（attribute）。属性就是对象的特性，是对象外观及行为的特征。比如，昆虫都有六条腿、一对翅膀；微型计算机都有一个显示器、一个主机箱、一个键盘和一个鼠标。这些都是对象的属性，基本属性一般是在类中定义的。当然对象也有一些特性，如昆虫又分为瓢虫、蝗虫；瓢虫背上又有若干色点等。比如，在 Visual FoxPro 中，对象“标签”或“文本框”的具体名称（caption）、文字的颜色（fontcolor）及摆放的位置（left，top）等是它们的属性。

（4）事件（event）。事件就是对象可以识别和响应的行为与操作。它一般由用户或系统的消息来触发。比如，计算机因用户打开电源开关而触发了“开机”这样一个事件；敲击键盘也会触发按键事件（keypress）。当然事件也可以由于方法程序的运行而触发。

（5）方法（method）。方法是和对象紧密相关的，对象所具有的功能就是它的方法。因为一种功能必然由一个过程（或叫函数）来支持，过程也可以说就是一段程序（有时也叫方法程序）。

但是这个过程不同于前面讲过的程序，它任何时候都不能独立于对象之外而存在，而是被封装在对象内部。

一般来说，每个事件都有自己相对应的方法，同时用户也可以为事件编写特定的方法程序。每当该事件发生时，系统就自动执行相应的方法，实现对象的功能。

2. 面向对象程序设计的特点

面向对象程序设计是一种支持模块化设计和软件重用的编程方法。它把程序设计的主要活动集中在建立对象和对象之间的联系上，所以说一个面向对象的程序就是相互关联的对象的集合。面向对象程序设计的基本思想是封装性和可扩展性。

（1）封装性。我们知道，传统的程序等于数据结构加算法（操作方法和步骤），在面向对象程序设计中，这些数据结构及算法全部被包装在对象中。对象的数据结构描述的是对象的状态，如窗口中按钮对象的大小、颜色、名称等属性；对象的操作是它的行为，如按钮的按下、抬起，按钮的功能等。这种将数据和操作全部包装在对象中的特性，就是面向对象程序设计的最基本特性——封装性。

（2）可扩展性。可扩展性体现在继承性、行为扩展性和多态性三个方面。

1）继承性。因为对象之间具有层次关系，下一层的对象是上一层对象的子对象，而上一层的对象就是下一层对象的父对象。每个对象都可以有自己的子对象，所以从父对象开始，子对象、子子对象……一层层展开。父母的基因总是不断向子女遗传，或者说子女总是不断地继承着父母的基因。这种生物界的现象在这里体现出来就是，子对象总是继承父对象的属性和方法。特别是当父对象的属性发生改变时，它的子对象也会立即继承这种变化。这种继承性从类的角度看，就是超类和子类的关系。类的上一层是超类，下一层则是子类，下层类总是继承上层类的属性和方法。

2）行为扩展性。面向对象程序设计的行为扩展性，是指任何一个对象，除了可以继承父对象的属性和方法外，也可以随时为自己增加新的属性和方法。这种扩展性绝不会影响原来的属性和方法。

3）多态性。通过这种封装和继承的特性，又引出了面向对象程序设计的另一个重要特性——多态性。多态性就是在程序中同名但是具体功能不同的方法可以共存。实现多态性有两种办法："覆盖"和"重载"。

3. 对象的设计

对象是面向对象程序设计中的最小元素，应用程序系统是由若干对象有机组合而成的。对象的设计与使用是应用系统设计的基础。对象是在类的基础上派生出来的，是类的实例。而类只有被定义成具体的对象后，才能实现它的事件与方法。

7.3 系统测试

系统测试是对系统整体质量的检验环节，是系统实施过程中的最终审查环节。信息系统必须测试通过才能用于实战。系统生命周期的每个阶段，都不可避免地会出现差错。虽然每个阶段都要通过严格的审查和纠错，但是经验表明，审查并不能发现所有的差错。在编程过程中，不可避免地会引入新的错误；在系统安装过程中，软硬件和网络环境的匹配也会遇到复杂情况。如果差错不在应用系统投入运行之前纠正，迟早会在使用过程中暴露出来。那时不仅改正错误的代价高，而且会导致恶劣后果。1963 年美国用于控制火箭飞行的 FORTRAN 程序中，把一个循环语句“DO 5I＝1，3”误写成“DO 5I＝1. 3”，在系统测试中这一致命错误又未被检出，致使火箭爆炸，损失高达 1 000 万美元。系统测试不到位甚至“走过场”将可能失去最后把关纠错的宝贵机会。

7. 3. 1　系统测试的对象和目的

1. 系统测试的对象

系统测试是保证软件的正确性、完全性和内在质量的重要过程。系统测试的对象不是源程序，而是整个应用软件系统。需将测试的软件（包括程序和文档），作为整个计算机应用系统的一个元素，与硬件、外设、支持软件、网络、数据和人员等环境元素结合在一起，进行组装和确认测试。

2. 系统测试的目的

系统测试的目的是验证系统是否满足了需求规格的定义，找出与需求规格不相符的地方，以确保应用系统能够提供符合用户需求的处理能力。它将通过查错和排错，发现软件和软件开发过程中的错误及缺陷，以便及时改进。测试中要精心选取那些易于发生错误的测试数据，以十分挑剔的态度找出软件中的错误而不是证明系统无错误。测试中可能发现的错误按其性质可分为以下几类。

- 功能错误：指由于处理功能说明不够完整或不够确切，致使编程时对功能有误解而产生的错误；
- 系统错误：指与外部的接口错误、子程序调用错误、参数使用错误等；
- 过程错误：主要指算术运算错误、逻辑运算错误等；
- 数据错误：指数据结构、实体、属性错误，参数与控制数据混淆等；
- 编程错误：指语法错误、程序逻辑错误、编程书写错误等。

7. 3. 2　系统测试的原则与方法

1. 系统测试的基本原则

系统测试是富有创造性的工作，不仅要检查系统是否“该做的事却没有做”，还要确认系统“是否做了不该做的事”。对系统测试而言，人的知识、经验、态度、心情与直觉都起着重要的作用。系统测试应遵循以下基本原则。

（1）测试机构要独立。测试小组应与开发组分立，即测试工作应避免由原开发组人员承担。由于测试的目的是挑剔地找错误，从心理角度来讲，软件的开发人员对自己的工作成果有偏爱，有一种不愿否定自己成果的心理，不易找出错误；另一方面，如果开发人员对软件功能理解有误，由本人去查错，很难查出来。为避免测试“走过场”，系统测试应以验证和排错水平作为鼓励目标，支持测试者的挑剔眼光。测试项目的负责人尤其不应默许任何“无错假定”，并借此压缩测试时间。

（2）要精心设计测试计划。软件测试工作不能仓促上阵，要事先制定完备的测试计划。测试计划是预先制定的，各种测试项目、查验方法、通过标准等都有详细的计划。它可以排除测试的随意性，便于跟踪和控制测试进度，减少不确定性，有效地控制测试风险，保证测试顺利完成。

软件测试计划是指导测试过程的纲领性文件，要根据企业的现实需要，明确说明测试目标、测试内容、测试方法、测试资源、测试环境、任务及进度、安全保密及私密性要求等。常见的测试内容包括：

1）负载测试：即测试软件系统在最大负荷（最大任务量）下的表现，看系统的响应是否会退化或失败。负载测试可以判断系统持续正常运行的能力，对系统响应时间、事务处理速率等主要性能特征进行评估。

2）压力测试：即针对系统质量保证水平和系统可恢复性的测试，可观察系统在超载、故障、重启、资源缺失等负面情况出现时的反应。

3）用户界面测试：又称 UI 测试，看用户界面的风格是否满足客户要求，文字是否正确，页面是否美观，文字及图片组合是否完美，操作是否友好等。

4）可用性测试：即针对“用户友好性”等进行的主观测试，往往通过用户访谈、调查、用户对话录像等方式考察。此项测试没有客观标准，但接受测试者应尽量接近真实用户。

5）逆向测试：也称负面测试，即确认系统没有执行它不应该做的操作的测试。

6）安装测试：检测软件在正常和异常情况下是否都能正确安装。比如看用户的初次安装、升级、完整安装及自定义安装能否顺利完成，安装手册内容是否正确等。

7）验收测试：确定系统能否满足合同规定或用户需求的测试，对用户是否可以接收系统提供依据。这是由用户或独立测试人员按计划进行的测试。

（3）要进行回归测试。回归测试是指在发生修改之后要再次重做先前的测试，以验证原问题已修改，并确认所做修改没有引入新的缺陷。软件投入运行后，若根据客观需要做了改进或扩充，也需做回归测试。为了能够进行回归测试，所有的测试数据和测试用例都要保留，包括回归测试本身所用的数据。

（4）测试要遵从经济性原则。测试具有不彻底性，并需要有成本投入。要注意贯彻经济性原则，设法用较少的投入尽可能多地排除软件的错误和缺陷。比如科学安排测试策略，设计“高产”的测试方案；软件错误具有不均衡性和连带性，这与程序员的编程水平和习惯有关系，要对出错多的地方和响应慢的模块进行重点测试；确定适宜的指标变化幅度或可接受的偏离范围，合理设置测试结束准则，以便降低测试成本。

2. 系统测试的方法

软件测试的方法可分为静态测试（不执行程序）和动态测试（执行程序）两大类，每个类别中又可进一步细分为若干种。动态测试又可以分为黑盒测试和白盒测试两种方法。

(1) 黑盒测试。黑盒又称功能测试，是将软件看作黑盒子，在完全不考虑程序的内部结构和特性的情况下，测试软件的外部特征。测试者会根据程序的运行环境设计一系列的数据输入，并根据模块的功能描述检查其应有的输出。一旦发现输出的不是预期结果，就可认为该模块有错误。

(2) 白盒测试。白盒测试又称结构测试，是将软件看作一个透明的白盒子，按照程序的逻辑路径及过程进行测试，检查它与设计是否相符。测试者根据软件的结构和处理逻辑设计测试用例，考察执行结果与设计是否相符。大模块的内部机制复杂，潜在路径组合是个天文数字，对所有路径进行穷举测试是不可能的。因此，白盒测试不适用于大型的复杂模块。

7.3.3　系统测试的流程与内容

1. 系统测试的流程

系统测试的一般流程如图 7—9 所示。软件测试以软件开发方为主来做，硬件安装及网络环境等测试主要由设备提供商和系统集成商来做，对系统整体的验收测试由用户方或软件最终所有者组织，会同多方共同完成。

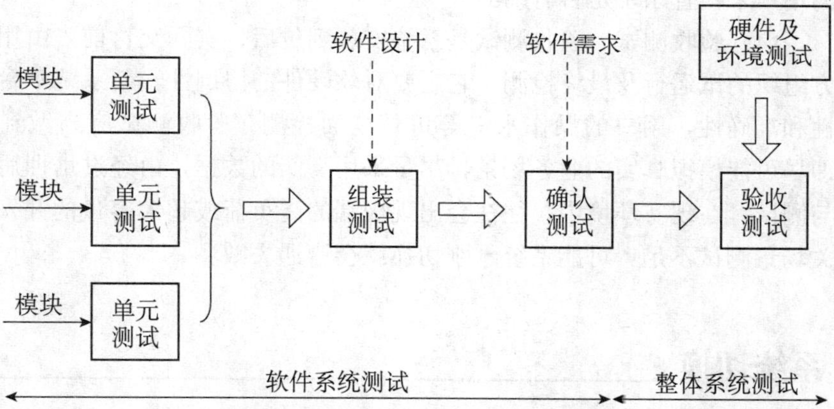

图 7—9　系统测试的流程

测试需要参照国际标准、国家标准与行业规范，由专业人员完成。对新开发的软件进行测试是系统测试中最为重要的部分。软件系统可能很庞大，相应的测试也会进一步细分，如组装测试中可能包括不同子系统测试和对全部软件系统的测试。

2. 系统测试的内容

(1) 单元测试。是针对具体程序模块的测试，一般在模块编程后及时进行，可以由程序员承担。表 7—1 显示了单元测试中的常见错误。自行开发软件时单元测试的工作量非常大。如果选用一些成熟模块搭建软件，底层单元模块已经过千锤百炼，测试的工作量可明显减少。

表 7—1 软件单元测试中的常见错误

错误类型	常见表现或原因
数据引用错误	引用的变量未赋值或未初始化，数组引用下标值超界
数据声明错误	数据定义或属性不匹配，默认属性错误，数据长度或类型不当
运算错误	变量值超限，无效值参与了运算，中间值溢出，运算的优先顺序不正确
控制流程错误	循环越界，有额外的分支路径，程序被不当绕过，判断无法穷尽，文字或语法错误
输入输出错误	文件未及时打开或关闭，处理记录的缓冲区不足
接口错误	参数间的数量、属性或量纲不匹配，全局变量的定义不一致，参数被漏传

（2）组装测试。组装测试是对多个模块组装后的效果进行测试，以确定系统的各个部件能否联合工作而没有冲突。也称集成测试。如果软件系统比较大，需要先对子系统的组装效果进行测试，再逐级向上检测。

（3）确认测试。是对装配好的整个软件系统的整体效果进行测试，好比大型演出前的彩排。测试内容与组装测试差不多，主要采用黑盒法。此时应尽可能采用真实场景和真实数据，并在终端用户参与下完成测试。要全面检测并确认软件系统的质量，看信息系统是否满足了用户当初的需求。确认测试常见的重点有三个：一是检验系统是否达到了相应业务或流程的需要；二是检测软件的易用性；三是让熟练的用户来检查系统是否有漏洞。

（4）验收测试。验收测试是系统安装到位后、实际交付前，由用户或系统建设方组织的试运行及最终检测。它主要对软硬件的协调性，新系统平台上业务的顺畅性和准确性，用户的操作水平等进行全面检测。验收测试应当做到“三个真实”，即尽可能模拟真实的业务场景，尽量采用真实的数据，由经过培训后的真实用户参与测试。在现实环境中，往往会出现极端的高负荷或超大容量的并发用户数，若相关场景测试不足，可能系统刚刚切换就会遭遇失败。

7.4 系统切换

新系统通过测试以后，并不能立即投入正常运行，还存在一个新老系统交替问题。系统切换就是指新系统替换老系统，即老系统停止使用、新系统开始运行的过程。系统切换的任务就是保证新老系统进行平稳而可靠的交接，最后使整个新系统能正式交付使用。系统切换需要系统开发人员、系统操作人员、用户单位领导以及用户通力合作、相互配合才能完成。

7.4.1 系统切换的方式

系统切换有以下四种方式。

1. 直接切换

在确定新系统运行准确无误后，用新系统直接替换老系统，终止老系统运行，中间没有过渡阶段。这种方式节省人员和设备费用，但风险大，很可能出现预想不到的问题，因此，不能用于重要的系统。即使用于不太重要的系统，也应采用适当的措施，当新系统不能正常运行时，可立即启动原系统。

2. 平行切换

这种方式安排了一段新老系统平行运行的时期。平行运行时间视业务内容及系统运行状况而定，短则两三个月，长则半年至一年，直到新系统正常运行有保证时，才停止旧系统的运行。其优点是可以进行两套系统的对比，发现和改正新系统的问题，风险小，安全、可靠；缺点是耗费人力和设备。

3. 试点后直接切换

某些系统有一些相同的部分。例如，系统中包括多个销售点、多个仓库等。切换时先选择一个销售点或仓库作试点，试点成功后，其他部分可同时直接切换。这种方式风险较小，试点的部分可用来示范和培训其他部分的工作人员。

4. 逐步切换

它的特点是分期分批地进行切换，既避免了直接切换的风险性，又避免了平行切换时新老系统同时运行费用大的问题。但是，由于新老系统混合运行，因此需要很好地处理它们的接口；当新老系统差别太大时，则无法应用。在系统切换过程中，要根据出现的问题进行修改、调试，因此它也是新系统不断完善的过程。各种切换方式如图7—10所示。

系统经切换交付使用后，系统开发工作全部结束。这时应将所有资料汇总归档，从最初的用户要求、总体规划、可行性分析报告到系统运行技术文件、交付使用验收报告，都要仔细整理并妥善保存。这些资料记载和描述了系统分析与设计的来龙去脉，是诊断系统故障，修改、维护、扩展系统功能所必需的技术档案。

7.4.2 系统切换的主要工作

1. 建立系统使用说明文档

系统测试完成后，应建立一套详细的系统使用说明文档，供各类操作、使用人员阅读。系统使用说明文档应当使用简明、通用的语言说明系统各部分应如何工作、维护和恢复，主要的使用说明文档如下。

（1）用户操作手册（使用说明书）。用户操作手册可针对不同子系统用户编写。在操作手册中应阐明的主要内容有：手册使用者及编写手册的目的；应用软件（子系统）目标、功能、性能概述；运行环境要求，系统运行所需的硬件最低配置；系统支持软件，包括操作系统、语言编译系统、数据库管理系统等；用户使用说明；操作举例；等等。

（2）计算机操作规程。根据具体系统制定。

（3）程序说明书。程序说明书的主要内容包括：整个系统程序的清单和说明；程序测试过程和测试用例；修改程序的规定等。

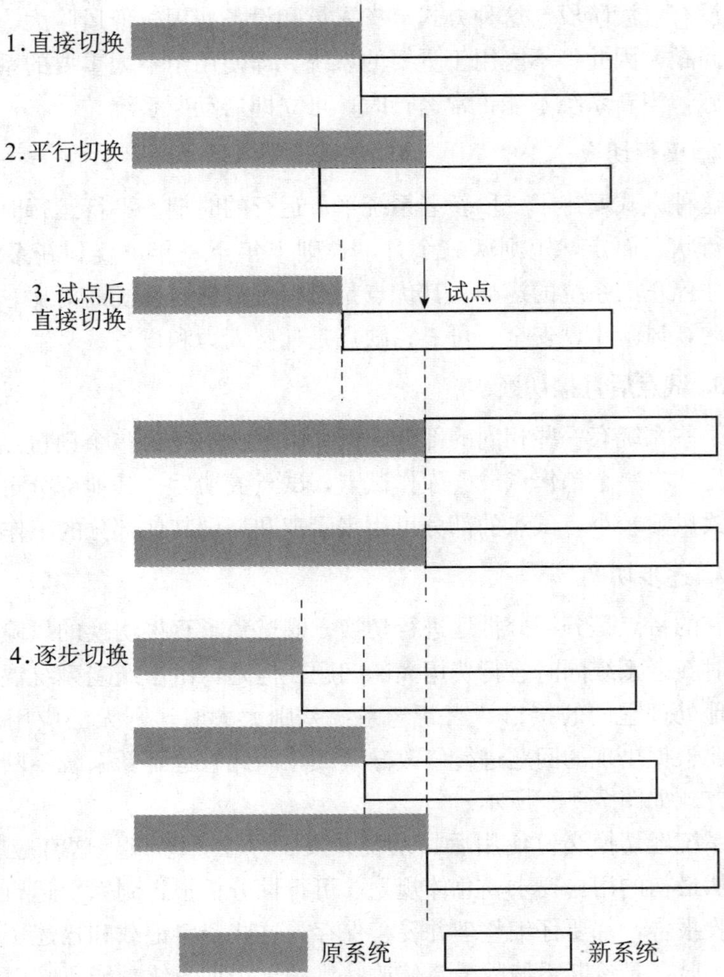

图 7—10　系统切换的方式

2. 系统初始化

系统从开发完成到投入应用必须经过一个初始化过程。初始化包括对系统的运行环境和资源进行设置，系统运行和控制参数设定，数据加载以及调整系统与业务工作同步等内容。其中，数据加载是工作量最大且时间最紧迫的一个重要环节。因为经整理的大量基础数据需一次性输入系统，而企业生产经营活动又不断产生新的信息，如果不能在有限的时间内将数据输入完毕并启动系统，则新的数据变化会造成系统中的数据失效。系统初始化中大量的数据加载工作是系统启动的先决条件，并且大多数由终点手工输入完成。输入中最重要的是保证数据的准确性。为防止输入错误，可采用详细设计中所提及的各种数据输入校验方法。

思考题

1. 试述系统实施的工作内容。

2. 试述系统测试的对象和目的。
3. 系统测试应遵循哪些基本原则？
4. 系统测试完成后应建立哪些文档？
5. 简述技术性因素对系统实施效果的影响。
6. 简述高层领导对系统实施的作用。
7. 什么是软件程序的可理解性？
8. 如何分层次进行培训？
9. 简述流程变革和系统应用之间的关系。
10. 参与系统实施应选什么样的人做用户代表？
11. 简述系统测试计划的作用。
12. 什么是压力测试？
13. 什么是回归测试？
14. 什么是黑盒测试？
15. 什么是组装测试？
16. 简述验收测试的目的。
17. 系统切换有哪些方式？
18. 并行切换的主要缺陷有哪些？
19. 初始化环境的检查确认包括哪些方面？
20. 面向过程和面向对象两种程序设计方式各有什么优缺点？
21. 有几种类型的判断选择结构？如何使用？
22. 有几种类型的循环结构？如何使用？
23. 编程熟悉分支、循环、过程等程序结构。
24. 编制打印出九九乘法表的程序（输出为三角形的形式）。
25. 设数据表 STUDENT 中共有 100 条记录，执行下面程序后的结果是什么？

```
SET  DELETED  OFF
USE  STUDENT
DELETE
COUNT  TO  X1
PACK
COUNT  TO  X2
ZAP
COUNT  TO  X3
USE
```

26. 有如下程序：

```
SET  TALK  OFF
M=0
N=100
DO  WHILE  N>M
```

```
    M=M+N
    N=N-10
  ENDDO
  ? M
  RETU
```

运行此程序的结果是什么？

练习题

1. 编程设计一个表单，其中包含一个命令按钮。要求单击按钮可以关闭表单。

2. 编写产生如图 7—11 所示的对话窗口程序。

图 7—11 对话窗口

信息系统的管理与维护 第8章

系统切换完成，投入正常运行后，就进入了系统的运行管理与维护阶段。组织中的管理信息系统要随着环境的变化不断发展，运行管理和维护工作是系统开发工作的自然延续。系统的运行维护一般由企业组织中专门的信息管理机构负责，其目的是保证信息系统安全、正常、可靠地运行，根据环境的变化及时地改善和提高系统的性能，充分发挥信息系统的作用，对企业业务运作提供持续有效的服务支持。与这个阶段相关的工作任务包括：建立信息系统服务管理机构，建立相应的运行管理制度，保证系统的安全性和可靠性，开展信息系统维护工作，等等。

8.1 信息服务和管理机构

8.1.1 信息中心组织

对系统进行管理是系统开发工作的自然延伸。没有有效的管理措施，不仅业已建成的信息系统会出现问题，而且系统的中断和失误会给企业造成损害。当前，无论是企业、政府组织，还是教育、文化和医疗服务机构，对计算机化的管理信息系统的依赖性都日益增强，保证计算机信息系统服务的连续性和有效性成为不可忽视的重要管理任务。组织中负责管理计算机管理信息系统的部门一般称为信息中心，也有的称为计算中心、网络服务部、电子部等。

1. 信息中心

信息中心是企业中支持信息系统运行管理、承担信息化支持服务的专职机构。在企业组织系统中，信息中心的设置和地位与企业信息技术的应用范围和深度有关。如图 8—1 所示，一般可分为四种情况。

第一种是无信息中心，如图 8—1（a）所示。企业没有设立统一管理的信息中心，各部门以分散和独立的方式使用和管理不同的信息系统和各自的信息技术资源。企业的计算机应用处于早期和起步阶段时往往会采用这种形式。

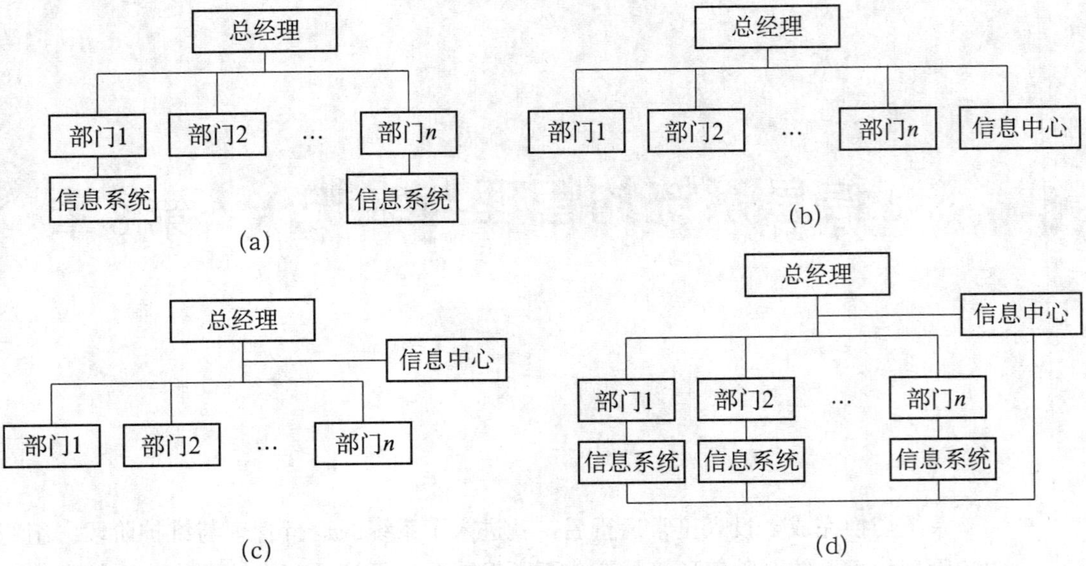

图 8—1 信息中心在企业组织中的地位

第二种是平行设置信息中心，如图 8—1（b）所示。企业的信息中心部门与其他业务部门地位平行，主要负责信息技术平台和业务系统的运营维护等工作，涉及企业信息技术发展的高层决策则需要由上级管理层来做。

第三种是设置高层次信息中心，如图 8—1（c）所示。企业中的信息中心隶属总部高层，可以充当企业的决策参考支持中心，容易对企业信息资源进行集中调度和管理。

第四种是设置多级信息中心，如图 8—1（d）所示。信息中心与其他业务部门的下层信息部有垂直联系，组成类似矩阵式的关系，既可以参与上级的信息技术决策，也可以直接管理和支持具体业务部门的信息需求。

信息中心的组建形式需要顺应企业计算机应用发展的要求，与组织的业务战略保持一致。不同的组织形式各有利弊，并没有一种普遍适用的最优方式。比如第四种的信息中心是矩阵式组织关系中的一个交叉点。企业本身的结构就比较复杂，信息中心应对企业内部管理和协调的工作任务会比较多，这对信息中心领导的素质要求也较高。如果企业中的应用系统规模小，主要是局部性的，第一种形式就比较适用。

2. 信息技术监管委员会

在那些高度依赖自动化技术的大型制造性企业中，信息中心还负责把计算机管理信息系统、计算机过程控制、计算机辅助设计、计算机辅助工艺和制造联结为一个整体，形成支持企业运作的计算机集成制造系统（computer integrated manufacturing system，CIMS）。同时，电子商务、供应链管理、客户关系管理等系统的发展，使信息技术在企业中的普及程度迅速提高，也需要企业在信息技术应用方面加强领导与高层协调。这时企业会成立一个高层的信息技术监管委员会，由来自各个业务部门（财务、生产、市场等）的高层管理者组成，对信息中心的工作进行管理、监督和指导，使信息中心和相关职能部门一起，更好地承担企业的信息技术管理和战略性规划工作。

3. 企业的信息主管

那些引入了 ERP 系统或其他大规模的业务支持系统的企业，为了全面提高集中运作和管理的能力，往往需要建立较大型的信息中心，对组织中的各种应用进行全面的服务管理与集中化的技术支持。此时，企业需要由高层管理者或一名副总裁专门负责信息中心及重要的信息管理工作。企业会设立信息主管（CIO）岗位，CIO 也被称为首席信息官。

CIO 往往直接负责管理信息中心，甚至兼任信息中心主任，但他的职权明显超出了信息中心主任的范畴。CIO 将与企业的财务主管、市场营销主管、生产主管、产品开发与技术主管处于相同层级。CIO 的职责包括：以整个企业为目标，着眼信息系统、信息技术和信息资源的统一管理；评估企业信息系统项目的价值，不断改善企业信息技术应用的效益；对企业内外部有用信息的价值深入开发，改善企业的决策流程；以信息技术推动企业的业务创新和管理创新，提高企业的竞争力；参与高层决策过程，负责企业信息化战略规划的制定。

8.1.2　信息管理和服务策略

信息中心是负责对企业的信息系统和信息资源进行规划协调、服务支持和管理控制的机构，其管理和服务的基本方式有集中式与分散式两种。

1. 集中式

集中式管理是指信息资源的配置、协调和管理控制权都集中于信息中心，支持企业运营的流程以及各部门的信息服务需求由信息中心统一提供。实现集中式管理要求有高度集中的主机资源配置和快捷可靠的网络环境。集中式管理和集中服务的主要优点是：便于对集中运营的企业流程提供经济、高效的服务支持，统一的资源管理和控制，有利于营造协调、平衡的内部信息资源环境；便于系统保持整体运行，充分发挥系统的服务潜力；便于贯彻统一的信息标准、操作规程和服务规范；有利于实现数据的完整性和系统安全控制。

2. 分散式

分散式管理是将信息资源分别置于企业各部门的管理和控制之下，信息系统的开发活动、开发人员、数据存储等都分散进行，信息服务和流程支持分别由不同地点或部门提供。分散式服务和管理的成功往往需要有优秀的本地资源条件。它的主要优点是便于满足业务部门内部的独特信息需求，部门一级对信息资源的控制、使用和维护比较方便；在业务处理以本地或局部性业务为主的条件下，业务处理成本较低。

集中式与分散式各有其优点，企业可根据情况选择。如果企业很大，信息管理业务复杂，也可以采取集中与分散相结合的方式。计算机网络和通信技术的普及，以及分布式管理系统的发展，使组织的数据、技术等资源可以分布在不同地点，通过网络连接和传递。无论是用集中式系统支持分散式的流程，还是用分散式系统支持集中式的流程，在技术上都没有硬性障碍。但是，如果企业的信息技术资源分布与其业务管理流程能够很好地匹配，将获得较高的经济性和可靠性。

信息中心管理服务“统/分”策略的影响因素很多。常见的因素有：组织中各个业务部门之间实现信息共享的意愿如何（比如，它们是否面对相同的供应商和客户，决策时是否需要与对方沟通）？权力的集中程度如何（比如，各个业务单元是独立运作还是需要统一控制，对上层决策的贯彻水平如何）？是否有实现规模经济的机会（比如，可否通过共享平台降低成本）？表 8—1 显示了目前企业的信息中心集中管理的常见职责。

表 8—1　信息中心的一般职责

- 制定总体的信息技术战略。
- 负责对企业现有的软硬件和信息系统进行登记，负责系统的运行和维护工作。
- 制定通信标准，安装和维护组织的局域网和广域网。
- 开发、维护和保护企业的数据以及一些重要的应用软件。
- 评估、获取和整合新的硬件及软件产品，比如操作系统、工作站、运作支持软件、办公设备等。
- 对内部用户进行培训和支持，包括了解业务用户的信息需求并进行定义。
- 开发相关的程序，便于在新系统开发过程中与外部服务商和系统供应商进行谈判和监控。
- 推动和促进有用的技术在组织内共享。
- 负责维护外部服务商之间的关系。

8.1.3　信息中心的组成和人员

1. 信息中心的组成

信息中心规模有大有小，小的可能仅有几个人，大的可能有成百上千人。在企业计算机应用的初期，信息系统的分析设计、运行操作、维护管理可能只由 1～2 人承担。应用范围扩大后，应用的复杂性增加，出现了系统分析员、程序员、数据库管理员、网络管理员等不同岗位。随着网络交易的出现和应用的深入，又出现了电子商务管理员、系统安全员等岗位。组织业务规模越大，种类越多，管理和服务功能越细，信息中心的组织和人员构成也就越复杂，还可能分布在不同地点。某信息中心的组成如图 8—2 所示。

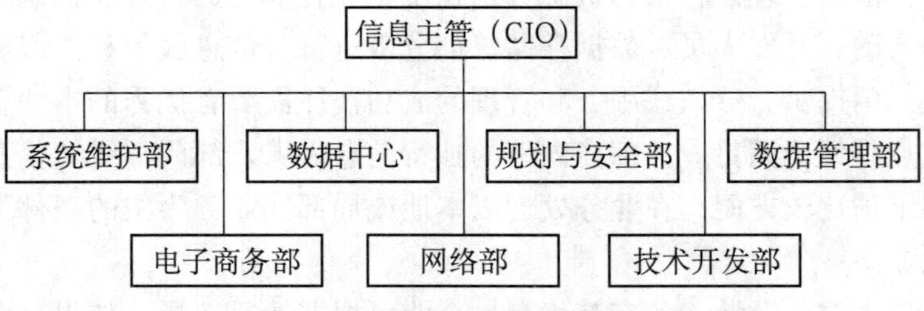

图 8—2　信息中心的组织结构示例

其中各服务部门的主要工作职责如下。

(1) 规划与安全部。协助制定信息系统的规划，分析企业业务对信息服务的需求，规划应用系统的开发工作，制定与信息系统应用有关的安全策略和服务保障措施。

(2) 数据中心。维护和管理组织的共享数据库和数据仓库，集中录入，文档管理，提供安全访问服务。

(3) 系统维护部。负责计算机硬件和系统软件的安装及维护，使信息系统的硬件设备处于良好工作状态。

(4) 数据管理部。与用户协调沟通，利用和开发对企业有用的数据、信息和知识资源。

(5) 网络部。负责网络设施的设计、安装、运行、安全和维护工作。

(6) 技术开发部。研究信息技术的变动前沿，分析潜在应用领域，对信息系统在企业中应用的价值进行评估。

(7) 电子商务部。负责产品网络推广，维护企业网站的信息，负责电子商务相关数据的收集、维护及更新。

2. 信息中心的人员及素质要求

随着科技水平的快速提高，信息中心的人员和岗位构成变动很频繁，可能每隔两年就会有明显的调整，包括增加新的岗位，撤并低效过时的岗位等。表 8—2 提供了一个岗位及职责的示例，主要反映了 21 世纪初信息中心的情况。

表 8—2　　信息中心的岗位及职责

岗位职务	主要职责
信息分析人员	同用户一起进行系统分析，具有组织、管理和决策方面的知识
系统设计师	设计信息系统的人员，需要懂得更多的技术知识
系统分析师	兼任信息分析人员和系统设计师
应用程序员	进行程序设计、编码和调试，并能够编写技术文档
维护人员	维护现有的系统
程序库管理员	对程序库的内容进行维护管理，当程序库内容发生变化时，要向上级管理部门书面报告
系统程序员	维护操作系统，精通软硬件
数据通信专家	为数据通信和分布式处理方面的专家
数据库管理员	管理和控制公用数据库
用户联络员	规划信息系统和进行新系统开发时，协调用户与系统分析人员进行交流
办公自动化协调员	需要有涉及办公自动化各方面的软硬件及专业知识
信息中心分析员	在解决用户问题方面，对用户提供分析指导
操作员	主要负责主机操作
数据控制管理员	对数据的输入进行检查，对系统的输出进行分发的人员
数据输入员	主要负责数据输入
安全协调员	建立系统安全规程，监视系统安全情况，调查违章问题

使在信息中心效力的服务人员具有高素质是非常关键的。以下是对信息中心一些重要岗位人员的素质要求。这些素质要求应是综合性的，不仅涉及技术方面，而且包括工作态度和责任意识等。

（1）信息主管。其主要任务是管理组织的信息资源配置和信息系统的运行服务，制定组织中现有信息技术资源的运行策略，规划新技术和新系统的发展。信息主管不仅要精通信息技术，而且必须熟悉组织的业务管理现状，具有战略眼光，深入了解组织的目标和业务发展战略；掌握现代管理思想和方法，有洞察力和创新精神；了解信息技术前沿，熟悉信息系统开发和运行管理工作；有较强的资源统筹管理意识和对技术资源进行统一组织的能力。

（2）系统分析师。系统分析师的主要职责是：研究企业对信息系统的需求；确定信息系统项目的目标，设计新系统的逻辑模型；确定企业信息系统的维护方案。因此，系统分析师应熟悉企业业务，有必要的管理知识；精通系统分析的技术和方法，掌握信息技术项目管理的相关知识；能够领导开发人员完成信息系统项目，能协调好信息技术人员与各职能部门的业务人员之间的关系。

（3）程序员。程序员的主要职责是：按照系统分析与设计人员提出的系统设计报告，编制、调试、修改程序；在系统开发工作结束以后，负责系统日常运行中的程序维护工作。程序设计员应有较强的逻辑思维能力与学习能力，熟练掌握相关的计算机程序设计语言，能够按照结构化程序设计的要求创造性地开展工作，有较强的严谨性、科学性和合作意识。

在一些较大型的组织中，程序设计人员还可按工作性质分为系统程序员、应用程序员、维护程序员。系统程序员负责编制与修改系统软件（如网络操作系统和数据库管理系统等）；应用程序员负责编制和调试应用程序；维护程序员负责对现有的程序进行维护。

（4）操作员。专职的操作人员可能有：特定终端岗位的操作员、专用数据准备或传输设备的操作员、数据录入员等。这些操作员应获得所使用软硬件设备及工具的操作资格，熟悉相关设备及工具的构造和应用环境，能发现、避免和有效排除设备使用故障，具备较强的责任心和良好的岗位操作技能。

（5）数据库管理员。数据库管理员负责整个企业的共享数据资源，核心数据库的建立、运行安全和维护工作，了解企业数据库底层结构和基本内容，对数据库的存取权限最高。目前企业数据资源可靠使用和安全管理面临的挑战日益突出，这个职位也更加重要。数据库管理员不仅要精通数据库知识，而且要熟悉数据的应用环境、网络平台状况和业务应用流程，熟知相关的保密工作规定，原则性和自律性强，有很强的工作责任心，有对资源进行主动维护的意识。

（6）网络管理人员。负责组织网络的设计、建立、运行、安全和维护工作。除了是数据通信、分布式处理或网络管理方面的专家之外，他们还应熟悉企业网络应用环境的变动，对网络用户的行为有分析和观察能力，了解和关注日新月异的网络服务产品，具备对相关的服务产品进行评价、分析和选择的能力。

（7）用户协调员。随着规模的扩大和在组织中地位的提升，不少信息中心会分别设立与信息安全、办公自动化应用等重点应用有关的专职岗位。负责系统安全的协调员会重点负责建立和维护各种系统安全规程，调查各种安全隐患，及时纠正违规行为等；负责办公自动化的协调员可能会随时关注局部利益和组织整体利益的冲突，发现潜在问题，及时上报或采取纠正措施。协调员要有丰富的技术知识和实际工作经验，熟悉业务部门的工作环境，能够把握和分析用户利益，掌握良好的沟通技巧，有必要的冲突管理能力。

8.2 系统评价

系统是否达到开发的预期目标，投入运行后的系统是否还存在缺陷，应该如何维护和改进，这些都需要进行全面检验和分析，这个过程也被称为系统评价。

系统评价是对结果的分析和认定的过程，也是信息系统开发项目的重要环节。它需要及时确认成功或失败，发现不足和偏差，对新近投入使用的系统做出客观分析，对项目开发工作做出总结。这对于完善信息系统项目的管理，校正组织信息化的发展方向，为未来项目做好准备等都是非常必要的。对信息系统的评价主要由功能目标评价、性能评价及经济效果评价等方面组成。对新系统的首次评价一般在系统投入运行一个业务周期（在 3～6 个月之间）后进行。之后的评价可以按周期进行，也可以在信息中心领导变动或用户对系统服务有明显意见时进行。

8.2.1 功能目标评价

管理信息系统的主要目标是对组织特定的业务功能提供支持，因此首先要评价这个方面的目标。要针对系统开发阶段所确定的需求目标．逐项检查是否达到预期目标。根据用户提出的功能要求，比照系统运行后的实际状况，分析系统功能完成情况，评价用户对系统功能的满意度。

1. 评价指标

企业建立信息系统的背景和基本目标各不相同，评价指标和角度也不一样，主要有以下几类。

（1）市场较成熟、产品比较稳定的企业，例如，化工、医药、标准件制造行业的企业，建立信息系统的主要目的是降低库存，提高设备利用率，提高质量，以达到降低成本的目的。评价时需要关注对最终成本的影响。

（2）产品急剧变化、市场高速增长的行业，例如，高新技术企业、电子产品生产企业等，建立信息系统的主要目的是提高产品响应市场的能力。评价可能涉及对客户的响应速度和灵活度、订单履行率等。

（3）综合性的企业集团建立信息系统的主要目的，是建立有效的业务模式和管理流程，提高管理效率和决策的准确性，作出系统评价.

2. 评价方法

为了解用户对系统功能的满意程度，可以利用问卷、访谈等方式收集数据，并用计算机协助数据的收集处理过程。如果用户需要对系统功能设置及使用的方便程度，以及系统提供信息的满意度等进行评价，可设计下列问题让有关用户回答，并设计一定的标度（比如：1表示强烈否定，5表示强烈肯定），以获得用户对系统满意程度的现实数据。

- 对系统的功能设置是否满意？（ ）
- 系统设计的输入、验证、输出等是否必要和有用？（ ）
- 系统是否对你的工作提供了重要支持？（ ）
- 系统输入数据是否需要进一步筛选、控制及校验？（ ）
- 信息输出是否符合用户要求？（ ）
- 数据处理和反馈时间能否满足用户要求？（ ）
- 系统的保密规定是否恰当？（ ）
- 是否有无用的数据存储在计算机中？（ ）
- 界面是否友好？操作是否过于复杂？（ ）
- 是否发现系统有不符合规范之处？（ ）
- 是否发现系统有漏洞？（ ）
- 是否认为新系统不及旧系统？（ ）

8.2.2 性能评价

1. 性能指标

性能评价着重评价信息系统的技术性能，一般包括应用系统的综合性能指标、可用性指标、安全性指标、环境适应性指标、可扩展性指标等（如图8—3所示）。

信息系统性能评价
- 应用系统的综合性能
  - 工作量水平：吞吐量和速率、指令执行和数据处理速率
  - 总体响应性水平：从获得输入到给出输出的完整时间
  - 利用率水平：各种资源的使用时间所占比重
  - 技术先进性：不会很快被替代或出现备件不足
- 可用性
  - 可靠性：失效发生率、自动校验水平、容错水平
  - 可恢复性：系统发生故障后获得及时修复的水平
  - 可维护性：可测试性、修复率、自诊断能力
- 安全性
  - 系统程序、网络传输、系统信息的安全性
  - 系统的保密及备份措施
  - 文档的完整性
- 环境适应性
  - 抗恶劣环境的能力
  - 对不同硬件接口及操作系统的兼容性
  - 系统的可移植性
- 可扩展性
  - 软硬件系统能力扩充和改善的难易水平
  - 开放性和标准化程度
  - 平台软件支撑新的上层应用系统的能力

图8—3 信息系统性能评价

2. 各指标的含义

（1）应用系统的综合性能。这些指标与硬件系统选型、通信设计和软件设计

水平等都有关系，一般包括工作量、响应水平和利用率等方面的指标。需要注意的是，这些指标往往与工作负荷以及信息系统的特性有关，因此不仅要了解这些指标，而且要清楚这些指标是在何种负载情况下得出的，以便正确判断系统的性能。

（2）可用性。包括三个互补的指标：一是系统要有可靠性，能够稳定可靠地提供服务，有一定的灾害防范能力和容错能力；二是系统要有可恢复性，能够迅速修复故障，满足管理工作连续性的要求；三是系统有可维护性，系统结构化程度高，方便检测和修复。

（3）安全性。系统有必要的安全和保密措施，能够防范对系统程序、通信过程和所存数据资源的破坏，保证系统安全使用。

（4）环境适应性。指系统能够适应工作环境的要求，在一些高强度、低保障等恶劣环境中能够有效运行；系统开放程度较高，容易与其他应用衔接。

（5）可扩展性。指系统易于管理，系统的软硬件能力都比较容易扩充。如果系统开放程度及标准化水平高，当企业业务量增加或开辟新的应用项目时，系统就能够适应。

这些指标并不均衡，不同类型信息系统的性能侧重点并不一样。有的系统对可用性及安全性要求高，有的要求可扩展性好，还有的系统要求环境适应性强。各种评估指标可以通过规范性的测评工作获得。由于信息系统本身比较复杂，系统应用环境也不一样，要获得公正、准确的测评指标并不是一件容易的事。要努力使评估结果符合现实，需要注重评估过程的有效性，采取一些积极措施来纠正偏差。比如，聘请独立的、非营利性的测评组织进行评估工作，注重对模拟环境和现实工作环境差别的比较，定量指标和定性指标结合评价，注重收集终端用户的意见等。

8.2.3 经济效果评价

建立信息系统的目的在于提供完整、准确的信息，提高管理工作效率和经营决策水平。经济效果评价是对系统投入总量与获得的效益总量进行的计算和评判。对许多企业来说，客观评价信息系统的经济效果并不是一项简单的任务。

1. 特点

（1）信息系统是分期实施的，经济效果要在较长的时间内才逐步体现出来。系统运行初期，往往只表现为投入，而不能表现出理想的产出和正常的收益，性价比会在相当一段时间内表现为负值。

（2）信息系统的应用成果是通过最终用户及决策者采纳信息来实现的。信息系统开发的投资被投放到某个领域，而其产生的收益分散在不同领域，不容易统计和汇总。

（3）总的经济效果不仅取决于系统本身，而且取决于管理人员的素质、业务水平、应用能力等相关因素。有些收益是明显的，有些收益则是潜在的、综合性的。组织中不同身份、不同立场的人对经济性收益的认识并不一致，导致对系统总体效益的认可程度不高。

（4）信息系统对企业运作和经营活动的影响是多方面的，往往会经过多级转换、传递，而且表现为多方面的效应。很可能出现局部利益与总体利益不一致的情况，正负效应会同时出现，最终的评价指标往往难以达成共识。

2. 基本原则

由于以上原因，对系统经济效果的评价需要尽量符合企业的现实，力求全面准确，并有较长远的眼光，要注重定性和定量两个方面。计算系统投入时，要注意同时考虑一次性投入和持续性投入；在产出计算上，除了考虑有形的收益之外，还要关注无形的和潜在性的经济性收益。有形收益相对容易计算，它主要表现为应用新的管理系统后，由于合理地利用现有设备能力、原材料、能量，使产品产量（或提供的服务）增长，劳动生产率提高，节省人力，库存控制加强，物资储备减少，产品（服务）质量提高，非生产费用降低，生产（服务）成本降低等。它可以通过一些具体的指标来计算，比如，特定时间段内的收益增长率、成本节约额等，还可以在与投入进行比较后大致测算系统的投资效果系数和投资回收期。

无形经济收益与企业管理模式的变动、管理方法和业务流程的更新、组织结构和员工素质的变化等有关系，一般不容易测算，需要努力在业务管理人员之间达成共识。

3. 无形经济收益

常见的收益表现如下。

（1）系统运行集成化。信息系统成为现代组织运作的有效工具，它支持基层管理的事务处理、中层管理控制和高层的辅助决策。在企业中实现了物流、资金流、信息流的一体化管理，杜绝了管理中的漏洞和差错，实现了信息资源实时共享和多路径查询，为复杂的组织和项目运作提供了集成化的管理平台。

（2）业务流程合理化。信息化过程支持了组织的业务流程重组，使企业的经营模式有了根本性的改善，内部业务流程趋于合理化，从而使企业的竞争力提高，企业对市场的反应速度加快，客户的满意度提高。

（3）绩效控制动态化。信息系统提供了企业运作情况的实时、动态信息，企业可以利用这些信息资源，设计出一套动态监控管理绩效变化的报表体系，考核管理工作的业绩，及时发现和纠正管理中存在的问题，提高各项管理决策的有效性。

表 8—3 为某企业资源规划（ERP）系统的投入成本与效益产出分析的示例。可以看出，其中的成本项目包括系统导入时的一次性成本和系统投入使用后的运营性成本两个方面；收益项目包括有形收益和无形收益两个方面。对经济效果的评价可以不断补充新的资料，连续地来做。通过经济性评价，及时发现和处理那些无法使企业受益、得不偿失的项目，及时肯定和积极推广那些对企业有益的项目。

表 8—3　ERP 系统的成本和收益项目示例

成本	收益
系统导入时发生的成本 · 系统软件的费用 · 电脑软件、操作系统及辅助软件的费用 · 网络设备的费用 · 系统导入时的顾问费 · 导入时参与人员的人工成本	**有形收益** · 增加营业收入与利润 · 降低人工成本 · 降低原材料成本 · 改善产品品质 · 提升生产力 · 降低管理费用 · 提高资金周转率
系统正式启用后发生的成本 · 人员的教育培训费 · 系统维护费 · 自行开发新功能的费用 · 系统停机或不正常停机所导致的产能损失	**无形收益** · 信息收集的正确性与完整性 · 信息回馈的即时性与有效性 · 企业流程与系统作业的整合性 · 促进部门间沟通并实现组织的扁平化 · 生产现场的自动化与透明化 · 顾客需求的快速响应 · 即时管理决策信息的提供 · 协助企业动态监控全球经营环境

8.3　系统维护

系统投入运行以后，随着应用过程的进展，系统内外部环境的变化，用户的需求和服务要求会相应提高，系统也会逐渐暴露出一些问题，这些都推动系统进入生命周期的下一个阶段——系统维护。系统维护的目的是保证系统正常而可靠的运行，并随着环境的变化不断改善和提高，始终处于正常的工作状态。

8.3.1　系统维护的内容

系统维护是面向系统中各组成要素的。按照维护对象的不同，系统维护的内容可分为以下几类。

（1）应用软件维护。应用软件维护是系统维护最主要的内容。它是指对相应的应用程序及有关文档进行的修改和完善。在系统所支持的业务处理活动和内容发生变化或出现问题的情况下，维护可使系统能够应对变化后的环境，继续提供正确的服务。常规性的软件维护包括软件安装、升级、故障诊断、性能优化、状态检查等。

（2）数据库维护。数据库是支撑业务运作的基础平台，需要定期检查运行状态。数据库维护是指根据业务需要和变动，进行的数据库性能优化，内容增添及清理，数据结构调整，数据的备份、恢复和迁移等工作。

（3）代码维护。代码维护是指对原有代码进行的扩充、添加或删除等维护工作。随着系统业务的拓展，系统共用代码或彼此衔接的情况越来越多，代码维护可促进代码共享或业务体系之间的衔接。

（4）硬件设备维护。主要指对主机及外部设备的日常维护和管理，如故障诊断和检修，设备迁移，设备扩容、功能扩展和升级等；还包括就设备本身的保修和维护问题，与硬件设备提供商协商服务。如果企业有数百甚至上千的终端设备，硬件维护的工作量会非常大。

8.3.2 应用软件系统维护

为充分发挥应用软件系统的作用，产生良好的经济效益与社会效益，必须对应用软件系统进行维护。一个应用软件系统开发周期一般为 1～3 年，运行周期则可达 5～10 年，在这么长的运行周期中，除了要改正系统残存的错误外，还要对系统做更新和升级，以适应运行环境和用户对系统性能提高的要求。维护工作的好坏，对应用软件系统的寿命有直接影响。

1. 应用软件系统维护与重新开发的含义

应用软件系统维护是指对已开发投入运行的应用软件系统进行局部修改或改进活动；重新开发则是指对正在运行的系统进行重大的改动，重新开发一个新系统来取代它。图 8—4 是关于应用软件系统维护与重新开发过程的说明图。步骤 1 为系统（或子系统）已调试完毕，准备投入运行。步骤 2 为该应用系统投入运行。步骤 3 为评价。步骤 4 为根据评价，确定系统是否需要修改。步骤 5、6 为如不需要修改，继续运行，隔一段时间以后，再次进行周期性评价。步骤 7 为如果系统需要修

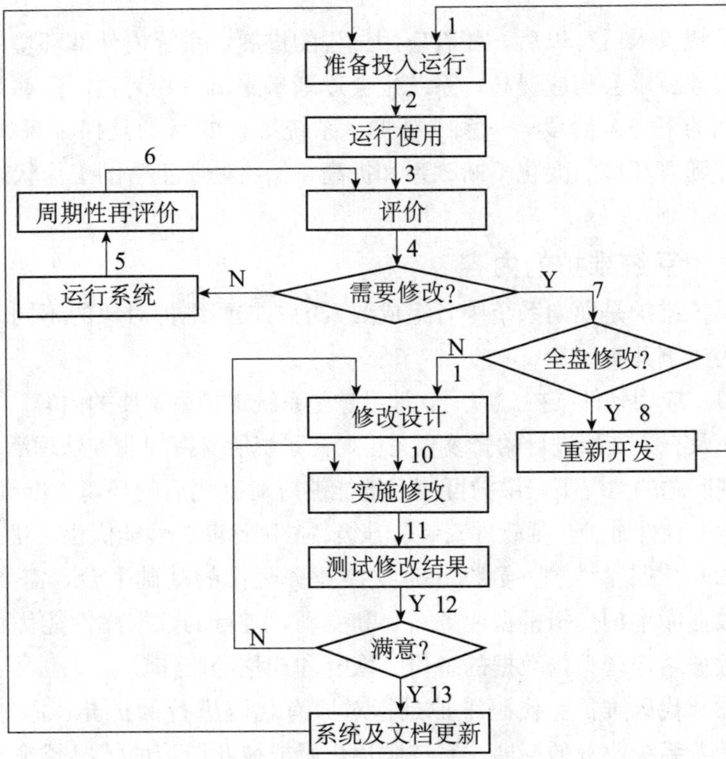

图 8—4 维护与重新开发过程

改，就再进一步确定是进行全盘改动，还是局部改动。步骤 8 为对要进行全盘改动的系统重新进行开发。步骤 9 为对要做局部改动的系统，给出修改方案。步骤 10 为实施修改过程。步骤 11 为测试修改结果。步骤 11 为测试不满意，须重复 9、10、11 三步。若测试满意，则步骤 13 为完成修改部分的系统切换与文档更新工作。

2. 应用软件系统维护的类型

按照每次进行维护的具体目标，维护可分为以下四类。

（1）完善性维护。随着系统用户应用水平的提高，他们对系统的认识不断加深，会对系统提出更高的要求。完善性维护就是为改善和加强系统的功能，为满足用户日益增长的需求所进行的改善和提高，如增加了原有系统设计中没有的新功能、新特征。在整个维护工作量中，完善性维护占 50%～60%，居第一位。

（2）适应性维护。适应性维护是指应用软件系统为适应运行环境的变化而进行的调整和修改。一方面，每当采用新设备和新技术来增强系统功能时，都要对软件进行相应的修改维护；另一方面是适应企业外部环境变化的维护。某些政策法规的变化、竞争对手的策略变化等，都会引发系统修改，如核算体系变化、机构调整等，使得财务计划、核算公式均要做相应修改。适应性维护工作量约占整个维护工作量的 25%。

（3）纠错性维护。纠错性维护指对系统测试和运行阶段发现的软件错误进行的纠正和修改。软件系统具有复杂性。软件错误很容易因测试不严格而漏检；有些罕见错误需较长久运行后才有机会暴露。纠错性维护需要根据所发现错误的特点选择维护流程。不太严重的错误一般无须立即纠正，可先行记录下来，留待集中处理；影响面较大的严重错误则需要尽早纠正。这类维护约占总维护工作量的 20%。

（4）预防性维护。预防性维护是由米勒（J. Miller）首先倡导的。它是指维护人员不应被动地等待用户提出要求才做维护工作，而应该选择那些还有较长使用寿命，目前虽能运行但不久就需做较大变化或加强的系统进行维护，目的是通过预防性维护为未来的修改与调整奠定良好基础，减少以后对它们进行维护时所需的工作量。

上述四类维护活动都必须应用于整个应用软件系统，维护软件文档和维护软件程序同等重要。应用软件维护的难易程度与系统开发工作的质量直接相关。如果信息系统的可修改性很差，系统维护的难度和花费都会成倍提高，甚至陷入无法修改的被动之中。采用结构化设计方法，提高模块的独立程度和程序的可读性，可以为系统维护打下良好的基础。

3. 应用软件系统维护的管理

应用软件是具有整体性的系统。一个处理过程的修改，往往会牵动其他过程或模块，因此，系统的维护工作需要慎重对待，规范化管理。软件系统维护的工作流程如图 8—5 所示。每项维护工作都应由专人负责，并且履行一定的审批手续。对于一些重大的修改项目要填写变更申请表，由审批人正式批准后才能进行工作。维护申请表要说明维护的理由、维护工作计划、具体影响范围和后果以及维护责任人等，便于审批者正确分析判断。有时候，系统运行中出现的小错误也许会被操作人员及时发现和排除，事后也要填写修改记录，注明错误及修改内容，以便有据可查。

当有关人员完成维护修改任务后，要由维护小组组织测试并与用户共同验收成果。通过验收后，新的成果可正式投入使用，系统的相应文档应进行更新、归档。

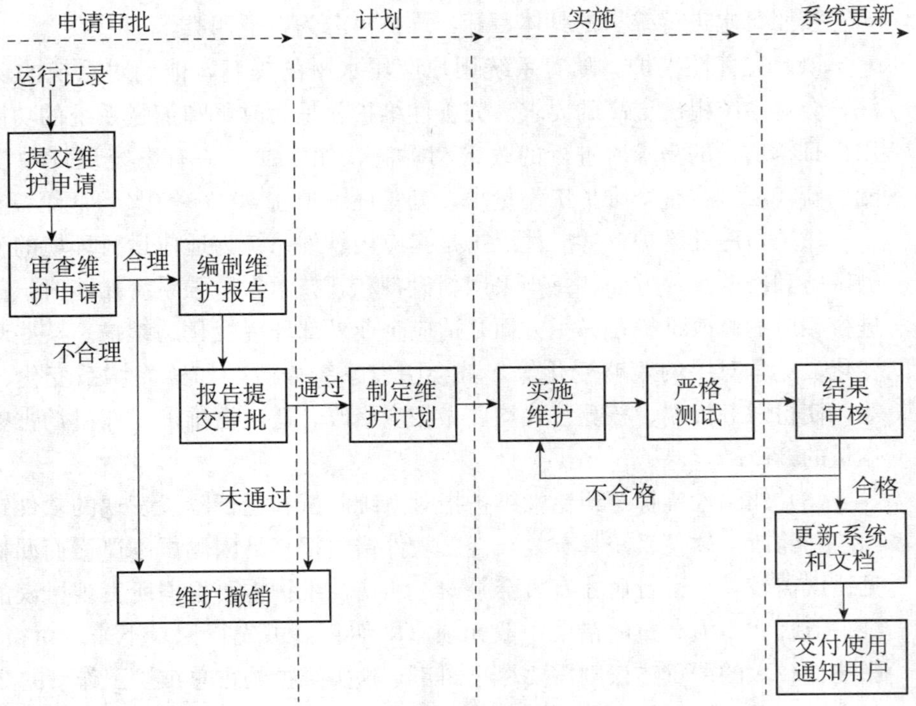

图 8—5　应用软件系统维护的工作流程

8.3.3　数据库的维护

系统投入运行以后对数据库要不断地进行评价、调整、修改，因此数据库的维护不仅是维护其正常活动，而且是数据库设计工作的继续和提高。

维护阶段的主要工作是：数据库安全性控制，数据库的正确性保护、转存与恢复，数据库的重组与重构。前面我们已介绍了安全性控制的内容，下面介绍后两方面的维护工作。

1. 数据库的正确性保护、转存与恢复

为保证数据的正确性，应做到以下几点。

（1）每隔一定时间，将数据库中的内容转存到永久存储介质上，作为备份数据库。可以采用磁盘双工技术和磁盘镜像技术，自动地进行数据备份，以保证出现问题时数据可以恢复。

（2）根据用户的业务需要给予数据库使用的“最小授权”；规定用户对所知数据信息的保护义务；对数据库的使用过程进行记录和监控，出现错误时可以追踪检查，要始终将用户对数据的访问限制在规定范围内。

(3) 在每次对数据库内容进行修改时，把修改前的内容和修改后的内容都转存到磁带上加以保存，以备检查。

(4) 在系统出现故障或错误时，利用备份的正常数据来恢复数据库。

2. 数据库的重组与重构

数据库运行一段时间后，由于记录的不断增、删、改，会使数据库的物理存储变坏。例如，逻辑上本属于同一记录型或同一关系的数据，在物理上被分散在许多不同的地方，从而降低了数据库存储空间的利用率和数据的存取效率，使数据库的性能下降。这时数据库管理员就要进行数据库的重组。数据库管理系统一般都提供重组的实用程序，在重组过程中，按原设计要求重新安排记录的存储位置。

数据库的应用环境也会发生变化，如增加了新的管理内容，数据库要增加新的实体数据。某些业务取消了，或者某些处理业务产生变化，实体及实体联系也要随之发生变化，原设计不能很好地满足新的需求，就要改变数据库的逻辑结构，如增加某个关系，增加新的数据项，改变数据项的类型，增加或删除索引等。各种数据库管理系统都提供了修改数据库结构的功能。当然数据库的重构程度是有限的，与应用软件系统一样，只能作部分的修改和调整。若应用变化太大，重构将无济于事，表明系统生命周期的结束，应重新开发新系统。

8.4　系统运行管理

8.4.1　系统可靠性

信息系统可靠性是指系统在既定应用环境中正常工作的能力，即系统应能够在规定的条件下完成规定的任务。信息系统的可靠性反映了信息系统为避免内部差错和故障所采取的保护措施的水平。例如，系统发生故障时，应该有应急措施，将故障影响降到最低限度，并具有将操作恢复到故障发生前状态的能力；错误的数据输入，系统应能检查出来，并做出相应处理等，以保证信息系统在有干扰和不稳定因素下仍能提供正常服务。

系统可靠性可以通过系统平均无故障运行时间（$MTBF$）、系统故障率（FR）等指标来衡量。如果系统在使用过程中发生了 n 次故障，每次故障修复后又重新投入使用，每次工作持续时间为 T_1，T_2，…，T_n，则 $MTBF$ 为：

$$MTBF = (T_1 + T_2 + \cdots + T_n)/n$$

FR 和 $MTBF$ 是倒数关系。系统分析与设计阶段的准备、系统测试阶段的检验和运行过程中的记录，对于提高系统可靠性而言都是必不可少的步骤。提供通信服务的网络信息系统的可靠性往往包括对系统抗毁性、生存性和有效性的测度。其中，抗毁性反映了系统应对人为破坏的能力，如部分线路或节点失效后，系统是否仍然能够提供一定程度的服务；生存性反映了系统应对随机破坏的能力，如系统部件因自然老化会造成失效；有效性测度系统提供业务服务的性能，如某些部件失效的情况下，满足业务性能的程度，是否有质量指标下降、平均延时增加、网络阻塞等现象。

如果信息系统非常重要，即使发生短暂中断或故障也会损失巨大，就需要借助专门的可靠性技术设计，为系统提供更强的保障。设法减少设备和系统出故障的时间，会使系统的可靠性提高。这里介绍三种常用的可靠性技术。

1. 冗余技术

冗余技术是以额外的资源配备和消耗提高系统正常运行时间的技术。比如使用两套软硬件设备和数据资源，以双工或双机方式运行，保证信息服务不致中断。

双工方式是一台设备联机运行，另一台同样的设备处于脱机后备状态，数据定时更新。当联机设备发生故障时，脱机设备可立即切换为联机运行。

双机方式则是由两台相同的设备并联完成相同的任务流程，处理相同的信息，自动比较纠错。两台设备同时发生故障的比例极低，因此这种方式可以提供更高的可靠性水平。

比如金融行业重要的计算机系统会采用“一用二备”甚至“一用三备”的服务器配置，万一遇到停电或机器故障，可自动跳转到正常设备上继续运行，确保系统不停机，数据不丢失。冗余设备可以是中央处理器、内存储器、外存储器、输入/输出设备等，也可以是整个系统，甚至大型的数据处理中心。对大型和重要的信息系统，采用冗余技术是提高系统可靠性常用的方法。但冗余技术会明显增加系统的投入费用和信息系统的运行成本。用户或许要花费两倍以上的投资，来避免一个出现几率不超过0.001%的故障。

2. 负荷分布技术

负荷分布技术也称为负载平衡技术，是指将信息系统的信息处理、数据存储以及其他信息管理功能均衡分布在多个设备单元上或不同的时间段上，防止单一设备负载过大，或某个时段容量超限致使系统瘫痪。采用负荷分布技术可以将设备故障的影响控制在很小的范围内，同时使系统整体受力均匀，减少不必要的偏差。例如，企业的多个网络服务器可以采用“对称多处理”的方式配置，即让每台处理器均能承担任何处理任务，系统可根据任务多寡自动分派，保持多处理器之间负载平衡。可以有效地分散系统负荷，达到提高系统整体可靠性的目的。

3. 系统重新组合技术

当系统发生故障后，为了使系统部分恢复或完全恢复，自动将故障设备停用，或用备件替换故障设备，并可在恢复的系统上启用数据库的后备数据，根据数据处理过程记录，将数据恢复到故障发生前的状态。

此外，运用软件工程学的方法进行信息系统的开发与设计，重视对人的行为因素的分析，设计友好的界面，保持良好的工作方式和工作环境等，会使所开发的系统具有良好的容错能力，都可以有效地提高信息系统的可靠性。

8.4.2 系统安全性

1. 安全性

企业计算机管理信息系统建成以后，企业所有的重要信息资源都存储于计算机的外存设备中，管理信息都由计算机来处理，通过网络传输。企业依靠计算机输出的信息进行计划、控制、调节，组织生产和服务，做出经营决策，开展商务活动。保证系统的安全性成为企业至关重要的问题。

计算机网络通信的高速度和广联性超出了历史上任何一种信息处理工具。一旦有错误引入，它也能使问题以极快的速度扩散传至各个信息系统中。计算机信息系统安全性控制的难度比人工系统要大得多。企业的运作越是依赖于现代化的信息系统和通信基础设施，相应的安全挑战也就越严峻。系统安全方面的威胁既有非人为因素造成的（如各种自然灾害），也有人为因素造成的（如网络攻击、蓄意入侵、计算机病毒）。一般情况下，人为因素引发安全问题的比例较大，导致的后果也更为严重。信息系统安全性的影响因素及相应的控制环节如图 8—6 所示。

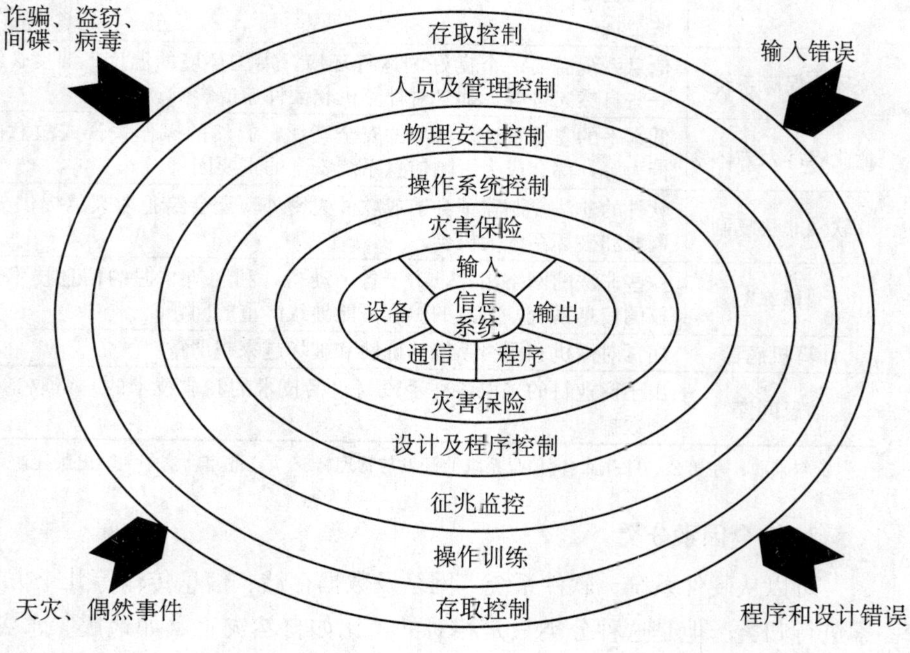

图 8—6 系统安全保护与可靠性控制环

2. 影响系统安全性的因素

信息系统的安全性（security）是指系统防止外部灾害和人为破坏，防止资源受损或被非法使用所采取的保护措施的水平。影响信息系统安全性的因素很多（如表 8—4 所示）。

表 8—4　引发信息系统安全的因素

影响因素	具体表现
数据输入	数据容易被篡改或输入虚假数据，有时是误输入。
数据输出	经过处理的数据通过各种设备输出，信息就有被泄露和盗看的可能。
数据存取与备份	不能完全将非法用户入侵拒于系统之外，还可能因为没有备份而使系统难以恢复。
源程序	用编程语言书写的处理程序容易被修改和窃取，并且本身也许存在漏洞。
应用软件	如果软件的程序被修改或破坏，就会损害系统的功能，进而导致系统瘫痪；另外，文档的遗失将使软件的升级和维护十分困难。
数据库	数据库中存有大量的数据资源，而且有些数据价值连城，如遭到破坏或失窃，其损失难以估价。
操作系统	操作系统是支持系统运行、保障数据安全、协调处理业务和联机运行的关键部分，如遭到攻击和破坏将造成系统运行的崩溃。
硬件	计算机硬件本身有被破坏、盗窃的可能，此外组成计算机的电子设备和元件存在偶然故障的可能，而且这种偶然故障可能是致命的。
通信	信息和数据通过通信系统进行传输，有被窃听的危险。
电磁辐射	计算机是依靠电脉冲工作的设备，信息是以脉冲来表示的，因此计算机所处理的信息将以电磁波的形式向周围辐射，只要接收到这些电磁波，就能重现它的内容，造成信息的失密；同时，计算机也容易遭受外界电磁辐射的干扰。
环境保障系统	信息系统需要一个良好的运行环境，周围环境的温度、湿度、清洁度以及一些自然灾害等，都会对计算机软硬件造成影响。
企业内部人为因素	低水平的安全管理，低下的安全素质，偶然的操作失误或故意的违法犯罪行为等，都会成为影响信息系统安全的重要因素。
软件非法复制	软件的非法复制除了会造成软件失密外，还会给犯罪人员提供分析、入侵、盗取和破坏系统的机会。
“黑客”	一些非法的网络用户，出于各种动机，利用所掌握的信息技术进入未经授权的信息系统，恶意的黑客可能导致严重的问题。
计算机病毒	病毒对微机和网络系统的威胁和破坏越来越严重。
信息间谍	出于商业目的采取各种手段（包括技术的和非技术的）窃取竞争对手的机密数据。

资料来源：左美云、邝孔武：《信息系统的开发与管理》，7 页，北京，清华大学出版社，2001。

3. 安全因素分类

可以从硬件系统、软件系统、网络及数据存储、信息传输等几个方面对这些因素进行归类。但是这种分类只是相对的，比如自然灾害（如地震、水灾、火灾等）和某些直接危及系统整体安全的人为破坏。

（1）硬件安全因素。主要涉及核心计算机设备、外围设备、物理环境等方面。计算机设备日益朝体积小、重量轻、密集度高、性能综合等方向发展，极易被毁坏，失窃风险和损失也随之加大；信息中心等物理设备集中地点发生灾害后后果极为严重；分布式环境下配置的设备也很难保持统一的安全应用环境。

（2）软件安全因素。操作系统的程序可以动态链接，支持远程加载程序，这也为实施远程攻击提供了技术机会；数据集中存放点成为企业的命脉，易成为被集中攻击和窃取的目标，数据库管理系统安全机制的设计至关重要；各种应用系统设计的可靠性水平不一，系统安全保障的基础不牢固；应用系统终端对共享软件和中央数据库具有访问和使用权限，操作出入口远离管理员的视线。

（3）网络和数据存储安全因素。电子化数据容易被不留痕迹地篡改、盗用、复制甚至破坏；移动设备、大容量存储器使用越来越多，使数据暴露风险增加，使用范围容易失控；数据库管理员权限集中，管理员身份被窃或失职等可能引起灾难性后果；用户的密码或身份验证机制容易被盗窃、破译或冒充；网络数据使用和访问的机制复杂，容易因设计不到位而留下隐患。网络平台由很多个节点相互连接后形成，任何一个节点的问题都会在网上迅速蔓延；网络具有开放性，网络用户远程分布，其个人行为和操作等都无法准确识别和控制；任何组织和个人都不可能因为网络存在问题而弃用网络。

（4）信息传输安全因素。通信线路易遭破坏，无论是架空明线还是地下线缆，都会因灾害和破坏而中断；线路会有电磁辐射，可能引起信息泄露，使用专门的接收设备有可能截获信息；无线通信的信道易遭到电磁干扰等而无法安全运行；网络之间缺乏安全隔离而不恰当地连接在一起时，会给信息的泄露、病毒及黑客入侵提供方便。

4. 系统安全防范的主要内容

我国政府已经把保证信息系统安全列为行政立法和加强管理的重要领域。计算机信息系统的安全一般包括实体安全、信息安全、运行安全和人员安全等方面，防范目标和主要工作内容如表 8—5 所示。

表 8—5　信息系统安全防范的内容

领域	防范目标	工作内容
信息安全	防止信息被故意地或偶然地非法授权泄露、更改、破坏，或使信息被非法系统辨识、控制，确保信息的保密性、完整性、可用性、可控性。	操作系统安全、数据库安全、网络安全、病毒保护、访问控制、加密、鉴别等。
运行安全	保障信息系统连续地、可靠地提供有效的信息服务。	系统风险管理、审计跟踪、备份与恢复、应急措施等。
实体安全	保护计算机设备、设施、网络以及其他媒体免遭自然和人为破坏所建立的措施、规则、过程。	环境安全、设备安全、媒体安全等。
人员安全	计算机系统的使用人员在权限范围内正常、有效地使用信息系统，顺利完成企业所赋予的工作。	安全意识、法律意识、管理规则、安全技能等。

5. 系统安全防范体系

系统安全防范工作要整体化地考虑和构建，需要考虑企业的安全目标和系统服务的具体要求，参照必要的国际和国内标准进行设计，注意贯彻以下原则。

（1）木桶原则。信息安全的木桶原则是指对信息均衡、全面地进行保护。“木桶的最大容积取决于最短的木板”，而信息系统的攻击者惯于使用“最易渗透原则”，往往在系统最薄弱的地方击破。各类安全措施中水平最低者会成为系统安全中的“渗透点”，它会直接决定整个系统的实际安全程度。因此，要充分、全面地对系统的安全漏洞和安全威胁进行分析，发现漏洞和“安全最低点”，使其性能获得改善。

（2）最小特权原则。受保护的敏感信息只能在一定范围内共享，访问和使用信息的权限要始终遵循“必不可少”的原则。最小特权原则是指限制无意、非必要或不适当的特权，任何主体只能获得必不可少的最小权限，以确保因事故、错误等造成的损失最小。比如对应用数据库的默认访问权限不应该过大；数据库管理员要为每个用户细化定义访问权限和控制机制；使用移动设备工作的用户只能在其设备中保留必不可少的文件等。

（3）分权制衡原则。在信息系统中，要对所有的权限进行适当划分。如果某个授权主体分配的权限过大，且无人监督和制约，就隐含了权力滥用的安全隐患。举例来说，系统管理员如果同时具备某项业务（如会计）的处理权，部门主管若可以修改员工的基本数据，信息中心主任若具备数据库管理员权限，就有可能出现难以控制的“超级权力”。在重要的数据库系统中，一般需将数据库管理的权限划分为系统管理、授权管理、离线审批和审计管理等彼此分离的权力，以降低系统管理员滥用职权的可能性。

（4）安全隔离原则。基本策略是将信息的主体与客体分离，在可控和安全的前提下实施主体对客体的访问。比如某机构的内部网存有机密信息，可采用“物理隔离”措施，使内部网与互联网隔开，并监控用户对移动存储设备的跨界使用。

（5）可实施性原则。安全措施需要人为完成，如果措施过于复杂，对人的实施能力要求过高，可能会被拒绝采用，体系和措施本身也就失去了实际价值。如果企业发现某项保护措施的代价比最终的获益还要多，是不会实施该项措施的。

6. 系统安全保护措施

为保证信息系统安全，一方面要加强组织和人员管理，另一方面要借助技术手段加强防范。技术上可以采取的安全措施很多，以下是一些常用的措施。

（1）物理安全控制。物理安全控制是指为保证系统各种设备和环境设施的安全而采取的措施，包括机房环境要求（如防电磁干扰、防火、防雷击、保持空气温度、湿度要求等）、供电安全（配置不间断电源、安全接地）。独立工作的终端设备（如银行 ATM 机）要坚固可靠，且放置地点没有大的危险因素。

信息系统的系统软件、应用软件和信息都存储于存储介质（如磁盘、磁带、光盘）中。这些存储介质必须定期复制，复制品应放置于远离机房的安全地点，以减少各种自然灾害对系统造成的损失。要防止移动存储设备丢失、被窃或遭到破坏；对存有机密数据的存储介质要加锁保护；关键运营数据要定期备份和复制；所有设备废弃时应确保清除了全部数据；设备维修时要有专人监管。

（2）人员及管理控制。人员及管理控制主要指用户合法身份的确认和检验。在信息系统中特定用户只能根据自己的职责范围，使用与自己业务有关的功能模块。非法用户不允许使用系统的任何资源，跨越用户职权范围使用系统中的其他功能模块也是非法的。用户合法身份检验是防止有意或无意地非法进入系统的最常用措施。

鉴定用户合法身份可采用由用户输入用户识别符、保密字，用户携带的特殊工具（如磁卡、ID 卡），或用户自身特有的自然标识（如指纹、签名）等进行鉴别。

（3）存取控制。存取控制是在共享资源条件下保证信息系统安全性的重要措施。通过用户鉴别，获得计算机使用权的用户，应根据预先定义好的用户权限进行数据的存取。防火墙就是控制网络内外信息流的软件或设备，具有接入控制和审查跟踪功能，可以用来控制外部对于系统内部网络的存取。信息系统通过存取控制来确定各用户能在何种条件下，对多大范围的系统资源进行何种操作。通过存取控制，既给合法用户提供必要的资源，又可防止非法越权行为。

存取控制的基本方法是对用户授权。只有具备操作权限的用户才能使用系统的相应资源。在网络操作系统、操作系统、数据库系统层面等都要设定用户的操作权限。操作权限包括两方面的定义：一方面是用户的可操作对象，如网站、设备、程序、文件、数据等。对用户可操作对象的定义可以精确到各种资源的最小操作单元，如数据库对象可以定义到数据项。另一方面是用户可进行的操作类型，即对系统资源的使用权、运行权、阅读权、修改权、清除权等。以数据库操作权限为例，操作权限的组成和用户授权定义的组成形式如表 8—6 和表 8—7 所示。其他资源授权与此相类似。

表 8—6　操作权限组成

数据对象	操作类型
数据库、关系	建立、修改、检索
记录、字段	检索、修改

表 8—7　用户授权定义

用户识别符	数据对象名	允许操作类型
01	关系 S	READ
02	关系 P，SP	ALL
03	关系 SP	READ
04	SP. QTY	READ

表 8—7 中用户 01 对于关系 S 有读权；用户 04 只对关系 SP 中的字段 QTY 有读权；用户 02 对关系 P 及关系 SP 具有读、写、修改权等。

网络系统、操作系统等其他资源授权对象、操作类型各不相同，但授权形式与此相类似。审计日志维护着一定时期所有存取控制活动的记录，可用于生成系统安全报表。

（4）数据加密。数据加密是针对数据内容的安全策略。加密是一种使数据变得无意义，并保留为可恢复形式的编码技术。可防止数据在存储介质中被非法拷贝和在传输过程中被非法窃取。数据加密基本系统由加密（编码）和解密（解码）两部分组成。加密是指将明文信息和数据进行编码，使它转换成一种不可理解的字符，使信息窃取者无法认识和理解其原意。这种不可理解的内容称为密文。解密是加密的逆过程，即将密文还原成原来可理解的字符形式。加密和解密过程都要通过密钥来做。对称式加密的两个环节都使用同一把密钥，非对称式加密的加密和解密环节分别使用不同的密钥。对称式加密的工作过程如图 8—7 所示。

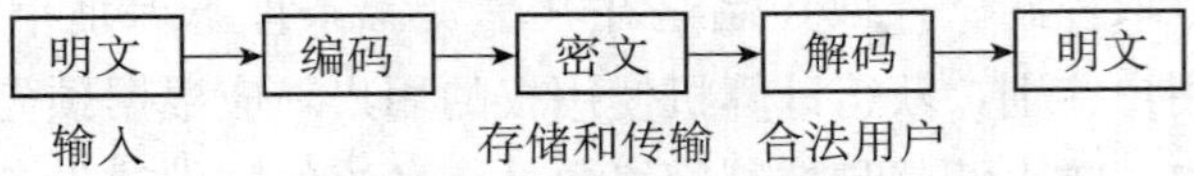

图 8—7 对称式加密的过程

在存储介质和通信传输时，数据以密文的形式存在，即使被窃取，没有密钥也无法解读。而合法用户收到密文后，可以用密钥解密取得信息。一些专用的“智能动态加解密”软件可以对特定类型或特定文件夹中的文档自动加密，防止用户通过移动存储设备、网络、电子邮件、聊天工具等泄密。

（5）入侵检测。入侵检测是一种主动防御型网络安全措施。它通过收集和分析关键点的信息，检查网络中是否存在违反安全规则的模式和未授权的访问，发现异常迹象时快速做出反应（如图 8—8 所示）。

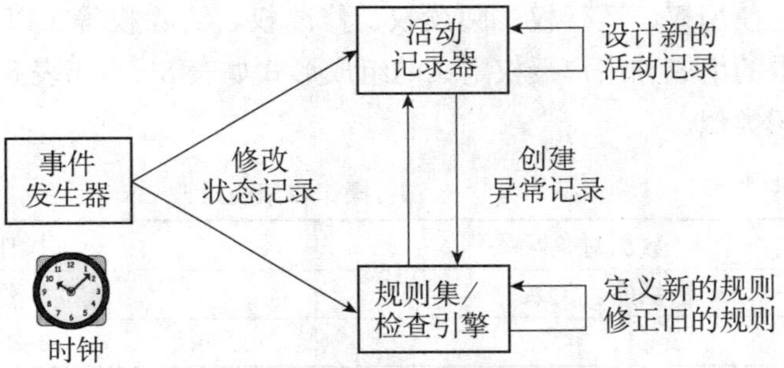

图 8—8 入侵检测模型

8.4.3 系统运行的管理制度

运行管理制度是以保证信息系统持续、稳定运行为目的的，关于人员职责、工作环境、数据资源工作流程、用户行为等的规范。为保证计算机管理信息系统的正常运行，企业必须建立一整套运行管理制度，约束人员的行为、工作环境、资源的使用和工作流程等。

1. 操作人员工作守则

岗位工作人员的工作守则一般包括各个岗位专职人员的值班、上岗、调离、培训、考核等方面的规定，不同岗位的日常工作职责、事务处理细则、绩效指标和奖惩规则等。各类操作人员的工作守则如下。

（1）系统操作员。主要职责是负责中心机房的管理、系统数据的备份、恢复、共享数据的管理等，在系统操作运行中起到主要的作用。系统操作员制度应明确规定中心机房的操作环境条件要求（如温度、湿度、噪音、电磁辐射、含尘量等）、数据的检查、备份制度、中心机房正常职责范围及事故处理细则。

（2）子系统操作员。负责子系统的管理与操作。该制度应规定各子系统终端室（或工作站）的工作环境要求、正常工作职责及处理细则。系统操作员、子系统操作员均应每日填写工作日志。工作日志格式如表 8—8 所示。

表 8—8　　系统运行日志

<table>
<tr><td rowspan="3">S
R
D</td><td colspan="2" rowspan="3">系统运行日志</td><td colspan="2">登记号：</td></tr>
<tr><td colspan="2">登记日期：</td></tr>
<tr><td colspan="2">时间：</td></tr>
<tr><td colspan="5">页次：　　第　　天　　20　　年　　月　　日</td></tr>
<tr><td>操作内容</td><td>时</td><td>分</td><td>温度（℃）</td><td>湿度（%）</td></tr>
<tr><td>开机</td><td></td><td></td><td></td><td></td></tr>
<tr><td>关机</td><td></td><td></td><td></td><td></td></tr>
<tr><td colspan="5">记录：</td></tr>
<tr><td>最低温度（℃）</td><td>最高温度（℃）</td><td>最低相对湿度（%）</td><td colspan="2">最高相对湿度（%）</td></tr>
<tr><td></td><td></td><td></td><td colspan="2"></td></tr>
<tr><td colspan="2">记录时间：　　时　　分</td><td colspan="3">系统操作员签字：</td></tr>
</table>

2. 计算机房管理制度

机房是计算机和存储设备集中存放地，是保证信息系统安全和连续运行的基础资源。机房管理制度一般包括的内容有：计算机使用和机房值班制度，机房用电、消防、进出等安全制度，机房设施的操作规程，系统设备巡检、日常记录的规定，故障情况下的处理措施等。某学校网络中心机房安全运行制度如图 8—9 所示。

中心机房安全运行制度

1. 身份登记与验证出入。
2. 带入带出物品检查。
3. 参观需预先申请和审查。
4. 专人负责启动、关闭计算机系统。
5. 对系统运行状况进行监视、追踪、记录。
6. 对系统进行定期保养和维护。
7. 在指定的设备上操作，登记操作内容。
8. 不做与工作无关的操作或使用不明软件。
9. 不越权运行程序，不查阅无关参数。
10. 操作异常立即报告。

图 8—9　某机房管理制度示例

3. 数据管理制度

规定数据库管理员的职责，重要数据的输入、存储和输出的管理规则，数据更新与操作规程，数据备份制度等。还可包括对密码、口令的管理规则，计算机病毒防治办法等。

4. 信息管理制度

信息管理制度是保证企业数据资产的完整性，及数据使用、存储、转移和清除安全性的管理制度。具体有存储介质管理制度、备份制度、文档管理制度等。存储介质管理制度明确规定了信息存储和保管的责任人或部门，介质存放的安全环境和销毁办法等；备份制度规定了重要运营数据备份的方式、频度和要求，相应的数据恢复流程等；文档管理制度说明了重要的基础文档（如软硬件手册及说明书）、运行文档（如日志）、技术档案（如系统维护文档）和制度文档的规范保存方式，存档资料的使用和调阅程序等。

5. 软件维护与服务规程

系统服务规程指与计算机资源使用、系统运行维护等工作相关的管理规范和制度。最常见的是与系统服务使用、系统运行维护、突发事故处理等工作相关的申请、检查、审批、处理、变更流程，规范文本的使用要求和数据填写规则，服务标准和收费等。企业应制定出明确的、可执行的工作程序，以及相应的考核细则。比如，对系统维护管理程序要求如下。

（1）由用户填写“软件问题报告”，经用户主管及子系统操作员签字后上报信息中心。由信息中心初审后安排维护任务。

（2）指定软件维护人员负责该项维护工作。软件维护人员分析确认需维护的内容，填写“软件改动报告”，并向信息控制人员索取有关的技术文档及源程序。

（3）软件维护人员将改好的软件交用户试用通过后，用户主管需在“软件改动报告”上签字确认。

（4）信息中心系统分析员审核软件人员提交的“软件改动报告”，新版本的源程序、维护调试记录及有关文档，签字通过后一并交给文档管理员保存。

企业内各个部门之间，企业与外部供应商和合作者之间，凡是建立了信息资源和信息服务交换关系的单位和用户，都要制定适宜的核算及收付费管理制度和明确的服务管理制度，一般包括企业信息资产登记、服务账户管理、服务保密协议、权限设置和变更、服务付费结算、外包规则、信息和服务交换、信息传播、信息系统审计等具体规程。

思考题

1. 试述信息中心在企业组织机构中的地位。
2. 试述信息中心主要组成人员和素质要求。
3. 何为系统评价？信息系统应从哪些方面进行评价？
4. 系统直接经济效果评价的方法有哪些？
5. 试述影响系统安全性的主要因素。
6. 在计算机系统中应采取哪些安全性保护措施？
7. 试述系统维护的内容。
8. 试述应用软件维护的类型。
9. 试述数据库重组与重构的目的。
10. 为保证计算机系统正常运行应建立哪些管理制度？

参考文献

1. 萨师煊，王珊．数据库系统概论．3 版．北京：高等教育出版社，2000.

2. 仝春灵，沈祥玖．数据库原理与应用—SQL Server 2000. 北京：中国水利电力出版社，2005.

3. 蒋文沛．SQL Server 2000 实用教程．北京：人民邮电出版社，2005.

4. Turban 等．管理信息技术（第 5 版）．北京：中国人民大学出版社，2009.

5. 劳顿等．管理信息系统（原书第 9 版）．北京：机械工业出版社，2007.

6. 周山芙，赵苹．管理系统中计算机应用．北京：外语教学与研究出版社，2012.

图书在版编目（CIP）数据

管理信息系统/周山芙，赵苹，李骐编著．—4 版．—北京：中国人民大学出版社，2013.3
21 世纪工商管理系列教材
ISBN 978-7-300-17175-3

Ⅰ.①管… Ⅱ.①周…②赵…③李… Ⅲ.①管理信息系统-高等学校-教材 Ⅳ.①C931.6

中国版本图书馆 CIP 数据核字（2013）第 046997 号

21 世纪工商管理系列教材
管理信息系统（第四版）
周山芙　赵苹　李骐　编著
Guanli Xinxi Xitong

出版发行	中国人民大学出版社		
社　　址	北京中关村大街 31 号	**邮政编码**	100080
电　　话	010－62511242（总编室）		010－62511398（质管部）
	010－82501766（邮购部）		010－62514148（门市部）
	010－62515195（发行公司）		010－62515275（盗版举报）
网　　址	http://www.crup.com.cn		
	http://www.ttrnet.com(人大教研网)		
经　　销	新华书店		
印　　刷	北京鑫丰华彩印有限公司	**版　　次**	1980 年 1 月第 1 版
规　　格	185 mm×260 mm　16 开本		2013 年 3 月第 4 版
印　　张	19 插页 1	**印　　次**	2020 年 2 月第 6 次印刷
字　　数	408 000	**定　　价**	34.00 元

教师教学服务说明

中国人民大学出版社工商管理分社以出版经典、高品质的工商管理、财务会计、统计、市场营销、人力资源管理、运营管理、物流管理、旅游管理等领域的各层次教材为宗旨。为了更好地服务于一线教师教学，近年来工商管理分社着力建设了一批数字化、立体化的网络教学资源。教师可以通过以下方式获得免费下载教学资源的权限：

（1）在“人大经管图书在线”（www.rdjg.com.cn）注册并下载“教师服务登记表”，或直接填写下面的“教师服务登记表”，加盖院系公章，然后邮寄或传真给我们。我们收到表格后将在一个工作日内为您开通相关资源的下载权限。

（2）如果您有“人大出版社教研服务网络”（http：//www.ttrnet.com）会员卡，可以将卡号发到我们的电子邮箱，无须重复注册，我们将直接为您开通相关专业领域教学资源的下载权限。

如您需要帮助，请随时与我们联络：

中国人民大学出版社工商管理分社

联系电话：010-62515735，62515749，82501704

传真：010-62514775，62515732　　　　电子邮箱：rdcbsjg@crup.com.cn

通讯地址：北京市海淀区中关村大街甲59号文化大厦1501室（100872）

教师服务登记表

<table>
<tr><td>姓 名</td><td></td><td>□先生　□女士</td><td>职　　称</td><td colspan="2"></td></tr>
<tr><td>座机/手机</td><td colspan="2"></td><td>电子邮箱</td><td colspan="2"></td></tr>
<tr><td>通讯地址</td><td colspan="2"></td><td>邮　　编</td><td colspan="2"></td></tr>
<tr><td>任教学校</td><td colspan="2"></td><td>所在院系</td><td colspan="2"></td></tr>
<tr><td rowspan="3">所授课程</td><td>课程名称</td><td>现用教材名称</td><td>出版社</td><td>对象（本科生/研究生/MBA/其他）</td><td>学生人数</td></tr>
<tr><td></td><td></td><td></td><td></td><td></td></tr>
<tr><td></td><td></td><td></td><td></td><td></td></tr>
<tr><td colspan="2">需要哪本教材的配套资源</td><td colspan="4"></td></tr>
<tr><td colspan="2">人大经管图书在线用户名</td><td colspan="4"></td></tr>
<tr><td colspan="6">院/系领导（签字）：
院/系办公室盖章</td></tr>
</table>